Lebensläufe
Die Kinder von Golzow
Bd. II

In Erinnerung an
Karl Gass
1917–2009

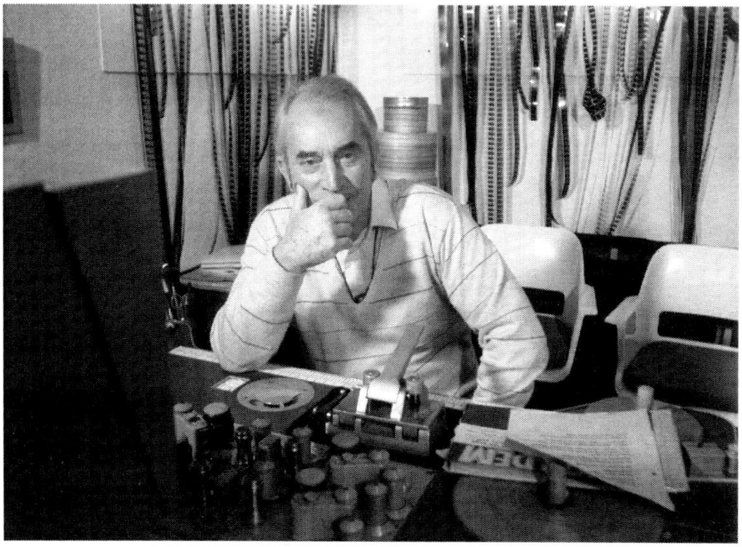

Nichts ist verblüffender
als die einfache Wahrheit.
Nichts ist exotischer
als unsere Umwelt.
Nichts ist phantasievoller
als die Sachlichkeit.
Und nichts Sensationelleres gibt es
als die Zeit, in der man lebt.

Egon Erwin Kisch (1885–1948)

Barbara und Winfried Junge

Und wenn sie nicht gestorben sind – dann leben sie noch heute …

Das Ende einer Langzeitbeobachtung 1961–2007

Bilder – Dokumente – Erinnerungen

Mit einem Interview mit Klaus Dieter Schmutzer
und einem Beitrag von Daniel Küchenmeister

Herausgegeben von Dieter Wolf

SCHÜREN

Bibliografische Information der Deutschen Nationalbibliothek
Die Deutsche Nationalbibliothek verzeichnet diese Publikation in der Deutschen Nationalbibliografie; detaillierte bibliografische Daten sind im Internet über http://dnb.d-nb.de abrufbar.

Das Buch entstand mit freundlicher Unterstützung der DEFA-Stiftung

Abbildungsnachweis
Archiv Winfried Junge außer:
ADN-Zentralbild: S. 62 unten; DEFA (Cover, 1. + 2. Reihe , 4. Reihe links, S. 19 oben, S. 32, S. 33, S. 45 oben, S. 61 oben, S. 66 oben, S. 67 oben, S. 78 unten, S. 79, S. 81 oben, S. 89 oben, S. 91, S. 102, S. 109, S. 115 links oben und links unten, S. 117 links, S. 118 oben, S. 120, links, S. 121 links, S. 163 rechts unten); Dietermann (S. 8 oben, S. 140 oben. S. 155 links, S. 158); Dumke/Junge (S. 25 oben, S. 55 links, S. 58 oben); Eriksson (S. 110 oben, S. 141); Filmmuseum Potsdam / Linke (S. 105); Filmmuseum Potsdam / Podszuweit (S. 107, S. 108, S. 137, S. 139 unten, S. 147 unten); Fröhlich (S. 19 Mitte); Grieger (S. 161 rechts oben, S. 162, S. 163 rechts oben); Gründer (S. 17, S. 61 unten , S. 154, S. 160 unten); Gut Geisendorf (S. 155); Hohlfeld (S. 120 rechts); Klix (S. 78 rechts oben); Leupold/Klix (S. 35 oben, S. 53 links, S. 65 Mitte, S. 104, S. 116 links); Leupold (Cover 3. Reihe links, 4. Reihe Mitte, 5. Reihe rechts, S. 2, S. 25 unten, S. 26, S. 27, S. 29, S. 30, S. 37, S. 38 Mitte, S. 49, S. 57 links, S. 58 unten, S. 59 , S. 62 oben, S. 63 oben, S. 65 unten, S. 66 Mitte und unten, S. 67 unten, S. 68 oben, S. 69, S. 72, S. 81 unten, S. 89 unten, S. 103, S. 110 unten, S. 113, S. 144 links unten); MOZ/ Müller (S. 63 Mitte, S. 119, S. 150 unten, S. 161 unten); PROGRESS-Verleih (S. 71, S. 163 links unten); Schoder (S. 9); Staatskanzlei Brandenburg (S. 163 links oben); Staatsrat der DDR (S. 168); Teike (S. 56); Teuchert (S. 96 unten); TONI/ Hübner (S. 96 oben, S 116 rechts unten, S. 156); Videostills: Erik Schüßler (Cover 3. Reihe, 2. v. links / JOURNAL-Film K. Volkenborn, S. 22 / á jour Film, S. 25 / DEFA, S. 28 / DEFA, S. 34 / DEFA, S. 42 / á jour Film, S. 61 oben / DEFA, S. 65 oben / DEFA, S. 80 / DEFA, S. 88 / DEFA, S. 94 / á jour Film) Völckers (S. 12 oben); Vontra (S. 6)

Schüren Verlag GmbH
Universitätsstr. 55 · D-35037 Marburg
www.schueren-verlag.de

2. Auflage 2018

Gestaltung: Erik Schüßler
Umschlaggestaltung: Wolfgang Diemer, Köln
Druck: Booksfactory, Stettin
Printed in Poland
ISBN 978-3-89472-899-1

Inhalt

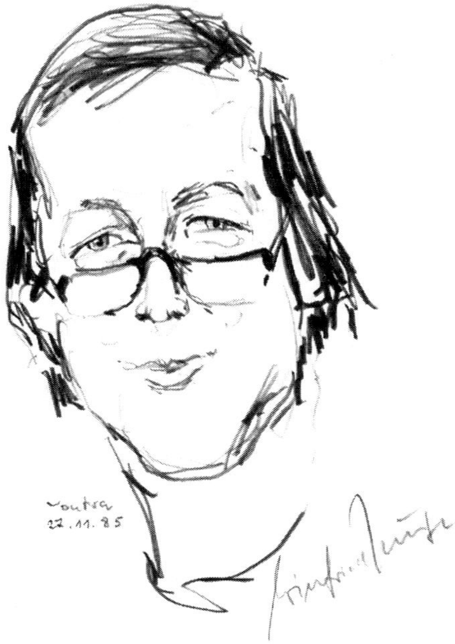

Dieter Wolf

Vorwort

Das Buch zur ältesten Langzeitbeobachtung der Filmgeschichte

Als Dr. Manfred Stolpe, von 1990–2002 Ministerpräsident des Landes Brandenburg, nun Bundesminister für Verkehr, am 6. Mai 2004 im *Willy-Brandt-Haus* in Berlin ans Mikrofon trat, begrüßte er die Anwesenden als Vorsitzender des *Forum Ostdeutschland der SPD* überraschenderweise zu einer Buchpremiere: LEBENSLÄUFE – DIE KINDER VON GOLZOW.

Die *Bilder, Dokumente, Erinnerungen* zum noch unvollendeten Lebenswerk von Barbara und Winfried Junge luden zum Podiumsgespräch zur rechten Zeit am rechten Ort. Das Thema hieß *Aufgewachsen in der DDR – angekommen in der Bundesrepublik?* Das provozierende Fragezeichen unterstrich die anhaltende Aktualität einer millionenfachen Lebensproblematik, die die Filmemacher in ihrer Beobachtung ostdeutscher Biografien zwischen 1961 und 2002 hautnah offenbart hatten, acht davon zuletzt in abendfüllenden Einzelporträts.

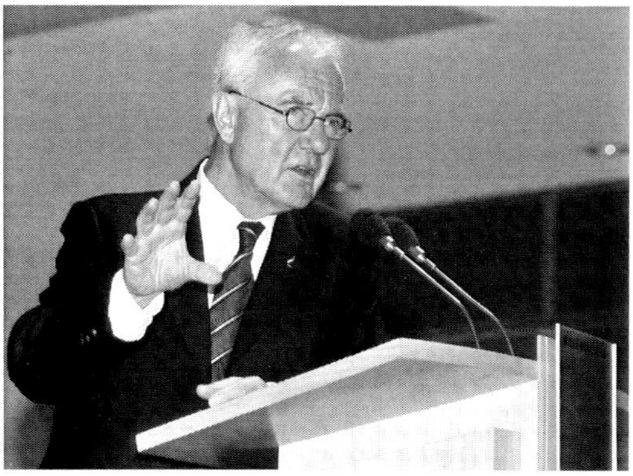

Ein Ministerpräsident a. D. erweist uns die Ehre

Nach achtzehn Filmen über die Golzower, darunter einer filmischen Ortschronik für das DDR-Fernsehen, und einem Bericht über das Joint Venture der Golzower Landwirtschafts-GmbH mit einem ehemaligen Kolchos in der Ukraine, drängte es uns Ende der 1990er-Jahre mit Blick auf die Jahrtausendwende, dieses einzigartige Opus und seine Entstehungsgeschichte in einem Bild-/Textband zu dokumentieren. Der Kampf ums liebe Geld aus vielen verschiedenen Fördertöpfen für die Aktualisierung der Lebensbilder war immer schwieriger geworden, und so schien selbst der angedachte filmische Epilog für das *Ende der unendlichen Geschichte* durchaus nicht gesichert. So entstand neben der Produktion der letzten zwei Porträt-Filme über Jochen und Bernd ein Buch zur Werkstatt, dessen Materialfülle, Umfang und reiches Angebot an Arbeits-, Szenen-Fotos und Faksimiles aus der Produktionsgeschichte gleich mehrere Verlage zurückschrecken ließen. Diese seltene Chronik einer Chronik wäre also nie zwischen zwei feste Buchdeckel geraten, hätte es da nicht die gute Marburger Adresse gegeben. Endlich, nach etwa fünfjähriger Arbeit, kam das Buch, so eindrucksvoll präsentiert, in die Öffentlichkeit.

Die Idee zum *Fortsetzungsfilm* stiftete der vielseitig kreative DEFA-Dokumentarist Karl Gass. Er beschreibt eingangs seine Intentionen, die er mit Bildern von einem ersten Tag und dem ersten Jahr dieses Einschulungsjahrgangs 1961 verband und seinem *Schüler* und Assistenten mit auf den Weg gab. In einem ausführlichen *Lebens- und Werkstattgespräch* mit dem Filmjournalisten Ralf Schenk erzählt Winfried Junge seinen Weg in die Film-Regie, die Entstehung und Entwicklung der *Golzow-Saga* und ihrer Protagonisten über den Schulbeginn, das erste Zeugnis mit einem Sprung in die 5. Klasse der nun Elfjährigen, wie sie mit vierzehn in der Pubertät sind, nach zehn Jahren ihre Abschlussprüfung machen. In den Bildern vom Klassentreffen der Zwanzigjährigen stellt er schon mal ein Mädchen in den Mittelpunkt: Marieluise. Zum 30. Jahrestag der DDR 1979 entsteht mit ANMUT SPARET NICHT NOCH MÜHE ein Rückblick auf 18 Jahre gefilmten Lebens einer Generation, der der Frieden bewahrt blieb, und gleich danach mit dem Vier-Stunden-Film LEBENSLÄUFE – DIE GESCHICHTE DER KINDER VON GOLZOW die Aufsehen erregende Dokumentation von neun sehr verschiedenen Lebenswegen. 1991/92 schildern Barbara und Winfried Junge in DREHBUCH: DIE ZEITEN das Ende des DEFA-Dokumentarfilms und die Finanzierungs- und Produktionsnöte, um die einmalige Chance zu nutzen, nun von der schwierigen *Ankunft der Golzower im vereinten Deutschland* zu berichten. Der fast fünfstündige *Film über einen Film* dokumentiert zugleich die Ankunft der Filmemacher in der Marktwirtschaft. Und dann beginnt ab 1993 bis 2002 der kräftezeh-

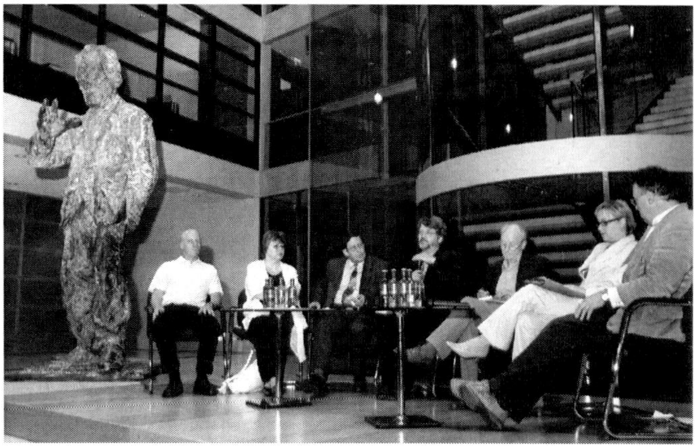

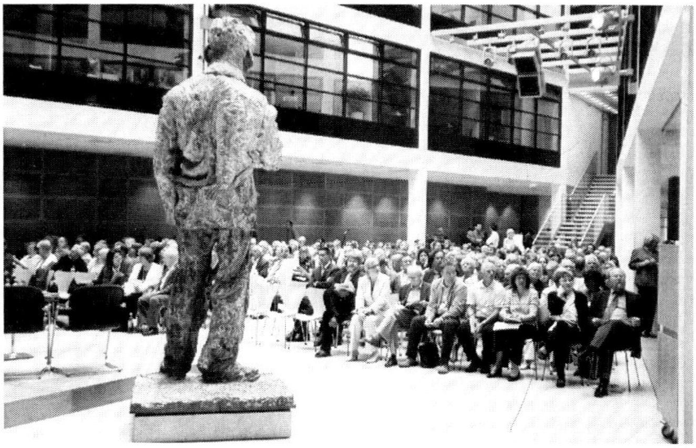

Willy Brandt blickt in ein volles Haus

rende Kampf der Filmemacher und ihres Produzenten um die Weiterführung des Projekts in abendfüllenden Einzel-Porträts bis in die jeweilige Gegenwart. Winfried Junge schließt seine Erinnerungen mit der Hoffnung auf einen würdigen Abschluss dieser filmgeschichtlichen Innovation in einem großen letzten Film, dessen Titel erst nach dem Erscheinen des Buches gefunden wurde: UND WENN SIE NICHT GESTORBEN SIND – DANN LEBEN SIE NOCH HEUTE …

Das ist nun der neue Gegenstand unserer Buch-Fortsetzung. Da die erste Edition einige tausend Freunde (und Käufer!) gefunden hat, haben wir uns mit dem Verlag darauf verständigt, keine *überarbeitete und ergänzte Neuauflage* vorzulegen, sondern diesen Ergänzungsband. Der soll aber, vor allem auch für die Leser des ersten Buches, das vielleicht sogar einmal neu in Druck geht, die schon bewährte Form der Werk-Chronik wieder aufnehmen.

Winfried Junges ausführlicher Werkstattbetrachtung als Zentrum des Buches folgt wiederum die Dokumentation für den letzten Film, einen Vierteiler in zweimal zwei Teilen – wer ihn schuf, was er erzählt, wie er entstand und aufgenommen wurde. Eine knappe Inhaltsangabe wird ergänzt von einer Zeittafel des Weltgeschehens in der Entstehungszeit, von Dokumenten zur Werkgeschichte und einer Auswahl von Pressestimmen.

Da nicht jeder Leser jeden der vorangegangenen Filme gesehen hat oder sich seiner erinnert, sind Entstehungsjahr, Titel, Länge und jeweiliger Kurzinhalt für den schnellen Überblick angefügt. Diese Information zur Genese des Golzow-Werks regt vielleicht auch dazu an, dem einen oder anderen auf DVD wieder zu begegnen.

Danach geben Barbara und Winfried Junge dem Leser einen sehr persönlichen Einblick in die Vita beider Filmleute: «Über zwei ungefilmte Leben, über uns und überhaupt».

Die bis heute enge Beziehung der Filmemacher zu den meisten ihrer Protagonisten ermöglicht nach letztem Kenntnisstand die nun folgende Information «Achtzehn von Vierundzwanzig – unsere Golzower und ihre Familien».

Eine umfassende Übersicht bezeugt die große Beachtung, die die einzelnen Golzow-Produktionen auf Festivals, in Retrospektiven und anderen Präsentationen deutschlandweit und in der Welt gefunden haben.

Im Interview antwortet der Film- und Fernsehproduzent Klaus Dieter Schmutzer auf Fragen des Herausgebers zu seinem Weg mit den *Kindern von Golzow* bis zum glücklichen Ende der Langzeitproduktion.

Der Historiker Daniel Küchenmeister berichtet, wie sich die im ersten Band dokumentierte Ständige Ausstellung über die Film-Chronik in der ehemaligen Zehn-Klassen-Schule unserer *Kinder von Golzow* nun zum kleinsten Filmmuseum der Welt gemausert hat, das im grenznahen Oderbruch zum Anziehungspunkt für Filmfreunde aus allen Bundesländern, ja sogar dem Ausland, geworden ist, und wie es sich weiter entwickeln könnte.

Statt eines Nachworts lassen wir einige Zuschauer zu Wort kommen. Sie vermitteln einen Eindruck davon, wie sehr dieses außergewöhnliche Werk in den geschilderten Einzelschicksalen immer wieder anrührt und noch lange fortwirkt, bis es einst nur noch als lebendige Anschauung von individuell gelebter Zeitgeschichte – Geschichte von unten – seinen Platz findet.

Winfried Junge

Aus der Werkstatt

Wie es doch noch zu einem neuen und nun auch letzten Film kam ...

«Es macht uns froh, dass die Zahl der Interessenten, Freunde unserer Arbeit, über die Jahrzehnte zugenommen hat und dass uns inzwischen auch viele Jüngere für das Zeitdokument danken. Es bleibt etwas zurück, und so hat unsere Arbeit einen Sinn gehabt.

Aber ich werde auch nicht vergessen, dass die Voraussetzung für so manchen Schritt voran nicht selten die demütigende persönliche Unterwerfung gegenüber Umständen und Entscheidungsträgern war. Weil wir der Sache zuliebe dazu bereit waren, auch wenn es uns oft genug ekelte, gelang das Weitermachen. Und das nicht nur zu DDR-Zeiten, wo es schwer war, häufig wenig kompetente und verständnislose, nicht selten nur kurz amtierende Leiter hinter die Sache zu bringen, um eine bestimmte Gestaltung durchzusetzen oder andererseits listenreich bestimmte Strukturen und Hierarchien zu nutzen bzw. zu umgehen, sondern auch heute, wenn die große Freiheit da aufhört, wo es ums Geld geht und vielleicht für manchen auch um die Frage, ob Filme noch immer an die längst verflossene DDR erinnern sollten. [...]

Wir hoffen, noch Letztes ‹abliefern› zu können – wie es Hanns Eisler zu sagen liebte. Aber das ist nun auch schon eine Frage des Alters und vor allem der Gesundheit. [...]

Wir grüßen alle, die dem Ende der ‹unendlichen Geschichte› mit Bedauern und Wehmut entgegensehen.»

Seit ich 2004 mit solcherlei Gedanken auf mich und unsere Arbeit zurückblickte, ist ein Jahrzehnt vergangen. Ich lebe ja nun immer noch, gehe auf die Achtzig zu, Barbara hat die Siebzig überschritten. Da würden wir gern noch einiges zu Papier bringen, was vom «Ende der unendlichen Geschichte» erzählenswert bleibt, ehe das Vermögen sich zu erinnern schwindet.

Und da offensichtlich interessierte, was zur Geschichte dieser Arbeit zu sagen war, erhalte ich Gelegenheit, in einem zweiten Buch zu berichten, wie es mit den *Kindern von Golzow* und erstaunlicherweise auch mit unserer Filmarbeit nach 2003 weiterging.

Im ersten Buch hatte ich auf Fragen, die mir Ralf Schenk stellte, erst mündlich, bald aber schriftlich geantwortet. Mir widerstrebte, es bei dem zu belassen, was ich wegen des laufenden Tonbandes spontan so dahingesagt hatte und dann notwendigerweise gerafft werden musste. Sollte es schon das sein, was ich zu sagen hatte, sagen wollte, hätte sagen müssen? Und hätte ich es nicht allemal besser sagen können, wenn – wie am Schreibtisch – ein wenig Zeit zum Nachdenken gewesen wäre?

Die wollte ich mir – damals schon und auch jetzt wieder – doch genommen haben, auch wenn mir klar und zu bedauern ist, dass spontane Äußerungen ihren Reiz haben, der verloren gehen könnte.

Was die jetzige Fortsetzung betrifft, muss ich überdies davon ausgehen, dass Ralf Schenk – seiner diversen Verdienste wegen nun Dr. h.c. – seit 2012 der DEFA-Stiftung vorsitzt und nicht mehr als Fragesteller zur Verfügung steht.

So bin ich verführt, mir die Fragen selber zu stellen, auch wenn sie nicht unbedingt formuliert werden müssen.

Ich habe sie, wenn ich mich des Vergangenen, Geleisteten und auf Zelluloid Dokumentierten erinnere. Und zugleich sind es auch Fragen eines inzwischen

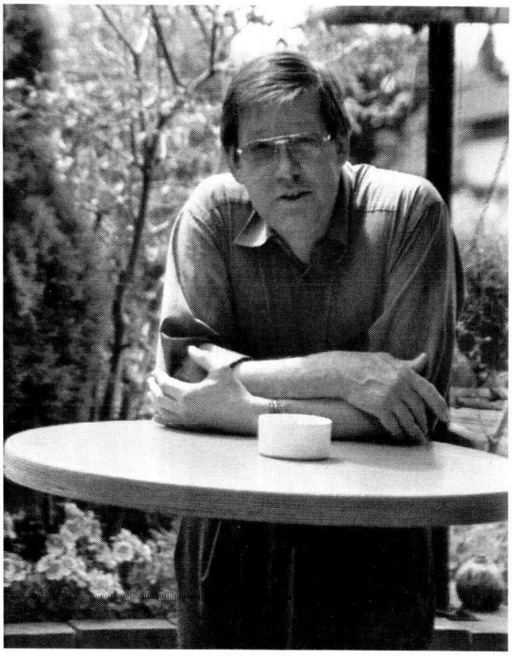

Der Autor – noch jünger und privat

großen Publikums. Dabei wird zwangsläufig aus dem Dialog eines Werkstattgesprächs ein Dialog mit mir – und weil es ja auch Barbaras Film ist – mit uns selbst.

Doch zur Sache.

Wie ich 2003 über den möglichen, wünschbaren Fortgang und Abschluss der Arbeit an diesem Langzeitunternehmen dachte, nachdem auch der 18. Film EIGENTLICH WOLLTE ICH FÖRSTER WERDEN – BERND AUS GOLZOW – ebenso wie neun seiner Vorgänger – im Internationalen Forum des Jungen Films der Berlinale dabei war habe ich seinerzeit bereits berichtet. Was aber dann – wie, wann und wirklich geschah, darüber sollen nun die nachfolgenden Schilderungen Auskunft geben.

Welche besonders darstellenswerten *Lebensläufe* Barbara und ich uns weiterhin vorstellen konnten, hatte ich damals auch schon angedeutet. Für den Fall, dass keine Möglichkeit mehr bestehen sollte, die skizzierten Porträts filmisch zu realisieren, wenn uns die Gesundheit im Stich ließ oder endgültig kein Geld mehr dafür aufzubringen wäre, wollte ich seinerzeit wenigstens klarstellen, dass wir mit unseren *Helden* noch immer nicht am Ende waren und gegebenenfalls nur aufhören, weil es die Umstände erzwingen.

Wie die GOLZOW-*Saga* die *Wende* überlebte

Für den ersten in der Bundesrepublik entstehenden Film, der dann DREHBUCH: DIE ZEITEN hieß und ein Dreiteiler von 4 Stunden 44 Minuten war, sind wir 1991/92 noch mit insgesamt über 1 Million DM aus verschiedenen Töpfen gefördert worden. Das hat danach immer mehr abgenommen und konnte nicht mal annähernd durch Gelder vom Fernsehen als Koproduzenten ausgeglichen werden, zumal diese ab 2000 bloß noch vom ORB/rbb kamen.

Obwohl wir mit jedem neuen Film weiterhin zur Berlinale vertreten waren – mit einer Ausnahme: das Porträt von Elke, das wir zeitgleich mit dem von Marieluise einreichten – und sich das Projekt wachsender Wertschätzung erfreute, verstanden die, auf deren Unterstützung wir angewiesen waren, oft kaum, welche Erfordernisse sich daraus ergaben, eine solche Langzeitchronik am Leben zu erhalten und verschlossen die Augen vor unseren Nöten. Was dem vereinten Deutschland da aus der DDR überkommen war, passte einfach in keine der neuen Schubladen.

Statt hoffen zu können, dass sich daran noch etwas ändert und wir mit jedem neuen Vorschlag zur Fortsetzung des längst Etablierten nicht immer wieder bei Null anfangen müssen, war eher zu fürchten, dass die Förderquellen sehr bald ganz versiegen würden.

Bisherige Unterstützer fragten ja bereits, wie viele *Protagonisten in spe* wir noch unter den Golzowern hätten. Und das war nicht nur interesselose Neugier.

Der Erste, der so fragte, war ausgerechnet Berlin-Brandenburgs Filmboard-Intendant, ein Mann der Produktion aus dem Kreis der Münchner Bavaria, der über Lehrämter und Funktionen zu Titel und Amt gekommen war. Nachdem er eine erste Staffel wiederaufgenommener *Lebensläufe* (Willy, Elke, Marieluise) und, auf Fürbitte der Landesregierung, nicht gerade bereitwillig, auch noch Brigitte und Dieter gefördert hatte, verweigerte er die Förderung weiterer (wörtlich) «Dubletten». Nötigenfalls – so sein Entgegenkommen – bot er an, noch einem Film Unterstützung zukommen zu lassen, wenn wir versprächen, dass es unser letzter sei. Falls uns für diesen am Ende noch Geld fehle. Sozusagen, damit endlich Schluss mit *diesem Golzow* sein konnte. Das war 1998.

An einen letzten Film wollten wir seinerzeit natürlich noch nicht denken, denn wir saßen auf Material für weitere programmtragende *Lebensläufe* von Jochen, Bernd, Winfried, Gudrun, dem Doppelporträt Bernhard/Eckhard und darüber hinaus für einige kürzere Porträts. Davon realisierten wir, wie in unserem ersten Buch noch berichtet werden konnte, die Filme JOCHEN – EIN GOLZOWER AUS PHILADELPHIA (2001) und eben EIGENTLICH WOLLTE ICH FÖRSTER WERDEN – BERND AUS GOLZOW (2002).

Förderer waren bei Ersterem der Beauftragte der Bundesregierung für Kultur und Medien, das Ministerium für Wissenschaft, Forschung und Kultur des Landes Brandenburg und die Ostdeutsche Sparkassenstiftung zusammen mit der Sparkasse Märkisch-Oderland. Beim Zweiten förderte von denen nur noch letztere. Aber es gelang, den Hauptstadt-Kulturfonds der Senatsverwaltung als Unterstützer zu gewinnen.

Förderung durch die Filmboard Berlin-Brandenburg GmbH – als die für uns und unsere Produktion nun einmal erste Ansprechpartnerin – war also für beide Filme nicht mehr dabei.

Im Ausgleich förderten also die Landesregierung Brandenburg und der Senat von Berlin, was Bände spricht, war doch die Filmboard GmbH von den beiden Ländern gegründet worden, um vor allem dem Filmschaffen der Region Hilfe aus ihren Steuergeldern zu gewähren. Was dem Filmboard-Intendanten aber keine Verpflichtung war, ein ungeliebtes regionales Langzeitprojekt wie das unsere «endlos» weiter mitzutragen, von dessen internationaler Reputation er offenbar nicht überzeugt war.

Da die Berlin-Brandenburger Filmförderung nicht mehr mitzog oder gar mit gutem Beispiel voranging, war auf Unterstützung von den Ländern, wie einstmals Hamburg und Sachsen-Anhalt oder bisher des Bundes, ebenfalls nicht mehr zu hoffen.

Der ORB/rbb als Koproduzent und andere 3. Programme der ARD, die unsere Filme anfangs noch mitproduzierten oder später nur noch «im Rahmen des Programmaustauschs» übernahmen, schienen sich mit den Überlängen abgefunden zu haben. Man wies ihnen allerdings meist Sendeplätze um Mitternacht zu, obwohl sie regelmäßig zur Berlinale auf sich und den Sender aufmerksam gemacht und Gelegenheit gegeben hatten, sich mit uns im Erfolg zu sonnen.

Dennoch finanzierte man weiter nach den eigenen Normen. Und das musste wohl heißen, nur in der Höhe dessen, was man für eine vergleichbare vollelektronische Produktion in der geringeren Länge von 90 Minuten außerhalb der Hauptsendezeit zur Verfügung stellen wollte. Die Mittel entsprachen schon lange nicht mehr dem für 35-mm-Filme nun einmal technologisch Erforderlichen, geschweige denn denen für eine kontinuierliche Dokumentation als Basis unserer Chronik.

Aus diesen und anderen Gründen waren unsere Filme zunehmend chronisch unterfinanziert, und jeder Produzent, der das absah und auf ein Minimum an Gewinn aus war, musste das Handtuch werfen. Genau das hatte die JOURNAL-FILM Klaus Volkenborn KG, zu der wir nach Ende der DEFA gegangen waren und die noch ohne Fernsehbeteiligung auskommen wollte, nach dem Dreistünder DAS LEBEN DES JÜRGEN VON GOLZOW ja auch 1994 getan.

Es erscheint uns heute wie ein Wunder, dass es mit der à jour Film- und Fernsehproduktions GmbH Klaus D. Schmutzer danach doch noch gelang, bis 2007 weitere 8 Filme zu realisieren.

Nach dem siebenten von ihnen – EIGENTLICH WOLLTE ICH FÖRSTER WERDEN – BERND AUS GOLZOW – aber konnte wieder einmal das Ende der Langzeitbeobachtung erreicht sein. Diesmal vielleicht sogar unwiderruflich.

Auch wir hatten danach keine Idee mehr, wie man für weitere Filme zu Geld kommen konnte. Sicher schien nur, dass für die ARD allein der rbb mit im Boot blieb. Woher jedoch die anderen zwei Drittel der Mittel nehmen und nicht – aufgeben?

Inzwischen war aus der Film- eine Medienboard GmbH geworden. Und bei der Vergabe von Unterstützung für Dokumentarfilme wurde es wichtiger, dass mindestens ein Sender einbezogen war um zu gewährleisten, dass geförderte Filme auch wirklich gesehen werden konnten.

Die Medienboard GmbH leitete inzwischen Kirsten Niehuus. Konnte man ihr mit Blick auf den Abschluss des Projekts doch noch mit mehreren Porträts kommen, wenn der Vorgänger ihr möglicherweise hinterlassen hatte, dass bestenfalls nur noch ein letzter Golzow-Film Förderung verdient? Vielleicht hätten wir ihre Haltung erkunden sollen, aber sie zeigte ja auch kein Interesse, unsere Vorstellungen kennenzulernen.

Hinzu kam, dass wir erstmals eine gewisse Müdigkeit und Unlust spürten, für noch drei bis vier weitere Filme auf die übliche Betteltour zu gehen. Ich war 2003 schon 68, Barbara 60. Ein neues Jahrfünft oder gar Jahrzehnt hätte uns das nach allen Erfahrungen gekostet, ohne dass diese Planung aufgehen musste.

Wenigstens schien es uns ratsam, künftig nicht mehr wie bisher von «wieder einem neuen», also einem weiteren «Lebensläufe-Porträt» zu reden, sondern nur noch allgemeiner davon, für das Golzow-Projekt einen Abschluss zu finden, damit es nicht einfach sang- und klanglos abbricht.

Ein kleines Wunder geschieht – oder Rettung in höchster Not

Von Hölderlin soll der Gedanke sein: «Wo Gefahr ist, wächst das Rettende auch.»

So wähle ich für das, was folgte und wie eine Legende aus heutiger Zeit anmutet, die *gehobene* Form, indem ich mich an eine sehr bekannte Geschichte anlehne, die sich mir jetzt einfach aufdrängt:

Es begab sich aber zu der Zeit, dass eine Kulturstiftung des Bundes geboren ward. Da machten sich auch auf die Junges, damit sie sich bewürben mit dem ihnen vertrauenden Produzenten. Der ging mit der Pleite schwanger. Und als sie selbdritt im Kanzleramt waren, kam die Zeit, das zu offenbaren. Und der Engel des Herrn Schröder trat zu ihnen in Gestalt der künstlerischen Leiterin dieser Stiftung, welche daselbst fürs Erste Herberge gefunden hatte. Die hieß Hortensia Völckers. Und siehe, sie verkündigte ihnen groß Freud…

Welcher Art, soll gleich mitgeteilt werden. Zum besseren Verständnis – und jetzt wieder ganz prosaisch – jedoch zunächst dies:

Auf die Idee mit der Kulturstiftung des Bundes waren wir nicht selber gekommen. Die kam von Dr. Manfred Ackermann – einst im Ministerium des Innern und nun beim Beauftragten der Bundesregierung für Kultur und Medien für die kulturellen Belange der neuen Bundesländer im Amt – bei dem wir nicht zum ersten Male Rat gesucht hatten.

Zur Erinnerung: Als unsere Chronik 1993 nach DREHBUCH: DIE ZEITEN und DAS LEBEN DES JÜRGEN VON GOLZOW mal wieder gefährdet war, hatte er uns auf die Kulturstiftung der Länder und andere potenzielle Förderer aufmerksam gemacht und denen möglicherweise sogar nahegelegt, die Golzower Chronik mitzufördern. Er war eben ein *Wessi*, wie er nicht im Buche steht.

Da es ja weiterhin die Filmförderung des Bundes gab, bei der wir mit Förderbitten nicht unbedingt

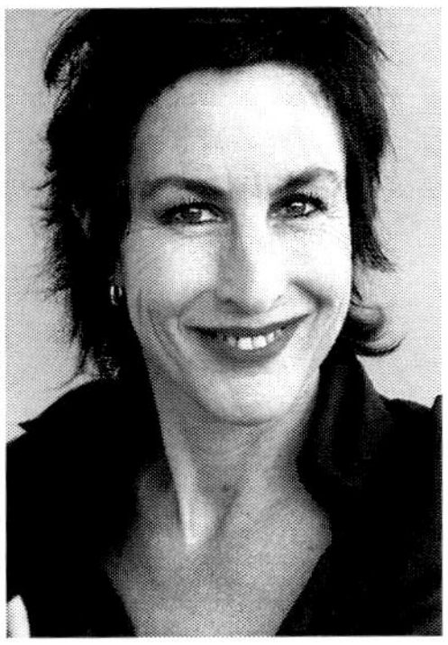

Kulturstifterin des Bundes: Hortensia Völckers

Glück haben mussten, wie die Erfahrung inzwischen lehrte, waren wir ein Jahrzehnt später gar nicht auf den Gedanken gekommen, dass die nunmehr ebenfalls gegründete Kulturstiftung des Bundes gerade für unser Projekt eine aussichtsreiche Alternative sein konnte.

Die Kulturstiftung des Bundes, für die bald der Sitz bei den Franckeschen Stiftungen in Halle eingerichtet wurde, sollte vorrangig Kulturgut bewahren helfen, pflegen, erschließen, weiterentwickeln, sogenannte «Leuchttürme» auf dem Gebiet der ehemaligen DDR schaffen. Das schien auch der Grund zu sein, warum sich noch kein Filmemacher hier nach Förderung angestellt hatte. So gab es nicht die übliche Schlange, und wir wurden sozusagen gleich vorgelassen.

Hortensia Völckers, die noch recht junge künstlerische Direktorin, beeindruckte durch ihre herzliche Aufgeschlossenheit und sympathisches Interesse für das, was wir da über die DDR, über uns und unsere Arbeit erzählen konnten. Aus Argentinien kommend, hatte sie bereits einige kulturelle Projekte mit internationaler Ausstrahlung ganz oder anteilig gemanagt, u. a. die Kasseler «documenta». Nun wollte sie zunächst einmal unsere Filme kennenlernen, und die haben wir ihr – damals noch auf VHS – auch sogleich übergeben.

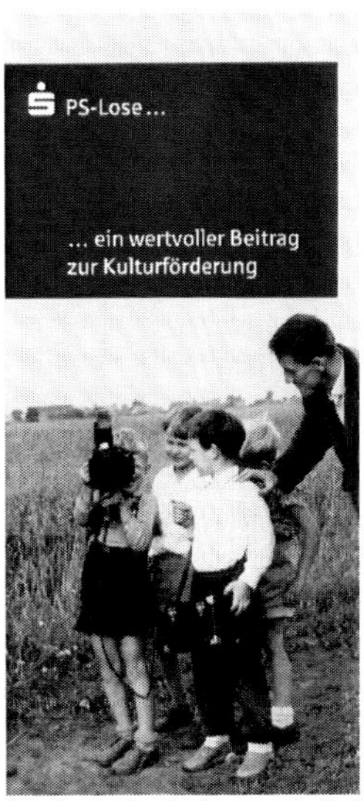

Losverkäufe erlauben der Sparkasse Förderung

Die Audienz endete mit einer persönlichen Führung durch das Kanzleramt, und wir schieden mit dem sicheren Gefühl, dass dieser Besuch nicht umsonst war. Gut möglich, dass wir Frau Völckers, in der wir zumindest einen Schutzengel der Golzower Chronik gefunden haben konnten., für eine abschließende Förderung unserer Arbeit hatten einnehmen können. Unter dem Aspekt *Film als Zeitdokument zur deutschen Geschichte* hielt sie unser Langzeitprojekt offenbar für außerordentlich unterstützenswert.

Nun ging es um den richtigen Antrag.

Dr. Ackermann hatte uns geraten, aus den genannten Gründen den Schwerpunkt der Argumentation nicht allein auf die Gestaltung eines neuen, letzten Films zu legen, sondern ebenso auf abschließende Maßnahmen zur Bewahrung einer filmhistorischen Dokumentation als Kulturgut, das die Bundesrepublik von der DDR übernommen hat.

Noch lag ja dieses viele Material für weitere *Lebensläufe* vor. Und auch wenn sie gestaltet werden konnten, würde immer noch nicht alles Vorhandene aufgearbeitet sein und es daher lohnen, zeitgeschichtlich Wichtiges geordnet ins Bundesarchiv zu überstellen.

Insgesamt brauchte das sein Geld. Wie viel davon konnte man der neuen Förderinstanz per Kalkulation zumuten? 200.000 € (zweihunderttausend!) sollten es sein können. Teurere Projekte wurden nur gefördert, wenn sie die Kulturstiftung im Rahmen ihrer Planungen selbst initiierte.

Eingedenk dessen kalkulierte und beantragte Produzent Klaus Schmutzer genau 198.967,00 €. Und die bekamen wir auch anstandslos und ohne die üblichen Abstriche. Möglicherweise hatte Hortensia Völckers in Wolfgang Thierse, Bundestagspräsident und Mitglied des Kuratoriums der Kulturstiftung, einen sachkundigen Verbündeten. Der hatte zu DDR-Zeiten in der Gruppe *document* unseres DEFA-Studios als Autor und Textverfasser mit Kollegen von uns zusammengearbeitet und war an Diskussionen um das Golzow-Projekt beteiligt, das 1980/81 mit LEBENSLÄUFE eine neue Dimension und Qualität erreichte.

Wir haben Thierse in neuerer Zeit immer mal wiedergesehen. Er ging nicht nur auf uns zu und beehrte uns mit seiner Anwesenheit zur Premiere unseres Buchs in der SPD-Zentrale Willy-Brandt-Haus, sondern wies unseren persönlichen Dank für seine Mitwirkung an der Entscheidung auch nicht als gegenstandslos zurück.

Mit dem Geld der Bundeskulturstiftung hatten wir plötzlich schon die *halbe Miete* für einen letzten Film zusammen. Die andere Hälfte der Finanzierung erwarteten wir vom rbb-Fernsehen, der Medienboard Berlin-Brandenburg GmbH und der Ostdeutschen Sparkassenstiftung mit der Sparkasse Märkisch Oderland, die inzwischen zu einem treuen, regionalen Verbündeten geworden war.

Wenn das Geld dann notfalls reichen musste und konnte, so deshalb, weil wir die Förderentscheidungen nicht daheim abwarteten, sondern in den Schneideräumen. Wir hatten ja unsere Produktionsbasis, also konnten wir beginnen, den künftigen letzten Film bereits mit den vorhandenen umfangreichen Materialien zu erarbeiten. Barbara machte auch weiter, wenn der Produzent vorübergehend kein Gehalt zahlen konnte, sondern nur den zulässigen Nebenverdienst, wenn sie sich mal wieder in die Arbeitslosigkeit verabschiedete. Da wurde der Beruf dann eben zum Hobby, von dem man ja nicht gleichzeitig lassen muss. Ähnliches galt für mich: Ich war ja schon seit 1998 Frührentner, seit 2000 Vollrentner und hatte damit bereits seit sieben Jahren meine *Grundsicherung*. Das Gehalt in der alten Höhe zu beanspruchen, wenn wieder Geld zur Verfügung stand, wäre mir angesichts der obwaltenden Umstände unangemessen vorgekommen. Also beschied ich mich, wenn wieder ein Film bezahlbar wurde, mit monatlich 700,00 €, zwischendurch mit der Hälfte, um überhaupt unter Vertrag zu bleiben, falls ich mal beim Hantieren mit den Büchsen von der Leiter fallen sollte und daher so etwas als Arbeitsunfall gemeldet werden konnte.

Immerhin wurde Barbaras Gehalt zum offiziellen Wiederbeginn der Produktion als Schnittmeisterin und Co-Regisseurin auf die Höhe meines ursprünglichen aufgestockt, was ein Ende hatte, als sie sich ebenso ohne Abschläge in die Frührente retten konnte. So hat auch sie ihre *Grundsicherung* wenigstens noch etwas aufbessern können. Ich spreche von diesen Dingen, weil manche meinen, dass wir uns an einer Serie von zehn überlangen oder sogar mehrteiligen Filmen seit Ende der DEFA gesundgestoßen haben müssten.

Eher könnten wir uns das sagen lassen, wenn bei den Autorenhonoraren nicht mehr und mehr die übliche *Rückstellung* der Auszahlung Praxis gewesen wäre. Aber über ein Jahrzehnt lang war nach Abschluss der jeweiligen Produktion dafür nie etwas übriggeblieben. Und nennenswerte Erlöse aus dem Kinoeinsatz, die vertragsgemäß zwischen dem Produzenten und uns zu teilen waren, ergaben sich auch nicht. Nach Abzug der Unkosten durch den PROGRESS Film-Verleih blieb praktisch kein Reinerlös, den wir dem Produzenten noch zur Hälfte hätten streitig machen wollen.

Hier nun ist endlich Klaus Dieter Schmutzer zu danken, der das Golzow-Projekt mit uns zu Ende bringen wollte, ohne Aussicht zu haben, davon auch nur annähernd leben zu können. Unter Umständen hätte er vielleicht sogar sein Haus *zur Bank getragen*, es also *beliehen*, wie es richtiger heißt, um Sicherheit für die Kreditierung von *Eigenanteilen* zu bieten, die für die Förderinstanzen meist beizubringen sind.

Angesichts ungenügender Unterstützung unserer Filme und einer überbordenden Filmbürokratie hätte auch Schmutzer nach Volkenborn vielfach Grund gehabt, *Golzow* aufzugeben. Doch er konnte darauf vertrauen, dass wir nicht untätig waren, wenn es darum ging, *Klinken zu putzen*, um Förderer zu gewinnen, weil das bei uns als den Autoren des Golzow-Projekts nun einmal mehr Erfolg versprach als bei einem der in der Szene damals noch relativ unbekannten, zahlreichen Produzenten aus den neuen Bundesländern.

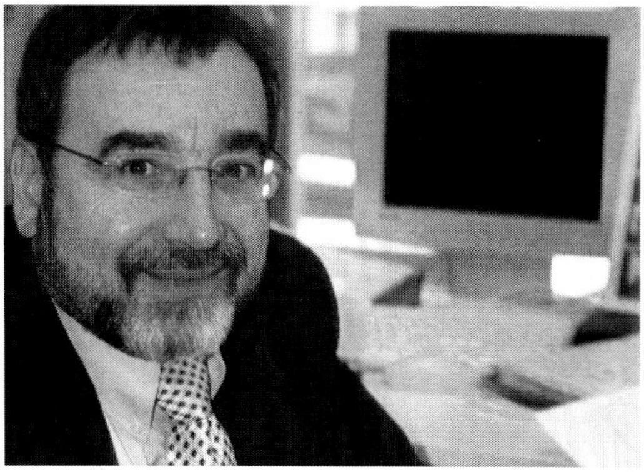

Ein Herz für Golzow: Kirch-Geschäftsführer Dr. Englert

Überdies stellte sich heraus, dass der Geschäftsführer der von der Kirch-Gruppe gekauften DEFA-Studios für Dokumentarfilme in Berlin-Mitte und für Synchronisation in Berlin-Johannisthal, Dr. Gerhard-K. Englert, überraschenderweise von Film zu Film mehr zu einem *Mäzen* wurde, wie er selbst mal von sich sagte. Auch er ein *Wessi der anderen Art*.

Das war so gekommen:

Als 1991 mit dem Ende der DEFA und ihrer Transformation in *Defa-Studio für Dokumentarfilme GmbH*

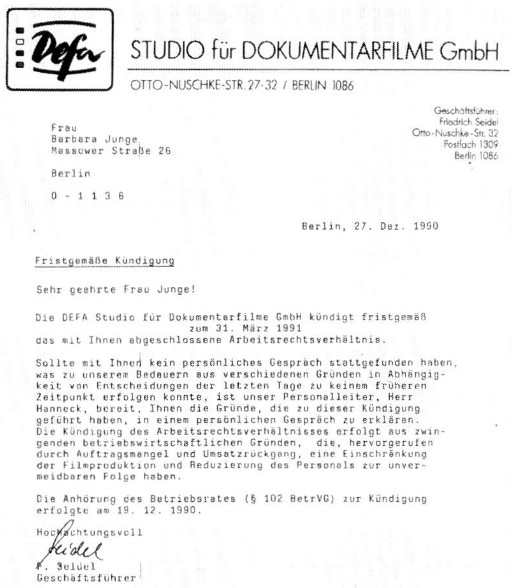

STUDIO für DOKUMENTARFILME GmbH
OTTO-NUSCHKE-STR. 27-32 / BERLIN 1086

Geschäftsführer:
Friedrich Seidel
Otto-Nuschke-Str. 32
Postfach 1309
Berlin 1086

Frau
Barbara Junge
Massower Straße 26

Berlin

0 - 1 1 3 6

Berlin, 27. Dez. 1990

Fristgemäße Kündigung

Sehr geehrte Frau Junge!

Die DEFA Studio für Dokumentarfilme GmbH kündigt fristgemäß
zum 31. März 1991
das mit Ihnen abgeschlossene Arbeitsrechtsverhältnis.

Sollte mit Ihnen kein persönliches Gespräch stattgefunden haben, was zu unserem Bedauern aus verschiedenen Gründen in Abhängigkeit von Entscheidungen der letzten Tage zu keinem früheren Zeitpunkt erfolgen konnte, ist unser Personalleiter, Herr Hanneck, bereit, Ihnen die Gründe, die zu dieser Kündigung geführt haben, in einem persönlichen Gespräch zu erklären. Die Kündigung des Arbeitsrechtsverhältnisses erfolgt aus zwingenden betriebswirtschaftlichen Gründen, die, hervorgerufen durch Auftragsmangel und Umsatzrückgang, eine Einschränkung der Filmproduktion und Reduzierung des Personals zur unvermeidbaren Folge haben.

Die Anhörung des Betriebsrates (§ 102 BetrVG) zur Kündigung erfolgte am 19. 12. 1990.

Hochachtungsvoll

F. Seidel
Geschäftsführer

Die DEFA wird zur Defa-GmbH, einem reinen Dienstleister, und entledigt sich aller künstlerischen Mitarbeiter

alle unsere Kollegen das Haus verließen und sich für ihre weitere Arbeit Läden und andere Refugien suchten, machten Barbara und ich dem neuen Hausherrn unsere Aufwartung. Wir informierten ihn über unser Langzeitprojekt, das ihm kein Begriff sein konnte, und er verstand, dass wir mit diesen *Kindern von Golzow* gar nicht erst auf die Straße geraten durften. Es sollte ja weitergehen. Förderung hatte schon eingesetzt, und wir konnten diverse Dienstleistungen der 35-mm-Endfertigungstechnologie in Anspruch nehmen. Außer zwei Schneide- und Lagerräumen brauchten wir Umspielkapazität für Töne, das Mischatelier und anfangs sogar noch Kamera- und Tricktechnik.

Nicht jede Rechnung konnte allerdings gleich bezahlt werden, und in den Zeiten zwischen den Filmen häuften sich auch Mietschulden. Anderswo hätten wir sehr viel mehr entrichten müssen und sicher nie lange etwas schuldig bleiben dürfen.

Es hätte also Gründe genug gegeben, uns *Armutsmietern* zu kündigen. Doch all das, was Dr. Englert über das Golzow-Projekt in der Presse las, in der wir schon immer eine gewisse *Dauerpräsenz* besaßen, oder was er in den 3. Programmen der ARD sah und selbst zu Berlinale-Premieren erlebte, zu denen wir einluden, ließ ihn erkennen, dass bei ihm im Hause Filmarbeit von Wert geleistet wurde, die er seinerseits so gut wie möglich unterstützen wollte.

Angesichts der Totpunkte, die das Projekt zwischen den einzelnen Filmen immer wieder erreichte, klopfte Englert wohl sogar mal für uns in München auf den Busch. Das trug uns tatsächlich das Angebot einer «Umformatierung» der Chronik zu einer bis zu 30-teiligen Sendereihe für den *Discovery Channel* ein. Hier zu erklären, warum wir diese Existenz sichernde Offerte ausschlugen, führte jedoch zu weit. Mitzuteilen ist nur, dass wir bei Kirch trotzdem Mieter bleiben konnten.

Als das Dokumentarfilmstudio in Berlin-Mitte zu einem Medienzentrum ausgebaut und die Deutschlandzentrale von SAT.1 werden sollte, waren wir mit nach Berlin-Johannisthal umgezogen. Die Kirch-Gruppe machte aus dem dortigen DEFA-Studio die JohannisthalSynchron GmbH. So hatten wir also weiterhin Studiotechnik zur Verfügung, wenn auch zunehmend digital.

Und selbst als für diese Firma die günstigen Bedingungen aus Treuhandzeiten aufgebraucht waren, ihr die Konkurrenz auf dem Berliner Synchron-Markt zunehmend zu schaffen machte, Kirch in Turbulenzen kam und das Studio gesplittet wurde, um sukzessive an Firmen der verschiedensten Branchen vermietet zu werden, durften wir unter Dr. Englert mit *Golzow* bleiben. Am Ende konnten wir sagen, dass unsere Filme nicht nur die DEFA überlebten, sondern auch das Kirch-Imperium

2007 schnitten wir im Studio Johannisthal, der historischen Berliner Produktionsstätte und einer der ersten der DEFA unmittelbar nach dem Kriege, unseren letzten Film und nahmen Dr. Englert mit in den Nachspann.

Mit dem Abschluss der Chronik der *Kinder von Golzow*, so hörten wir inzwischen vom Produzenten, endete in Deutschland vermutlich der 35-mm-Schnitt. Danach gelang es uns nicht mehr, die beiden Schneidetische, darunter einen modernen Steenbeck für 16- und 35-mm, der für Barbara leider allzu lange nur *Objekt der Begierde* gewesen war, noch zu verschenken, geschweige denn zu verkaufen.

Die Tische sind seit 2009 mit Vielem, was einst zu einem Schneideraum gehörte, in der «Ständigen Filmausstellung Kinder von Golzow» zu besichtigen, die die Gemeinde in «Filmmuseum» umbenannt hat, seit unser Projekt beendet ist. Mit Recht. Erinnert es doch auch an die über hundertjährige Ära des klassischen 35-mm-Films. Deren letztes Kapitel hätten wir also mitgeschrieben. Es waren die Jahre seit 2004, von denen wir hier nun erzählen können.

Von welchen *Kindern von Golzow* ein letzter Film berichten sollte

Nach 18 Filmen seit 1961, davon die letzten acht – in Fortsetzung der LEBENSLÄUFE von 1980/81 – programmtragende Einzelporträts, harrten nach dem Lebenslauf des Bernd 2003 eigentlich noch zehn weitere ihrer Fortführung und des Abschlusses aus heutiger Sicht. Zumindest jedoch die von Winfried, Gudrun, Ilona und Bernhard zusammen mit Eckhard.

Eckhard ausgenommen, waren das die Porträts eben jener *Kinder von Golzow*, die Mitglieder der SED, der Sozialistischen Einheitspartei Deutschlands, geworden waren. Wir wollten ihnen nach dem Ende der DDR nicht gleich die ersten Filme widmen, um sie in den Wirren der Wendezeit vor verletzenden Diskussionen zu schützen. Gerade sie seinerzeit vorzuzeigen, hätte als Bloßstellung empfunden werden können. Nachdem aus *dem* Volk *ein* Volk geworden war, hatten diese Golzower es verständlicherweise schwerer, sich neu zu orientieren. Aber auch sie mussten mit ihrem Bild auf Leinwand und Bildschirm leben können. Nur nicht sogleich.

Für eine Fortsetzung des Golzow-Projekts durch das DDR-Fernsehen wären diese vier Genossen 1983/84 ja beinahe die Ersten gewesen, falls wir darauf eingegangen wären, «nur noch die Besten» vorzuweisen. Nun konnten und sollten sie also die Letzten sein und durften dennoch nicht *auf der Strecke bleiben,* weil sie eben unbedingt zum Panorama der Geschichten und Schicksale dieser Generation von Golzowern gehören.

Es gab aber auch andere und sehr verschiedene Gründe, warum es uns nach der *Wende* nicht sofort um eine neue Veröffentlichung dieser Lebensgeschichten gehen konnte. Ilona beispielsweise hatte ja schon 1982 ihre weitere Mitarbeit am Film aufgekündigt. Und bei Gudrun und Winfried blieb nach 1991/92 abzuwarten, ob wir sie in den Folgejahren nochmals als Bundesbürger vor die Kamera bekommen würden.

Die Drei zählen zu jenen neun *Kindern von Golzow*, von denen LEBENSLÄUFE (1980/81) in noch kurzen Einzelporträts berichtete. Sie waren von Anbeginn unsere *zentralen Helden* – Protagonisten des *innersten Kreises*.

Bis 1990 war insbesondere von Gudrun und Winfried noch viel Material zusammengekommen. Als wir danach kaum mehr neu zum Drehen kamen, drohte unsere Arbeit vergeblich gewesen zu sein, und so gestanden wir uns schon einen sich abzeichnenden großen Verlust ein.

Letzter oder doch wieder nicht letzter Film?

Als wir uns endlich 2003 die Porträts der vier ehemaligen Genossen unter den *Kindern von Golzow* vornahmen, Bernhard dabei im Doppelporträt mit Eckhard, glaubten wir noch, sie alle in einem einzigen, *wenn* auch erneut überlangen, letzten Film unterbringen zu können.

Zum einen konnte die Beschränkung auf diesen einen Aspekt und seine Thematisierung bei einer Eingrenzung des Materials helfen, was schon mal den Vorteil gehabt hätte, dass bestimmte Gruppenszenen aus der Kindheit und Jugend, die bereits anderen Protagonisten zugeordnet worden waren, sich nicht wiederholen mussten.

Zum anderen stand die Frage, ob Bernhards Lebensgeschichte, insbesondere dann, wenn es nur um ihn als Genossen gehen würde, überhaupt ein eigenes Porträt rechtfertigte.

All das schien zunächst für nur noch einen einzigen, letzten Film zu sprechen. Aber begaben wir uns mit solcherlei Überlegungen zur Fortsetzung und zum angestrebten Abschluss unserer *unendlichen Geschichte* nicht schon auf den Rückzug? Begannen wir nicht Argumente zu sammeln, um einen von sich aus großen, komplexen Gegenstand auf die Umstände auszurichten, die seine Realisierung gerade noch ermöglichten und kalkulierten ihn damit *unter Wert*? Dachten wir die *Kinder von Golzow* in falscher Richtung zu Ende und wurden uns so untreu?

Bislang waren wir doch davon überzeugt, dass man diejenigen, die später Genossen wurden, nicht auf diesen Aspekt hin reduzieren durfte. Dass man sich nicht nur deshalb für sie interessieren sollte, sondern allenfalls «auch deshalb». Machten es sich die Medien mit ihrer verengten Sicht auf die DDR und ihre Menschen heutzutage da nicht entschieden zu einfach?

Also bedurfte es für jede unserer Geschichten immer neu der Dokumentation ihres Werdens, des Bildes vom ganzen Menschen. Und darin eben nur eingebettet ein solcher Aspekt wie der, sich als Parteimitglied für die DDR eingesetzt zu haben, wenn dem so war.

Vom vorhandenen Material her gesehen, waren wir ja in der Lage, diesem Credo zu folgen. Die komplexe Sicht auf jeden Einzelnen wie bei den letzten acht Porträts wäre jedoch unweigerlich verloren gegangen, wenn für nunmehr etwa fünf Protagonisten nur so viel Raum (und Filmmeter) zur Verfügung standen, wie zuvor für einen einzigen. Solch ein Einteiler hätte uns also ein Konzept diktiert, mit dem nur ein schwacher Abschlussfilm zu erwarten war.

An solch einen letzten Film zu denken, waren wir dann doch nicht bereit. Für uns galt weiterhin, das Langzeitprojekt sollte erst enden, wenn wir nichts Wichtiges mehr in überzeugender Gestalt anzubieten hätten und nicht, weil kein Geld für weitere Einzelporträts aufzubringen war. Die Flucht konnte also nur nach vorn angetreten werden.

Wie aus einem letzten Film vier Filme wurden

Mit dem Geld der Kulturstiftung des Bundes, des rbb, der Sparkassenstiftung/Sparkasse Märkisch Oderland und dem zu erhoffenden vom Medienboard schien gelingen zu können, die vorgeschlagenen Porträts der vier mehr oder minder freiwillig zu Genossen gewordenen wie auch – im Kontrast – das des *unpolitischen* Eckhard abzuschließen und in einem letzten Film unterzubringen: Allerdings eben unter der Voraussetzung, dass dieser ein Zweiteiler wie LEBENSLÄUFE (1980/81) werden konnte. Das hatten die Materialrecherchen und das Rohschnittkonzept bereits ergeben.

Mit dieser Hoffnung gingen wir jedenfalls 2004 erneut unter Vertrag, nachdem tatsächlich auch das Medienboard, von einem letzten Film ausgehend, ca. 80.000 € beigesteuert hatte und mit Hilfe des rbb die «Gesamtfinanzierung geschlossen» worden war. Wie das so sein muss.

Es gab wieder eine Basis für inhaltliche Überlegungen. Und die wurden angesichts der ausufernden Rohschnitte nötig.

Medienboard
Berlin-Brandenburg GmbH

Frau Kirsten Niehuus
Geschäftsführerin

August-Bebel-Str. 26 – 53
14482 Potsdam-Babelsberg

Berlin, den 20. 4. 05

Sehr geehrte Frau Niehuus,

für die Förderung des letzten Films über die „Kinder von Golzow", an dem wir nun arbeiten können, möchten wir Ihnen und den mit der Sache befassten Mitarbeiterinnen und Mitarbeitern zunächst sehr herzlich danken.

Wie Sie vielleicht wissen, hätte Herr Prof. Keil die 1961 in der DDR geborene, älteste Langzeitchronik der Fillmgeschichte nach fünfmaliger Förderung gern beendet gesehen und sich bei dieser für ihn „unendlichen Geschichte" nur noch bereit erklärt, einen abschließenden Film zu unterstützen. So entstanden die letzten beiden Golzower Porträts über Jochen und Bernd ohne Mittel der Filmboard GmbH, der für uns Berliner Filmemacher mit Brandenburger Thema nun einmal „ersten Adresse", und erreichten, wie es schon Tradition ist, auch wiederum das Internationale Forum des Jungen Films der Berlinalen 2002 und 2003.

Das Brandenburger Film-, jetzt Medienboard, fördert *Golzow* 2005 wieder. Weil es der letzte Film ist

Zu unserem Erschrecken zeigte sich nämlich, dass selbst ein Zweiteiler unter Umständen nicht für so lange Lebensläufe wie die von Winfried, Gudrun und Bernhard mit Eckhard ausreichte. Winfrieds Porträt und auch das Doppelporträt Bernhard/Eckhard wuchsen sich so aus, dass sie je einen Teil füllten. Da hätte Gudrun schon eines dritten Teils bedurft, aber mit Ilona wäre der schon wieder zu lang geworden. Hieß das etwa, dass es uns auch noch um einen zweiten Zweiteiler gehen musste, der aber dann sogar Raum für weitere, wenn auch kürzere Porträts bieten würde? Wie gesagt, Material für insgesamt zehn war vorhanden.

Uns schwindelte beim Nachdenken über die Situation und ihre Konsequenzen. Und so trauten wir uns erstmal nicht, damit den Produzenten zu behelligen.

Wir hatten nachzudenken und möglichst selbst eine fundierte und begründete Lösung zu finden, sozusagen eine, die das dafür sowieso nicht vorhandene Geld wert war.

Und das waren unsere Überlegungen:

Wenn es bereits um endgültig oder vorübergehend *abgebrochene* Lebensläufe gehen musste, warum dann nicht noch andere zur Diskussion stellen? Waren da nicht auch Lebensgeschichten, die wir zu DDR-Zeiten einfach aus den Augen verloren hatten, die aber im vereinten Deutschland vielleicht wieder aufgenommen werden konnten und sollten?

Wenn es um Abschluss und Bilanz einer Filmchronik über eine authentische Schulklasse ging, die nur von der guten Hälfte ihrer Schüler berichtet hatte, gebot es sich da nicht überhaupt, wenn irgend möglich, auch noch einmal einigen jener *Kinder von Golzow* Mindestbeachtung zu schenken, die wir nicht bis heute im Fokus behielten?

Mussten wir nicht die jetzt gebotene, letzte Chance nutzen, um das Panorama unterschiedlicher Lebenswege und Schicksale zu erweitern und das Gesamtbild zu komplettieren, auch wenn wir wahrscheinlich nicht mehr jedem, der einmal dazu gehörte, auf die Spur kommen würden?

Deshalb konnten wir uns vorstellen, dass der Zuschauer auch für *fragmentarische* Porträts durchaus Verständnis haben und dankbar sein würde. Er erwartete vielleicht auch gar nicht, dass alle, die als Kinder bei Filmbeginn mit Begeisterung dabei waren, darauf erpicht blieben, sich immer wieder neu vorführen zu lassen angesichts dessen, was ihnen das Leben brachte oder nicht brachte. Siehe beispielsweise Ilona.

Also machten wir uns erneut ans Prüfen.

Es ergab sich, dass von weiteren fünf ehemaligen ABC-Schützen des Jahres 1961 noch zumindest soviel Material von ihrer Schulzeit, den Wegen in den Beruf, von Ehe, Kind und Familie vorhanden war, dass es lohnte, daran anzuknüpfen. Das Publikum konnte interessiert sein zu erfahren, wie es derzeit auch um den zweiten Jürgen, um Petra, Christian, die andere Elke und Karin stand:

Das waren die Fünf, mit denen so etwas wie ein *Komplementärbild* zum bisherigen Bild der Klasse entstehen konnte. Alles in allem würden am Ende 18 von einst 24 Schülern ihr Porträt oder ihre Porträtskizze bekommen haben und somit ein Reigen unterschiedlicher Lebenswege zustande kommen, der erst dadurch einigermaßen repräsentativ für diese DDR-Generation von Landkindern sein konnte.

Fragte sich nur, ob die Genannten nach zum Teil dreißigjähriger *Drehpause* noch bereit waren, sich erneut auf die Kamera einzulassen. Vier von ihnen konnten es sich tatsächlich vorstellen. Außer bei Petra setzte das also neue, bislang nicht kalkulierte Dreharbeiten voraus. Und so kam der Zeitpunkt, sich dem Produzenten zu offenbaren.

Mittlerweile dachten wir so:

Ein abschließender Film – als ein *summa summarum* – sollte die Chronik der *Kinder von Golzow* nicht nur mit noch möglichst vielen Lebensläufen fortsetzen, sondern auch einen Rahmen bilden, der Abrundung schafft, das Gezeigte der Zeitgeschichte zuordnet und eine Botschaft vermittelt.

Den Rahmen sahen Barbara und ich im Frühjahr 2005 in der Gedenkveranstaltung für die Gefallenen an den Seelower Höhen 60 Jahre nach Kriegsende.

Und als tragenden Gedanken den Kommentar:

> Allen gemeinsam die Hoffnung, dass dieser zweite der letzte Weltkrieg in der Geschichte der Völker sein möge und dass ihren Kindern das erste Menschenrecht sicher sei – leben zu dürfen.

Was auch diese letzten zehn unserer Golzower aus ihrem Leben machen konnten, sollte dann in zwei Zweiteilern oder vier Filmen von insgesamt 9 bis 10 Stunden erzählt werden.

Klaus Dieter Schmutzer war von dem Gedanken überraschenderweise durchaus angetan, den Abschluss des Langzeitprojekts – allen bisherigen Vorstellungen zum Trotze – noch einmal zu einem *großen Wurf* zu machen, auch wenn er bezweifeln musste, dass ein Film in doppelter, geschweige denn vierfacher Länge, bezahlbar sei.

Erst einmal ging es ihm darum, die Ausweitung des Films auf einen Zweiteiler zu sichern. Dennoch duldete er, dass wir bereits anfingen, mit wenigen zusätzlichen Drehtagen den gegenwärtigen Stand im Leben auch dieser wiederentdeckten Golzower zu dokumentieren. Viel konnte und durfte dabei nicht mehr an Minuten herein kommen. Aber wir trösteten uns: Seinerzeit, 1978/79, vermochten wir die Porträts von neun Protagonisten ebenfalls nur mit wenigen Metern und Szenen zu aktualisieren. Trotzdem reichte das: LEBENSLÄUFE erregte unerwartet großes Interesse.

Noch einmal eine solche *Legende* in die Filmwelt zu setzen – das war uns natürlich bewusst – konnte dennoch kaum gelingen. Aber wir wollten mit UND WENN SIE NICHT GESTORBEN SIND ..., so der letztlich gefundene Titel beim abschließenden Film, «die Tür wenigstens mit Anstand zukriegen», wie wir sagten, um uns Mut zu machen.

Hätte uns die Kulturstiftung des Bundes nicht so großzügig gefördert und wäre ich als Rentner nicht schon seit 1998 ein billiger Arbeitnehmer gewesen, hätten wir es Klaus Schmutzer nicht verdenken können, wenn er der Erweiterung von fünf auf zehn Porträts Einhalt geboten hätte. Aber er vertraute darauf, dass in den Büchsen noch Lohnenswertes auf die Veröffentlichung wartete und ließ uns dankenswerterweise gewähren.

Um für die Folgen unseres Umdenkens mit aufzukommen, trafen wir schon Anstalten, erneut schriftlich an Hortensia Völckers heranzutreten. Wollten auch ihr reinen Wein einschenken und sie noch einmal um Unterstützung bitten.

Aber da griff Schmutzer ein: Er habe Förderung für nur noch einen letzten Film in Anspruch genommen und müsse die erst abrechnen, ehe er «sein Wort bricht» und sich doch noch einmal um Förderung bewerbe. Übrig bleibendes Geld, das er für die Ausweitung des Films einsetzen könnte, müsste er dann also zunächst zurückgeben, ohne zu wissen, ob man einem neuen Antrag stattgeben werde. Mit anderen Worten, es galt das Wort vom Spatzen in der Hand, der einem lieber sein sollte als die Taube auf dem Dach.

Viel hing davon ab, ob der erste Zweiteiler überhaupt vom Mitproduzenten rbb akzeptiert und zudem noch geschafft werden konnte, mit ihm zum zehnten Male 2006 im Internationalen Forum des Jungen Films *in Sachen Golzow* vertreten zu sein.

Beides sollte tatsächlich klappen, denn dafür sorgte hier wie dort offensichtlich die Schubkraft unseres etablierten Projekts.

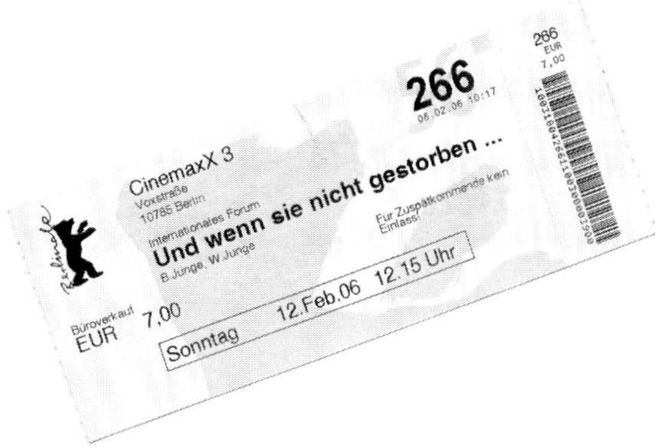

Wie wir hörten, soll das *Abonnement*, das wir beim Internationalen Forum zu haben schienen, übrigens die Gründer dieses Forums, Ulrich und Erika Gregor, veranlasst haben, auch schon vom «Forum des Junge-Films» zu sprechen.

Aber ich greife nun schon ein bisschen weit vor und sollte doch zunächst schildern, wie wir diesen ersten Zweiteiler gestalterisch in den Griff bekamen.

Nach dem Rahmen, den wir uns mit dem Prolog des Gedenkens an den Krieg setzten, den die Landschaft an den Seelower Höhen erlebt hatte, in welche unsere *Kinder von Golzow* zehn Jahre danach hineingeboren wurden, wollten wir noch immer nicht

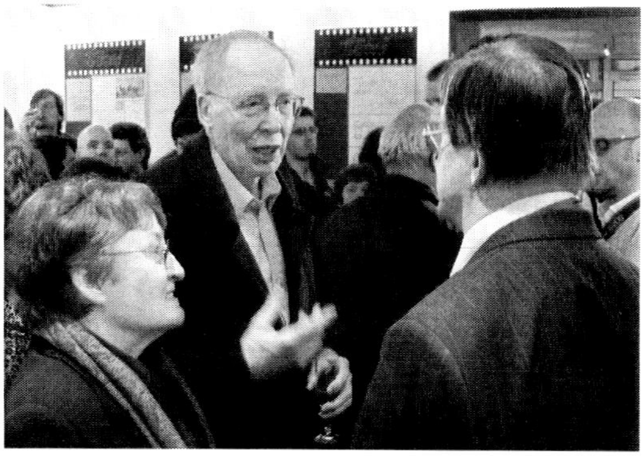

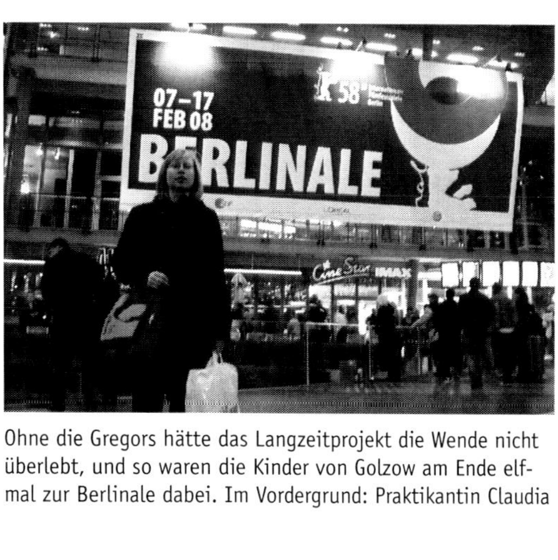

Ohne die Gregors hätte das Langzeitprojekt die Wende nicht überlebt, und so waren die Kinder von Golzow am Ende elfmal zur Berlinale dabei. Im Vordergrund: Praktikantin Claudia

gleich jene von ihnen vorstellen, um die es uns vor allem gehen sollte, die ehemaligen Genossen eben.

Es stand aber auch ganz pragmatisch die Frage, wie das Material zu den Einzelnen, allein schon seiner unterschiedlichen Längen nach, auf den ersten Zweiteiler verteilt werden konnte. Wenn das Porträt von Winfried den zweiten Teil vollständig für sich beanspruchte, musste Ilona im ersten Teil untergebracht werden. Und da sie diesen nicht füllte, und wir nun auch *fragmentarische Porträts* zur Verfügung hatten, entschlossen wir uns, den ersten Teil mit Dreien von ihnen zu beginnen und uns über sie der dominierenden Thematik des abschließenden Films zu nähern: Die Golzower und die Partei.

Teil 1 des ersten Zweiteilers porträtiert darum zunächst Jürgen Fröhlich, den zweiten Jürgen der Klasse, der nach der Vierten sitzenblieb. Dann Petra Scholz, die Klassenbeste, und kommt über sie zu Christian Struwe, der das andere Geschlecht früh entdeckte, aber im weiteren Verlauf seines Lebens mit den Frauen nicht immer Glück hatte. Erst mit Ilona, dem vierten Porträt, kommt eine junge Genossin ins Bild.

In Teil 2 folgt dann also nur noch das Porträt dieses Winfrieds, der sich – und das schon in jungen Jahren – im Unterschied zu mir, seinem filmemachenden Namensvetter, politisch band.

Der erste Zweiteiler endet mit einem Epilog, der von Augsburg, wo «Winne» heute lebt, nach Golzow zurückführt. Szene ist erneut die Schule, aus der die *Unseren* ihren Weg ins Leben nahmen. Sie verabschiedet erneut Schüler zweier 10. Klassen. Und wieder steht die Frage, was diese Generation aus ihrem Leben machen kann und wird.

Für unsere alte Schule wird ein Problem neuer Art benannt. Der Freude des Tages mische ich einen Wermutstropfen bei, wenn ich zu Bildern, die nun folgen, sage:

«Die Zeit, der Film sind lange über diesen Tag hinaus.

Die Hoffnung, mit zwei neuen 7. Klassen die Gesamtschule Golzow – die Oderbruchschule – bleiben zu können, war, so weiß ich inzwischen, vergebens. Bleiben wird dieses Haus als Grundschule. Für das, was es einmal war, fehlen ihm in den neuen Zeiten die Kinder.

Und so, wie unsere Chronik begonnen wurde, als die Schule neu war, so endet sie nun, als sie nicht mehr gebraucht wird. Und dabei ist sie doch nicht für den Film gebaut worden.

An die alten Zeiten, die Zeiten mit uns, erinnert in frei gewordenen Klassenräumen ein kleines Museum. Die Golzower wollten es sich eingerichtet haben. Auf Zeit betreut es Elke Hinkelmann – als ABM. Elke – selbst ein ‹Kind von Golzow›, eines aus unserer Klasse. Aber auch das ist schon wieder Geschichte. Wäre eine neue Geschichte.»

Mit diesem Hinweis auf ein neues Porträt, das von Elke, dieser anderen Elke aus der Klasse, baut der Epilog des ersten Zweiteilers die Brücke zu einem zweiten, einer Fortsetzung des abschließenden Films, ohne dass seinerzeit schon sicher sein konnte, ob dieser wirklich noch zustande kommt.

Aber dann wären auch die Porträts von Karin und zuletzt Gudrun, Bernhard und Eckhard unveröffentlicht geblieben, mit denen wir – im Anschluss an Winfried in Augsburg – noch einmal wieder nach Golzow und ins Oderbruch zurückkehren wollten, von wo vor über vier Jahrzehnten unsere Geschichte ihren Ausgang nahm. Und das hielten wir für ein *Muss*, wurde auch allgemein erwartet und war ein unschlagbares Argument dafür, dass das «Ende der unendlichen Geschichte» erst dann erreicht sein konnte.

Als wir zur Berlinale-Premiere 2006 in der Diskussion von UND WENN SIE NICHT GESTORBEN SIND… sagten, dass die drei Punkte am Ende des Filmtitels darauf hindeuteten, dass unter dem Titel … DANN LEBEN SIE NOCH HEUTE noch ein weiterer Zweiteiler und damit tatsächlich letzter Film folgen könnte, falls wir noch einmal zu Geld kämen, brauchte ich den großen Saal nur noch um Hilfe in Form eines angemessenen Beifalls zu bitten. Der Applaus wurde uns prompt gespendet. «Nicht endend wollend», will ich ihn mal nicht nennen, aber ausdauernd und eindeutig war er schon.

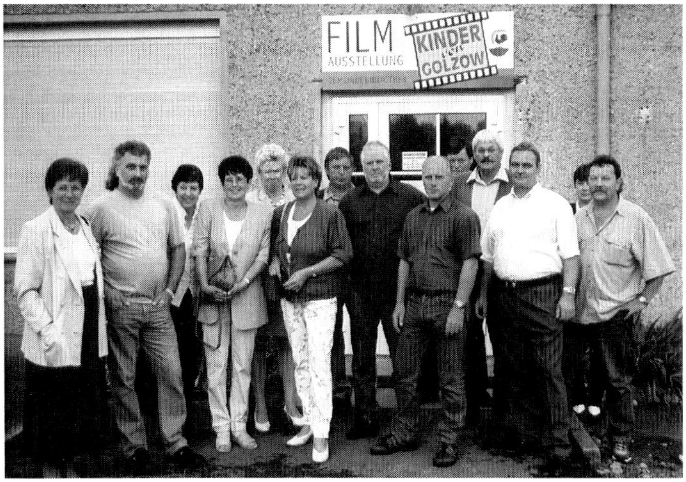

1. September 2001 – «Zehn kleine Golzowerlein» mit ihren Lehrerinnen zum 40. Jubiläum von Schul- und Filmbeginn

Doch erst einmal zurück zu den drei «fragmentarischen» Porträtskizzen vom zweiten Jürgen, Petra und Christian, mit denen UND WENN SIE NICHT GESTORBEN SIND… nach dem schon erwähnten Prolog beginnt. Und damit von nun an zum Werkstattbericht über alle zehn Porträts in der dramaturgischen Reihenfolge ihrer Gestaltung, wie diese am Ende tatsächlich mit einem Vierteiler gelang.

Wiederentdeckung eines Sitzenbleibers

Für das erste Porträt ging es uns also um den anderen Jürgen – Jürgen Fröhlich, der aus dem Film NACH EINEM JAHR (1962) besonders in Erinnerung geblieben war. Ihn zu beobachten hatte seinerzeit immer wieder gelohnt. Aber Hans-Eberhard Leupold als Kameramann und ich versuchten uns auch an provozierten Situationen, und ein verdichtender Schnitt hob ihn aus dem Kreis der Gefilmten heraus. Er war der Briefeschreiber von «Jochen ist dof», er sollte die Rechenarbeiten einsammeln und zog diesem Jochen, Ilona und anderen die Hefte unter den Stiften weg, wie man's bei den Hühnern mit den Eiern tut, hielt auch mal eines von denen über die Tränke, weil er meinte, dass es Durst haben könnte. Er stand mit dem aufgeschlagenen Heft in der Bank, fassungslos und empört über eine Fünf unter seiner Rechnerei und war damit plötzlich noch viel «dofer» als Jochen, der es immerhin auf eine Vier gebracht hatte.

Eigentlich wollte ich den *Helden* des ersten Films, Jürgen Weber, auch in den Mittelpunkt des zweiten Films stellen, um am selben Kind zu zeigen, wie es sich in nur einem Schuljahr entwickelt und verändert hatte. So hätte sich das Prinzip Langzeitbeobachtung erstmals mitgeteilt. Für ihn hatte sich Hans Dumke, der Kameramann meines *Ziehvaters* Karl Gass, 1961 entschieden. Aber wir konnten andererseits auch nicht die Augen davor verschließen, dass ein zweiter Jürgen dem ersten inzwischen den Rang ablief. Und so wechselten wir von Jürgen auf Jürgen.

Kaum geboren, konfrontierte uns die Innovation also gleich mit einem ihrer Probleme und so mussten wir mit Wechseln leben lernen, die jedwede Regie konterkarierten. Die hatten aber auch ihr Gutes, denn so mussten wir uns immer wieder auf neue Kinder aus derselben Klasse einstellen und waren nicht gezwungen, an alten als *Helden* festzuhalten, wenn neue sie in einem anderen Lebensalter zum Nutzen jedes weiteren Films ablösen konnten.

Nicht zu vergessen: Über ein Jahrzehnt lang ging es der DEFA *in Sachen Golzow* nur um einzelne, kurze, eigenständige Filme fürs Vorprogramm im Kino, die nicht aufeinander Bezug nahmen.

Es musste seinerzeit eigentlich keinen ein für allemal festgelegten *zentralen Helden* geben, denn die Chronik handelte ja von einer ganzen Schulklasse. Der Reiz lag nun mal darin zu entdecken, wer in welchem Alter worin stark war oder auch wegen seiner Probleme, Widersprüche und Schwächen besonders beachtenswert erschien.

Da war mal der eine, mal der andere *auffälliger*. Und wenn auch über die Jahre bestimmte Schüler für uns zur *festen Größe* wurden, so schien es dennoch wichtig, andere nie vollständig aus den Augen zu verlieren. Konnten sie nicht irgendwann aufs Neue

Jürgen zwo erscheint eine Mathe-Fünf

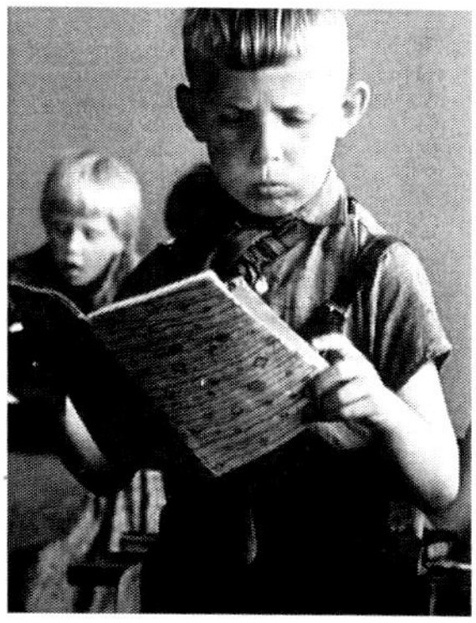

Seiner Ehe mit Angelika verdankt er zwei Töchter und endlich auch einen Sohn

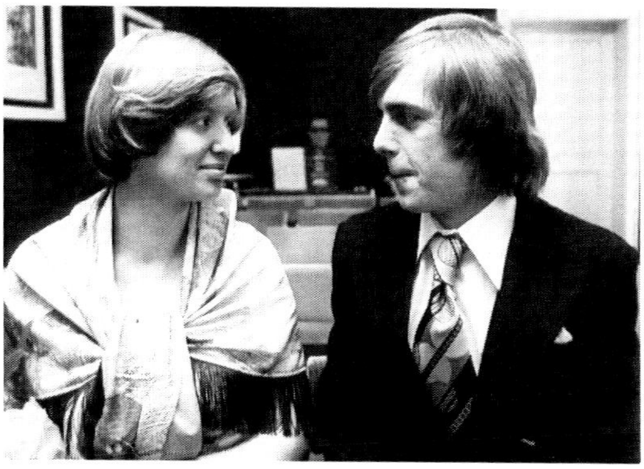

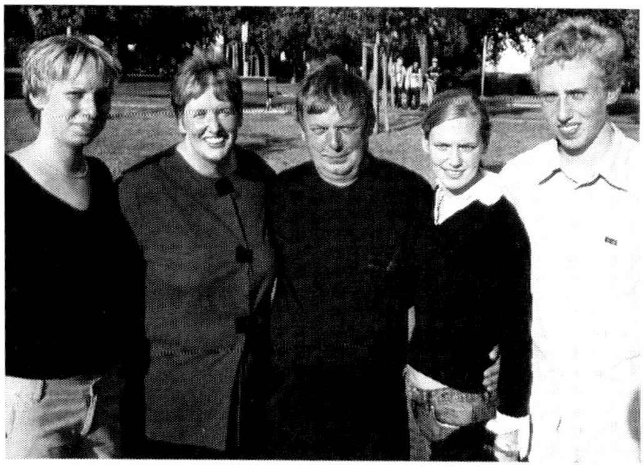

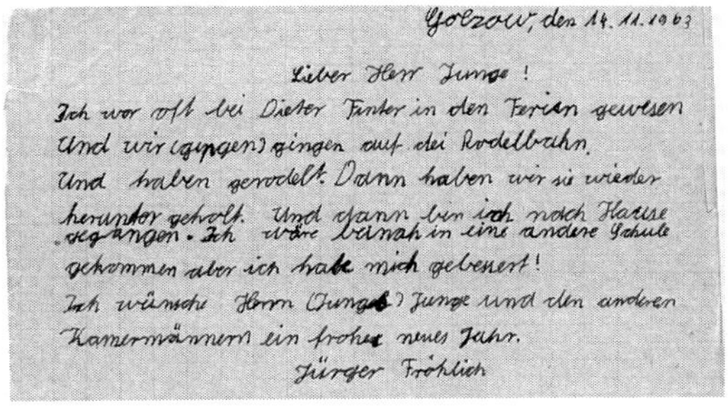

Golzow, den 14.11.1963

Lieber Herr Junge!

Ich war oft bei Dieter Finter in den Ferien gewesen
Und wir (gingen) gingen auf dei Rodelbahn.
Und haben gerodelt. Dann haben wir si wieder
herunter geholt. Und dann bin ich nach Hause
gegangen. Ich wäre beinah in eine andere Schule
gekommen aber ich habe mich gebesert!
Ich wünsche Herrn (Junge) Junge und den anderen
Kamermännern ein frohes neues Jahr.

Jürgen Fröhlich

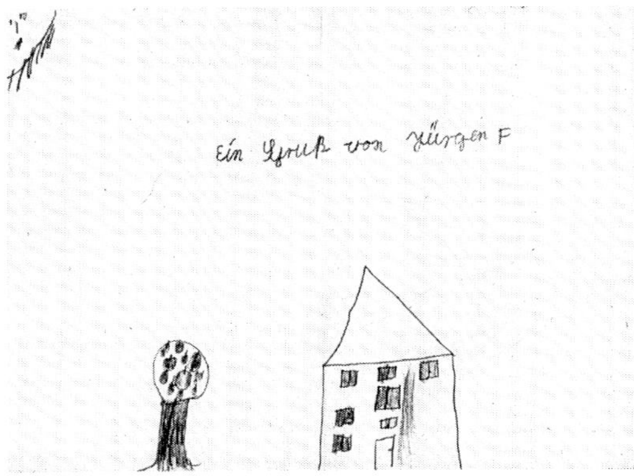

In den ersten Schuljahren schrieb Jürgen noch Briefe und zeichnete Grüße

interessant werden – und möglicherweise in einer nicht zu erwartenden Hinsicht?

Jürgen Weber – «Jürgen, der Erste« – ist dafür ein gutes Beispiel. Hätten wir ihn später nicht mehr so kontinuierlich im Blick behalten, wie wir es taten, wäre uns eine problemreiche, anrührende Lebensgeschichte entgangen, die 1994 den Film DAS LEBEN DES JÜRGEN VON GOLZOW ermöglichte, das erste und mit 3 Stunden und 12 Minuten längste Einzelporträt eines unserer *Kinder von Golzow*. Ein Pilotfilm also, der den Beweis erbrachte, dass der *Faktor Zeit* auch die alltäglichste Porträtstudie wichtig und sehenswert macht.

So blieben wir auch mit dem zweiten Jürgen über sein Debüt 1962 hinaus in Verbindung, ließen ihn 1966 für ELF JAHRE ALT von seinen ehemaligen Klassenkameraden, Jürgen W. an der Spitze, nochmals vor die Kamera holen und befragen, warum er in der Vierten sitzengeblieben war. Filmten ihn 1969 auch zur Jugendweihe, die er mit vierzehn wieder zusammen mit seiner alten Klasse erlebte.

Da er ebenso wie der andere Jürgen Maler und Tapezierer werden wollte, fügte es der Zufall, dass sich die beiden in der Lehre bei der Produktionsgenossenschaft des Handwerks *Form und Farbe* Seelow wiedertrafen. Ohne unser Zutun arbeiteten sie dann auch in ein und derselben Brigade, und Jürgen F. hatte Jürgen W., der ein Jahr früher fertig geworden war, nicht nur zum Freund, sondern auch zum Vorgesetzten.

An einem *Tag der Republik*, dem 7. Oktober 1978, wurden beide für gute Leistungen in der Bewegung «Schöner unsere Städte und Gemeinden – Mach mit!» in einem Festakt des Ortes ausgezeichnet.

Wem das bereits Ausdruck *fortschrittlicher* Haltung ist, dem sei nicht widersprochen, denn der Feierabend galt üblicherweise dem eigenen Garten oder einem Nebenverdienst. Kandidat für die Aufnahme in die Partei wurde man damit noch nicht. Und beide Jürgen haben uns auch nie gesagt, dass sie deshalb schon mal angesprochen worden wären. Wir hätten uns das auch kaum vorstellen können.

So ist der zweite Jürgen nur ein weiteres Beispiel für Millionen Bürger, die ihre Arbeit für die DDR mehr oder weniger bewusst und gut leisteten, aber auch darauf achteten, dass *das Geld stimmt*. Und die Politik Politik sein ließen, wenn es vor Ort um etwas ging, was sie für vernünftig hielten und praktischen Nutzen hatte. Ihr Staat gewährleistete immerhin verlässlich, dass sie in ihm leben konnten und das Ihre zum Leben besaßen.

Auch Jürgen Fröhlich hatte, wie es für die DDR typisch war, bald nachdem er sein Geld verdiente, geheiratet und war mit 27 schon Vater zweier Töchter. Kinder verhalfen beim Wohnungsamt auch schneller zu einer eigenen Behausung. 2 1/2 Personen konnten 2 1/2 Zimmer beanspruchen, zwei Erwachsene mit zwei Kindern unter Umständen schon zwei ganze und zwei halbe Zimmer, wie sie eigentlich erst bei drei Kindern infrage kamen. 1983 wohnte Jürgen ja noch zur Miete.

Als wir ihn auf seinen alten Platz in der Klasse setzten, sprach er allerdings nicht einer größeren Wohnung wegen von einem dritten Kind, das «vielleicht noch kommen könnte», sondern sehr direkt von einem Sohn, um den es ihm endlich ging.

Hatte er es, ebenso wie Jürgen W. und so mancher in der trinkfreudigen DDR, zu Beginn des Berufslebens mit einem Alkoholproblem zu tun, so änderte sich einiges durch die Familie. Aber Angelika, grundsolide gelernte Bäckerin, hatte ihren Mann auch gewarnt, wie sie mir mal unverblümt sagte: Käme es wieder dazu, gehe sie …

Als wir 2004, nach über 20 Jahren, erstmals wieder zum Drehen anrückten, stand es jedoch ganz gut um die Fröhlichs.

Jürgen hatte nach häufiger Arbeitslosigkeit in der Zeit nach der Wiedervereinigung endlich einen Job mit Aussicht auf Dauer gefunden. Wie der andere Jürgen war er nicht mehr Maler, hatte dies und das gemacht und ließ sich nun als Gabelstapelfahrer in einem Gewerbegebiet im benachbarten Manschnow filmen und interviewen. Da hörte ich dann:

«Ick möchte mal den sehen, der noch in sei'm Beruf arbeitet, dit sind ja die wenigsten noch. [...] Ick meene, wer arbeiten will, der kriegt ooch Arbeit.»

Auf die Frage, was er verdiene, hielt er sich neuerdings bedeckt:

«Naja, et könnte mehr sind. Aber man muss zufrieden sin, besser wie jar nischt...»

Ja, man berlinert auch im Oderbruch...

Ein Jahr später, am 2. März 2005, seinem 50. Geburtstag, saß uns Jürgen erneut zum Gespräch gegenüber, diesmal zusammen mit Angelika, die ihn als «ruhig und genügsam» beschrieb. Er sähe manches «ganz schön leicht», wo sie sich als Frau viel mehr Sorgen mache. Und Jürgen brachte es auf den Satz, den wir dann seinem Porträt voranstellten:

«Aber das wird schon irgendwie weitergehen, man darf bloß nicht aufgeben.»

Sein Porträt, das unerwartet auf eine halbe Stunde anwuchs, rechtfertigte sich wesentlich durch die Neuaufnahmen. Als wir Jürgens Fünfzigsten drehten, empfand er das als ein schönes Geburtstagsgeschenk. Ihn freute, dass wir den Lausbuben und Sitzenbleiber von einst nicht vergessen hatten, uns dafür interessierten, wie es mit ihm im Leben weitergegangen war und ihn seinem Publikum wiederentdecken wollten.

Da sah man nun und hörte es von den Fröhlichs, dass sie es geschafft hatten, im benachbarten Gorgast noch zu DDR-Zeiten ein schmuckes Eigenheim zu beginnen und nach der Wende tatsächlich fertigzustellen, ehe das neue Geld knapper wurde.

Im Carport stand ein *Westauto* und dazu hören wir ihn im Film sagen:

«In DDR-Zeiten war et so gewesen, da ham wir Jeld jehabt und ham nischt jekricht. Jetzt ham wir keen Jeld und könn' allet koofen. Also muss ick mir det einteilen und brauch nicht mehr jahrelang warten, um et zu kriejen.»

Mal mehr, mal weniger und manchmal gar kein Geld zu haben, war auch für Jürgen eine neue Erfahrung, mit der umzugehen er erst lernen musste. Früher hatte er sein «Ständiges» und wusste am Monatsende, woran er war. Jetzt konnte es sein, dass ihn da die nächste Kündigung erwartete.

Aber als ich ihn fragte, ob ihm die DDR heute fehlen würde, meint er für mich überraschend und ohne sich lange zu bedenken:

«Eigentlich nicht.»

Darauf ich:

«Wäre die vielleicht reformierbar gewesen oder hättest du das nicht für möglich gehalten?»

Darauf Jürgen:

«Das wär' schon irgendwie gegangen, aber...»

Und weil ihm dazu nichts weiter einfällt, nennt er einfach nur Beispiele für Reformbedarf:

«Einmal wurde das Gemüse uffjekooft für seinen Preis, und für'n Appel und'n Ei, auf Deutsch gesagt, verkooft. Is ja klar, irgendwann ist der Staat dann ooch am Ende, wa. Und im Allgemeinen, wat war denn jewesen? Uff eene Art war et ja fast wie im Käfig. Hinfahren konnte man nirgends, außer in die sozialistischen Länder. Man wollte ja mehr sehen von der Welt.»

Wie für die meisten unserer Golzower galt hier nicht so sehr, dass sie wirklich in alle Welt reisen wollten und da schon Sehnsuchtsziele hatten, sondern vielmehr, dass sie gar nicht konnten, selbst wenn sie gewollt hätten. Und dass dieses Gefühl allein schon frustrierte.

Auch nachdem die Mauer gefallen war, machten sich nur wenige ans Reisen, und das lag nicht immer nur am fehlenden Geld, sondern auch daran, dass man das Geld lieber ins Haus steckte, für das man lebte und von dem man das ganze Jahr etwas hatte. Bodenständigkeit drückt sich heutzutage eben auch darin aus, seinen Besitz zu erhalten, zu mehren und die Welt über die Schüssel ins Haus kommen zu lassen.

Der letzte Drehtag mit Jürgen und den Seinen liegt nun schon ein Jahrzehnt zurück. Sein Stück Film endet damit, dass die Familie dem Fünfzigjährigen mit einem lustigen Gedicht auf das nahende Alter gratuliert und «Papachen» im geschenkten Fernsehsessel Platz nimmt, wobei er sagt:

«Zehn Jahre noch, dann machen wa auf Rente. Denn hat der Staat allet umgeändert, denn kriegen wa schon mit 58 Rente und nicht mit 65 mehr.»

Was mich zu dem Kommentar verleitet:

«Mit 65 wird Jürgen sie wirklich nicht mehr kriegen. Mit 67 aber – vorläufig – bestimmt.»

Es ist die Zeit, in der sich der Staat neuerdings traut, Arbeit für 1 € die Stunde publik zu machen und «Hartz IV» zum Begriff für Gnadenbrot wird. Jürgen meint dazu:

«Den Job würde ich ablehnen, da kann ick auch zu Hause bleib'n.»

Und Angelika setzt noch einen drauf:

«Da verdienen ja die Polen mehr.»

2015 wird Jürgen seinen 60. Geburtstag feiern, aber den Film hätte er dann nicht mehr zu Gast. Der ist zu Ende.

Leider haben wir uns über die Jahre nur ein-, zweimal zufällig wiedergesehen. Für einen Besuch und ein Miteinanderreden fehlte bislang die Zeit.

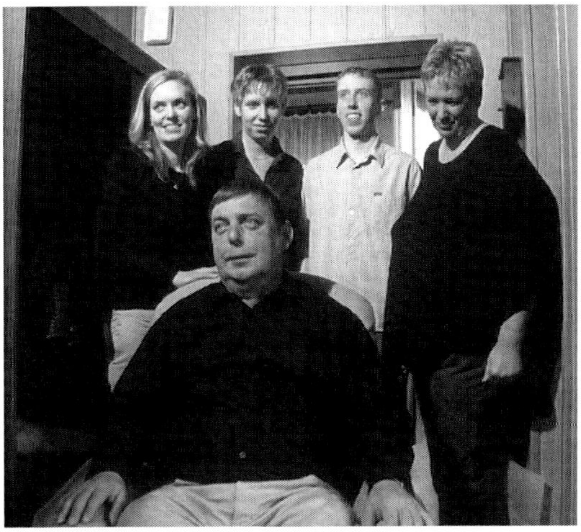

Mit fünfzig der ersehnten Rente ein Stück näher

Wir würden Jürgen auch gar nicht mehr in dem Hause antreffen. Das hat sein Sohn Andreas übernommen, der Koch werden wollte oder «computermäßig was».

Die älteste Tochter Anja lebt in Leipzig, ist Hotelkauffrau, die jüngere, Alexandra, Zahnarzthelferin irgendwo in der Nachbarschaft.

Jürgen und Angelika sind nicht mehr zusammen. Sie ist nach Frankfurt (Oder) gezogen, und er hat eine Wohnung – anderswo in Gorgast.

Es heißt, es habe wohl mehr und mehr Probleme mit der Arbeit und Jürgens Gesundheit gegeben. Nehmen wir mal an, es hätte nur daran gelegen.

Ihre Kinder sind erwachsen, gehen ihrer Wege. Sie großzuziehen, wollten Jürgen und Angelika noch geschafft haben.

Eine Familie, die Jürgens ganzer Stolz war, ist an den Zeiten gescheitert.

Wir stellten sein Porträt an den Anfang der Reihe letzter zehn Lebensgeschichten. Rund um Jürgen erlebt man zunächst noch einmal die Kindheit unserer Helden und das Umfeld, in dem sie aufwuchsen. Man sieht die Erstklässler in das Oderbruch hinauswandern. Hört ihr Lied «Wie lacht uns die liebe Sonne ...». Beobachtet sie bei Pferden auf der Koppel, wie sie eine Hühnerfarm besuchen, dabei sind, als auf dem Felde ein Agrarflugzeug beladen wird und startet. Wie der Pilot zu ihnen in die Schule kommt und Jürgen sagt, er möchte «Flugzeugfahrer» werden. Im Cockpit hatte er ja schon mal sitzen dürfen, da musste es wohl so kommen. Nicht aber im wirklichen Leben, wie sich zeigte und wir zu dokumentieren in der Lage waren.

In den nachfolgenden neun Porträts wird dieses Kindheitsalter nicht mehr oder lediglich mit wenigen Beobachtungen zitiert. Sie fangen meist erst mit den Elfjährigen an, von denen es auch besonders viele eindrucksvolle, charakterisierende Szenen gibt. Aber da war Jürgen, der Sitzenbleiber, ja schon nicht mehr unter ihnen.

So umspannt das erste Porträt, das Jürgens Leben vom ABC-Schützen bis zum 50-jährigen *Sehnsuchtsrentner* vorführt, in dieser halben Stunde die gesamte Drehzeit des Langzeitprojekts von 1961 bis 2005, wie bei kaum einem anderen unserer Kinder, die keine Kinder blieben.

Der *Zeitraffereffekt*, der dadurch besonders stark ist, verdichtet das Gezeigte und lässt zugleich den Wunsch aufkommen, mehr noch zu erfahren, wirft Fragen auf.

Und das ist immer gut für Filme.

Die Klassenbeste – Petra

Petra – Petra Hadlich, geb. Scholz – widmeten wir in UND WENN SIE NICHT GESTORBEN SIND ... das zweite Porträt. Zusammen mit einer Regina Berndt, von der es leider aus heute unverständlichen Gründen kaum nutzenswerte Beobachtungen gibt, war sie bald eine der besten Schülerinnen, wenn nicht gar Klassenbeste. Für uns blieb sie das auch. So kann Petra im Film für einen gewissen Kontrast zum Vorgänger Jürgen Fröhlich sorgen.

Ihr Porträt sollte mit 14 Minuten das kürzeste werden. Warum? Der Hauptgrund war natürlich, dass sich Petra, volljährig geworden, nicht mehr weiter filmen lassen wollte.

Die Gründe reichen wie bei Ilona weit in die Vergangenheit zurück, sind jedoch ganz anderer Art. Im Unterschied zu dieser war Petra in LEBENSLÄUFE, die 1980/81 neun *Kinder von Golzow* vorstellten, leider nicht mit einem Einzelporträt vertreten. Seinerzeit schien es dafür einfach zu wenig Material zu geben.

Aber konnten wir unser Langzeitprojekt über die Lebenswege ehemaliger Schüler einer Klasse jetzt schließen, ohne nochmals auch an Petra, diese Bestschülerin, zu erinnern, nach der bereits Kenner der Golzower Chronik fragten?

So trugen wir dann doch zusammen, was sich in den sechs kurzen Filmen über die Schulzeit von 1961 bis 1971 und ein erstes Klassentreffen 1975, samt archivierten Resten, fand. Und wir überzeugten uns davon, dass es möglich sein müsste, über Petra wenigstens soweit zu informieren, dass verständlich werden konnte, warum sie die weitere Mitwirkung an einem *unkalkulierbaren Endlosprojekt* wie dem unseren aufkündigte.

In dieser Hinsicht gibt es bei den Porträts von Petra und Ilona doch Parallelen.

Petra war die Tochter eines der Genossen, die man auch im Oderbruch «Männer der ersten Stunde» nannte. Unter anderem war Vater auch mal Golzows Bürgermeister, die Mutter Lehrerin und spätere Leiterin der Sonderschule – wenn ich mich recht erinnere – für mental Behinderte im Kreis, die in den Räumen des heutigen Gemeindezentrums mit seinem Filmmuseum untergebracht war.

Insbesondere Mutter tat alles, um bei der Tochter Lernbereitschaft, Pflichtgefühl und Disziplin zu entwickeln. Und da Petra das Zeug hatte, Klassenbeste zu werden, wurde sie es auch.

Schon Ende des 1. Schuljahres, so zeigt es 1962 unser Film NACH EINEM JAHR, stand Petra neben der Lehrerin vor der Klasse, um zum Tag der Zeugnisausgabe die Eltern mit dem Pioniergruß zu begrüßen: «Für Frieden und Sozialismus – seid bereit!» Worauf ein «Immer bereit!» erschallte.

Wir wussten es zu schätzen, dass mit Petra eine kluge Schülerin vorgeführt werden konnte und richteten das Objektiv gern auf sie, und nicht nur, wenn es um etwas Schwieriges ging.

Petra wurde sich früh ihrer Rolle als *Vorzeigeschülerin* bewusst und steckte gelegentliche Niederlagen darum nicht leicht weg.

Da schien erkennbar zu werden, dass ihr Ehrgeiz eben auch das Ergebnis eines starken Drucks war, der auf ihr lastete. Der hohe Anspruch an ihre Leistungen, den sie selbst hatte, wurde von den Erwartungen der Lehrerin-Mutter noch übertroffen. Dem wollte sich Petra verständlicherweise entziehen. Und zugleich auch ihrer Aufgabe, für den Film die *Musterschülerin* zu geben.

Als sie in der 5. Klasse ist, stellt die Lehrerin in einer Elternversammlung Petras nachlassende Leistungsbereitschaft zur Diskussion. Und der Mutter ist es bei laufender Kamera sichtlich peinlich, diesmal nicht das gewohnte Lob über die Tochter zu hören.

In einer von uns dazu in Beziehung gesetzten Unterrichtspause bewundern die Klassenkameraden Petras Halbjahreszeugnis und zählen ihr fünfzehn Einsen vor.

> **Kommentar:** «Sind 15 Einsen nicht genug? [...] Sie soll das Abitur machen, studieren. Da geht es allerdings um jede Eins, auch wenn es anders gehen könnte.»

Am Ende des 1. Schuljahres aller 26 Buchstaben mächtig, hatte Petra auf unsere Bitte den Satz fehlerlos an die Tafel geschrieben, der zur Einschulung über der Schultür prangte und mit dem nun die Eltern zur Ausgabe des ersten Zeugnisses begrüßt werden sollten: «Lernen macht Spaß».

Mit elf jedoch macht ihr Lernen nur noch selten Spaß. Diese Schule unterfordert Petra, und so sagt sie uns beim Gruppeninterview ins herumgereichte Mikrofon:

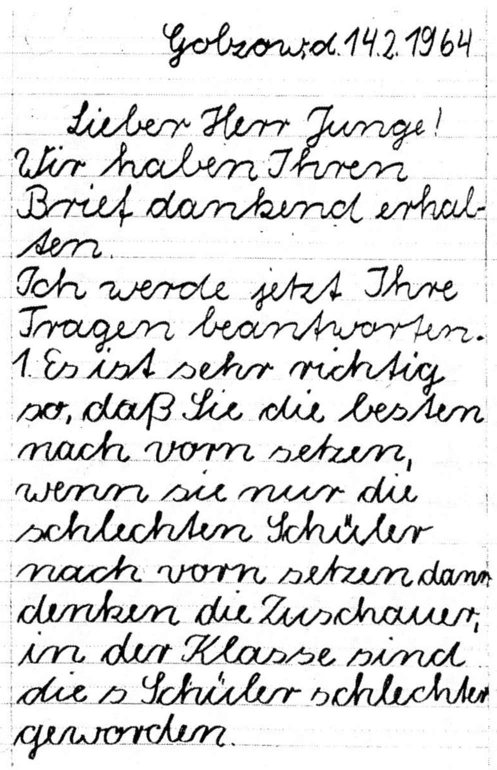
Golzow, d. 14.2.1964

Lieber Herr Junge!
Wir haben Ihren Brief dankend erhalten.
Ich werde jetzt Ihre Fragen beantworten.
1. Es ist sehr richtig so, daß Sie die besten nach vorn setzen, wenn sie nur die schlechten Schüler nach vorn setzen dann denken die Zuschauer, in der Klasse sind die s Schüler schlechter geworden.

Im dritten Schuljahr sorgt sich Petra schon um das Bild der Klasse im Film

> «Manchmal ist es aber wirklich langweilig, da wiederholen sie immer wieder nur dit Gleiche!»

Die Kamera hat dafür eine lange Beobachtung: Sie zählt im Unterricht die Haare ihres Zopfes.

Petras Potenzen nutzend, hat die Klassenlehrerin ihr eine Patenschaft über die schwache Schülerin Brigitte angetragen. Wir erleben, wie sie mit ihr die *Umstandsbestimmung des Ortes* übt und dabei ganz Mutters Tochter ist. Vor der Klasse fordert die Lehrerin dann mit den Worten Rechenschaft:

> «Du weißt, Petra, du hast dafür zu sorgen, dass Brigitte am Endes des Jahres keine ungenügenden Leistungen erreicht und nicht versetzungsgefährdet ist.»

Petra nickt dazu lustlos. Sie wurde wieder einmal daran erinnert, dass das, was ihr ein bisschen Spaß macht, nur wieder eine ihrer Pflichten ist: Tun, was von ihr erwartet wird.

Als Petra mit vierzehn in der 8. Klasse ist und die Jugendweihe nahte, hatten wir es schwer, noch an sie heranzukommen. Überhaupt wollten insbeson-

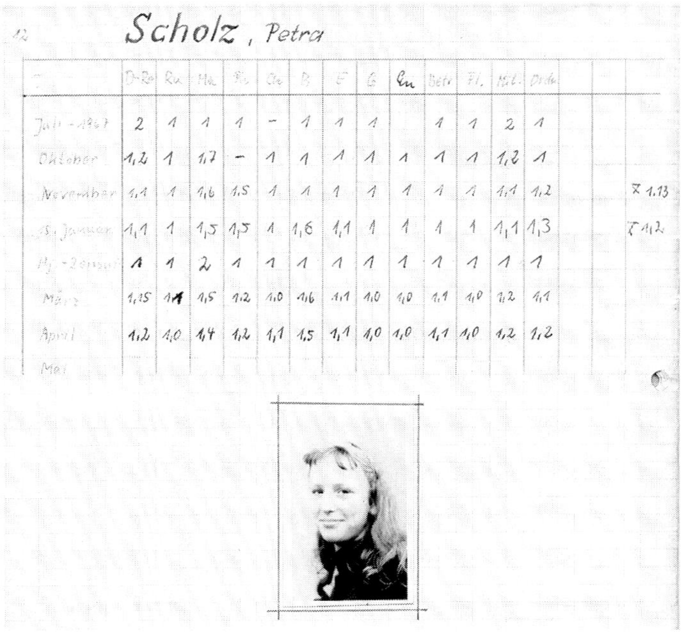

Scholz, Petra

	D-Re	Ru	Ma	Ph	Ch	B	E	G	En	Betr	Pl.	Mil.	Ordn.		
Juli 1967	2	1	1	1	–	1	1	1		1	1	2	1		
Oktober	1,2	1	1,7	–	1	1	1	1	1	1	1	1,2	1		
November	1,1	1	1,6	1,5	1	1	1	1	1	1	1	1,1	1,2		x̄ 1.13
Januar	1,1	1	1,5	1,5	1	1,6	1,1	1	1	1	1	1,1	1,3		x̄ 1,12
Hj.-Zensur	1	1	2	1	1	1	1	1	1	1	1	1	1		
März	1,15	1,1	1,5	1,2	1,0	1,6	1,1	1,0	1,0	1,1	1,0	1,2	1,1		
April	1,2	1,0	1,4	1,2	1,1	1,5	1,1	1,0	1,0	1,1	1,0	1,2	1,2		
Mai															

Im Klassenbuch stehen bei Petra vor dem Komma nur Einsen

dere die Mädchen kaum noch ungefragt beobachtet werden. So entschlossen wir uns verstärkt zu Interviews um zu erfahren, wie sie in diesem Alter dachten und fühlten.

Jede oder jeder unserer wichtigsten Protagonisten erhielt damit also Gelegenheit, sich so darzustellen, wie es ihr oder ihm wichtig war und wirkte so in einem gewissen Grade am eigenen Filmbild mit.

Obwohl WENN MAN VIERZEHN IST 1969 anlässlich des 20. Jahrestages der DDR in den Plan kam und wir deshalb mehr 35-mm-Material erhielten als sonst, stand für solche, erfahrungsgemäß Meter fressenden Interviews dennoch nicht genügend davon zur Verfügung, zumal sie besser lockere Gespräche sein sollten.

Heute würde niemand mehr solche Interviews anfangen, wenn er nicht eine halbstündige Beta-Kassette einlegen oder ziemlich unbegrenzt auf Festplatte sprechen lassen könnte. Wir aber mussten versuchen, mit ein bis zwei Filmkassetten zu je 4 Minuten auszukommen, sollte das Material nicht für anderes fehlen.

Das Gespräch in einem Stück durchzudrehen, verbot sich schon deshalb, weil ich auf manchmal lange Fragen nicht selten nur ein ebenso langes Schweigen oder ein kurzes Ja oder Nein kassierte. In unserer Not entschlossen wir uns, die Kamera erst zuzuschalten, wenn absehbar schien, dass die Frage endete bzw. wieder auszuschalten, wenn ein Stück Antwort gekommen war. Kam noch ein Stück hinterher und war von Wert, so hatten wir davon wenigstens den Ton, denn der war bezahlbar und konnte deshalb durchlaufen. Hans Leupold bot mir unter diesen Umständen an, die Kamera selber ein- und auszuschalten, was für ihn einem Offenbarungseid gleichkam. Wir trösteten uns damit, dass das Eingebrachte sowieso nur mit unterschnittenen Szenen wiederzugeben sein würde, waren aber im Grunde über diese Arbeitsbedingungen todunglücklich.

Wer das Interview mit der vierzehnjährigen Petra gesehen hat, ist vielleicht sogar überrascht darüber, wie mit dem, was sie immerhin sagte und dem, was Barbara dazu an Beobachtungen aus dem Unterricht und von einem Besuch der Klasse im Weimarer Goethe-Haus hinzusetzte, eine ansehnliche Montage gelang, sozusagen in Schnitt und Gegenschnitt von Petra auf Petra, der Redenden und der in den illustrierenden Szenen Agierenden.

Wir waren mit diesem Interview auf ein anderes zurückgekommen, das ich schon in Vorbereitung auf die Jugendweihe mit Petra geführt hatte. Bevor in einer Jugendstunde zum Thema «Sinn des Lebens» das große Schweigen ausbrach und der Referent vom Kreis versuchen konnte, dem beizukommen, wandte ich mich an Petra und versuchte es, eine Nummer kleiner, gleich mal selbst:

W. J. «Stimmt es, dass du Ärztin werden willst?»
Petra «Na, erst muss ich die zwölfte Klasse besuchen und dann möchte ich entweder nach Berlin oder nach Rostock – studieren.»
W. J. «Kinderärztin oder Tierarzt?»
Petra «Vielleicht Chirurg.»
W. J. «Was gefällt dir daran? Kann Blut nicht sehen.»
Petra «Mein Vorbild ist der sowjetische Herzchirurg Amassow und – – – möchte auch der Menschheit dienen. Und vielleicht so die Vertauschung des Herzens – – – Herztrans... plation, na, so durchführen.»
W. J. «Kannst du jemandem das Herz wegnehmen?»
Petra «Na, dafür ein anderes einsetzen.»
[...]
W. J. «Wo hast du das her, den Wunsch?»
Petra «Ach, na, den hab ich schon seit ein paar Jahren. Das weiß ich jetzt gar nicht mehr.»
W. J. «Deine Eltern sind Lehrer?»
Petra «Na, es brauch ja nicht nach de Eltern zu gehen.»

Ich hatte nicht so recht bedacht, dass es Petra nur nerven konnte, wieder einmal als Erste Rede und Antwort stehen oder genauer sitzen zu müssen, weil sie noch immer die Klassenbeste war.

Auf dem *Präsentierteller* für die Kamera und genötigt, sich vor allen mit ihren Berufsvorstellungen offenbaren zu müssen, zeigten ein Augenrollen oder vielsagende Seitenblicke, wie unwohl ihr dabei war, preiszugeben, was eher noch geheimer Wunsch war.

Überhaupt schien Petra mehr als andere Mädchen in diesem Alter, beispielsweise Marieluise, so ihre Geheimnisse zu haben.

Auf die Frage, ob es Dinge im Leben gäbe, die man nicht vor der Kamera ausbreiten möchte, bejahte sie das erleichtert. Aber obwohl ich ihr darin zustimmte, hatte ich doch längst eine bestimmte, für sie *rote Linie* überschritten.

Sie hielt es auch nur mit Freundinnen wie Ilona und der zweiten Elke.

«Na, wenn man denen wat erzählt, da weiß es in fünf Minuten nich gleich det janze Dorf.»

Und nach dem Studium nach Golzow zurückzukehren, kam für Petra schon damals nicht infrage und dabei blieb es ja auch. Das läge an den Leuten:

«Die sagen dann, die haben wir schon gekannt, wo sie noch ein Baby war und jetzt sollen wir'se vielleicht mit *Sie* ansprechen. [...] Die kennen das Leben von einem und so.»

Petra war sicher froh, dass sie nach der Achten, mit dem Wechsel von der Golzower Zehnklassenschule an eine Erweiterte Oberschule mit Internat in Potsdam, auch unseren Film hinter sich lassen konnte...

Anders als Winfried Jerchel, dessen Abitur wir in Seelow drehen konnten, schien sie für uns verloren.

Ihre Eltern dürften das ebenso wie wir bedauert haben, insbesondere die Mutter. Ich rechne es mir als Versäumnis an, dass wir nicht noch einmal das Gespräch mit beiden gesucht haben. Aber es war ja bei der DEFA seinerzeit nicht klar, ob das Langzeitprojekt über die Schulzeit der Kinder hinaus überhaupt fortgesetzt werden konnte. Lohnte da noch weiteres Recherchieren auch in Sachen Petra?

So wissen wir ebenfalls nicht, ob und inwieweit Petra mit ihren Eltern im Gespräch geblieben ist, als sie sich in den Folgejahren von Zuhause abnabelte...

Sicher ist, dass sie, im Unterschied zu Gudrun, kaum in ihrer politischen Haltung von ihnen geprägt wurde, sonst wäre vielleicht auch sie in die Partei eingetreten.

Vor allem der erzieherische Ehrgeiz der Mutter dürfte so ziemlich das Gegenteil bewirkt haben.

Zum ersten Klassentreffen der Zwanzigjährigen 1975 interviewten wir unsere wichtigsten Protagonisten in Einzelgesprächen. Da war es gut, auch Petra noch einmal einzubeziehen. Es schmeichelte ihr vermutlich, dabei nicht vergessen zu werden, und so willigte sie ein. Es sollte unser letztes Gespräch werden und sei nachfolgend in Auszügen zitiert:

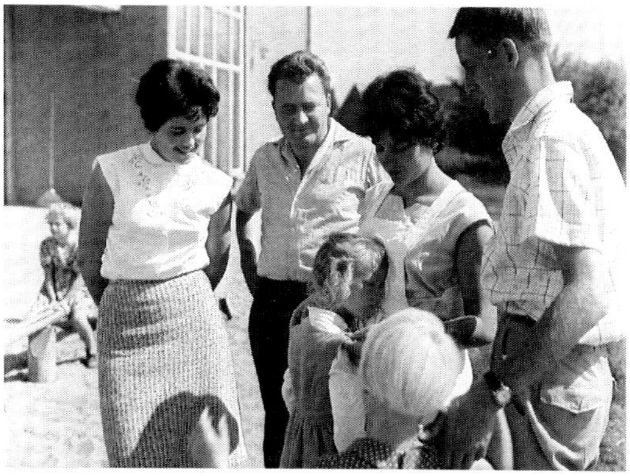

Petra – im Kindergarten bei Kummer noch sehr anlehnungsbedürftig

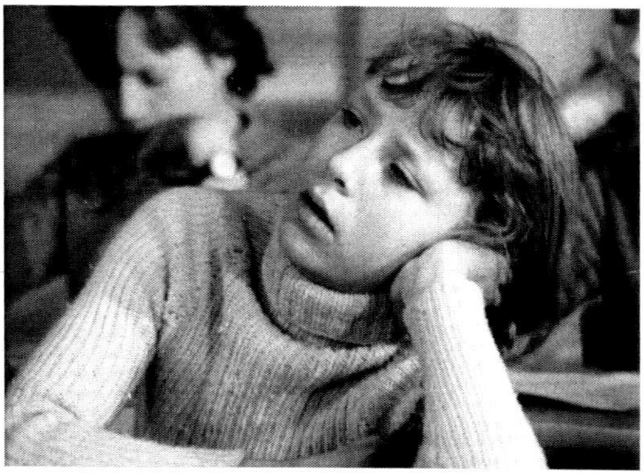

Die Elfjährige – oft sichtlich gelangweilt

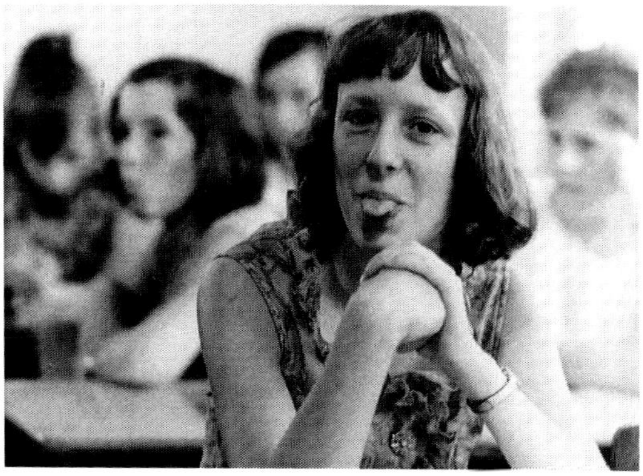

Mit 14 lässt sie sich nicht mehr gern beobachten

W. J. «Was konnte dir die Schule geben, was konnte sie nicht geben?»

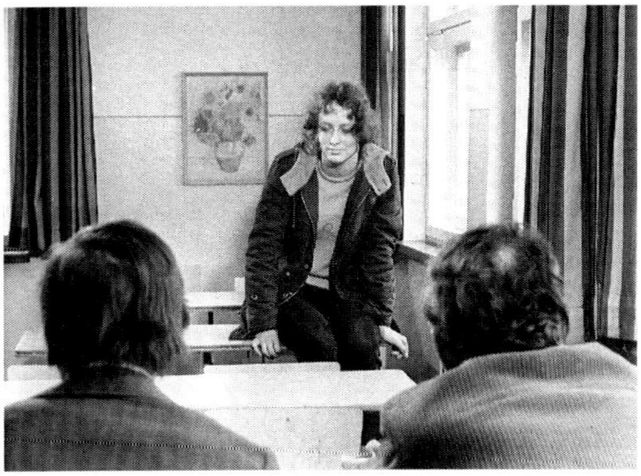

Die Zwanzigjährige lässt sich auch nicht mehr gern interviewen und antwortet auf eine letzte Frage: «Ich sag's nicht.»

Petra «Tja, na sagen wir erst mal, was die Schule mir geben konnte: Etwas Wissen, politischen Standpunkt.»

W. J. «Was vermitteln die Lehrer, was tun sie eigentlich nicht, deiner Meinung nach?»

Petra «Na, die Lehrer vermitteln nur ihr Wissen, so wie sie es können, und ansonsten, würde ich sagen, vermitteln sie nichts.»

W. J. «Worauf kommt's denn im Leben an, was hätte man vielleicht auch hier gar nicht lernen können. Was kann man auf keiner Schule lernen?»

Petra «Na, wie man sich im realen Leben zurechtfindet, das kann man auf keiner Schule lernen, also, ich kenne bisher noch keine Schule, wo man es lernen kann.»

[...]

W. J. «Verstehst du die Zeit, in der du lebst – oder wo, würdest du sagen, hab ich Kritik, möchte ich die Dinge anders?»

Petra «Ach, ich fühl mich schon ganz wohl, so wie ich jetzt bin. In der Generation meiner Eltern möchte ich nicht gelebt haben.»

W. J. «Warum eigentlich nicht?»

Petra «Na, wir haben es jetzt doch eigentlich viel bequemer, vielleicht ist es auch ein Fehler, dass wir es bequemer haben.
Es fehlt dann irgendwie die Initiative, also der Elan, die Spontaneität. Das ist jetzt nicht mehr so, das war früher anders. [...]
Die Massen sind alle träge.»

W. J. «Na, du als Studentin, du bist doch nun schon eine, ja, auf die viele gucken. Das ist schon eine Auszeichnung zu studieren. Ist das eine Bürde oder eine Chance?»

Petra «Is, naja, kann manchmal eine ganz schöne Bürde sein. Zum Beispiel muss man aufpassen, dass man sich nicht ‹exen› lässt und so, also schon 'ne Verpflichtung gegenüber seinen Eltern. Also, ich kriege ja kein Stipendium, und da ist es eben ganz besonders schwer.»

W. J. «Nur deinen Eltern gegenüber – die Verpflichtung?»

Petra «Ja, nee, nicht nur ...»

W. J. «Sondern?»

Petra «Ich sag's nicht!»

Da war am Ende erneut der allergische Punkt erreicht:

Petra wollte nicht sagen, was ich – wie sie ahnte – von ihr erwartete: Dass es auch eine Verpflichtung diesem Staat und dieser Gesellschaft gegenüber war, gut zu studieren. So biss sie sich eher auf die Zunge, als mir einen Gefallen zu tun.

Nicht erst heute, sondern schon damals kam ich darüber ins Grübeln: ...

Was wurde Bürgern der DDR an Pflicht zur Akklamation aufgezwungen, dass sie sich ihr, wenn es irgend möglich schien, verweigerten, obwohl sie sich mit dem zur Rede Stehenden im Grunde oft genug identifizierten?

Petra wurde nicht Chirurgin und auch nicht Architektin, was sie sich als Alternative hatte vorstellen können, sondern Bauingenieurin, wofür es eher einen Studienplatz gab. Ihr späterer Mann war auch Bauingenieur, was dabei eine Rolle gespielt haben mag. Sie zogen an die Ostsee nach Ribnitz-Damgarten und hatten dann ein Kind.

Wir wandten uns 1979/80 auch noch einmal an Petra, als wir für das nach Musik zu schneidende Ende unseres ersten zusammenfassenden, abendfüllenden Films noch einige letzte neue Aufnahmen von den Golzowern erstmals in Farbe brauchten. Der war ja zum 30. Jahrestag der DDR in den Plan gekommen und hieß später nach Brecht/Eislers Kinderhymne ANMUT SPARET NICHT NOCH MÜHE.

Und obwohl sie mir nach dem Interview 1975 gesagt hatte, dass sie sich nicht mehr filmen lassen wollte, weil sie nun volljährig sei und das selbst entscheide, ließ sie sich erneut davon überzeugen, dass es gut wäre, sie am Ende des damals schon womöglich *wirklich letzten Films* noch einmal dabei sein zu lassen.

Ich hatte in Berlin so mit dem Schnitt zu tun, dass es Hans Leupold übernahm, Petra allein aufzusuchen und die noch benötigten *Schnittbilder* zu liefern.

War seinerzeit mal wieder kein Tonmeister im Studio zu haben oder verzichtete Leupold auf den von sich aus, weil ich für Interviews ja nicht mitfuhr und sowieso nur Bilder zur Musik gebraucht wurden? Jedenfalls erschien er als eine Art *Einpersonendrehstab* in Ribnitz-Damgarten und lichtete etwa vier Minuten von Petra ab: Mit Arbeitsschutzhelm und Kollegen auf dem Bau, mit Mann und Baby in der feierabendlichen Küche. Und, das Kind im Arm, für die Kamera posierend, mit letzter Blende in der Dämmerung auf dem Hof der ersten Bleibe der jungen Familie.

Ein Abschiedsbild, wie wir heute wissen.

Wäre seinerzeit wirklich nicht mehr zu drehen möglich gewesen? Haben wir eine Chance ungenutzt gelassen, mit Petra einen neuen Anfang zu versuchen?

Vielleicht hätten wir doch mit Ton kommen müssen, wenn der zu haben gewesen wäre, und ich hätte ein Gespräch wenigstens anbieten sollen. …

Da Petra gewusst haben konnte, dass wir seinerzeit umfangreiche Dreharbeiten mit ihren Mitschülern realisiert hatten, wäre sie vielleicht ebenfalls bereit gewesen, sich erneut befragen zu lassen.

Angesichts des Wenigen, was Leupold nun noch von ihr erbat, musste sie hingegen schlussfolgern, dass wir nichts mehr von ihr wissen wollten, dass sie uns kaum noch interessierte.

So kam es leider zum unwiderruflichen Ende unserer Beziehungen. Es hatte die Form dieses Telegramms an unsere Aufnahmeleiterin:

> «liebe frau garlow ich lege auf weitere dreharbeiten keinen wert petra »

Das Telegramm habe ich mir ebenso aufgehoben wie Petras ersten Brief aus der ersten Klasse:

> «Lieber Herr Junge
> Deine Petra Deine Jochen und Dein Dieter
> Wir wünschen gute reise. Und wann komm sie bald wieder»

charlotte garlow
defadokumentarfilm berlin
ottonuschkestr 32
(1080)berlin

liebe frau garlow ich lege auf weitere dreharbeiten keinen wert
petra

Grußlos, kurz und schmerzhaft – Petra 1980

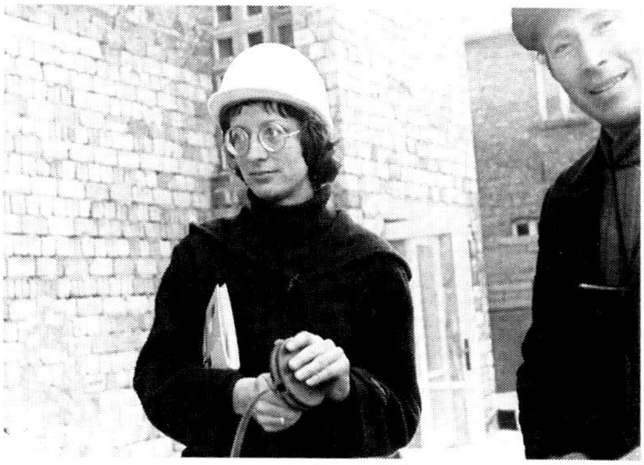

Als Bauingenieurin steht die Vierundzwanzigjährige 1979 letztmals vor Leupolds Kamera

Winfried Junge · DDR 1136 Berlin-Friedrichsfelde · Massower Straße 26

(Tel. 525 3431 Pr.
oder 203 73 352)

Frau
Petra Hadlich
Berghauser Str. 7 (Mühle)
O-2567 Neubukow

23.8.91

Liebe Petra,

Deine Eltern waren so freundlich, mir Eure Adresse zu geben, als ich neulich vor der Tür stand und sie hörten, worum es geht. Obwohl ich unangemeldet kam, weil ich mich auf der Vorbeifahrt kurz zu dem Halt am Ahornweg entschlossen hatte, wollte mich Vater hereinbitten, aber der Drehstab wartete und so soll ein Kaffeebesuch gelegentlich nachgeholt werden.

Also: Anläßlich des dreißigsten Jahres unserer Schulklassenchronik würden wir auch Dich gern zu einem Wiedersehen mit den anderen einladen. Wir wollen uns am 2.Oktober im Kreis jener, mit deren Namen sich die Chronik in besonderem Maße verbindet, und den Ehepartnern nachmittags in Golzow treffen und am 3.10. nach Hamburg fahren. Am 4.10. geht es nachmittags zurück.

Hotel, Gaststätte, Elbefahrt sind schon gebucht. Wenn auch der Bus klar ist, laden wir konkret ein. Dazu müßtest Du uns mit einer Antwort ermutigen.

Erstmals wären also die Golzower gemeinsam nach Westen unterwegs, von der Oder zur Elbe, zu der Stadt, die dieses Jahr den Jahrestag der deutschen Einheit ausgestaltet und im übrigen zur Hälfte die Weiterarbeit an unserer Langzeitdokumentation finanziert. Die Golzower ist eben längst ein Stück deutscher Geschichte.

Wir wollen bei diesem Ausflug natürlich immer mal wieder filmen, aber wenn Du das mit Deinem Mann auch zu diesem Anlaß nicht willst, so müßtest Du in diesen Augenblicken eben hinter die Kamera stellen. Wir hätten Dich selbstverständlich gern an der Seite aller anderen gezeigt, akzeptieren aber ohne jeden Trick Deine Haltung, wenn sie so ist. Hauptsache, Du hast Freude an dem Wiedersehen mit Jürgen, Gudrun, Bernhard Oestreich und Guderjahn, Eckhard, Willi, Dieter, Winfried, Elke, Marieluise, Jochen Teich und vielleicht auch Ilona.
Ich höre, Euch geht es gut. Schön! Mit einem herzlichen Gruß auch an Deinen Mann

Nach der *Wende* unternimmt der Chronist den Versuch, Petra zurückzugewinnen. Keine Antwort war auch eine Antwort

Keine Schwierigkeiten mit «Anpassen, Umpassen« – Christian

Christian – Christian Struwe – gilt das dritte Porträt im ersten Zweiteiler.

Von ihm gibt es keine Aufnahmen von seiner Einschulung und aus der ersten Klasse. Für uns war er erstmals 1966, in der Fünften, dabei. Und da wir für ELF JAHRE ALT zunächst vor allem an jene Schüler anknüpfen wollten, die den Zuschauern bereits in Erinnerung waren um zu zeigen, was inzwischen aus ihnen geworden war, beachteten wir den *Neuzugang* nur noch selten.

Aber dann kam ein Drehtag, der das änderte.

Hans Leupold hatte darauf orientiert, dass wir mehr auch die Unterrichtspausen für Beobachtungen nutzen sollten. Und weil wir dafür in Bereitschaft blieben, gelang es im allgemeinen Tohuwabohu einer sogenannten kleinen Pause, die keine Hofpause war, eine längere Szene festzuhalten, bei der man schon

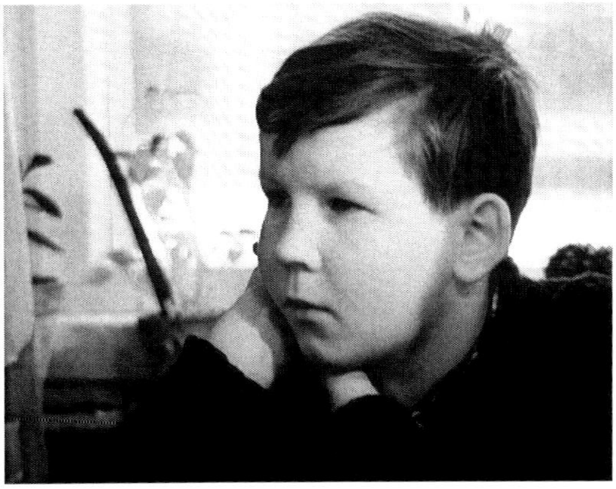

Christian in ELF JAHRE ALT

etwas von der beginnenden Pubertät der Heranwachsenden erkennen konnte.

Außer Petra war da dieser Christian zu erleben, wie er sich von ihr jagen und einfangen ließ, um sich mit deutlichem Behagen *züchtigen* zu lassen. Petra hatte ihn im Genick gepackt und auf die Bank niedergedrückt, trat ihm in den Hintern und verpasste ihm ein paar saftige Ohrfeigen, wobei sie sich zwischendurch erkundigte, ob es ihm reiche. Das tat es offensichtlich nicht, denn er hielt still und ließ es weiter mit sich geschehen, obwohl es ihm von seiner Statur her ein Leichtes gewesen wäre, Petras Attacke zu entkommen.

Die Szene ist aus unserem dritten Film bekannt und kehrte in der Rückschau von ANMUT SPARET NICHT NOCH MÜHE schon einmal wieder. Hier mit Kommentar von Uwe Kant:

> «Elf Jahre alt: Petra – und Christian. …
> Die Geschlechter trennen sich und kommen einander näher dabei.»

Wenn diese Beobachtung jetzt Christians Porträt einleitet, so auch, weil sie noch einmal an Petra erinnert und gut zu ihm überleitet, vor allem aber, weil mit den beiden ein Aspekt gesetzt wird, unter dem die *Kinder von Golzow* in diesem Lebensalter bisher nicht gesehen wurden.

Petra legte sich bereits gern mit den Jungen an. Mit Vorliebe schien sie es mit Christian zu haben. Und der ging auf sie ein. …

Beim Klassenfest zum Abschluss der 10. Klasse wird man die beiden eng umschlungen miteinander tanzen sehen. War Petra, die sich ja noch in Potsdam auf dem Weg zum Abi befand, auch seinetwegen nach Golzow zurückgekommen?

Christian ist *Baujahr 1954* und damit einer der älteren Schüler der Klasse.

Als wir uns in der 5. Klasse mit ihm zu beschäftigen begannen, hatten wir den Eindruck, dass er zu denen gehörte, die schon nicht mehr *noch ganz Kind* waren.

Früher als andere schien er sich seiner Stärken und Schwächen bewusst zu werden, sich auf das zu besinnen, was für ihn erreichbar war, und Strategien zu entwickeln, mit denen er sich behaupten und unter Umständen etwas durchsetzen konnte, was im *geraden Gang* nicht immer gelang.

Dazu hat vielleicht beigetragen, dass er der dritte von vier Brüdern und einer jüngeren Schwester ist. Da ging es natürlich darum, sich von den Älteren nicht unterbuttern zu lassen.

Mehr noch könnte aber eine Rolle spielen, dass er einen Hüftschaden hatte und leicht hinkte. Ein Handicap, das es ihm erschweren musste, mit den anderen in der Klasse mitzuhalten. Die Folge hätten Komplexe sein können, aber dafür gab es bei Christian keine Anzeichen. So wie wir ihn erlebten, machte er alles mit und kam mit allem irgendwie klar. Das sicherte ihm seinen Stand in der Klasse und nötigte auch uns Achtung ab.

So wie Petra Tochter einer Lehrerin, war Christian Sohn eines Lehrers. Aber der schätzte ihn richtig ein und drängte nicht etwa darauf, dass er das auch würde.

Seiner körperlichen Einschränkung wegen wäre das zwar keine unvernünftige Entscheidung gewesen, doch Christian war ein durchschnittlicher Schüler mit wenig Interesse, sich zu einer «allseitig gebildeten sozialistischen Persönlichkeit» machen zu lassen, wie das Erziehungsziel lautete. Daher fehlte ihm auch der Ehrgeiz, sich mehr Wissen anzueignen als er für seinen künftigen Beruf brauchte. Von dem hatte er allerdings noch keine Ahnung. So saß er die verschiedenen Unterrichtsstunden bis zur Zehnten, wie unsere Beobachtungen zeigen, vielfach nur ab oder nassauerte bei seinen Nachbarn. Auf ihn traf das Goethe-Wort zu: «Grau, teurer Freund, ist alle Theorie.»

Dann endlich war Schluss mit der *Penne*. Und für ihn undenkbar, dass er hierher noch einmal als Lehrer zurückkehren sollte.

Aber ein Traumberuf musste es auch nicht gerade sein. Schon immer galt auf dem Lande: Man wird, was sich anbietet. So richtete sich Christian – ebenso wie Bernhard Guderjahn – nach ihrem gemeinsamen Freund Eckhard Hoppe, der es Vater gleichtun und schon immer Landmaschinenschlosser werden wollte. Zu dritt gingen sie 1971 in der zentralen Berufsschule in Müncheberg in die Lehre, und das federte den Sprung ins Arbeitsleben schon mal erfreulich ab.

Das mit dem Bein sollte Christian nicht daran hindern, Schlosser zu werden.

Stattdessen hinderte es die Nationale Volksarmee, ihn einzuberufen, und so hatte dieses Bein, wie er fand, auch sein Gutes.

Als die Klassenkameraden *bei der Fahne* waren, wie es in der DDR hieß, konnte Christian sich schon mal ernsthafter nach einer Frau umsehen. Er verliebte sich in Mecklenburg in eine angehende Kindergärtnerin. Und wir waren dabei, als er dort in einer Geburtsklinik seine Tochter besichtigte. Ein anrührender Augenblick großen Glücks.

Im Film unterschneiden wir die Szene mit dem nachfolgenden Gespräch, das ich mit Christian anlässlich des ersten Treffens der Klasse in Golzow 1975 an seinem alten Platz führte.

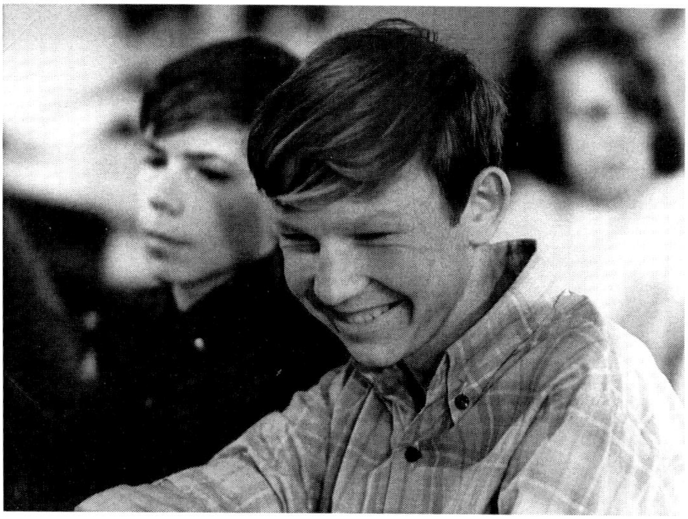

Christian in WENN MAN VIERZEHN IST

W. J. «Christian, du hast dich entschlossen zu heiraten. Trauerst du der Zeit nach, die hinter dir liegt?»

Christian «Einmal muss et doch passieren.»

W. J. «Und je früher, je besser?»

Christian «Ja.»

W. J. «Nu gibt es aber auch welche, die sagen, ick heirate aber nicht mit 20.»

Christian «Det muss jeder alleine wissen, wenn er, wenn er heiratet. Und manch eener sagt, ick will det Leben noch jenießen und ...»

W. J. «Hast du es bis dahin genossen?»

Christian «Ja, bis dahin hab ick det eigentlich jut genossen gehabt alles.»

W. J. «Kann man das bis 20 geschafft haben?»

Christian «Mhmm, man kann, man kann auch nicht. Man hätte ein bisschen mehr machen können, Urlaubsreisen, so, was viele vielleicht machen wollen. Bloß Vater, der hat denn immer so 'ne Bemerkungen jemacht. Dreie waren schon groß jewesen, alle schon über 20 jetzt, dann kamen öfter mal so' n paar Bemerkungen, ob nich bald ma eener heiraten will und so ...»

W. J. «Und du hattest die schwächsten Nerven, du hast dann geheiratet?»

Christian «Na erstmal hab ick den Vorteil jehabt als erster, wenn du als erster heiraten tust, dann kriegste 'n bisschen mehr. Ick brauch nich mehr suchen, und uff eene Art ist det ooch besser.»

W. J. «War det schon anstrengend, das Suchen?»

Christian «Naja, mehr oder weniger, da hat mir die nich jefallen, da war der Charakter nich so fest jewesen, die war mehr denn ooch für'n andret Leben jewesen.»

[...]

W. J. «Woher nimmst du eigentlich die Sicherheit zu sagen, also ich glaube, sie ist die Richtige?»

Christian «Det hat man so im Jefühl, wenn man sich ausspricht miteinander. Im Jespräch alleine merkt man denn schon, wieviel Vertrauen der andre zu einem hat.»

W. J. «Das sind wichtige Dinge für dich, wie ich merke, nicht bloß det Gesicht.»

Christian «Nach dem Aussehen kann man nicht gehen immer. Gut, die Frau, die soll auch ein bisschen aussehen. Man soll sich da irgendwo, wenn man ausgeht, oder was, soll man sich sehen lassen können damit. Und nicht deswegen, jetzt weil die Frau n' bisschen nicht so gut aussieht, eben deswegen schämen.»

W. J. «Naja, nun wenn das Kind nicht wäre, dann hättest du vielleicht noch ein bisschen gewartet.»

Christian «Ja, denn hätt ick vielleicht noch ein bisschen jewartet. Det stimmt.»

W. J. «Hättest du es dir vielleicht noch anders überlegen können, theoretisch?»

Christian «Das hätte ich auch noch machen können, aber, naja, nun war det alles n' bisschen anders jewesen durch det Kind, das stimmt. So früh wollten wir noch nicht, nee.

Naja, ein bisschen höher möchte ich doch noch kommen. So bloß Schlosser oder so, das ist mir jetzt auch nüscht mehr. Bisschen Qualifizierung noch machen, is alles drin in unserem Betrieb. Ich wollte den Ingenieur machen, für Landtechnik. Vorher habe ick die Idee jehabt, vielleicht wenn de fertig bist, denn ins Ausland zu gehen, drei Jahre oder so. Und nu hat sich det alles jeändert.»

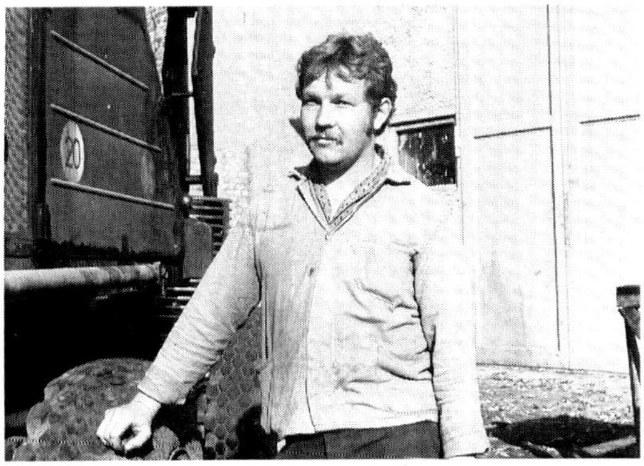

Christian, 24, Vater, geschieden – und aus dem Ingenieur wurde auch nichts

So tapfer wie Christian zum Klassentreffen zuvor schon seinen Schritt in die Ehe gegen die Spötteleien der ehemaligen Mitschüler verteidigt hatte, bedeutete es ihm denen gegenüber viel, in seinem 20. Lebensjahr bereits eine Frau *erobert* zu haben und Vater zu werden.

Und wieder freute uns, dass sein Handicap keinen Einfluss auf Christians Entschlüsse hatte.

Zunächst gab es jedoch ein anderes Problem, wie es später der genauso plötzlich Vater gewordene Bernhard mit seiner Ines in Binz auf Rügen erlebte. Christians Frau wollte dem Manne nicht ins Oderbruch folgen, der aber ebenso wenig zu den «Fischköppen» nach Mecklenburg ziehen.

Eine Weile lebte und schlosserte Christian noch «dort oben», aber da aus dem *Vater werden* ein *Vater sein* geworden war und das Probleme mit sich brachte, die die Liebe in die Knie zwangen, trennte man sich irgendwann mehr oder weniger einvernehmlich, und der junge Vater kehrte ins Golzower Elternhaus zurück.

Christian fand danach Arbeit in der LPG (Landwirtschaftlichen Produktionsgenossenschaft) Petershagen, östlich von Berlin, wo er sich 1979 – ebenso wie Petra – für ANMUT SPARET NICHT NOCH MÜHE – erstmals kurz in Farbe drehen ließ. Es war auch ein Test, ob er bereit war, sich noch einmal mit uns einzulassen.

Aber erst 2005 – also ein Vierteljahrhundert später – gingen wir erneut auf Christian zu. Mussten ihn aber zunächst wiederfinden, denn mit der DDR war inzwischen auch er für uns verschwunden. Was aber unseres Erachtens nicht heißen musste, dass er zu Wendezeiten in den deutschen Westen gegangen war. Und wenn doch, wäre er auch der Einzige der *Kinder von Golzow* gewesen, auf den das damals zugetroffen hätte.

Stets war es da richtig, in Golzow bei den Eltern anzuklopfen, um sich Auskunft und neue Adressen geben zu lassen.

Christians Vater lebte ja noch. Der pensionierte sozialistische Lehrer leitete jetzt den örtlichen Vertriebenenverband, der sich gegründet hatte. Was eine Journalistin, die wir dem immer freundlichen, entgegenkommenden Mann vorgestellt hatten, bewog, von einem Interview Abstand zu nehmen.

Uns jedoch ging es ja nur um den Sohn. Und der sollte jetzt Berliner geworden und bei der *Kreditanstalt für Wiederaufbau* am Gendarmenmarkt Haustechniker sein.

Verheiratet wäre Christian seit 16 Jahren auch wieder und er hätte einen ebenso alten Sohn namens Kevin, wie jener, der mal in einem vielgesehenem Film «allein zu Haus» war.

Ob und wie sich Christian zwischen seiner ersten Ehe und nun der mit Monika, einer flotten Berliner Blondine, getröstet hat, die sich uns als selbstständige Staubsaugervertreterin vorstellte – Originalton: «selbst» und «ständig« – wollen wir nicht spekulieren. Auch Chronisten können und müssen nicht alles wissen.

Wir lernten Christians zweite Familie bei Vater im Garten kennen, wo wir auch gleich vor der Kamera miteinander ins Gespräch kamen.

Das hört sich im Film dann so an:

W.J. «Wie finden Sie die beiden hier?»

Christians Vater «Gott ...»

Monika «Sag nischt Verkehrtet!»

Vater «...ich muss ehrlich sagen, ganz gut, ganz gut, nich. Warum nicht? Und ich meine, Christian ist ja ein bisschen gehandicapt durch sein Hüftleiden, aber sonst, er macht seine Arbeit und ...»

W.J. «Nun war er ja schon einmal Vater und war schon mal verheiratet. Wie ist es denn da weiter gegangen, mit der ersten Frau?»

Vater «Die erste Frau ist wieder verheiratet, der Mann heißt ooch Christian, der ist allerdings aus Hoyerswerda und der Sorbengegend dort. Und die Tochter wohnt in Wismar, is ver ... nee, nicht verheiratet, lebt mit jemandem zusammen und die haben ein Kind, nich, also habe ich eine Urenkeltochter, die ist jetzt, wieviel is die? – drei Jahre, könnte drei Jahre sein.»

W.J. «Sie haben noch Kontakt?»

Vater «Ja klar, klar!»

W.J. «Christian nicht oder wie?»

Vater «Det weiß ich nicht.»

Christian «Ab und an sehen wir uns, wenn, wenn der Zufall det so will, bei mein' Vater, aber ansonsten nich. Man hat seine Arbeit und man hat sein Tun und ...»

W.J. «Wie denkst du über deinen Entschluss, so früh zu heiraten?»

Christian «Tja, es hätte ooch jut gehen können.»

Das Landkind Christian war jetzt Berlin-Hellersdorfer, und es wunderte mich, dass er nichts auf die dort allgegenwärtige und neuerdings üblicherweise bekrittelte *Platte* kommen ließ: Die hätten sie ja auch im Westen. Wie wolle man das anders machen, wenn viele Leute unterzubringen wären?

Wir drehten Christian dazu auf seinem Weg durchs Viertel zur U-Bahn, die ihn tagtäglich zur Arbeit nach Berlin-Mitte brachte. Dass er gar nicht mehr so humpelte, wie ich es in Erinnerung hatte und dass er sogar noch rennen konnte, um seinen Zug zu kriegen, überraschte mich. Er hatte inzwischen wohl gelernt, mit dem kürzeren Bein besser klar zu kommen. Oder war ihm in neuerer Zeit geholfen worden?

Da fuhr also dieser Golzower bereits seit 18 Jahren mit der U-Bahn bei uns in Berlin-Friedrichsfelde vorbei, ohne dass wir davon wussten oder uns gar mal trafen!

Wie sollten wir auch annehmen, dass Christian, der Landmaschinenschlosser, durch einen «glücklichen Zufall», wie er sagte, seit 1987 einer der Haustechniker bei der Staatsbank der DDR am Gendarmenmarkt gewesen war und durch einen weiteren glücklichen Zufall nach der Wiedervereinigung sogar von der KfW – dieser Kreditanstalt für Wiederaufbau – übernommen wurde. Denn in der Petershagener Landwirtschaft waren inzwischen alle Lichter ausgegangen. Und der Agraringenieur, der er mal werden wollte, hätte ihn da auch nicht gerettet.

Christian nun in den ehrwürdigen, pikfein sanierten Räumen der Bank aus Kaisers Zeiten und im Milieu smarter Schlipsträger zu erleben, war für mich und ist für das Publikum gewöhnungsbedürftig.

Da uns die Drehgenehmigung seiner Obhut anvertraute, zeigte er uns gleich mal diese Welt, in der er sich nun bewegte und konnte dabei für einen Museumsführer gehalten werden.

Beispielsweise, als er uns eine Vitrine filmen ließ, in der hinter Glas das vollständige Sortiment von Scheinen in DDR-Mark ausgestellt war. Wobei er sich nicht verkneifen konnte hinzuzufügen, dass inzwischen auch die D-Mark tief in Stollen eines Salzbergwerks lagere, aber schneller verrotten würde als die Mark aus dem Osten: Manchmal habe die DDR auch gute Sachen hingekriegt …

Und weil Christian bereits ins Reden gekommen war, was ihm im Unterschied zu anderen aus der Klasse nie schwer fiel, machten wir daraus nach und nach ein Interview, das ich wieder in Auszügen zitieren will:

W. J. «Haste Gefühle, wenn du das siehst hier?»

Christian «Och, nu nich mehr.»

W. J. «Und was du heute verdienst, det fragt man ja nicht, ne?»

Christian «Nee.»

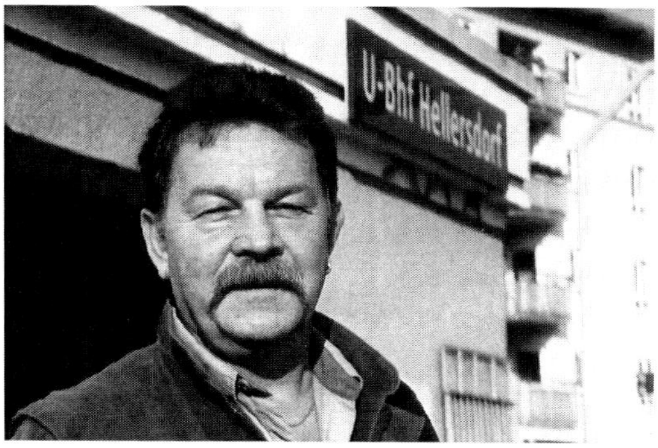

2005 ist Christian schon lange Berliner, Haustechniker bei einer Bank und immer wieder neu zufrieden

W. J. «Das ist nun heute so.»

Christian «Dit is, sag ich mal, Geld, was man kriegt, man verdient es ja nicht. Verdienen würden wir wat anderes.»

[…]

W. J._«Tja, du warst DDR-Bürger, wie wir alle. Wie lebt's sich in der heutigen Zeit.? Mit 50?»

Christian «Det jeht. Det jeht so. Gerade so, sag ick mal. Kleenes bisschen besser, könnt's besser sein, aber wat soll man meckern? Solange man Arbeit hat und …»

[…]

W. J. «Haste dich umgewöhnen können?»

Christian «Ja, das ging eigentlich fix. Mit Anpassen, Umpassen, habe ick eigentlich nich Schwierigkeiten jehabt.»

W. J. «War die Mauer das, was dich am meisten geärgert hat?»

Christian «Vom Prinzip nich.»

W. J. «Warum nicht?»

Christian «Nu, ick bin mit den Sachen, sag ick mal, groß jeworden, ick hab eigentlich nüscht, nüscht andret kennengelernt, aber ick weeß nich, irgendwie, heute sagt man, naja, vielleicht hat was jefehlt, aber im Großen und Ganzen – man hat ja ooch allet jehabt.»

[…]

W. J. «Hätten wir's wirtschaftlich nicht geschafft auf Dauer?»

Christian «Ick sag mal, ja, wir hätten's jeschafft, aber, der eene, andre sagt, es war sowieso schon am Boden und es war kein Fortkommen mehr oder wie auch immer.»

W. J. «Was hätte dann passieren müssen, damit die DDR das schafft zu überleben?»

Christian «Det weeß ick jetzt ooch nich, also …»

W. J. «Hätte man sie reformieren können … sollen?»

Christian «Naja, so ingeschliffen wie det war, gloob ick nich, dass det irgendwie was jebracht hätte.»

Christian war einer von fünf Kollegen der Haustechnikerbrigade, die sich heute wohl Team nennt. Es sind die *Männer für alles*. Als wir filmen, haben sie gerade mit der Einrichtung eines Saals für die 28. Fachtagung der KfW zu tun, für die unter anderem 162 Stühle aufgestellt werden müssen.

Beim Ausrollen eines Transparents mit dem Wort *Globalisierung* frage ich Christian, ob das ein gutes Wort für ihn sei. Er überlegt und sagt dann:

> «Ach ja, kann man so sagen. Aber et gibt ja ooch Globalisierungsgegner, wie't bei überall Leute gibt, die gegen irgendwat sind.»

So einfach ist das für einen, der dankbar für Arbeit ist. Vielleicht hätte ich Christian das auch besser andernorts fragen sollen?

Als Christian, der sich mit Monika und Kevin zum Feierabend getroffen hat, mit ihnen auf dem Weg zur U-Bahn ist und der Saal in der KfW sich mit Finanzexperten füllt, kommentiere ich:

> «Christian und seine Kollegen haben mit der Veranstaltung nur insofern zu tun, als sie ganz praktisch dafür sorgten, dass das Thema ein Podium bekam und alle darauf und davor Platz fanden.
>
> Morgen, wenn die Globalisierung der Welt um eine halbe Erdumdrehung vorangekommen ist, wird Christian zurückkehren um mitzuhelfen, alles wieder abzubauen.»

Nach Hellersdorf sind unsere Drei an diesem Abend jedoch nicht gleich gefahren, sondern darauf eingegangen, sich mit uns noch den neuen Potsdamer Platz anzusehen, von dem Christian behauptete, er kenne ihn bisher nur aus dem Fernsehen.

So landen sie auch im SONY-Center und dort vor dem CineStar mit den Programmen seiner acht Kinos auf Monitoren. Kevin überlässt es den Eltern, sich für einen der Filme zu entscheiden: «Ihr bezahlt ja, Hauptsache, ich kriege Popcorn.»

Schließlich beschließen sie, erst einmal hineinzugehen, und ich sage:

> «Die *Kinder von Golzow* werden hier sowieso nie zu sehen sein, selbst wenn eines von ihnen heute vor der Tür steht. So findet Christian es ein bisschen beliebig, vor welche Leinwand sie sich drinnen setzen.»

Das wollten sich die Veranstalter des Internationalen Forums der Berlinale 2006 ungern sagen lassen. Sie nahmen UND WENN SIE NICHT GESTORBEN SIND ... nicht nur ins Programm, sondern setzten die Premiere im CineStar an: Eine Pointe, über die sich das Festivalpublikum ziemlich amüsierte.

Das ist nun schon wieder neun Jahre her...

P.S.: Christian wurde inzwischen 60, ging in den Vorruhestand, wohnt neuerdings wieder auf dem Lande und ist nicht mehr mit Monika verheiratet. Hat daran unser Film etwa Anteil? Der gemeinsame Sohn Kevin soll noch immer zum Vater halten. Aber an Christians Seite ist jetzt eine andere Frau – Gabriele.

«... den Vorhang zu und alle Fragen offen» – Ilona

Neben Genossinnen und Genossen unter den *Kindern von Golzow* wie Winfried, Gudrun und Bernhard ging es uns im letzten Film ja auch noch einmal um Ilona – Ilona Müller, geb. Großkreutz, der in LEBENSLÄUFE ebenfalls eine Porträtskizze gewidmet war, und deren Geschichte nun in UND WENN SIE NICHT GESTORBEN SIND ... die vierte in Teil 1 ist.

Wir begründen das nicht nur damit, dass auch sie Mitglied der SED geworden war, sondern wollten vor allem an wunderbare Beobachtungen und Szenen aus ihrer Kindheit und Jugend erinnern, die noch nicht alle oder vollständig in früheren Filmen erschienen waren. Sie machten Ilona zu einer ganz wichtigen, liebenswerten Protagonistin für das Publikum.

Auch nach über drei Jahrzehnten bedauern wir noch immer, dass Ilona den Weg mit uns nur bis 1983 ging. Da hatte sie, wie schon so mancher unserer Zuschauer weiß, einen letzten Drehtag mit der DEFA, den aber auch bloß, weil sie sich der Kamera in diesem Falle nicht gut entziehen konnte. Es gab Orden für verdienstvolle Jugendfunktionäre des Kreises, und wegen einer Arthur-Becker-Medaille für Ilona waren wir dabei.

Ansonsten galt weiterhin, was sie dem DDR-Fernsehen schon 1982 in einem längeren Interview gesagt hatte: Sie sei nicht der Mensch, der gern vor der Kamera oder dem Mikrofon stehe. Deshalb wolle sie

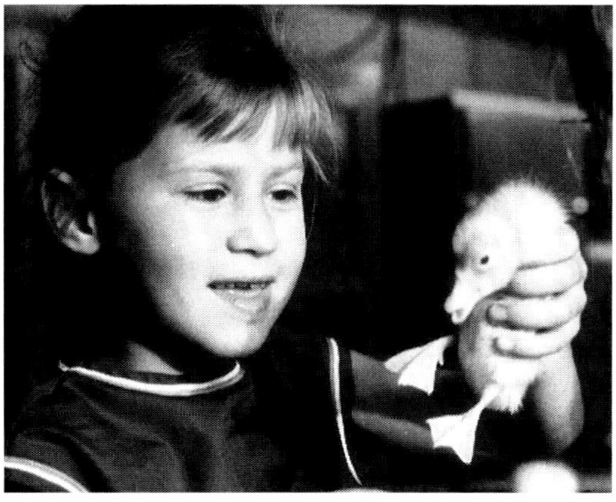

Ilona Ende der 1. Klasse in der genossenschaftlichen Entenfarm: sehen, wie Leben entsteht

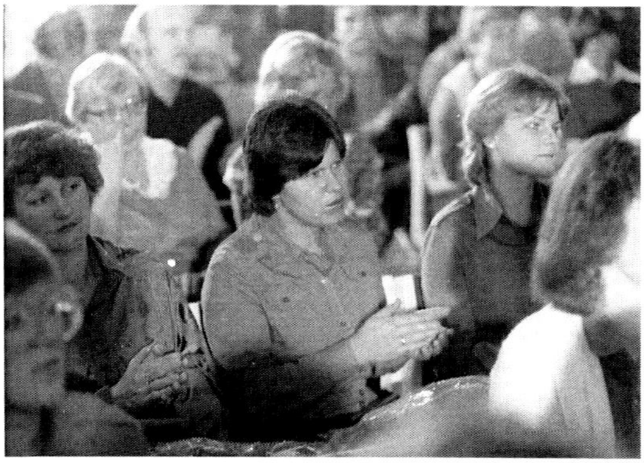 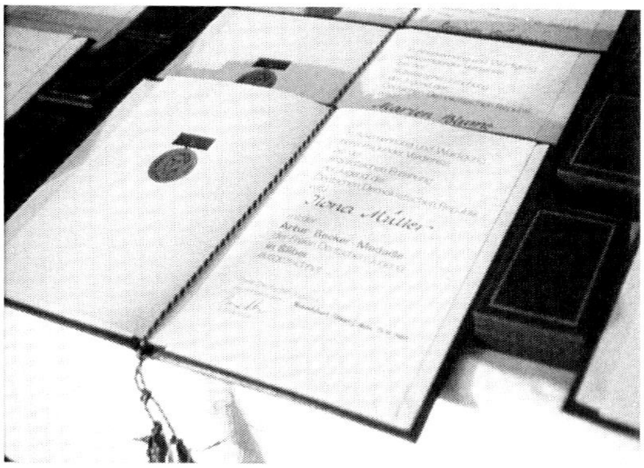

Inzwischen auch Filmheldin wider Willen, applaudiert die 23-Jährige im Blauhemd denen, die wie sie mit der Arthur-Becker-Medaille ausgezeichnet werden

sich nicht länger filmen lassen. Gegen unser Projekt «als solches» habe sie nichts.

Das Fernsehen, mit dem wir damals vor einer Zusammenarbeit standen, hatte uns dieses Interview ungeschnitten auf 16-mm-Umkehrfilm zur Verfügung gestellt. Zusammen mit anderen Interviews der *Kinder von Golzow*, ihren Eltern und dem Bericht von Winfrieds Hochzeit für einen Magazinbeitrag in Vorbereitung der Ausstrahlung der LEBENSLÄUFE im Herbst 1982. Ilonas Absage sendete man damals nicht, um zu vermeiden, dass sie sich damit öffentlich festlegt. Und um uns so zu erleichtern, sie zu einem geeigneten Zeitpunkt noch einmal umzustimmen.

In LEBENSLÄUFE war Ilona mit 36 Minuten vertreten, dem längsten von neun Porträts. Danach war mit ihr nicht mehr viel zustande gekommen. Nur dreimal gab es noch ein Wiedersehen vor der Kamera. Zum einen 1981, als sie die Klasse ihrer Tochter Jacqueline zum Pionierpark in der Berliner Wuhlheide begleitete und sich in drei unglücklichen Interview-Versuchen nur kaum etwas sagende Antworten abnötigen ließ.

Zum anderen im gleichen Jahr anlässlich der Zeugnisausgabe und Verabschiedung Jacquelines an eine andere Schule. Wieder war Ilona hier als Elternvertreterin dabei. Das Interview, das ich anstrengte, verlief diesmal noch unglücklicher, denn Ilonas Widerstand gegen das Befragtwerden musste einfach Rückwirkungen auf den Interviewer haben. Auch ich wurde unsicher, verkrampfte, fragte falsch. Und so brach Ilona das Gespräch über Jacquelines Zeugnis und ihr eigenes – damals im gleichen Alter – ab und ging wortlos aus dem Bild.

Kameramann Wolfgang Dietzel, der erstmals für Hans Leupold eingesprungen war, und ich guckten uns an: Das konnte wirklich das Ende der Zusammenarbeit mit Ilona sein.

Die eine wie die andere Szene fand nun Eingang in ihr abschließendes Porträt. Die Ordensverleihung als dritte war ja schon in DREHBUCH: DIE ZEITEN erschienen.

Wie aber war es ab 1983 weitergegangen, als wir – diesmal im Auftrag des DDR-Fernsehens – wieder zum Drehen kamen?

Da es bei DIESE GOLZOWER – UMSTANDSBESTIMMUNG EINES ORTES nicht um eine Fortsetzung der LEBENSLÄUFE gehen konnte, dafür erstmals ausführlicher auch um die Eltern, die ältere Generation, die Gemeinde, Landwirtschaft und Landschaft als das *Umfeld* unserer Chronik, hatten auch wir Ilonas Vater und Mutter gedreht. Ihn am Traktor, sie in der guten Stube mit Schmusekater und Hund, die für hervorragende *Zwischenschnitte* im Interview sorgen sollten, aber eigentlich nicht nötig waren, denn Mutter – mitteilsam genug – hätte auch ungeschnitten wiedergegeben werden können.

Vater hingegen war wie immer kurz angebunden oder diesmal noch kürzer als gewohnt. Es war spürbar, dass er nicht zu viel sagen wollte, wenn das Gespräch auf die Tochter kam. Möglicherweise hatte Ilona ihn dazu vergattert. So bestätigte er nur erleichtert, dass sie «anscheinend nichts mehr von uns wissen will», wie ich es ihm vorgab. Und bei der Frage nach dem Warum zuckte er mit den Schultern und nannte ihre Arbeit als möglichen Grund.

Von Ilonas Arbeit wussten wir bisher nur, dass sie in der FDJ-Kreisleitung Frankfurt (Oder) Stadt hauptamtlich für *Kader und Statistik* verantwortlich war. Und so hatten wir sie in LEBENSLÄUFE auch vorgestellt.

Mutter zeigte sich in unserem Gespräch sehr angetan von Ilonas beruflichem Weg und schien verwundert darüber zu sein, dass ich sagte, die Tochter wolle sich ja nun nicht mehr filmen lassen: Ilona hätte ihr davon nie etwas angedeutet. Aber sie werde noch einmal mit ihr sprechen. Das Mädel könne sich doch sehen lassen mit dem, was sie erreicht habe.

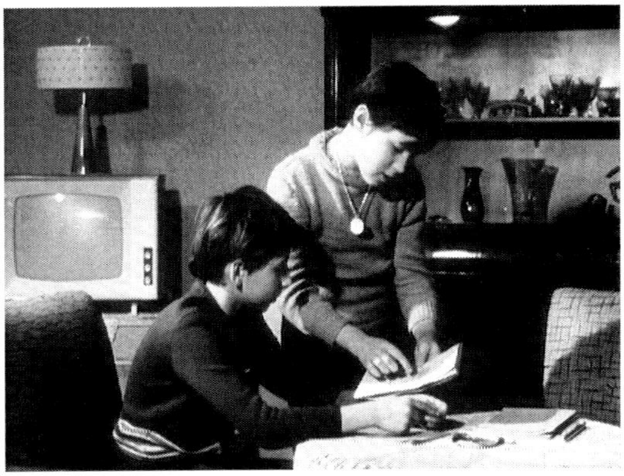

Einmal selbst die Lehrerin sein. Die ist Ilona für die Freundin bei den Schularbeiten

Wusste Mutter wirklich nicht mehr über mögliche Gründe oder machte sie uns nur etwas vor?

Ob sie tatsächlich mit Ilona über die Frage gesprochen hat? Wir wissen es nicht. Jedenfalls änderte sich nichts an Ilonas Haltung.

Zeiten gingen darüber hin. Und dann gab es die DDR nicht mehr.

Als nun 2005 unser letzter Film anstand, wollten wir gern noch einmal an Ilona erinnern. Spätestens seit sie als Elfjährige 1966 in der Szene mit ihrer Freundin in dem Zimmer, in dem uns ihre Mutter das Interview gab, Lehrerin gespielt hatte statt Schularbeiten zu machen, interessierte sich das Publikum für Ilonas weiteres Leben ganz besonders.

Es ging uns darum, an jene Szene anzuknüpfen, von der bisher nur ein kleiner Teil veröffentlicht worden war, um das darüber hinaus Archivierte endlich nachreichen zu können. Beispielsweise die folgende kleine Kostbarkeit von Ilona. Mit einer Zeichnung in der Hand erklärt sie:

> «Wir wollen heute mal das Gradnetz kennenlernen. Und zwar, das Gradnetz ist doch eine Kugel, wo ebent so mehrere Striche drum sind. Und dis is eine Längsgrade. Und da gibt es – einhundertachtzig östliche und einhundertachtzig westliche Längengrade. Und die Breitengrade gibt es auch noch. Das is denn ebent so breit gemacht. Und das is der Äquator in der Mitte, der dicke Strich.»

Im Schnitt mit dem TV-Interview von 1982 in Beziehung gesetzt, sollte sich dem Zuschauer die Frage stellen, wie sich Ilonas Sinneswandel erklärt. Als Kind sonnte sie sich geradezu mit ihrem phantasievollen Spiel vor der Kamera, war frei, souverän und ganz sie selbst. Als Frau und Mutter einer halbwüchsigen Tochter wirkte sie frustriert, schien sich ihrer selbst nicht sicher zu sein. Wir konnten wirklich nicht dazu beigetragen haben. Wie denn auch, wenn wir mit ihr kaum noch Kontakt hatten, am wenigsten vor der Kamera.

Was also hatte Ilona die werden lassen, die sie nun war?

Da unsere Chronik seit LEBENSLÄUFE auch immer eine über die *Werkstatt* war, wollten wir dieses Problem bei Ilona in besonderem Maße thematisieren und damit ihr nun wieder aufgenommenes, bis 1983 fortgesetztes Porträt unter einem neuen Blickwinkel betrachten. Damit rechtfertigte sich, dass wir bereits veröffentlichtes Material wiederholten, denn es war ja nicht viel Neues hinzugekommen. Immerhin stand, außer einigem von Wert aus dem Archiv, jetzt auch noch das mit den Eltern Gedrehte zur Verfügung. Ein knapp einstündiges Porträt bot sich an.

Um es gleich zu sagen: Beantworten lässt sich unsere Frage nicht schlüssig, wie sich Ilonas veränderte Haltung unserem Film gegenüber erklärt. Es muss bei vorsichtigen Mutmaßungen bleiben.

Heute scheint uns, dass Ilona von klein auf doch nicht das große Selbstvertrauen besaß, das sich vor der Kamera zu zeigen schien. Auch sie war eine durchschnittliche Schülerin, der die Schule nicht leicht fiel und die mit Fleiß, Ausdauer und Anstrengung wettzumachen suchte, was sich beispielsweise Winfried, ihr Banknachbar in der 5. Klasse, mühelos aneignete. Ilona wusste das auch von sich und reagierte empfindlich, wenn ihre Schwächen offenbar wurden. Es bildeten sich Komplexe, die sie zu kompensieren versuchte, wo das nur ging. Aber sie entwickelte auch Ehrgeiz, der ihr allerdings nicht immer den angestrebten Erfolg brachte.

Wenn Ilona als Schülerin merkte, dass die Kamera sie im Bild hatte, meldete sie sich meist heftig mit den Fingern schnipsend, aber was sie dann fragte oder sagte, schien sie oft nur von sich zu geben, um etwas zu sagen und dabei gefilmt zu werden. Da kam so manche herrliche *Blüte* zustande.

Die bekannteste: Als wir unter den Elfjährigen mal das Mikrofon kreisen ließen, um uns sagen zu lassen, was wir alles filmen sollten, kam nach Willys Satz

> «Naja, wenn sich da welche prügeln und wir wollen sie auseinanderbringen, da tun wir uns ooch immer gleich mitprügeln»

Ilonas empörter Vorwurf:

> «Und dann sind wir die Schuldigsten!»

Wenn sie ihrer Phantasie freien Lauf lassen konnte, wie im Spiel daheim als Lehrerin, kam Großartiges zutage. Diese Phantasie ersetzte ihre Kenntnis von der Welt, so wie sie die nun *ihrer Schülerin* Regina malte. Ilona wartete mit treffenden Einfällen und Formulierungen auf, mit denen sie offensichtlich die

Klassenlehrerin kopierte. In der Rolle konnte die bisher nur Nehmende endlich zur Gebenden werden, die Wissen vermittelte, auch wenn sich eben nur alterstypisches Halbwissen offenbarte.

Als Kind verstand Ilona natürlich noch nicht, warum man sich über sie amüsierte? Und später hielt sie es einfach nicht aus, wenn man über sie lachte. Leider erkannten wir zu spät die tieferen Ursachen.

Rückblickend hat sie mir mal gesagt:

> «Damals, an der Schule, haben sie für verantwortungsvolle Aufgaben immer nur die Besten genommen. Man möchte ja auch mal zeigen, was man kann.»

Das «Man», das in der Pubertät das «Ich» zu ersetzen begann, und uns zu dem Titel WENN MAN VIERZEHN IST für den vierten Film anregte, nehmen ja Viele ins Leben mit. «Man» konnte sich dahinter immer ein bisschen verstecken, sprach eben *nur allgemein*. Und bei Ilona fiel uns das besonders auf.

Ilona hätte – wie die beiden Jürgen, Karin, Brigitte, Dieter und andere – die Schule nach der 8. Klasse beenden können. Aber sie hatte den schönen Ehrgeiz sich zu beweisen, dass sie zu den Besseren gehörte und wollte die 10. Klasse schaffen. ...

Und das gelang ihr ja auch. Ilona entschied sich danach für einen dieser *modernen* Berufe in der Stadt und wurde im Halbleiterwerk Frankfurt (Oder) Elektronik-Facharbeiterin.

Dass sie dafür nicht gerade geeignet war, weil ihr die nötige Vorstellungskraft von dieser Art Materie fehlte, zeigte sich schon in der Lehre. Da beobachtet die Kamera sie – zusammen mit einem anderen Mädel – beim Stecken von Anschlüssen im Labor. Die Ratlosigkeit, welches Kabel in welche Buchse gehört, steht ihr ins Gesicht geschrieben, und so scheint es der reine Zufall zu sein, wenn mal was stimmt.

Als der Lehrmeister das Zustandekommen des Ergebnisses nachzuvollziehen versucht, entdeckt der den Fehler glücklicherweise gerade bei dem Anschluss, der nicht von Ilona stammte.

«Nein», sagt der Lehrmeister, «jetzt wird's falsch!» Was Ilona mit triumphierendem Blick zur Freundin und mit: «Siehste, hab' ick dir gesagt!» quittiert. Textautor Uwe Kant traf es, als er in ANMUT SPARET NICHT NOCH MÜHE nachschob: «Ilona ist nie mit Erfolgen überschüttet worden. Deshalb merkt sie sich auch die kleinen.»

Ilona übte ihren Beruf im Halbleiterwerk nicht lange aus. Als sie Mutter wird und heiratet, bekommt sie, wie sie uns sagte, keinen «Tageskrippenplatz» vom Betrieb und entschließt sich, in einer Krippe als ungelernte Erzieherin anzufangen, um ihre Jacqueline gleich mitbetreuen zu können. ...

Die Älteste von fünf Geschwistern und damit *Mutters Stellvertreterin* brachte gewiss ausreichend Erfahrungen für diese Arbeit mit, die ihr sowieso mehr gelegen haben dürfte als der erlernte Beruf.

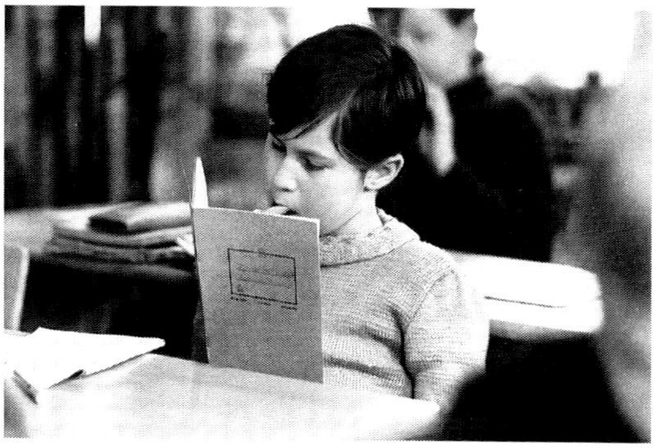

Die Älteste von fünf Geschwistern ist 1966 elf Jahre alt und klagt später, «die Dresche zuhause immer für alle abgekriegt» zu haben

Diesen Beruf aufzugeben, war also möglicherweise eher ihr Wunsch und das Eingeständnis eines Irrtums, ja, einer Niederlage, die sie mit dem Argument «fehlender Krippenplatz» uns gegenüber ganz gut kaschieren konnte, denn es ist nicht sehr glaubhaft, dass ein Schwerpunktbetrieb mit vielen jungen Frauen wie das Halbleiterwerk in der Kinderbetreuung hätte passen müssen.

Ilona, die schon in der Schulzeit immer wieder zu gesellschaftlicher Arbeit bereit war, leistete als Mitglied der FDJ dann auch eine gute Jugendarbeit unter den Erzieherinnen. So hörten wir es aus der FDJ-Kreisleitung, die deshalb auf sie aufmerksam geworden war und Ilona bald hauptamtlich als Jugendfunktionärin einstellte.

Als sie in die SED aufgenommen wurde, wären wir natürlich gern mit der Kamera dabei gewesen, aber – wie schon zur Hochzeit – gab sie uns nicht Bescheid. Sie hatte den Landmaschinenschlosser und späteren Kraftfahrer Wolfgang geheiratet, nachdem sie achtzehn geworden war. Zuvor hatte sie schon ihre Jacqueline geboren.

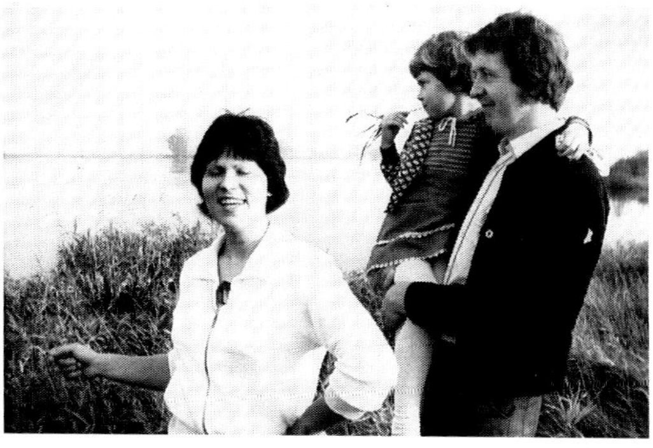

1978 mit Wolfgang und Jacqueline an der Oder. «Höchstens drei Kinder» wünschte sich Ilona mit 14

Immerhin war Ilona mit dem Drehen einverstanden, als man dieses *Kind von Golzow* an die Bezirksparteischule in Beeskow delegierte. Es wurde aber auch einfach von ihr erwartet.

Hier konnten wir die junge Genossin 1979 in einer Diskussion des Parteiaktivs beobachten. Allein unter Männern und wie diese rauchend, war sie ganz Bild emanzipierter DDR-Weiblichkeit. ...

Im Hörsaal jedoch erstarrte Ilona erneut, weil es ihr da wieder peinlich war, sich drehen zu lassen, denn es hatte sich natürlich herumgesprochen, dass wir nur ihretwegen an der Schule waren.

Einen Interview-Wunsch schlug sie uns nach der Szene im Parteiaktiv überraschenderweise nicht ab. Zeichen dafür, dass sie sich wohlfühlte, in ihrer neuen Position beachtet zu werden.

Aber während des Interviews wuchsen wieder die Hemmungen. Auf die Frage, was unangenehm am Gefilmtwerden sei, lacht Ilona verlegen und sagt:

> «... das is eben so 'ne innerliche Aufregung und dadurch werde ich unheimlich unsicher.»

Ob sie Angst habe, zu versagen?

> «Ja, dass ich irgend'n Bolzen rausschieße, wo't denn nachher unmöglich is, wa. Is irgendwie blöde.»

Ilona war übrigens nicht die Einzige aus der Klasse, die sich später schwer tat vor der Kamera. Bernhard Guderjahn, um dessen Lebensgeschichte es noch gehen wird, war ebenfalls einer von denen. Der allerdings schon als Kind.

Sicher konnte es psychische Ursachen haben, wenn jemand Hemmungen zeigte, sich filmen zu lassen und vor allen dem Frager standzuhalten. Aber wenn ich bedenke, dass Ilona in natürlicher Eitelkeit immer darauf bedacht war, von uns nicht übersehen zu werden und zeigen zu können, was aus ihr wurde, auch dass sie als Genossin in ihrer Mitarbeit an diesem Film eine gesellschaftliche Aufgabe sehen konnte, muss ich annehmen, dass es noch andere Gründe geben konnte, die in ihren Lebensumständen zu suchen waren, und die sie die Zusammenarbeit mit uns letztlich aufkündigen ließen. Und zwar schon zu DDR-Zeiten und nicht erst wie Gudrun, nachdem und weil sich alles gewendet hatte.

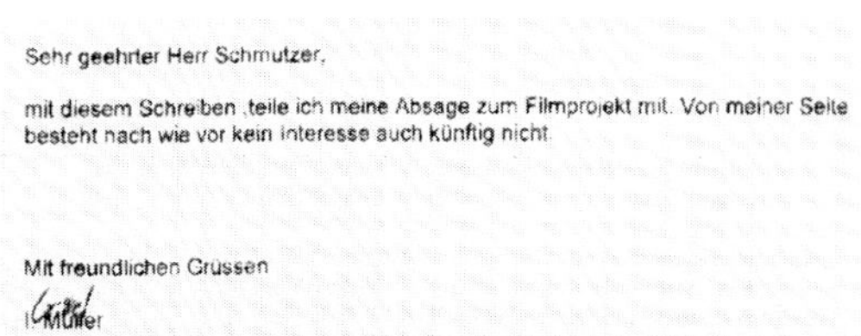
Sehr geehrter Herr Schmutzer,

mit diesem Schreiben teile ich meine Absage zum Filmprojekt mit. Von meiner Seite besteht nach wie vor kein Interesse auch künftig nicht.

Mit freundlichen Grussen

I. Müller

Ilona ist das zweite von drei Mädchen der Klasse, die den Filmern die Freundschaft kündigen

Seit Ilona 20 war, hatten wir ihr Bemühen gespürt, den Film hinter sich zu lassen. Sie schützte immer öfter fehlende Zeit vor oder hielt sich nicht an vereinbarte Termine.

Trotzdem waren nach ihrer Schulzeit noch Dreharbeiten gelungen. Beispielsweise 1975 in der Zeit eines ersten Klassentreffens, bei dem sie sich befragen ließ und über sich recht unbefangen Auskunft gab. Auch als wir ab 1978 in Farbe arbeiteten, ließ sie sich noch drehen – als Vertreterin der FDJ-Kreisleitung bei Jugend-Kollektiven in verschiedenen Betrieben und sogar mit der Familie, mit Mann und Kind an der Oder. Nicht mehr jedoch bei sich zu Hause.

Ilona schien sich mit uns zu quälen. Schwieriger wurde es, als das Fernsehen der DDR, aber auch die ARD sie 1983 in LEBENSLÄUFE im 1. Programm zeigten und man so oder so über sie redete oder sie sich nur vorzustellen brauchte, dass man das tat.

Als Ilona uns gegenüber zeitweise noch recht offen war und wir sie 1975 in ihrer neuen Tätigkeit als Krippenerzieherin drehen wollten, sagte sie, dass das nur ginge, wenn wir sie draußen an der Oder aufnehmen, wo sie mit dem Sechser-Kinderwagen zusammen mit einer Kollegin unterwegs sei. Drinnen ließe man uns sicher nicht drehen, weil das eine Krippe der Staatssicherheit sei...

Hatte damals angefangen, was mit der Ordensverleihung unter der Fahne mit dem Dzierzynsky-Bild für uns endete?

Ich möchte es lieber nicht annehmen, und es fehlen dafür auch die Belege. Der Bundesbeauftragte für die Unterlagen des Staatssicherheitsdienstes (BStU), den ich in eigener Sache wegen der Begegnungen mit Mielke und Havemann – siehe hierzu unser vorangegangenes Buch – befragte, hat sie jedenfalls nicht. Und mir liegt fern, das nicht hinzunehmen und weiterhin anderes zu vermuten.

Ilona ist – wie wir alle mit unserer Vergangenheit – in der deutschen Einheit angekommen. Und das ist für so manchen eher eine Bürde als eine Chance. Manchmal gibt die Geschichte auch Rätsel auf, mit denen man leben muss.

Wie sagt doch Brecht in *Der gute Mensch von Sezuan*?

> «Wir stehen selbst enttäuscht und sehn betroffen
> den Vorhang zu und alle Fragen offen.»

P.S.: Ilona hat übrigens nie den Eindruck erweckt, als interessiere sie sich für das mit ihr Gedrehte vor dessen Veröffentlichung. Nicht erst beim abschließenden Film 2007 war sie eingeladen, es zur Kenntnis zu nehmen und bei Einwänden an gestalterischen Änderungen mitzuwirken. Ohne dass sie je kam. Ihre Eltern verstarben in den neunziger Jahren. Von Mutter hörte ich zuletzt: «Es ist eine furchtbare Zeit...»

«Wenn der Film nur das Gute von jedem bringt, dann ist doch die Sache am Ende unrealistisch» – Winfried

Mein Namensvetter Winfried – Winfried Jerchel, Neubauernsohn – war nach seinem Studium an der Technischen Hochschule Karl-Marx-Stadt Diplomingenieur für elektronischen Gerätebau geworden. Richtiger: Winfried hatte das so angegeben, als er sich im Rechenzentrum des VEB Stahl- und Walzwerk Gröditz bewarb.

Es fehlte ihm ja nur wenig zum Diplom. Das Ausstehende wollte er neben seiner Arbeit noch beibringen. Vor allem aber ging es ihm darum, nach 17 Jahren des Lernens und Studierens endlich mal in Gröditz Geld zu verdienen. Auch um an die Gründung einer Familie denken zu können.

«Richtig Geld» gab es aber seiner Meinung nach als Programmierer hier gar nicht zu verdienen. Außerdem war Winfried für diese Arbeit überqualifiziert, und sie machte ihm nicht mal Spaß. So ging er also im Stahlwerk unter die besser bezahlten Gießer im interessanteren, aber körperlich stark fordernden Schichtdienst. Das hatte natürlich zur Folge, dass er kaum noch dazu kam, sich um seinen Hochschulabschluss zu kümmern – und es schließlich ganz sein ließ.

Inzwischen hatte der Minister für Hoch- und Fachschulwesen der DDR unseren Film LEBENSLÄUFE gesehen, in dem Winfried noch als Student zu erleben war, der sich über die schlechte Bezahlung der Absolventen beklagte. Sein 23-Minuten-Porträt endete mit dem Kommentar:

> «In ein paar Monaten wird Winfried sein Diplom machen, sich als Programmierer ans Stahl- und Walzwerk Gröditz vermitteln lassen – und dort ein Jahr als Gießer arbeiten. ‹Gießer brauchen sie dort nämlich auch›, sagt er, ‹Diplomingenieur kann ich noch mein ganzes Leben sein.›»

Der Minister ließ der Sache nachgehen, weil nicht sein konnte, dass ein fertiger Dipl.-Ing. Gießer wurde und somit «teuer errungene intellektuelle Ressourcen» derart verschwendet werden. Da musste also herauskommen, dass in Winfrieds Akte noch immer das Diplom fehlte, das Voraussetzung für seine Arbeitsaufnahme hätte sein müssen. Das ging natürlich ebenso zu Lasten der seinerzeit Kaderleitung genannten Personalabteilung, aber zuerst war es nun mal Winfrieds Delikt: Mit falschen Angaben hatte er sich seine Anstellung *erschlichen*, wie das im Juristen-Deutsch heißt.

Winfried war inzwischen Mitglied der SED geworden, was auch etwas mit seiner Gastrolle bei der Arbeiterklasse zu tun hatte.

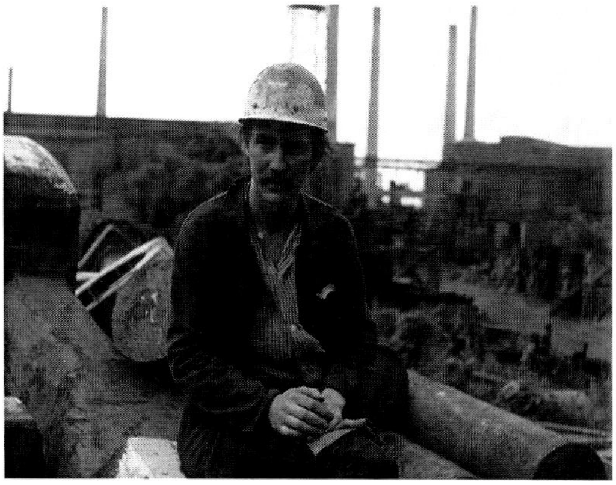

Winfried als Gießer im Stahl- und Walzwerk Gröditz. Da verdient er mehr als ein Diplom-Ingenieur

So bekam es seine Partei ebenfalls mit der krummen Sache zu tun. In die Produktion *zur Bewährung* konnte man ihn – wie üblich – nicht schicken, denn dahin war er ja schon freiwillig gegangen. Aber man konnte die Affäre auch nicht auf sich beruhen lassen, denn ein Genosse hatte Vorbild zu sein.

Zuerst und vor allem wurde Winfried beauftragt, schleunigst für sein Diplom zu sorgen und hatte dafür das Thema der Arbeit so abzuwandeln, dass sich der Betrieb mehr Nutzen davon versprechen konnte. Der Delinquent hatte sich jedoch auch *gesellschaftlich zu bewähren*. So trat Winfried in die Betriebskampfgruppe des Stahlwerks ein und übernahm darüber hinaus im Rahmen des Patenschaftsvertrages mit einer benachbarten Oberschule dort den Polituntericht, das sogenannte *FDJ-Studienjahr*.

Wir bekamen von all dem erst Wind, als 1982 Winfrieds Hochzeit bevorstand. Da erreichte den Parteisekretär des DEFA-Studios ein Brief der Parteileitung des Stahlwerks, den diese irrtümlich an das DDR-Fernsehen geschickt hatte.

Darin wurde der Parteisekretär informiert, dass es bei dem Genossen Jerchel wegen eines «im Territorium bekannten, ernsten Vergehens» zu «parteierzieherischen Maßnahmen» gekommen sei, die es augenblicklich nicht angebracht erscheinen ließen, ihm als einem der «Jungen von Golzow» anlässlich seiner Eheschließung filmisch Aufmerksamkeit zu verschaffen. Man sei daran interessiert, mit dem «verantwortlichen Leiter für diesen Dokumentarfilm» in Verbindung zu treten, um «ein reales Bild des Genossen in der Öffentlichkeit zu zeigen».

Ich meldete mich daraufhin und teilte unter anderem mit, dass die von uns geplanten Aufnahmen nicht vor dem Jahre 2000 in einem Film unserer Langzeitdoku zu sehen sein würden.

Offenbar überzeugte und beruhigte das die wachsamen Gröditzer Genossen so, dass sie ganz vergaßen,

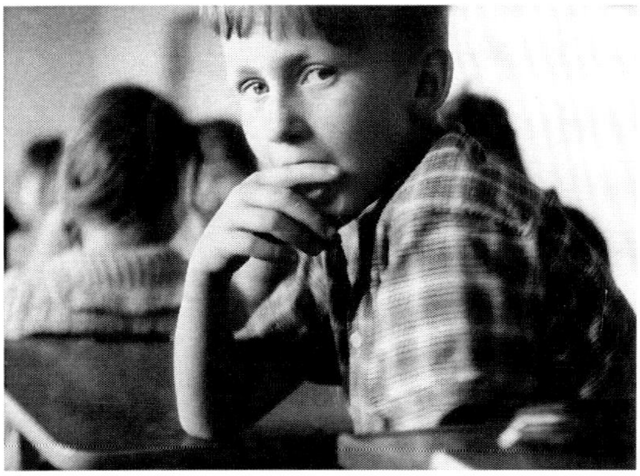

Winfried: 1962 schon in der 1. Klasse unterfordert

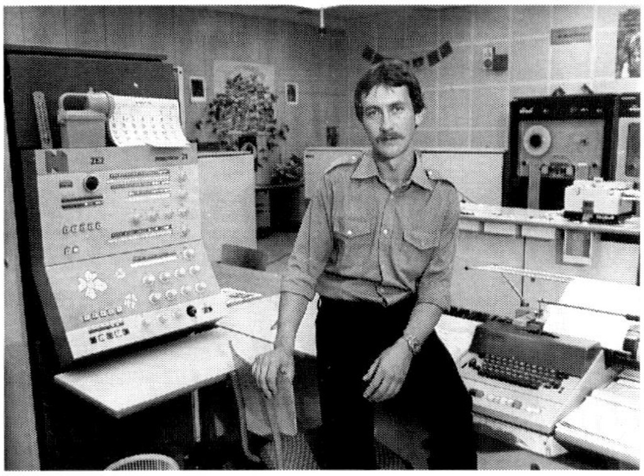

Nach 17 Jahren Schule und Studium 1981: für einen Programmierer im Gröditzer Rechenzentrum überqualifiziert

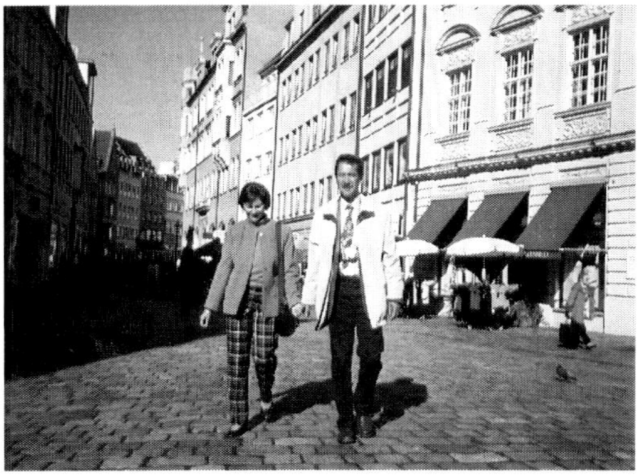

2005 als zeitweise arbeitsloser Dipl.-Ing. und nun Bundesbürger in Bayern abgesichert – dank Inga, einer neuen Frau

das DDR-Fernsehen ebenso zu warnen. Möglicherweise durch den falsch adressierten Brief aufmerksam geworden, rückte das nun aus, um Winfrieds, mit materieller Unterstützung des Betriebs gefeierte *sozialistische Eheschließung* für die Sendereihe «Entdeckungen im Alltag» an unserer Seite mitzudrehen. In Vorbereitung der Ausstrahlung der LEBENSLÄUFE brauchte man in Adlershof nämlich noch einen Werkstattbericht über unsere Arbeit und konnte deshalb nicht wie wir bis zum Jahre 2000 warten.

Zu Unruhen kam es Winfrieds wegen in Gröditz dennoch nicht. Schon einmal auf eine so interessante Fährte gesetzt, kamen wir verständlicherweise bald auf das Parteiverfahren und was ihm folgte, zurück. Wir drehten Winfried in der Kampfgruppe, bei der FDJ und schließlich auch, wie die Parteileitung die Löschung der Parteistrafe vorschlug. Darauf hatte die allerdings eine geschlagene Stunde warten müssen. Es gab Schlagbohrer in der Stadt, und Winfried stellte sich danach an. Hätten nicht auch wir mit der Kamera auf ihn gewartet, wären die Genossen der Partei- und Werkleitung kaum derart geduldig geblieben.

Höchstwahrscheinlich ist so ein innerparteilicher Vorgang – sprich Ritual, wie ich es weiterhin schildern werde – in einem DEFA-Dokumentarfilm hier zum ersten und einzigen Male zu sehen gewesen und ein Zeit- und DDR-Dokument für sich. Hätte das Gedrehte auch veröffentlicht werden können, wäre die DDR damals schon eine andere gewesen. Dass Winfried sich dabei überhaupt filmen ließ, spricht für eine gewisse Unbekümmertheit, aber auch von seinem Verständnis für den Charakter unserer Chronik. Und nicht zuletzt dafür, dass er sich sogar ihres Schutzes bewusst war.

So verhalf uns *Winne* also selbst zu dem «realen Bild» von sich, um das es seiner Partei gegangen war.

In einem Interview nach der Parteileitungssitzung sagte er uns, an der Wand mit dem Honecker-Bild stehend: «Wenn der Film nur das Gute von jedem bringt, dann ist doch die Sache am Ende unrealistisch.»

Wir haben diesen Satz als Schrifttitel Winfrieds filmischem Porträt vorangestellt. Heutzutage, wo es wenig opportun ist zuzugeben, dass man in der DDR *mal in der Partei* war, gehört inzwischen ganz anderer Mut dazu, sich gleichsam vorführen und damit zur Diskussion stellen zu lassen. Aber auch den hatte Winfried, als er mit der Veröffentlichung der Aufnahmen einverstanden war.

Mögliche Kritik des Zuschauers an Winfrieds politischer Haltung verblasst allerdings im Vergleich zum Erscheinungsbild, das die Partei im «Karl-Marx-Jahr» 1983 mit ihrem erstarrten Prozedere in der Sache «Löschung der Parteistrafe des Genossen Jerchel» lieferte.

Kommentar:

> «Der Parteileitungssitzung mit dem Vorschlag, Winfrieds Strafe zu löschen, folgt die Parteiversammlung mit dem Antrag zu entscheiden, das zu tun.»

Als sich endlich die Arme im Saal heben und natürlich alle für diese Löschung stimmen, hebt Winfried zögerlich auch den seinen. Die Macht der Gewohnheit hindert ihn, sich wenigstens der Stimme zu enthalten.

Eine Farce, zu der der Kommentar den Schlusspunkt setzt:

«Sozialistische Demokratie in Aktion. Sie wäre es wert gewesen, sich an Wichtigerem zu erweisen.»

Winfrieds Sabine – ebenso attraktiv wie selbstbewusst und Ingenieurökonomin im Stahlwerk – erwartete in jenen Wochen ihr zweites Kind, das erste von ihm.

Und der frischgebackene Vater Winfried bewährte sich bald so sehr, dass der Kämpfer im benachbarten Zellstoffwerk, in das er besserer Arbeit wegen wechselte, Kampfgruppenkommandeur wurde. Damit hatte Winfried, der einst Gemaßregelte, schon eine gewisse führende Position im Betrieb erreicht. Ihn *Mitläufer* zu nennen, wie es sein Vater nach der Wende tat, traf jedenfalls nicht mehr so recht zu.

In diesen Jahren hatte sich auch Sabine noch aus Liebe zu ihrem Mann mitfilmen lassen, solidarisierte sich also mit Winne und unserer Chronik. Doch ihre Skrupel wuchsen spürbar.

Einem «fortschrittlichen» Elternhaus entstammend, schien sie zwar stolz zu sein auf seine Karriere zum Elektroniker, der das veraltete Zellstoffwerk modernisierte und überdies die Betriebskampfgruppe befehligte. Andererseits war es ihr aber wohl auch zunehmend peinlicher sich vorzustellen, den Mann später mal in einem Film als gestrauchelten, aber daraufhin doch sehr vorbildlichen Genossen, präsentiert zu sehen.

Sie fürchtete beispielsweise allein schon um sein Bild, als die DEFA am 31. Oktober 1988 Winfrieds Rede zum 35. Jahrestag der Kampfgruppen mit ihren vorgegebenen Worthülsen festhalten wollte, und es sein konnte, dass ihn dabei die Erregung in sein Kindheitsstottern zurückfallen ließ, was aber, überraschend auch für uns, nicht geschah. Winne wirkte souverän.

Um Sabine nicht zu früh zu beunruhigen, hatte er sie überdies wieder einmal etwas spät über unser Kommen informiert. So sah sie sich vor vollendete Tatsachen gestellt und sollte zum anschließenden Tanzabend überdies einbezogen werden, ja sogar dazu noch Lust haben. Als Winfried sie zum Eröffnungstanz *auffordert*, steht Sabine auf – und geht. Die Kamera Roland Worels, der in diesen Jahren Leupolds Arbeit fortsetzte, bekommt es gerade noch mit, aber die Szene erklärte sich nicht eindeutig und fiel späteren Kürzungen zum Opfer. Mitunter kann das auch gut sein.

Schon Ende der achtziger Jahre zeichneten sich Ehekonflikte ab. In einem Interview mit der Familie und nun schon drei Kindern vor dem Rohbau ihres künftigen Eigenheims in Gröditz zählt Winfried die Zimmer auf und bemerkt nebenbei, dass man sich eigentlich noch ein viertes Kind anschaffen könnte.

Zur Erheiterung des Publikums trifft ihn Sabines entrüsteter Blick und ihr spontaner Protest: «Also ... !!!»

Die Probleme der *Wende* überdecken zunächst die latenten Probleme der Ehe. In einem Interview am nagelneuen Mazda vor einem der omnipräsenten Discounter am Stadtrand lässt sich auch Sabine von mir fragen, wie sie über die neue Zeit denkt und überzeugt dabei als Winfried ebenbürtige Persönlichkeit.

W. J. «Wem hat man das nun mehr zu verdanken, dem Gorbi oder dem Kohl?»

Sabine «Weder noch [...] Ich meine, wenn wir das alles nicht gewollt hätten, dann würden wir alle noch DDR sein, ob da nun Kohl oder Gorbatschow, das ist doch eigentlich egal. Ich meine, wir haben's ja alle so gewollt [...] Es wäre vielleicht nicht alles so schlecht, wie es jetzt gemacht wird, aber man rührt halt so, dass es schlecht wird [...] Und die «Wessis» in Anführungsstriche, die nun gekommen sind, die scheinen es aber auch nicht so richtig zu wissen. Ist nur so zweite, dritte Garnitur.»

Leider sollte diesem Interview – hier nur in Auszügen – kein weiteres folgen. Und Sabine wirkte wohl auch auf Winne ein, sich nicht mehr für eine Fortsetzung unserer Dokumentation zur Verfügung zu halten. So wurde der Drehtag vom 29. Januar 1992 zum letzten der beiden gemeinsam vor der Kamera.

In einer sich maskierenden Gesellschaft hielt es Winfrieds Frau künftig nicht mehr für ratsam, Privates ehrlich öffentlich zu machen: Und eine harmonische Ehe wollten sie uns auch nicht vorspielen. Sie hatten sich nun mal enttäuscht. So sehr wir das bedauerten, es hatte uns nichts anzugehen.

Worin Sabines Kritik an Winne bestand, können wir wieder nur mutmaßen. Er schwieg dazu, aber es deutete sich später an, dass Sabine ihm auch verargt haben könnte, dass er hinter sein bisheriges Leben und seine Haltung als *fortschrittlicher* DDR-Bürger so schnell einen Schlussstrich zog.

Ausschlaggebend für das weitere Auseinanderleben aber mögen mehr und mehr die Schwierigkeiten gewesen sein, nach der Schließung und dem *Rückbau* des Zellstoffwerkes bzw. der Umstrukturierung des Stahlwerks und den damit verbundenen Massenentlassungen in Gröditz, wieder Arbeit zu bekommen. Während Sabine zur Heilpraktikerin umschulte, später aber Standesbeamtin wurde, kam Winfried anfangs noch als Service-Ingenieur bei einer bayrischen Elektronik-Dienstleistungsfirma unter, die sich in Gröditz ansiedelte. Die Suche nach einer besseren Alternative führte ihn bald nach Bayern selbst, wo er sich bei Siemens, Infineon, KUKA-Wehrtechnik und zuletzt beim Bayerischen Rundfunk als Zeitarbeiter verdingte. Der BR hatte übrigens derzeit abgelehnt, sich als Koproduzent an einer Fortsetzung der *Kinder von Golzow* zu beteiligen. Aber selbst wenn Winne

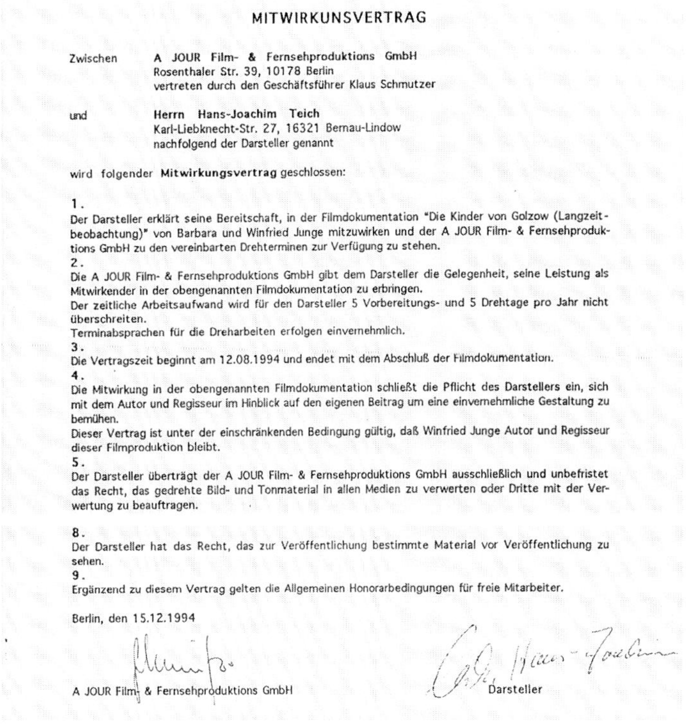

MITWIRKUNSVERTRAG

Zwischen A JOUR Film- & Fernsehproduktions GmbH
Rosenthaler Str. 39, 10178 Berlin
vertreten durch den Geschäftsführer Klaus Schmutzer

und Herrn Hans-Joachim Teich
Karl-Liebknecht-Str. 27, 16321 Bernau-Lindow
nachfolgend der Darsteller genannt

wird folgender **Mitwirkungsvertrag** geschlossen:

1.
Der Darsteller erklärt seine Bereitschaft, in der Filmdokumentation "Die Kinder von Golzow (Langzeitbeobachtung)" von Barbara und Winfried Junge mitzuwirken und der A JOUR Film- & Fernsehproduktions GmbH zu den vereinbarten Drehterminen zur Verfügung zu stehen.
2.
Die A JOUR Film- & Fernsehproduktions GmbH gibt dem Darsteller die Gelegenheit, seine Leistung als Mitwirkender in der obengenannten Filmdokumentation zu erbringen.
Der zeitliche Arbeitsaufwand wird für den Darsteller 5 Vorbereitungs- und 5 Drehtage pro Jahr nicht überschreiten.
Terminabsprachen für die Dreharbeiten erfolgen einvernehmlich.
3.
Die Vertragszeit beginnt am 12.08.1994 und endet mit dem Abschluß der Filmdokumentation.
4.
Die Mitwirkung in der obengenannten Filmdokumentation schließt die Pflicht des Darstellers ein, sich mit dem Autor und Regisseur im Hinblick auf den eigenen Beitrag um eine einvernehmliche Gestaltung zu bemühen.
Dieser Vertrag ist unter der einschränkenden Bedingung gültig, daß Winfried Junge Autor und Regisseur dieser Filmproduktion bleibt.
5.
Der Darsteller überträgt der A JOUR Film- & Fernsehproduktions GmbH ausschließlich und unbefristet das Recht, das gedrehte Bild- und Tonmaterial in allen Medien zu verwerten oder Dritte mit der Verwertung zu beauftragen.

8.
Der Darsteller hat das Recht, das zur Veröffentlichung bestimmte Material vor Veröffentlichung zu sehen.
9.
Ergänzend zu diesem Vertrag gelten die Allgemeinen Honorarbedingungen für freie Mitarbeiter.

Berlin, den 15.12.1994

A JOUR Film- & Fernsehproduktions GmbH Darsteller

Mitwirkungsvertrag (gekürzt), der Rechte und Pflichten regelt. Die Golzower haben ihn, seit sie Bundesbürger sind. Nur Winfried und Gudrun verweigerten zunächst oder endgültig die weitere Mitarbeit

sich als eines von denen zu erkennen gegeben hätte, wäre es ja wohl bei der Ablehnung geblieben.

So lebten Sabine und Winfried, der zwischendurch immer mal wieder arbeitslos war, hinfort getrennt, und auch die Kinder begannen, ihrer Wege zu gehen. Ganz Deutschland stand ihnen mittlerweile offen.

Da Winfried anfangs noch aus Rücksicht auf Sabine mit uns nicht in Kontakt blieb, wir sie nicht gut nach ihm fragen konnten, sie bald auch das Haus in Gröditz aufgab und nach Finsterwalde verzog, versuchten wir, uns endgültig damit abzufinden, dass es vielleicht nie mehr einen Film über ihn und seine Familie geben würde. Aber noch konnte mit der Zeit auch Rat kommen, weil vorerst andere *Lebensläufe* im Schnitt oder Plan waren. Solange wir Winfrieds Eltern in Golzow antreffen konnten, gab es immerhin Hoffnung, später mal seine aktuelle Adresse zu bekommen.

Rat ergab sich – doch nach dem Motto «erstens kommt es anders und zweitens als man denkt»:

Seit 1992 waren wir fast jedes Jahr mit einem neuen Golzow-Film zu den «Tagen des unabhängigen Films» in Augsburg.

Nach einer Retrospektive aller in der DDR entstandenen Golzow-Filme hatten wir hier gleichsam ein Abonnement: 1993 mit DREHBUCH: DIE ZEITEN; 1994 mit DAS LEBEN DES JÜRGEN VON GOLZOW; 1996 mit DIE GESCHICHTE VOM ONKEL WILLY AUS GOLZOW; 1997 mit DA HABT IHR MEIN LEBEN – MARIELUISE, KIND VON GOLZOW; 1999 mit BRIGITTE UND MARCEL; 2000 mit EIN MENSCH WIE DIETER, 2002 mit JOCHEN – EIN GOLZOWER AUS PHILADELPHIA und 2003 mit EIGENTLICH WOLLTE ICH FÖRSTER WERDEN – BERND AUS GOLZOW.

Eines denkwürdigen Tages im Jahr 2000 entdeckte Kameramann Harald Klix, der – nach unserem Film DAS PFLUGWESEN – ES ENTWICKELT SICH (1986) und zwei weiteren 1989 in Syrien – nun auch Leupolds und Worels Arbeit an den *Kindern von Golzow* fortsetzte, unter den Zuschauern des Films über Dieter auch Winfried. Der lebte jetzt in Augsburg. Es gab ein unverkrampftes Wiedersehen, bei dem sich schnell herausstellte, dass er sich wieder filmen lassen würde, da er inzwischen geschieden war. Voraussetzung: Dass er nachträglich in den Mitwirkungsvertrag eintreten konnte, wie er bereits mit den Klassenkameraden seit der Weiterführung des Projekts nach Ende der DDR bestand. Der regelte Rechte und Pflichten und sicherte eine bescheidene finanzielle Anerkennung.

Im Unterschied zu den anderen hatte Winfried uns aber seinerzeit schon seit 8 1/2 Jahren nicht zur Verfügung gestanden. Natürlich ging der davon aus, dass wir auf seine Lebensgeschichte – die des einzigen Abiturienten unter den Jungen der Klasse – ungern verzichtet hätten. Und er irrte sich damit ja auch nicht.

Das dokumentierte Material, das bereits Szenen mit Winfried nach dem Mauerfall und zur Wiedervereinigung einschloss, rechtfertigte zwar schon einen Film, aber es war auch klar, dass die Zuschauer es uns natürlich danken würden, wenn sie Winfried im neuen Jahrtausend noch einmal wiedersehen könnten und erführen, wie er die DDR weiterhin überlebt hatte.

Als wir ab 2003 den Abschluss des Golzow-Projekts ins Auge fassten, hatten wir darum vor allem finanziell etwas abzuwägen. Die Filme über Jochen (2001) und Bernd (2002) waren mit Mühe finanzierbar geworden. Wie sollten da zusätzliche Mittel für die Wiederaufnahme der Dreharbeiten auch mit Winfried aufzubringen sein?

Und da wir schon Vieles, Entscheidendes von Winfrieds Neuorientierung im vereinten Deutschland verpasst hatten, konnten wir es eigentlich darauf ankommen lassen, ob noch neue Dreharbeiten mit Winne zustande kommen würden. An seiner fehlenden Bereitschaft, daran mitzuwirken, lag es ja nun nicht mehr. Und so blieb uns die Hoffnung, dass später vielleicht von ihm wenigstens ein bezahlbares *Schlusswort* zu seiner Biografie möglich werden würde.

Für den Fall, dass es misslang, Winfried doch noch unter Vertrag zu nehmen, drehten wir im Rahmen anderer Aufnahmen in Golzow seine Eltern. Zur Not hätte – wie bei Ilona – ein Gespräch mit ihnen über Winfrieds Lebensweg bis Augsburg am Ende seines Porträts stehen müssen.

Glücklicherweise haben wir Helga und Herbert Jerchel gerade noch rechtzeitig besucht. Wir konnten Vater drehen, wie er stolz eine selbstgezogene Kartoffelsorte pries, seinen neuen Gartentraktor vorführte, als Jäger den Hochstand erklomm und in der *guten Stube* unter dem Bild vom röhrenden Hirsch mit Mutter über den Stand der Dinge im Leben des Sohnes sprach. Das Interieur erinnerte an die schöne Szene mit dem elfjährigen Winne und sein *Experimentieren* am Elektrobaukasten. Nur wenige Monate später verstarb Vater Jerchel in seinem 76. Jahr.

Der Tod des Vaters, der von sich immer sagte, er sei «so ein Mensch, der kann gar nicht krank werden», immerhin jedoch, ohne es zu wissen, schon einen Herzinfarkt hatte, aber auch der Herzinfarkt, den sein Sohn gerade mit viel Glück überlebte, erinnerten Winfried wie Winfried an die unter Umständen plötzlich mögliche *Endlichkeit allen Seins* und beschleunigten 2005 die Schritte aufeinander zu.

Unser Produzent, der inzwischen annehmen konnte, dass er mit dem zur Verfügung stehenden Geld sowieso nicht auskommen würde, nahm Winfried – nach einer Drehpause von nunmehr dreizehn Jahren – schließlich doch noch unter Vertrag, und so machten wir uns zum Drehen nach Augsburg auf.

Und wer wie wir selbst angenommen hatte, nach 44 Jahren *Kinder von Golzow* müssten die Dreharbeiten an unserem Langzeitprojekt ja wohl in Golzow enden, der irrte. Sie endeten in Augsburg.

Am 12. Oktober 2005 saß uns Winfried hier in seiner Wohnung zu einem letzten Gespräch vor Haralds Kamera gegenüber. Da konnte es nur noch darum gehen, ihn im Film doch noch einmal wiederzusehen und erzählen zu lassen, wie es mit ihm seit damals in Gröditz weitergegangen war. Also zu hören, was besser hätte gezeigt werden sollen. Zum letzten Mal mussten wir versuchen, aus der gewohnten Not eine Tugend zu machen.

Ich wundere mich noch immer, dass wir bei diesem Interview mit nur wenig Filmmaterial auskamen. Bei Marieluise und Jochen hatten wir sehr viel längere Werkstattgespräche geführt und elektronisch aufgezeichnet, um den uns wichtigen Extrakt auf Film

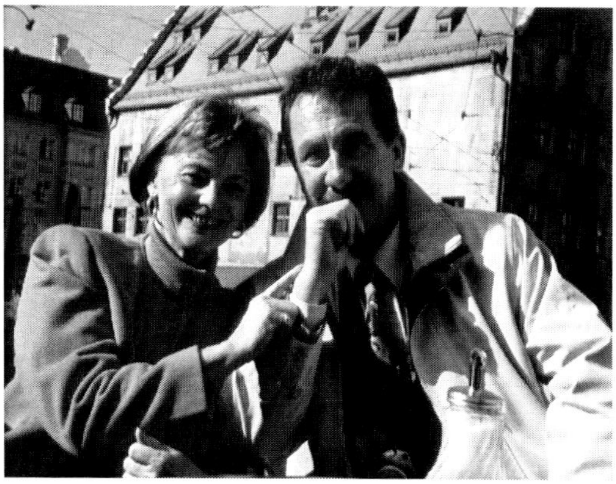

Der Golzower und die Augsburgerin werden 2010 heiraten

umsetzen zu lassen, was insgesamt billiger war. Im Unterschied zu den anderen beiden, sollte Winfried jedoch sein Leben, wie wir es dokumentiert hatten, nicht auf Video wiedersehen und darüber sprechen, sondern nur die Zeit ab 1992 reflektieren. Und so hofften wir, dass das verfügbare Material reichte.

Glücklicherweise war fast alles, was er sagte, verwendbar, denn er äußerte sich unbefangen und freimütig nicht nur zu den Jahren, in denen wir ihn aus den Augen verloren, sondern auch zu den mit dieser Zeit verbundenen Problemen und dem Wandel seiner Haltung. Als Zwischenschnitte setzten wir Aufnahmen aus Augsburg ein, die wir tags darauf, am 13. Oktober, als endgültig letztem Drehtag noch gemacht hatten. Wir zeigten Winne in Augsburgs Straßen und an der Seite Ingas, seiner neuen Lebenspartnerin, einer sympathischen, gut aussehenden Frau etwa gleichen Alters, die – wie es so heißt – *nicht unvermögend* sein musste, wenn sie mit ihm auf Teneriffa eine Ferienwohnung unterhielt. Und der ehemalige DDR-Bürger hatte trotz zeitweiliger Arbeitslosigkeit auch sonst schon viel von der Welt gesehen.

Als ich mich danach erkundigte, ob es ihm schwer gefallen sei, sich von seinem Leben in der DDR zu verabschieden, kam ihm überraschend leicht von den Lippen:

> «Ja, die DDR hatte auch ein paar gute Seiten gehabt. Sagen wir mal so, die Menschen, sie lebten viel sorgloser als heute, was auch manche gewiss gern wieder hätten. Von den Möglichkeiten ist natürlich diese demokratische Gesellschaft der Bundesrepublik doch besser.»

Und auf die Frage, wie es sich in Bayern lebe, sagte Winfried, er käme mit den Bayern «ganz gut» aus.

Winfried schien problemlos im Westen *angekommen* und verhältnismäßig unbelastet zu sein von dem, was hinter ihm lag …

Nur sein Gesicht ließ ahnen, dass er durch schwere Zeiten gegangen war und der Herzinfarkt wohl nicht von ungefähr kam.

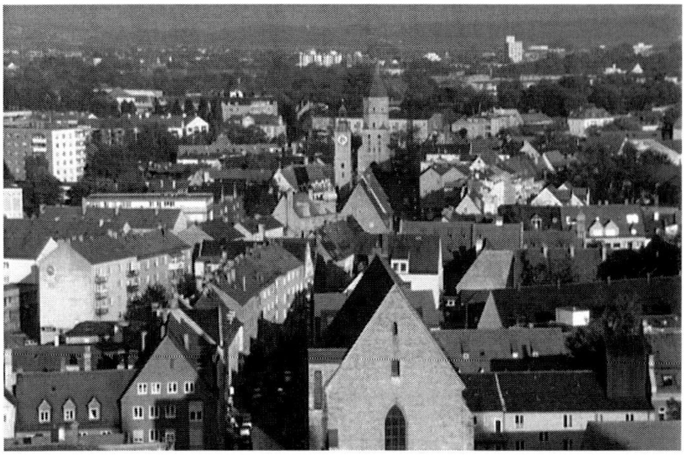

Winfrieds wegen endeten die Dreharbeiten 2005 nicht mit einem Blick über das Oderbruch, sondern über die Dächer Augsburgs

War er sich dessen nicht bewusst oder setzte er sich gerade deshalb und sogar mit Schlips bereitwillig wieder vor unsere Kamera, um – wie er sagte – «die Gelegenheit zu nutzen für das Schlusswort«?

Es endete damit, dass ich von ihm wissen wollte:

> «Was würdest du denn denen, die den Film sehen, so über dich sagen wollen – was ich jetzt gar nicht gefragt habe?»

Seine Antwort:

> «Sie werden sehen, ja, sie werden eventuell nach dem Ende fragen. Warum vielleicht jetzt der Diplomingenieur Winfried Jerchel nicht arbeiten tut? Oder nicht mehr arbeitet mit fünfzig Jahren? Wo die Probleme sind? Ich denke wohl, dass die Probleme zurzeit in der Gesellschaft liegen. [...] Früher wurden die, die Kohleminen geschlossen. Und man hatte 'ne Menge Arbeitslose. Jetzt hat 'ne Umstrukturierung stattgefunden, ganze Produktionen wurden ins Ausland verlagert. Und irgendwie hat die Regierung das verpasst, hier irgendwas zu machen, dass, dass Deutschland eine Dienstleistungsgesellschaft werden wird. Nur haben wir leider ein paar Millionen Leute zu viel, die wir irgendwie nicht brauchen.»

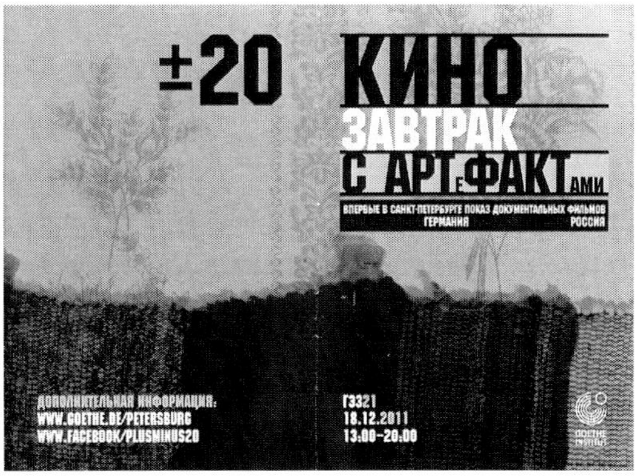

Plus und Minus 20 Jahre nach Ende der DDR wie der UdSSR. Diskutiert in St. Petersburg 2011 u. a. am Filmporträt des Winfried, unterstützt vom GOETHE-Institut

So verabschiedet sich Winfried schließlich doch noch mit Kritik an der Welt, in der er nun lebt und relativiert sein Lob der Möglichkeiten, die «diese demokratische Gesellschaft der Bundesrepublik doch besser» sein lassen als vormals die DDR.

Filmdiskussionen gibt es über Winfrieds Porträt viele, mehr als über andere *Lebensläufe* unseres abschließenden Films. Man urteilt, dass da ein besonders gewichtiges Stück politischen Films entstanden sei, ein Stück individueller Zeitgeschichte.

Interessant dürfte das Winfried-Porträt vor allem auch deshalb sein, weil es hier eben nicht um einen rundum *positiven Helden* geht, sondern um einen Lebensweg, der in seiner ganzen Widersprüchlichkeit skizziert wird, wie Winfried das sogar selbst sieht und mitträgt.

Der *positive Held*, der Mensch mit Vorbildwirkung, war nicht nur in der DDR, sondern in allen sozialistischen Ländern einst unverzichtbarer Baustein des *sozialistischen Realismus*, auch wenn es Ermessensfrage sein konnte, wie eng man diesen auslegte. Und ob man ihn als schöpferische Methode begriff, wie er verstanden werden sollte, oder als Dogma. Der Künstler hatte sich in seiner Kunst daran zu halten und somit den Erwartungen eines Publikums zu entsprechen, das auch in diesem Sinne erzogen oder zu erziehen war.

So verwunderte es uns nicht, dass bei einer Veranstaltung des Goethe-Instituts in St. Petersburg, von dem das Winfried-Porträt ausgewählt wurde, jemand bestritt, dass der Protagonist ein geeigneter Filmheld sei. Dennoch war dieser Zuschauer bis zum Filmende interessiert geblieben, aber er verübelte Winfried zuletzt den schnellen, offenbar konfliktlosen Wechsel seiner politischen Haltung und war deshalb nicht mit ihm warm geworden.

Wer jedoch nicht nur für Helden ohne Fehl und Tadel Sympathien hat, sondern bereit ist, zur Kenntnis zu nehmen, dass Lebenswege selten geradlinig sind, mehr noch, der gewillt ist, sich in den eigenen Verstrickungen wiederzuerkennen, welche obwaltende Umstände nun einmal bewirken, der identifiziert sich auch mit Winfried als einem, der sich durchs Leben kämpfte, seine Chancen nutzte, aber ebenfalls zurückwich, von Überzeugungen ließ und sich opportun verhielt, wenn es nicht in seiner Macht stand, die Gegebenheiten zu ändern. Der aber auch lernfähig und entschlussbereit blieb, Irrtümer zu erkennen und sich neuen Zielen und Herausforderungen zu stellen.

Winfried – eines der *Kinder von Golzow*, das es Kritikern nicht leicht macht.

«...dann leben sie noch heute» – der zweite Zweiteiler

Nach dem Porträt von Winfried beendete ein Epilog, der zur heutigen Golzower Schule zurückführte, 2005 den ersten Zweiteiler mit den Teilen 1 und 2. Nun leitet ein neuer Prolog den zweiten Zweiteiler mit den Teilen 3 und 4 ein. Mit dessen Epilog wird das Ende der unendlichen Geschichte endgültig erreicht sein.

Bei vier Teilen oder richtiger vier eigenständigen Filmen, die es ja tatsächlich sein mussten, da in der Regel nicht zu erwarten war, dass Zuschauer mehr als einen dieser noch dazu überlangen Teile auf einmal sehen würden, bedurfte es solcher Pro- und Epiloge für immer wieder neue und notwendige Einführungen, Überleitungen und Schlüsse.

Mit dem Prolog des zweiten Zweiteilers, um den es jetzt geht, nähert sich der Film von der Ende des Winters 1965/66 in Bewegung gekommenen Oder über die Landschaft des Oderbruchs, die einen neuen Frühling erwartete, wieder dem Ort und seiner Schule. Dazu Gedanken wie diese:

> «Es ist die Landschaft, in welche die *Kinder von Golzow* 1954/55 hineingeboren wurden, das Land ihrer Kindheit, aus dem man im Leben fortgeht und in das man nie mehr zurückkehren kann.
>
> An der Straße, die 1945 der Krieg auf sein Ende zu nahm, auch dieses Golzow. Die Dächer der Häuser, die er verschonte, sind neu gedeckt – Elternhäuser. Für immer sollte Frieden sein, sollten die Kinder leben – und ihre Deutsche Demokratische Republik.»

Danach erinnert eine aus Elf Jahre alt bekannte Montage noch einmal an den ersten Jürgen, Bernd, Dieter, Petra, Ilona, Brigitte, Winfried, Christian und so manchen anderen unserer Helden, wie sie spielend, tobend ihre Golzower Welt entdecken. Und ein launiger Kinderchor, den sich Komponist Gerhard Rosenfeld einfallen ließ, interpretiert dazu auf seine Weise Kindheit.

Zum allerletzten Male informiert daraufhin wiederum eine *rollende Schrift* vor allem jene, die noch keine Bekanntschaft mit unserer Chronik gemacht haben, weil sie vielleicht zu wieder einer neuen Zuschauergeneration gehören, über das, was sie wissen sollten.

> «Die Geschichte der *Kinder von Golzow* berichtet von Menschen, die in der DDR, einst zweiter deutscher Staat, geboren wurden und seit 1990 Bürger der Bundesrepublik Deutschland sind.
>
> Sie kamen 1961, wenige Tage nach dem Bau der Berliner Mauer, in Golzow (Oderbruch) gemeinsam zur Schule.
>
> Neun Filme, darunter Lebensläufe von 1980, dokumentierten, wie sie in der DDR heranwuchsen und diese mitgestalteten.
>
> Drehbuch: Die Zeiten zeigt die Kinder von einst 1992 in der Mitte ihres Lebens und nach der deutschen Wende.
>
> Die Filme 1994–2002 über *Jürgen, Willy, Elke, Marieluise, Brigitte* mit Sohn Marcel, *Dieter, Jochen und Bernd* wie 2006 Und wenn sie nicht gestorben sind... erzählten seitdem die Lebensläufe der Golzower weiter mit den Geschichten des zweiten *Jürgen,* von *Petra, Christian, Ilona und Winfried.*
>
> Der neue Film stellt in noch einmal zwei Teilen mit der anderen *Elke,* mit *Karin, Gudrun, Bernhard und Eckhard* die letzten fünf Kinder vor.
>
> Mit insgesamt achtzehn Porträts ehemaliger Schüler einer Klasse überliefern die *Kinder von Golzow* ein Stück Geschichte der DDR und ihres Dokumentarfilmschaffens.
>
> Die eine wie die andere ist beendet.
>
> Unsere Chronik, die ebenfalls endet, dokumentiert seit 1990 Leben und Alltag im wiedervereinigten Deutschland.
>
> Sie ist die älteste Langzeitbeobachtung des internationalen Films.»

Der Epilog des ersten Zweiteilers hatte ja bereits auf einen zweiten vorbereitet. Er führte in die «Ständige Filmausstellung Kinder von Golzow», in der eine Frau mittleren Alters auf Besucher wartet.

Dazu hier noch einmal der Text:

> «Elke – selbst ein *Kind von Golzow*. Eines aus unserer Klasse. Aber das ist auch schon wieder Geschichte, wäre eine neue Geschichte...»

Der Epilog des ersten und der Prolog des zweiten Zweiteilers schaffen also eine Überleitung. Der Film kommt auf diese Elke – die andere Elke – zurück und porträtiert auch sie.

Übrigens: Wäre es uns bei den *fragmentarischen* Porträts nicht auch um sie gegangen, hätten wir das kleine Museum für unsere Filme gewiss nicht selber noch gefilmt. So aber wird das plausibel und sollte nicht als Eigenwerbung verstanden werden, die sich verbieten würde – wie es auch mal in einer Zeitung stand.

Und wenn Zuschauer in Kenntnis dieser Szene sogar angeregt werden, Golzow und dessen Museum einen Besuch abzustatten, so kann uns das für die Gemeinde nur ganz ungeniert freuen.

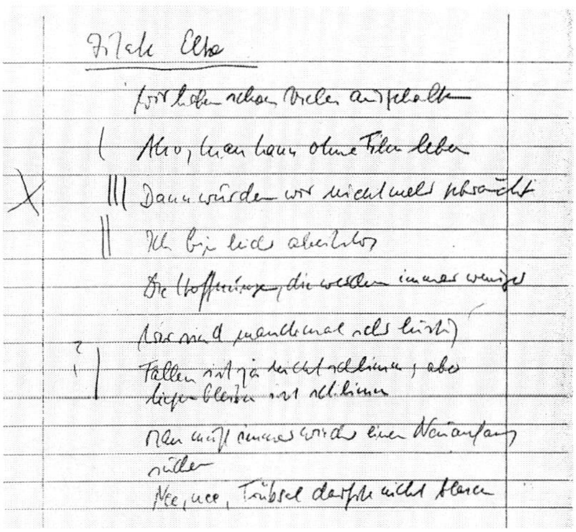

Mit welchem von Elkes Worten könnte der Chronist ihr Porträt überschreiben?

«Dann wurden wir nicht mehr gebraucht» – die andere Elke

Mit dem Porträt von Elke – Elke Hinkelmann, geb. Thelemann – beginnt also der zweite Zweiteiler oder genauer der dritte der vier Teile von UND WENN SIE NICHT GESTORBEN SIND – DANN LEBEN SIE NOCH HEUTE …, mit denen das Langzeitprojekt nach 47 Jahren endet.

Ebenso wie ihre Freundin Petra hatten wir sie noch nicht in der Porträtfolge LEBENSLÄUFE (1980/81) vorgestellt, und so ist sie unseren Zuschauern bestenfalls als Gesicht in dieser oder jener Gruppensituation bekannt.

Während ich mit Elke rede, die bei geöffneter Museumstür an ihrem Platz auf Besucher wartet, von denen sie – wie ich höre – sicher ist, dass sie kämen, «weil schon viele kamen und immer wieder kommen» würden, erinnert die Montage einiger weniger Beobachtungen aus den ersten Filmen an Elke, das Kind: Wie sie in NACH EINEM JAHR, als einziges Mädchen der Klasse mit auffallend großer weißer Schleife im Haar, gespannt ihr Zeugnis erwartet. Oder wie sich die gute Schülerin in ELF JAHRE ALT mit hochgestelltem Heftdeckel vor Banknachbar Willy schützt, der das von ihr zu Papier Gebrachte gern übernehmen würde.

Im Unterschied zu Elke Hoppe, die durch den Film WAS GEHT EUCH MEIN LEBEN AN bekannter ist, hatten wir die zweite Elke nur bis in die Lehre begleitet. Da sah man sie an der Berufsschule im kollektiven Takt *blind* Maschineschreiben üben. Im Computer-Zeitalter heute ein belustigender Anblick. Oder gibt es das heute immer noch?

Elke nahm danach in Beelitz ein Fachschulstudium zur Agraringenieurökonomin für Finanzen auf und erzählt nun, was wir besser hätten filmen sollen. Da fallen dann auch die Sätze:

> «Eigentlich hattest du mal gesagt, du kommst vorbei. Aber haste nich gemacht! Haste nich gemacht!!»

Der Vorwurf kommt lächelnd, aber mit Nachdruck. Und sie hat ja auch Recht. Konnte es sie nicht verletzt haben, dass wir uns später offenbar nicht mehr für sie interessierten, und musste sie die Schuld dafür nicht bei sich gesucht haben, als wir sie Mitte der siebziger Jahre a*usmusterten*?

Dabei galt für Elke nur, was auch für andere aus der Klasse galt: Wer nicht zu Anfang der Schulzeit gleich – wie man so sagt – *in der ersten Reihe* (oder wenigstens weiter vorn) saß und oft genug mit ins Bild kam, der hatte bei unserer Fortsetzung schon mal *schlechte Karten*. Auch diese Elke gehörte darum zu unseren *Reservehelden*, die wir wiederentdecken wollten.

Wie viel mehr Plan und Systematik hätte unsere Langzeitdokumentation gebraucht, wenn klar gewesen wäre, dass es tatsächlich eine wird. Aber so, wie man der DEFA danken kann, dass sie diese Innovation überhaupt *auf Kiel legte*, so muss man bedauern, wie wenig ernst sie genommen und wie inkonsequent mit ihr verfahren wurde. Was sie heute ehrt, als stolze Hinterlassenschaft gilt und weltweit Nachahmung findet, wurde in ihren Entwicklungsjahren hinsichtlich der dafür zu schaffenden Voraussetzungen leider unverantwortlich vernachlässigt.

Ein ständiges Team hätte von Anfang an die ganze *Filmklasse* im Auge behalten und für das Projekt recherchieren müssen. Geld und geeignete Technik hätten nach Bedarf für Dreharbeiten zur Verfügung stehen, das Gefilmte ausgewertet und die Dokumentation immer auf aktuellem Stand gehalten werden sollen. Da ich zwischen 1961 und 1989 noch über dreißig andere Filme machte und auch machen sollte, musste mir die Zeit fehlen, all das selbst zu handhaben.

Angesichts der Umstände, die zu DDR-Zeiten herrschten und andersgeartet, aber nicht weniger hinderlich heute, ist zwar Ansehnliches entstanden, aber wie viel ansehnlicher könnte das Gesamtwerk sein, wenn es das Ergebnis von kontinuierlicher *Generalstabsarbeit* gewesen wäre: Wenn man gewusst, gewollt und gekonnt hätte …

So aber ist diese Langzeitbeobachtung auch eine *Dokumentation der verpassten Gelegenheiten* geworden, von der ich hier nicht zum ersten Male spreche.

Doch zurück zu Elke.

Sie brachte sich mir in den neunziger Jahren per Zufall wieder in Erinnerung. Als ich den Golzower Friedhof besuchen wollte, auf dem schon so mancher liegt, den wir einmal kannten und filmten, hielt ein

Auto, die Scheibe wurde heruntergekurbelt, eine jüngere Frau beugte sich lächelnd vor und sagte: «Tag, Herr Junge. Kennen Sie mich noch?»

Ich zögerte, war mir dann aber sicher: «Elke? – Elke Thelemann?»

«Hinkelmann», korrigierte sie froh. Und ich war es auch, weil Elke mich noch kennen wollte.

Der Motor lief, ihr wie mir fehlte die Zeit für mehr als dieses «Hallo», aber wir wollten uns die bald mal nehmen. Für Elke war es vielleicht wieder nur so ein Versprechen von mir. Und vielleicht wäre es auch erneut damit schief gegangen, wenn der «Verein Golzower für Golzow», der das Filmmuseum betreut, sie nicht eines Tages als ABM für den Besucherdienst eingestellt hätte.

Eine gute Idee, Elke in Person gleichsam mit *auszustellen*, um von ihr hören zu können, wie es mit der Filmerei war, wenn jemand sie erkannte oder sie sich als *Kind von Golzow* zu erkennen gab, was ihr aber meist widerstrebte.

Als wir uns später entschlossen, für den letzten Film auch noch einmal auf Elke zuzugehen, war sie nach zweimaliger Verlängerung der ABM erneut arbeitslos geworden. Wir konnten sie nur für unseren Drehtag nochmals auf ihrem Stuhl im Museum Platz nehmen lassen, um sie zu befragen.

Die Lohnbuchhalterin war in der benachbarten LPG Tierproduktion Alt-Tucheband arbeitslos geworden, nachdem sie sich auf Computer umschulen ließ. Die Computer ersetzten dann natürlich Arbeitskräfte, und unter denen war auch Elke, die im Rahmen der Zusammenführung der Tier- und Pflanzenproduktion und des damit verbundenen Arbeitsplatzabbaus der zur GmbH geschrumpften Golzower LPG gehen musste:

> «Dann wurden wir nicht mehr gebraucht, kam zu meinem 40. Geburtstag am 1. Oktober '94 die Kündigung zum 31. 12. – werde ich nie vergessen!»

Als Elke mir am 24. Juni 2004 gegenübersitzt, blickt sie inzwischen auf zehn Lebensjahre zurück, in denen sie von der Hand in den Mund lebt.

> W. J. «Ja, wie viele Hoffnungen hat man da nun noch in deinem Alter?»
>
> Elke «Die Hoffnungen, die werden immer weniger. Überhaupt schon, wenn ich an nächstes Jahr denke, wo es denn das Arbeitslosengeld II gibt und alle eine einheitliche Summe bekommen sollen.»

Hartz IV also als Schreckgespenst. Und bis zur Rente waren es da noch 15 Jahre …

Um Arbeit kreiste Elkes ganzes Denken. Das zeigte sich schon zu Beginn unseres Gesprächs, das noch gar nicht auf dieses Thema zielte. Ich hatte gerade

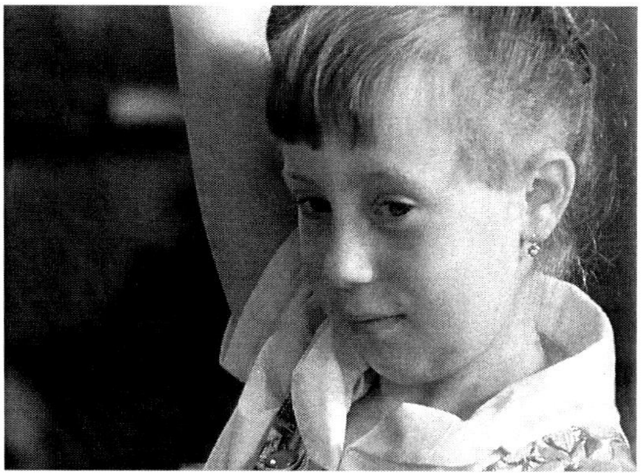

1962: Elke in der 4. Reihe und noch selten gefilmt

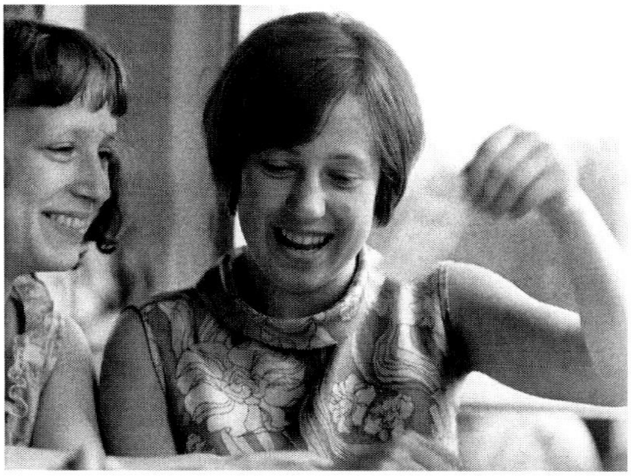

1969 mit Freundin Petra als gute Schülerin in der 2. Reihe

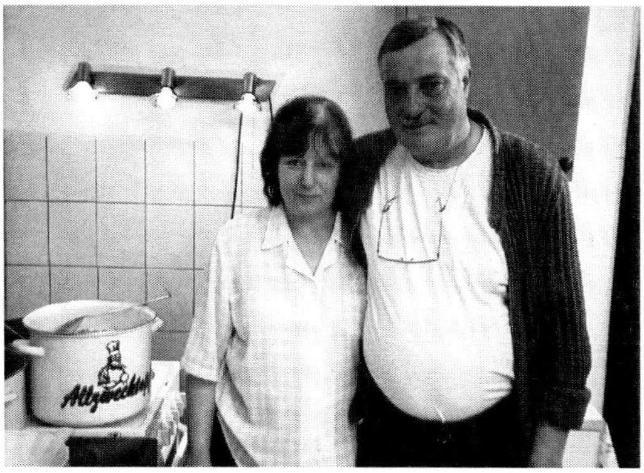

2005 mit Gerd, inzwischen verstorbener Lebenspartner von Elke, der geschiedenen Mutter von zwei Kindern

gehört, dass Golzow der neue Mittelpunkt der größeren Europäischen Union sein solle.

Daraufhin Elke:

> «Unser Golzow? Glaubst ja selber nich! Das ist bestimmt ein anderes Golzow. Aber schön wär's schon für unseren, für unsere Region. Vielleicht hätten wir ein bisschen mehr Arbeit dann.»

Golzow ist der neue Mittelpunkt der EU

(dpa/ND). Über den Mittelpunkt der erweiterten Europäischen Union darf gerätselt werden. Nach dem rheinland-pfälzischen Dorf Kleinmaisched ist jetzt auch das kleine brandenburgische Dorf Golzow (Potsdam-Mittelmark) als geografischer Mittelpunkt im Gespräch. Dies haben ungarische Geografen errechnet, sagte der Redakteur der Zeitung »Nepszabadsag«, András Dési, seinen Kollegen von der »Märkischen Allgemeinen«. Der Ort erfuhr davon am Montag durch die Deutschland-Korrespondentin von »Nepszabadsag«. Die 1500 Einwohner zählende Gemeinde will nun im Sommer ein großes Europafest feiern, wie Bürgermeister Reinhard Mahlow ankündigte. Dabei stört sie nicht, dass Frankreichs Nationales Geografisches Institut Kleinmaisched als geografischen Mittelpunkt ermittelt hat. Es gibt unterschiedliche Arten, die Mitte der EU zu errechnen. Manche werten das zu Dänemark gehörende Grönland mit, andere tun es nicht.

Gemeint war ein anderes der drei Golzows in Brandenburg, der Interviewer kannte diese Meldung nur noch nicht

W.J. «Würde aber andererseits auch keiner mehr aushalten, nicht, Golzow nun auch noch Mittelpunkt …»

Elke «Achherrje … aushalten! Na, warum nich? Wir haben schon Vieles ausgehalten.»

Sie sollte übrigens Recht behalten. Wie sich herausstellte, war von drei Golzows in Brandenburg das westlich von Berlin gelegene gemeint. Sich veräppeln zu lassen, musste man also auch aushalten können.

Dass Arbeitslosigkeit, insbesondere in den neuen Bundesländern, das Schicksal von über einer Million Menschen war und lange blieb, konnte natürlich keinen der Betroffenen trösten. Aber da Elke mit dem ebenfalls arbeitslosen Schlosser Gerd zusammenlebte, lernten sie zu zweit, mit diesem Schicksal fertig zu werden.

In der heimischen Küche mit Gerd als Beikoch frage ich die beiden:

«Wie ist es denn nun mit der Stimmung? Habt ihr das Lachen noch nicht verlernt?»

Elke «Eigentlich nicht. War schon immer ein lustiger Mensch … und wenn du dir noch das Lachen selber verbietest. Neenee …. Trübsal darfste du nicht blasen!»

W.J. «Stimmt det, was sie sagt?»

Gerd «Ja. Stimmt.»

W.J. «Kann er ooch lachen, ist er ein lustiger Mensch?»

Elke/Gerd «Ja. Jaja.»

Gerd «Wir sind manchmal sehr lustig.»

Elke «Sehr lustig sind wir. Und … wie gesagt: Fallen ist ja nicht schlimm, aber Liegenbleiben – ist schlimm. Man muss immer irgendwie wieder einen Neuanfang suchen.»

Ich erinnere mich, dass mir bei diesen Antworten und Haltungen seinerzeit wieder einfiel, was unser britischer Kollege und Partner der Koproduktion, die wir 1987 in Newcastle realisierten, immer wieder gesagt hatte. Murray Martin sprach angesichts einer Arbeitslosigkeit von 26% in Nordostengland von «starken Menschen», die unsere ganze Sympathie, Bewunderung und Solidarität verdienten.

Als wir diese Briten vor unserer Kamera hatten, fragten wir uns, woher sie ihre Kraft nähmen, waren doch Menschen unseres Landes frei davon, sie für den Erhalt der bloßen Existenz aufbringen zu müssen, und dank einer sozialeren Ordnung vielleicht auch schon nicht mehr dazu in der Lage.

Wie stand es da um Elke?

So wie wir sie in ihrer Kindheit und Jugend erlebt hatten, war sie ein beherztes, zupackendes, vorwärtsgewandtes Mädchen, dem es auch nicht an Mut fehlte, es den Jungen gleichzutun.

Filmzitate zeigen, wie sich Elke in einer Schneeballschlacht gegen deren Übermacht wehrt, wie sie aber auch mit ihnen als *Kumpeline* in Golzows Hauptstraße unterwegs ist und sich vorm Konsum ihr Stück von einer umkämpften Apfelsine sichert. Wie sie am Pioniernachmittag mit Kindern der sowjetischen Garnison Kietz-Küstrin beim Tanzen den Anfang macht, als Vierzehnjährige beim Geländespiel versucht, am Seil über den alten Oderarm zu hangeln.

Oder wie Elke bei der Jugendweihe neben Petras Vater, dem Genossen und Bürgermeister a. D., unter den Zuschauern sitzt, um so wenigstens dabei sein zu können. Gegen den Willen ihrer christlichen Tante, die ihrer Jugendweihe nicht zugestimmt hatte, und bei der sie aufwuchs, als die Mutter mit einem anderen Mann fortgezogen war.

Und wenn ich bedenke, dass Elke Dichtung liebt, wird es ihr etwas bedeutet haben, zu dieser Jugendweihe die Rezitation einer Ode auf die DDR als einem Staat der Arbeiter und Bauern zu hören, in der es hieß:

«So wie wir ihn gemeinsam bauen,
ist er euch Haus und Heimat.

Die einst die Fundamente legten
aus Trümmersteinen,
berühren heute den Sternenraum.
Das heißt, der Mensch
ist groß geworden!»

Aber damals lag das Leben ja noch vor ihr.

Ehe es seine Mitte erreicht hatte, waren alle Visionen, die Elke vorausschauen ließen und ihr erreichbare Ziele wiesen, wie Seifenblasen zerstoben.

Was hieß jetzt noch: «... der Mensch ist groß geworden«? Vielmehr galt es, jeden Tag neu zu meistern und sich mit Ansprüchen zu bescheiden.

Arbeit zu haben, war zur *Glückssache* geworden. Mit ihr musste kein anderer Sinn mehr verbunden sein als der, sich davon ernähren zu können.

Das Leben blieb Elke also nicht freundlich. Froh war die Geschiedene darüber, ihre Tochter Kati und Sohn Kai großgekriegt zu haben.

An Katis nun auch schon 30. Geburtstag, den die Kauffrau für Bürokommunikation nicht in ihrer neuen Heimat Bayern, sondern im Oderbruch, im Schoß der Familie und Verwandtschaft feiern wollte, erlebt Elke einen der selten gewordenen Tage der Freude und des Stolzes.

Im Jahre 2004 war der Film noch einmal in ihr Leben zurückgekehrt und vermochte, darin eine «positive Rolle» zu spielen. Elke sollte spät, aber immerhin auch noch *ihr Porträt* bekommen. Vor allem aber gab er ihr auf Zeit Arbeit.

Allmählich entdeckte die überregionale Presse ebenfalls das Golzower Filmmuseum, aber da war Elke schon wieder arbeitslos. So wurde es für die Gemein-

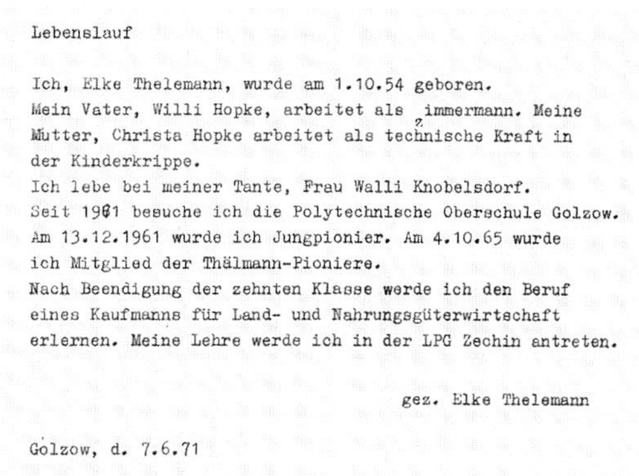

Lebenslauf

Ich, Elke Thelemann, wurde am 1.10.54 geboren.
Mein Vater, Willi Hopke, arbeitet als Zimmermann. Meine Mutter, Christa Hopke arbeitet als technische Kraft in der Kinderkrippe.
Ich lebe bei meiner Tante, Frau Walli Knobelsdorf.
Seit 1961 besuche ich die Polytechnische Oberschule Golzow.
Am 13.12.1961 wurde ich Jungpionier. Am 4.10.65 wurde ich Mitglied der Thälmann-Pioniere.
Nach Beendigung der zehnten Klasse werde ich den Beruf eines Kaufmanns für Land- und Nahrungsgüterwirtschaft erlernen. Meine Lehre werde ich in der LPG Zechin antreten.

gez. Elke Thelemann

Golzow, d. 7.6.71

Elkes normgerechter Lebenslauf Ende der 10. Klasse in einer Abschrift der Schule

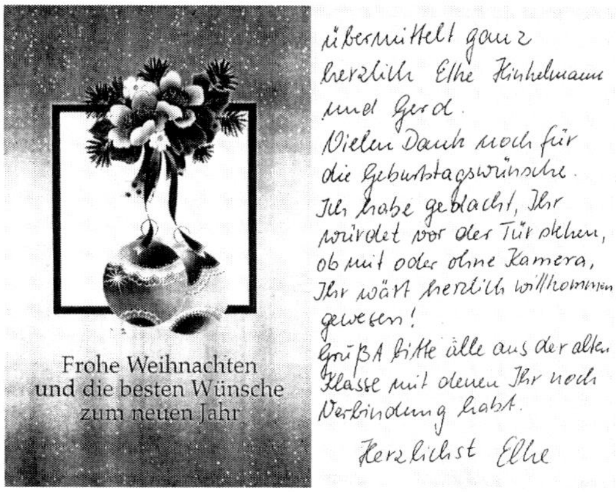

Nicht jedes «Kind von Golzow» grüßte zu Feiertagen

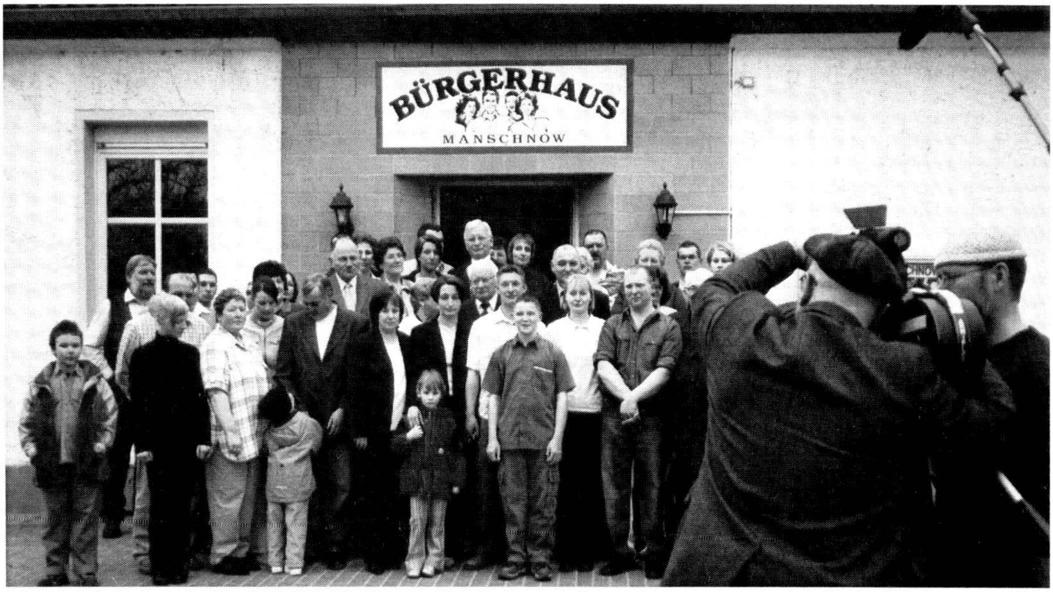

Elkes Kati (rechts neben ihr), die Arbeit in Bayern fand, feiert 2005 ihren 30. Geburtstag im heimatlichen Oderbruch. Links von Kameramann Klix Sohn Kai, der nicht fortging

„Es war immerhin mein Leben"

Die letzten beiden Kapitel der „Kinder von Golzow" kommen jetzt in die Kinos

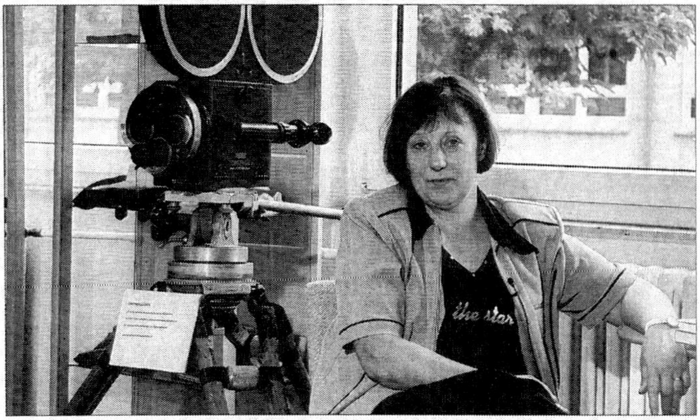

Wiederbegegnung nach 30 Jahren Drehpause: Elke Hinkelmann gehört zu jenen „Kindern von Golzow", die erst am „Ende der unendlichen Geschichte" von Barbara und Winfried Junge eine hervorgehobene Rolle spielen. Foto: Progress-Filmverleih

Das Filmmuseum gibt Elke Arbeit auf Zeit

de und ihren Verein also dringlich, sich für ihre Neueinstellung und Bezahlung aus Fördermitteln einzusetzen. Was schließlich nach dem üblichen Kampf mit den Vorschriften sogar gelang. Und Elke sah sich in den Jahren, in denen der letzte Film oftmals im Fernsehen war, immer wieder als Repräsentantin der *Kinder von Golzow* abgebildet.

Im Mai 2011 sollte ihr Vertrag wiederum auslaufen. Jedenfalls drohte erneut ein Stuhlwechsel.

Wir aber wollten Elke diesen Stuhl erhalten, der zuletzt von der «Arbeitsinitiative Letschin» finanziert wurde, und dafür sorgen lassen, dass sich zusätzlich jemand um das Museums – Management kümmerte.

Im Dezember 2010 schlugen wir der Gemeinde vor, mit einem «Plädoyer für eines der Kinder von Golzow und ihrer aller Museum» an die Öffentlichkeit zu gehen und zitieren daraus wie folgt:

> «Es geht uns um Fürsprache in der Sache Elke Hinkelmann.
>
> [...]
>
> Uns kennt man ja allenfalls, weil wir ein Berufsleben lang mit den Filmen über die *Kinder von Golzow* zu tun hatten. Aber Elke Hinkelmann?
>
> Man kann auch sie kennenlernen. Wenn man in Golzow (Oderbruch) das kleine Filmmuseum über die *Kinder von Golzow* besucht. Da sind sie alle noch einmal auf Fotos und DVD zu sehen, wo auch immer sie heute leben.
>
> Wenn sie noch leben...
>
> [...]
>
> Elke kann man da auch sehen, sogar in Person, denn sie steht dem Museum vor. Noch sehen, wenn man es sich bald vornimmt. Die Anstellung ist befristet. Ende Mai sind ihre drei Jahre hier rum. Wenn danach überhaupt neues Geld aufzubringen ist, um das Filmmuseum weiterzuführen, müsste wohl jemand anderes gefunden werden, um den obwaltenden Verordnungen Genüge zu tun. Man kennt das von ABM. Da gab es vor Elkes Zeit schon die üblichen halbjährlichen Wechsel. Also kann Elke froh sein, dass man sie ausnahmsweise so lange bezahlen konnte.
>
> Natürlich ist jeder Mensch ersetzbar. Muss es auch sein, wenn es ihn beispielsweise nicht mehr gibt. Aber warum muss er austauschbar sein, ersetzt werden können, wenn er seinen Platz ausfüllt, ihn sich vielleicht sogar erarbeitet hat? Nur weil ein anderer, der bisher keine Arbeit hatte, diesen Platz auch mal einnehmen sollte, damit er sich nicht ohne Ende überflüssig fühlen muss? Also hat der eben noch Gebrauchte mit einem bis eben nicht Gebrauchten zu tauschen und bekommt Gelegenheit, sich auf Zeit ebenfalls mal überflüssig zu fühlen. Das ist das Soziale am Prinzip.
>
> Der so Gedemütigte hat sich damit zu trösten, dass man sich für keine Arbeit zu schade sein sollte. Und einzusehen, dass ein Staat, der sich nicht um Arbeit für jedermann kümmern kann, immerhin darum bemüht ist, den Mangel zu verwalten.
>
> Älteren Arbeitnehmern fällt so etwas schwer, denn die Mangelwirtschaft DDR kannte keinen Mangel an Arbeit. Die galt als ein Menschenrecht. Jeder wurde gebraucht, aber dafür handelte es sich ja auch um einen *Unrechtsstaat*.
>
> [...]
>
> Was in Elkes fortgeschrittenem Alter noch Chancen bot, zu Arbeit zu kommen und unbestreitbar für sie sprach, war dies: Sie ist selbst eines der ‹Kinder von Golzow›, eines aus der von uns seit 1961 gefilmten Schulklasse. Das einzige Mädchen, das noch im Oderbruch zuhause ist. Und die wiedergefunden zu haben wir froh sind, weil das für die Leitung und Wartung des Filmmuseums ein Glücksfall ist.
>
> [...]
>
> In Kenntnis unserer Filme und wie sie entstanden, hat Elke Hinkelmann die immer zahlreicher werdenden Besucher nicht nur zu deren Zufriedenheit mit dem inzwischen legendären Filmprojekt bekannt gemacht, was im Gästebuch seinen Niederschlag findet, sondern hat die ‹Ständige Filmausstellung›, die sich nach dessen Abschluss zu einem ‹Filmmuseum› mauserte, aktualisieren und erweitern helfen.»

Mit diesen Worten wollte ich auch einen Dank verbunden haben. Aber dieses Plädoyer war wohl doch zu drastisch, um etwas Positives bewirken zu können, und so bediente sich die Gemeinde seiner nicht. Wie von uns befürchtet, traten seitdem weiterhin andere Arbeitssuchende im Wechsel Elkes Nachfolge an, die sich über einen Job auf Zeit freuten und gegen deren mehr oder weniger guten Willen wir auch nichts sagen. Allerdings musste jede dieser Frauen erstmal eingewiesen werden und bekam dafür unser Buch zu lesen, damit sie wusste, wovon sie sprechen kann, wenn Fragen gestellt werden. Das jeweils persönlich zu übernehmen, fehlte uns die Zeit.

Günstig war nur, dass auch Anita Weber, die Frau des 2006 an Krebs verstorbenen Jürgen, eine Zeitlang den Besucherdienst übernahm, mit ihr eine langjährige Zeitzeugin zur Verfügung stand und bis heute auch immer wieder mal steht.

Elke ging, ohne sich noch verabschieden zu lassen.

Dann starb auch Gerd, ihr Lebenspartner.

Alles das zusammen hat sie dann doch nicht mehr ausgehalten und ist seitdem kaum mehr erreichbar. Nicht für die Menschen um sie herum und auch nicht für uns.

Was einmal nur ein Film war, wurde für Barbara und mich erneut zu einer Konfrontation mit dem wirklichen Leben, das abzubilden sich oft genug nur rechtfertigt, wenn damit ändernd und helfend eingegriffen werden kann.

Wir sind mit diesem Versuch gescheitert. Und dass wir nur Chronisten sind, ist uns kein Trost.

«Ich bin ein Mensch, ich kann nicht arbeitslos sein» – Karin

Um Karin – Karin Howald, geb. Sonnack – geht es in dem gut halbstündigen zweiten Porträt von ... DANN LEBEN SIE NOCH HEUTE.

Auch sie war in LEBENSLÄUFE gegen Ende nur – oder immerhin schon einmal – in einer kurzen Szene zu sehen. Die ist vielen Zuschauern allerdings in Erinnerung geblieben: Eben noch trieb Karin als *Schweineliesel* fünf Eber mit dem Stöckchen über einen Hof, da ist schon Schluss mit lustig, wenn sie gleich darauf einem von ihnen die Hauer absägt.

Mit dieser *Wiederkennungsszene* wird Karins Porträt eröffnet. Aber ehe sie ihren Lauf nimmt, wird dem, für den sie neu ist, noch gesagt, dass der Eber, der Karin gefesselt ausgeliefert ist, wenigstens auch diesmal nicht geschlachtet wird.

Das Ganze übrigens in Farbe, mit der wir 1978 zu drehen begannen, und somit etwas für extrastarke Nerven. Die damals 24-Jährige besaß diese augenscheinlich, sagte dazu aber nur: «Och, mir macht's Spaß.»

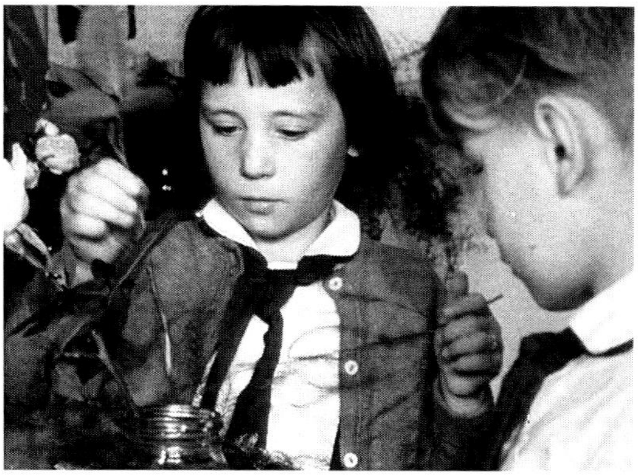

Ende des 1. Schuljahres ist auch Karin ein Junger Pionier

Dass man sich für dieses *Kind von Golzow* heute interessieren würde, war uns klar. Aber wie dieses Leben erzählen, wenn nicht allzu viel aus der Kindheit und ihren jungen Jahren dokumentiert worden war, nichts über die Jahrzehnte bis in die Gegenwart, und wenn es noch dazu darauf ankam, ob das, was wir von dieser Karin vielleicht jetzt neu berichten konnten, überhaupt je ein Porträt rechtfertigen würde?

Zunächst wollten wir wieder herausfinden, was auch Karin geprägt haben könnte und sie jene wer-

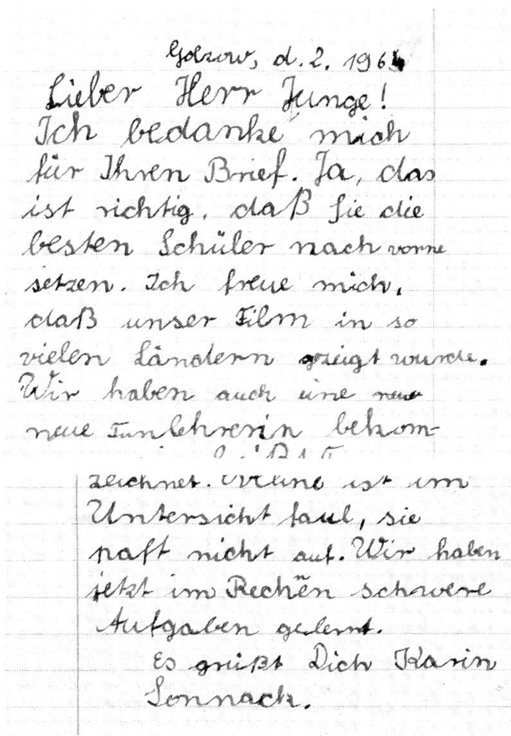

Golzow, d. 2. 1964
Lieber Herr Junge!
Ich bedanke mich für Ihren Brief. Ja, das ist richtig, daß Sie die besten Schüler nach vorne setzen. Ich freue mich, daß unser Film in so vielen Ländern gezeigt wurde. Wir haben auch eine neu neue Turnlehrerin bekom-
[illegible]
zeichnet. [illegible] ist im Unterricht faul, sie paßt nicht auf. Wir haben jetzt im Rechnen schwere Aufgaben gelernt.
Es grüßt Dich Karin Sonnack.

In einer Unterrichtsstunde am «2. 1964» sollen alle Herrn Junge einen Brief schreiben. Dies ist Karins

den ließ, die sie nun jenseits der Mitte ihres Lebens war. Wir wussten ja selbst nicht viel über sie.

Ein Foto zeigt Karin als eines von neun (!) Kindern einer Neubauernfamilie.

Wie sie erzählt, waren da auch jede Menge Tiere – Hühner, Schweine, Kühe – einfach alles, was zu einem solchen Hof gehörte. Und jeder musste mit ran, egal ob es Arbeit für Jungen oder Mädchen war.

Später beschreibt sie sich als Schülerin so:

> «Finde, ick bin eigentlich ein Spätentwickler, ick, in der Schule da hab ick mir jar noch nüscht so draus gemacht so. Ick wusste jar nicht, für wat ich da überhaupt hingehe. Naja! Ach, und denn die Arbeit zu Hause ooch denn, man hatte jar nicht so die Zeit, finde ich, zum Lernen und so. Weil wir eben nun eben jenuch Geschwister waren, da war zu Hause auch 'n Hoofen Arbeit. Von de Schule jekommen, Mappe in die Ecke und dann ging es zu Hause los.»

In der ersten Klasse erlebt man Karin bei einem Besuch der Klasse in der örtlichen Geflügelfarm. Wie sie mit anpackt, wenn andere noch herumstehen und sich alles begucken.

Wieselflink sammelt sie Hühnereier aus den Nestern und von sonstwo zusammen und hilft beim Einsortieren.

Dazu der Kommentar:

> «Am liebsten wäre Karin gleich hiergeblieben.»

und

> «So wächst eine heran, die – wie man so sagt – die Arbeit sieht.»

Einmal ist die Mutter zu sehen – in einer Elternversammlung der 5. Klasse. Ihrem streng blickenden Gesicht unterlege ich die Worte:

> «Gibt's mit der Tochter auch keinen Ärger?»

Dann auch das Gesicht der 14-jährigen Karin im Unterricht, ebenso wie das der Mutter ernst und beherrscht. Und dazu meine Frage, auf die man nun schon die Antwort ahnen könnte:

> «Was diszipliniert sie?»

Diszipliniert haben Karin natürlich nicht nur die häuslichen Umstände, sondern auch die Schule, der es um sozialistische Erziehung ging. Selbstverständlich war sie ein Junger Pionier und trat für Walter Ulbricht mit an, als der 1962 Golzow besuchte, wie ein Foto zeigt, das sich in der Schulchronik fand.

Ohne Frage will und bekommt sie die Jugendweihe, zu der man 1969 noch die Nationalhymne können musste. Wegen der Zeile «Deutschland – einig Vaterland» wurde sie bald ohne Text gespielt und nur angehört. Karin ist dieser Zeit schon voraus: Bei einer Probe erwischt sie die Kamera, wie sie das hohe Lied schweigend übersteht.

Ob Konfirmation, Kommunion oder Jugendweihe: Nicht nur für kinderreiche Familien stand danach auf dem Lande von jeher fest, dass mit dem Eintritt in den *Kreis der Erwachsenen* Schulschluss zu sein hatte. Acht Jahre reichten für die Berufe, die üblicherweise auf die 14-Jährigen warteten.

Und so wird Karin, die unter anderen Voraussetzungen vielleicht auch zehn Klassen geschafft hätte, zusammen mit Jürgen, Brigitte, Dieter und leider noch anderen zu Ende dieser achten Klasse mit lapidarem Glückwunsch und Handschlag des Direktors auf den *Weg ins Leben* geschickt.

Karin, die sich von klein auf nichts anderes vorstellen konnte, als «was mit Tieren» zu machen, geht im KIM Spreenhagen – einem *Kombinat für industrielle Mast* – in die Lehre und wird Facharbeiterin für Geflügelzucht. Ebenso wie Brigitte, aber leider, ohne dass wir sie dort filmten.

Es war wieder eines dieser Versäumnisse …

Seit wir Karin 1975 mit 21 Jahren bei diesem Klassentreffen in Golzow wiedersahen, wussten wir, dass sie es jetzt mit Schweinen zu tun hatte. Eines Mannes, Kindes und einer Wohnung wegen hatte sie gewechselt und war nach Fischbeck bei Tangermünde an der Elbe gezogen. Dort arbeitete sie nun in einem Betrieb, den ich sicher falsch aber treffend als *Eberentsamungsstation* bezeichnen will.

Wir dürfen sogar mit der Kamera dabei sein, achten bei einer der *Nummern* aber auf Abstand. Für den Vorgang in Gänze reicht eine Filmkassette allerdings kaum. Aber nicht allein deshalb ersparen Zeitblenden dem Publikum diesen oder jenen Moment – und zum Glück auch den eigentlichen.

Aus dem, was uns Karin dazu sagte, setzten wir die folgende Beschreibung zusammen:

> «Naja, da kommt der Eber eben in 'ne Box rin, wo ne künstliche Sau steht.

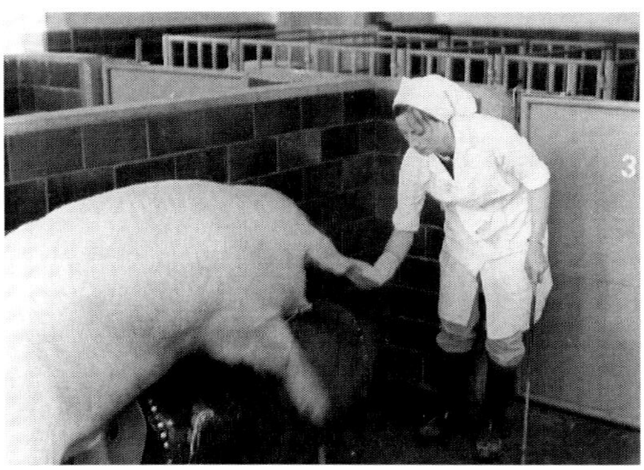

Wie verhilft man einem Eber zum Orgasmus?

[...]

Deswegen, man muss eben so tun als ob, man muss selber schmatzen.

Und dann denkt der Eber eben, det is ne richtige Sau. Und denn ab und zu übern Rücken streicheln.

[...]

Naja, die Eber wussten dat eben von Anfang an, dat sie da ruff müssen, und denn sind sie da ooch ruff jesprungen. Und dann muss es janz schnell gehen, dann muss man bei uffpassen.

[...]

Man muss den Nutzen daraus sehen. So, wenn jetzt beim natürlichen Decken, dann würde bloß eene Sau besamt werden, und so kann man bis zu 50 Portionen aus einem Ejakulat herstellen ... und det ist doch 'n Gewinn für'n Betrieb.»

Es gibt Zuschauer, die belassen es bei dem, was sie dazu von Karin hören und wohnen im Übrigen einem solchen Akt gesenkten Blickes bei.

Hochachtung ist dieser Golzowerin sowieso längst sicher, wenn man inzwischen weiß, dass die Eber, die sie in Laune zu bringen hat, an die zehnmal so viel wiegen wie ihre *Dompteurin*.

Karin treibt die dann noch bei einer Eberschau *über die Bühne*. Und als mal einer renitent wird, müssen drei Männer ran, um der zierlichen Frau beizuspringen.

Zur Erheiterung der zahlreich erschienenen Experten auf der Tribüne rät uns dabei ein Moderator über Lautsprecher:

«Vielleicht können wir wieder ein paar Aufnahmen machen, denn diese Frau soll ja mal weiterverfolgt werden.»

Es ist eine jener Situationen, von denen es nicht viele braucht, um erneut einen unserer Protagonisten aus dem Kreis der Beobachteten zu verlieren.

Als wir Karin Jahre später in Sanne bei Stendal wiederfinden, hat sie dieses Erlebnis zwar noch in Erinnerung, aber weggesteckt. Will sich jedoch erst einmal solange nicht neu filmen lassen, wie sie braucht, um «ihr Leben in Ordnung zu bringen», wie sie sagt.

Nur drei Jahre verheiratet, hatte sie sich von ihrem Hans-Joachim und Vater von Doreen getrennt:

«Weil er bei der Armee mit dem Trinken anfing, und wenn er nach Hause kam, Rabatz machte. Und det wollte ick nich.»

Wir nahmen unser Gespräch auf Band auf, um den Stand der Dinge in Karins Leben wenigstens auf diese Weise festzuhalten. Für den Fall, dass es doch irgendwann mit ihr weitergehen würde, auch wenn kaum zu erwarten war, dass sie eines Tages wieder anruft oder schreibt – im Sinne von: Sie hätte ihr Leben nun im Griff.

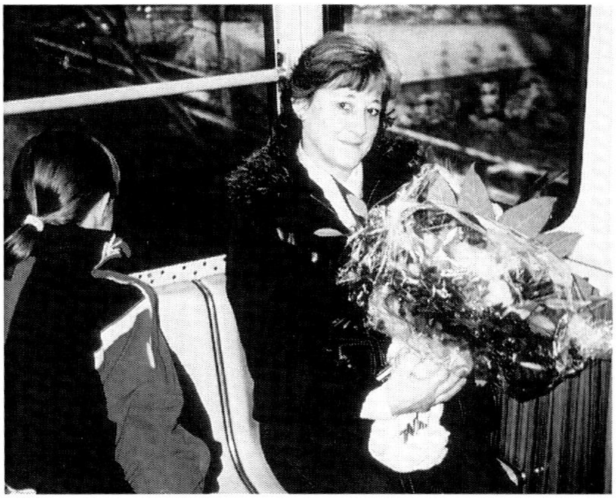

Mit Blumen zum Fünfzigsten von der Arbeit heimwärts durch Wuppertal

Dann kam das Jahr 1989, kam der Beitritt der DDR zur Bundesrepublik, und in der untergehenden DEFA hatten wir erstmal andere Sorgen.

Zwei Jahrzehnte nach unserem letzten Wiedersehen mit Karin eröffnete sich 2004 nun doch die Möglichkeit, auch von ihr noch zu berichten. Und die wollten wir unbedingt nutzen. War uns doch selten ein Mensch begegnet, der so für die Arbeit lebte, sich für keine zu schade war, mit jeder zurecht kam und es derart intensiv damit zu halten vermochte: Karin – das «Arbeitstier», wie sie sich selber nannte.

Was war aus diesem Kind von Golzow nach dem Ende der DDR geworden?

Natürlich kam, was kommen musste. Der Betrieb rang um seine Existenz, und Karin verlor ihre Arbeit. Eine neue zu finden, schien ihr bald nur noch im Westen Deutschlands aussichtsreich. Aus welchen Gründen auch immer, es verschlug sie nach Wuppertal.

Ihre Adresse bekamen wir von Barbara, einer der Schwestern. Und würde Karin ihre Zeit in der DDR und den Film vergessen haben wollen, hätte sie uns an diesem 16. Dezember 2004 nicht anreisen lassen.

Es ist ihr 50. Geburtstag. Ebenso wie Jürgen Fröhlich hat sie an diesem *Runden* noch einmal *die DEFA zu Gast*, wie es immer hieß, aber die war ja längst Geschichte .

Ehe die Gratulanten zur Kaffeestunde kommen, sitzt mir Karin, die sich ein Geburtstagslicht angezündet hat, zum Gespräch gegenüber.

Das Vierteljahrhundert, das seit dem *Horror-Dreh* mit dem Eberzahnsägen vergangen ist, scheint mir seine Spuren in Karins Gesicht hinterlassen zu haben, aber es spiegelt auch nach wie vor Willen und Energie.

Über alles zu sprechen, was berichtenswert wäre, dazu konnte es auch hier jetzt nicht mehr kommen: Verpasst ist wieder mal verpasst. So ergibt sich der folgende Dialog:

W. J. «Und Wuppertal, wie lebt sich's?»

Karin «Ist ungewohnt ja, im Gegensatz zu Golzow, ja zum kleinen Dorf jetzt hier, in so einer riesengroßen Stadt. Ist schon ungewohnt, aber man gewöhnt sich dran. Ja, man gewöhnt sich dran.»

W. J. «Ist die Stadt von Friedrich Engels gewesen?»

Karin «Ja, ist hier geboren.»

W. J. «Und wenn du so zurückblickst, was war dein Leben?»

Karin «Ja, es gab viele Höhen und Tiefen eigentlich. Aber ich bin einfach ein Mensch, ich hab das Beste daraus gemacht. Aus jede Situation irgendwie das Beste gemacht.»

W. J. «Was waren denn Höhen?»

Karin «Höhen, na zum Beispiel meine Hochzeit damals, die Geburt meiner Tochter. Waren eigentlich schöne ...»

W. J. «Und die Tiefen?»

Karin. «Die Tiefen ... – ja viel Pech gehabt. Viel Pech – die Scheidung, dann die Arbeit verloren, arbeitslos gewesen, dann blieb nur noch über, hierüber zu kommen. Wieder Arbeit gefunden und wieder bei Null angefangen.»

W. J. «Warst auch allein?»

Karin «War ich allein, ja.»

W. J. «Und bist nicht mehr allein?»

Karin «Jetzt nicht mehr ... jetzt habe ich jemanden kennengelernt. Wir leben nicht zusammen, aber verstehen uns so ganz gut.»

Was Karins Arbeit in Wuppertal angeht, so erfahren wir:

Karin «Dann war ich im Altenheim erst, drei Jahre und dann hab ich da wieder uffgehört, weil irgendwie zu schwer, konnt ick nicht mehr. Dann war ich bei ALDI drei Jahre und dann bin ich wieder zurückgegangen.»

W. J. «Ins Altenheim?»

Karin «Im Altenheim ja – und da werde ich jetzt auch bleiben.»

W. J. «Wie kommt man aufs Altenheim, wenn man vorher mit Tieren zu tun hatte?»

Karin «Klar, schwierig zum Anfang. Erst bei Tiere, dann bei Menschen, ist total anders, ja. Aber, wer arbeiten will und ... – da muss man halt nehmen, wat is.»

Wir erlebten Karin auch bei ihrer Arbeit in einem privaten Altenpflegeheim und fragten sie in einer Pause:

W. J. «Kann man das lernen hier?»

Karin «Ja, kann man lernen. Man muss Interesse daran haben.»

W. J. «Naja, bist ja eine Ungelernte eigentlich.»

Karin «Ich bin eigentlich ungelernt, ja. Aber wenn man ein bisschen Interesse und Liebe für den Beruf hat, kann man alles erlernen.»

W. J. «Und worauf kommt es an?»

Karin «Kommt an, den alten Menschen einfach zu helfen. Meinetwegen ein bisschen sozial eingestellt zu sein und den alten Menschen zu helfen. Die sind für jede Kleinigkeit dankbar. Und das ist eben die Freude an dem Beruf. Es ist ein sehr schwerer Beruf, aber ...»

W. J. «In der Runde ist es ein bisschen schwer, nich, denn die verstehen ja auch nicht mehr alles.»

Karin «Nee, die verstehen nicht mehr alles, sind schon viele dement, das sind, deswegen muss man ...»

W. J. Teilt sich Liebe mit – so? Wenn du so lieb bist?

Karin «Ja, ja, das teilt sich mit. Das merken sie auf alle Fälle, das merken sie, und das geben sie dir auch 100 % zurück.»

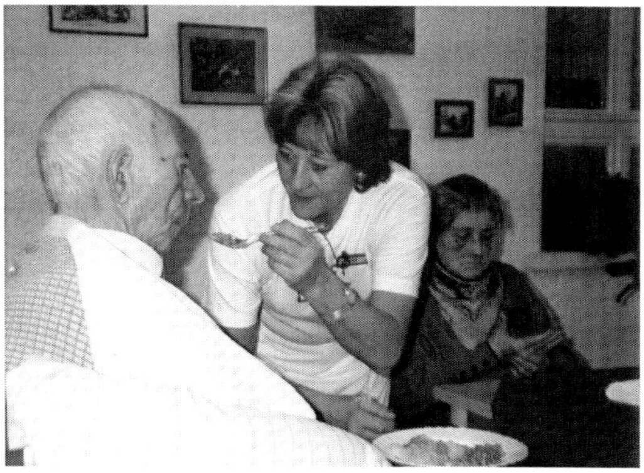

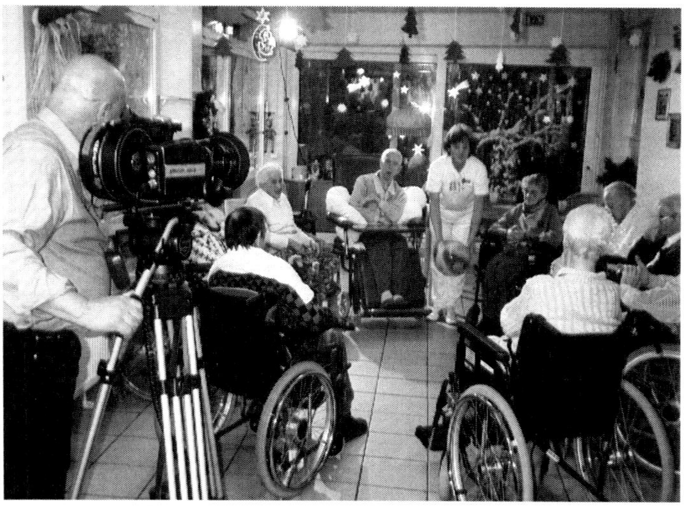

Von Hühnern über Schweine zu dementen Alten: Alles ist erlernbar, beweist Karin

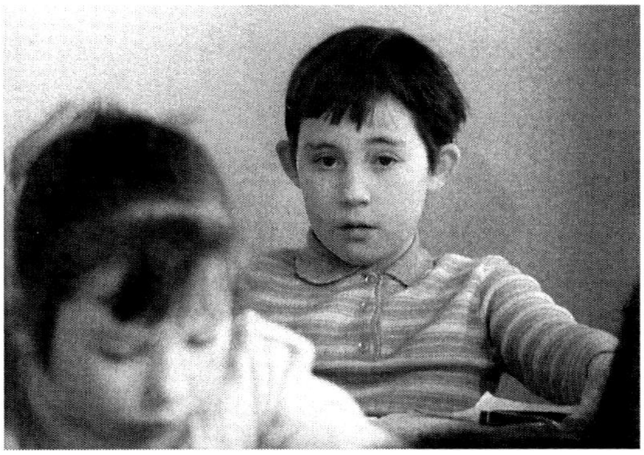

Mit elf nur noch drei Jahre zur Schule ...

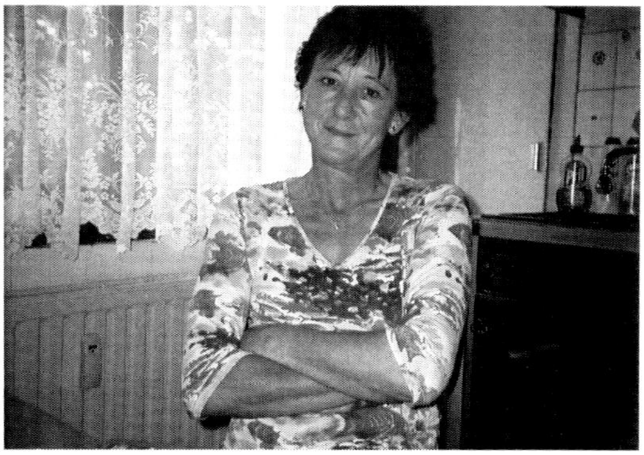

Mit fünfzig mindestens noch fünfzehn bis zur Rente. Zweifache Oma ist sie schon

Ist das dieselbe Karin, die es vor ein paar Filmminuten noch mit kapitalen Ebern aufgenommen hatte und nun im Kreise von dementen alten Frauen und Männern in Rollstühlen mit ihnen *Fangball* spielt, um für etwas körperliche Bewegung zu sorgen?

Eine Frau Nolte will da nicht so recht mitmachen, und so muss die Animateurin Überzeugungsarbeit leisten, die aufzubieten ich Karin nie zugetraut hätte, als es damals noch höchstens um ein aufmunterndes *Hopphopp* bei ihren ansonsten weitgehend stummen tierischen Akteuren und Akten ging.

Anlässlich ihres Fünfzigsten ergibt sich bei Kaffee und Kuchen in der Runde der Geburtstagsgäste schließlich auch dieser Dialog:

Wuppertal, den
26.1.09

Liebe Barbara,
Lieber Winfried!

Nach sehr, sehr Langer Zeit, möchte
ich endlich ein Lebendszeichen
von mir geben.
Als erstes, möchte ich mich bei
Euch entschuldigen, das es so lange
gedauert hat.
Es hat verschiedene Gründe,
die ich nicht aufzählen möchte.
Aber es hat nichts mit Euch
und der Filmerei zu tun.
Ganz im Gegenteil.
Ich möchte Euch ganz herzlich
für die DVD,s danken.
Der Film ist ganz toll geworden
gefällt mir sehr gut, habt Ihr
prima gemacht.
Ich habe auch sehr gute
Resonanz, von vielen alten
Bekannten bekommen, die den Film
im Fernsehn gesehen haben.
Dafür möchte ich Euch noch mals
danken, das ich dabei sein durfte.

Nun hat das neue Jahr begonnen
und ich hoffe und wünsche mir
das es endlich wieder Berg auf geht
bei mir.
Euch beiden wünsche ich auch alles
Gute, vor allem Gesundheit.
Seid mir bitte nicht all zu böse
das ich Lange nichts von mir hören
ließ, aber ich war in ein tiefes Loch
gefallen und nun bin ich wieder auf
den richtigen Weg.
Habe auch jetzt meinen Festvertrag
auf Arbeit bekommen, sodaß es da
schon mal wieder Berg auf geht.
Und Danke noch mal für die vielen
Einladungen, aber bei mir sieht es finanziell
nicht so gut aus, sodaß es mir nicht
möglich war zukommen. Bin da ganz ehrlich,
habe ich kein Problem mit.
Es wird einfach alles teurer, nur der Lohn
steigt Leider nicht.
Also seid nicht böse. Wäre gern gekommen.
So das solls erst mal gewesen sein.
Vielen Dank Euch beiden für alles.

Seid ganz Lieb gegrüßt
von Karin

Wir bleiben in Verbindung

Karin bedankt sich für den Film. Zu danken haben wir

W. J. «Und deine Gedanken sind öfter in Golzow oder nun ganz in der neuen Heimat, jetzt?»

Karin «Nee, nee, nee, ick bin in Golzow und ick bleib in Golzow!»

W. J. «Also nur wegen des Verdienstes hier – Wuppertal ...?»

Karin «Nur wegen der Arbeit und ja ... Weil – ich bin ein Mensch, ick kann nicht arbeitslos sein. Ick muss arbeiten. Ist einfach so. Ohne Moos nix los ...»

Auch wenn Karin heute im deutschen Westen lebt und arbeitet, vermag ich daraus noch nicht zu schlussfolgern, dass da wieder jemand im vereinten Deutschland *angekommen* ist, wie so gern gesagt und gehört wird.

In der kleinen Geburtstagsrunde ist auch Doreen mit dabei, Karins Tochter. Damals in Fischbeck die einjährige Schreihälsin auf Mutters Arm, lebt sie nun in Frankfurt am Main, ist mit einem Türken verheiratet und Mutter zweier Söhne, sieben und acht Jahre alt. Die werden der Oma noch die Geschenke überreichen.

Karins Schwester Barbara sitzt als *Vertreterin Golzows* mit am Tisch, ebenso Kerstin, eine Kollegin, und an ihrer Seite Guiseppe, der Italiener, über den sie sagte, sie lebten nicht zusammen, aber verstünden sich «so ganz gut».

Guiseppe ist der Jüngere und gerade mal nicht arbeitslos. Er ist lieb zu Karin, und beide versprechen sich vor laufender Kamera, «wie Pech und Schwefel» zusammenzuhalten. Aber mich beschleicht doch ziemlich bald das Gefühl, dass es Karins feste Einkünfte sein könnten, die ihr seine Treue erhalten.

Immerhin hat Guiseppe mit seinem Geld für den Abend in ein Restaurant eingeladen und nicht mal in ein italienisches.

Mit einem lachenden und einem weinenden Auge wird sich der Zuschauer hier aus Karins Leben verabschieden können.

Guiseppe erhebt sein Glas auf sie und sagt: «So, wollen wir? Wollen wir **auf**stoßen!»

Dann gibt es einen Kuss quer über den festlich gedeckten Tisch, und Karin kommen die Tränen:

Sie habe damit nicht gerechnet, sagt sie, sei auch kein Freund von Überraschungen.

Es waren wohl einfach zu selten gute dabei.

Wenn sich am nächsten Morgen die Türen der Schwebebahn schließen und Karin wieder durch Wuppertal zur Arbeit fahren wird, hat sich für den Zuschauer dennoch kein Happy End ereignet. Dieses Kommentars wegen:

«Vielleicht sollte ich noch sagen, dass Karin inzwischen schon nicht mehr dort arbeitet, wo wir sie filmten, nicht mehr dort wohnt, wo sie wohnte und auch nicht mehr mit Guiseppe zusammen ist: Alles fließt ....»

«Alles fließt« – 1966 war das einmal nur Thema einer Schulstunde ...

«Ich würde immer wieder Lehrerin werden» – Marlies Teike

Dieses Porträt, das dritte in ... DANN LEBEN SIE NOCH HEUTE ist nur fünfeinhalb Minuten lang und damit eine echte Miniatur.

Es gehört nicht einmal mit in den Reigen, denn es ist keinem der *Kinder von Golzow* gewidmet, sondern ihrer allerersten Lehrerin.

Aber nachdem aus einem letzten Film de facto tatsächlich vier in der Gesamtlänge von über neun Stunden werden konnten, weil die Materialfülle alle Dämme brechen ließ, kam es auf diese fünfeinhalb zusätzlichen Minuten wohl auch nicht mehr an. Wenn die Geschichten davor interessiert hatten, so dachten wir, würde das Publikum diese Minuten ebenfalls noch verkraften und den *dramaturgischen Seitensprung* akzeptieren. Im Unterschied womöglich zur hehren Filmkritik, aber der war das doch nicht wichtig genug, und so schwieg sie wenigstens.

Die Idee dazu kam, als ich ein Foto vom Klassentreffen der 20-Jährigen wiedersah. Da steht Marlies, das Fräulein Grell von einst, unter ihnen und kaum jemand hätte erraten können, dass die scheinbar gleichaltrige junge Frau links vorn gar keine ehemalige Schülerin ist.

Als ich mich 1961 entschied, meinen ersten Film in Golzow anzusiedeln, war es mir natürlich auch um eine geeignete Lehrerin gegangen. Unter Pädagogen musste darunter eine langjährige und erfahrene Kollegin verstanden werden.

Vorgesehen hatte man Frau Dragon, deren Name auf der ersten Silbe zu betonen und die zum Glück auch kein *Dragoner* war. Eine sympathische Erscheinung und liebenswürdige Lehrerin, mit der ich durchaus hätte zufrieden sein können. Später war sie übrigens in ELF JAHRE ALT zu sehen, wie sie die Unseren mit Heraklits Erkenntnis vom Fluss aller Dinge bekannt macht. Und ein Glück, dass ich sie dafür hatte und so auch Wiedergutmachung leisten konnte, weil ich mich bei meinem ersten Film für Marlies Grell entschied.

Denn bei dem ging es ja um die Idee, dass das ABC gleich dreimal zu lernen war:

Von denen, die man *ABC-Schützen* nennt, von einer jungen Lehrerin, die ihre ersten Schritte macht

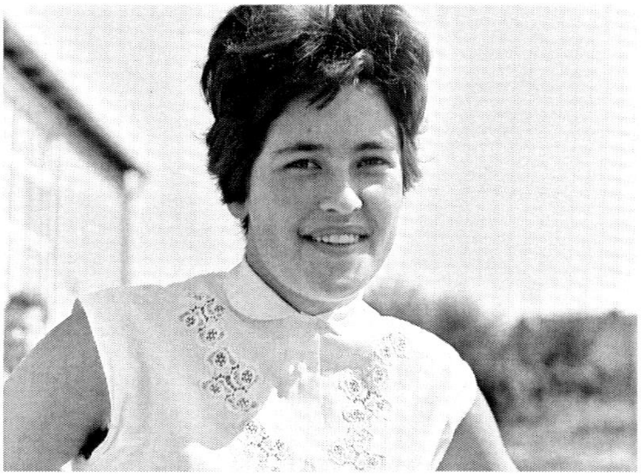 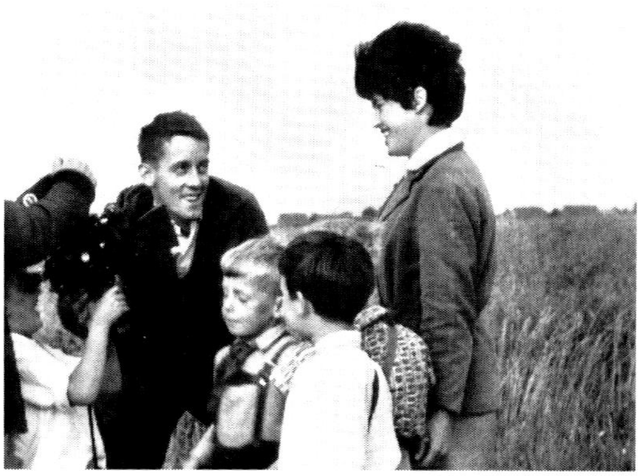

Marlies: Gerade erst volljährig – und schon Klassenlehrerin nach Wahl des Filmemachers. Ein Schnappschuss vom Wandertag lässt den Grund ahnen

und von einem ebenfalls debütierenden jungen Regisseur, der noch dazu Junge hieß.

Kinder und Regisseur konnten aussehen, wie sie aussahen. Bei der Lehrerin jedoch wollte ich im Interesse der Zuschauer wie im unverhohlenen Eigeninteresse wählerisch sein. Denn dieser 26-Jährige war dazumal noch solo.

Nun hatte die Golzower Schule für das neue Schuljahr 1961/62 eine Absolventin des Lehrerbildungsinstituts Neuzelle (Oder) zu übernehmen. Wer das wird, darauf wollte ich Einfluss nehmen. Also erschien ich dort und ließ mir die Personalbögen dreier Kandidatinnen vorlegen. Das ging in der DDR damals noch so ...

Eigentlich besah ich mir nur die Passfotos der Mädels, und da war schnell klar: Marlies Grell sollte es sein. Die kam aus Zechin, einem Nachbarort Golzows und war verständlicherweise froh über meine Wahl. Was ich voreilig gleich auf mich bezog und als Erwiderung von Sympathie deutete.

So also wurde Marlies *entdeckt*.

Und ich konnte mich daran freuen, dass ich für das, was mir bevorstand, ein hübsches Gesicht und eine offensichtlich beherzte Co-Regisseurin gewonnen hatte, so wie sich die Auserwählte die Sache mit mir vorzustellen vermochte. Wobei ich schon nicht mehr nur an den Film dachte.

Das Ganze wäre dann beinahe noch schief gegangen. Zum einen, weil Marlies nur *Lehramtsanwärterin* war, die erst nach zwei Jahren Praxis eine 1. Klasse hätte übernehmen dürfen. Und zum zweiten, weil die deutsche Geschichte 1961 – vor den 1. September als Einschulungstag in Golzow – den 13. August in Berlin gesetzt hatte.

Die beiden unvergleichbaren Gefährdungen konnten abgewendet werden. Der Film wurde am 28. August trotzdem begonnen, nachdem sich Karl Gass bei der DEFA mit seiner Meinung durchgesetzt hatte, das *Thema antifaschistischer Schutzwall* würde sich bald erledigt haben, der Termin für den Einschulungsjahrgang 1961 und damit den Beginn eines Projekts, das weit darüber hinaus weise, dürfte aber nicht verpasst werden.

Und was das Fräulein Grell anging, so bekam sie die Klasse unter der Maßgabe, dass Frau Dragon als auch die Frau des Bezirksschulrates Dr. Laabs, eine Grundschullehrerin, die Mentorenschaft übernahmen. Und nicht nur für diesen Film, sondern für die Lehramtsanwärterin überhaupt. Der Form war Genüge getan.

Zusammen haben Marlies und ich die Szene dann irgendwie gemeistert, auch wenn wir wahrscheinlich alle Fehler machten, die nur gemacht werden konnten. Zumindest gilt das für mein Erlernen des Regie-ABC.

Weitere Hoffnungen erfüllten sich für mich jedoch nicht, denn wenn Flirt auf Gegenseitigkeit beruht, dann war es doch mehr oder weniger ein einseitiger – und damit eigentlich noch keiner.

Hans Dumke, der meinen Erstling drehte, hatte, obwohl verheiratet, nicht weniger, wenngleich erfahrener zu flirten versucht.

Dank einer bewundernswerten Geheimhaltung von Marlies war uns entgangen, dass sie schon lange mit ihrem Werner, einem Lokführer, liiert war. Am 25.Juli 1963 wurde sie Frau Teike.

Marlies und ich sind bis heute in einem herzlichen, freundschaftlichen Kontakt geblieben. Und Barbara ist längst mit im Bunde. So waren wir 2013 auch zur Goldenen Hochzeit eingeladen.

Leider führte das Fräulein Grell die *Filmklasse* nur zwei Jahre und wechselte dann die Schule, weil sie in Letschin eine Neubauwohnung in Aussicht hatte: Ja, mach nur einen Plan ...

Später brachte sie es dort mit Werner für ihre schnell wachsende Familie auf ein schönes Eigenheim.

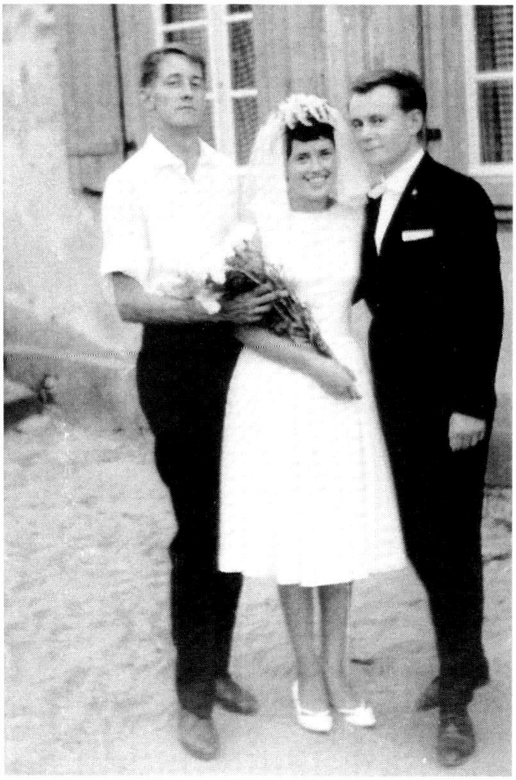

Der 25. Juli 1963 – Hochzeitsbild zu dritt oder: Aus der Traum!

Und 1991 wurde sie Leiterin der dortigen Grundschule.

Bevor Marlies nun in die Rente ging, wollten wir sie am 3. August 2004 noch einmal drehen. Auf eine Montage, die an ihre ersten Schultage mit uns vor der Kamera erinnert, folgt im Film ein Interview, das so beginnt:

W. J. «Ja, Marlies. Als du anfingst als Lehrerin, wie alt warst du da?»

Marlies «Für die heutige Zeit eigentlich unvorstellbar, ich war 18...»

W. J. «Und wie alt bist du jetzt, wenn ich fragen darf?»

Marlies «61.»

W. J. «Ja, war's denn nun der richtige Beruf, wenn du jetzt hier raus gehst?»

Marlies «Der hat mir damals Spaß gemacht, der macht mir heute Spaß. Und ich würde eigentlich immer wieder Lehrerin werden, denn wenn man bei Dorffesten ist oder bei Veranstaltungen und man trifft die vielen Kinder, wo man sagen kann, denen hast du mal das Lesen und das Schreiben beigebracht. Das macht einen irgendwie stolz.»

[...]

W. J. «Tja, Kinder erziehen. Wofür heute?»

Marlies «Kinder werden heute erzogen zu mehr Selbstständigkeit, zu mehr Kreativität, sie dürfen vieles selbst entscheiden, wie sie möchten. Es ist nicht mehr so, dass man ihnen viel vorgibt. Es ist alles recht locker geworden. Kinder haben viel mehr Entscheidungen als sie damals hatten. Es ist also doch einiges anders.»

[...]

W. J. «Würdest du nochmals die Kamera zugucken lassen?»

Marlies «Ich denk mal schon.»

Da steht sie nun an ihrem Schreibtisch und gibt ruhig und überlegt Antwort. Man glaubt ihr die Schulleiterin.

Die über vier Jahrzehnte, die zwischen dem Damals und dem Heute liegen, sieht man Marlies wunderbarer Weise kaum an. Noch immer ist diese Mutter von drei Kindern und Oma von vier Enkeln eine schöne, jung und interessant wirkende Frau.

Ein letztes Mal hat sie es an diesem Tag für unseren Film mit einer 1. Klasse zu tun, dem Einschulungsjahrgang 2004. Nur steht sie nicht mehr vor den Kindern, sondern sitzt unter ihnen und hospitiert, um sich von der Arbeit ihrer jungen Kollegin ein Bild zu machen.

Und weil bloßes Gucken die allerschwerste schauspielerische Aufgabe ist, wenn man weiß, dass man dabei beobachtet wird, fühlt sich die sonst so souveräne Marlies auch nicht so recht wohl und erwartet sichtlich das erlösende Klingeln.

Sie so aus dem Film zu entlassen, hätte ihr wie mir sicher nicht gefallen. Aber nicht nur deshalb plante ich mit Kameramann Harald Klix für den Schluss dieses Mini-Porträts dann noch dies:

Während das Lehrerkollegium tagt, nahe ich mich mit einem repräsentativen Blumenstrauß der Chefin, die sich echt überrascht erhebt und von mir zu hören bekommt:

«Marlies – Glückwunsch zum Ende des Berufs als Schulleiterin. Alles Gute für dich!»

Darauf Marlies:

«Danke dir, Winfried.»

Worauf wir uns beide der Kamera zuwenden und ich sage:

«Lassen wir uns nach 43 Jahren einfach noch einmal filmen. So sehen wir jetzt aus!»

Wie wir beide mal aussahen, zeigt im Unterschnitt ein Foto aus dem Jahre 1962 von Dreharbeiten mit den Kindern in der Golzower Flur, auf dem ich die Lehrerin meiner Wahl geradezu anhimmele.

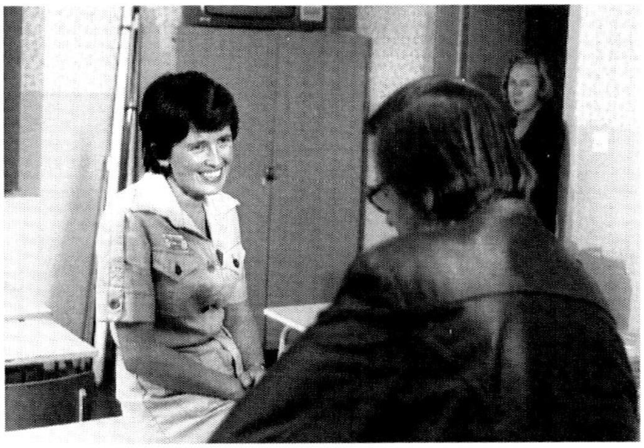 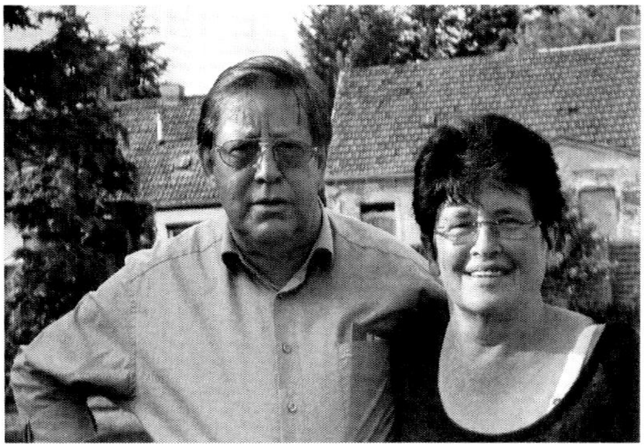

1983 kommt Junge erneut zum Drehen, aber 2013 nur noch zum Kaffeetrinken. Der Lebenslauf des Fräulein Grell, die eine Frau Teike und Schulleiterin im benachbarten Letschin wurde, hätte auch einen längeren Film gelohnt

Dann gehe ich, den man danach – im Unterschied zu seiner Protagonistin – kaum wiedererkennt, mit «Danke, Marlies!» aus dem Bild, während sie, die Blumen im Arm, unbeirrt weiter ins Publikum schaut, weil das gewohnte «Aus» nicht kommt.

Die Filmkassette musste sowieso gleich zu Ende sein…

Wenn große Hoffnungen enden – Gudrun

Ein Porträt mit besonderem politischem Gewicht unter denen der *Kinder von Golzow*, das menschlich sehr berührt, ist das von Gudrun – Gudrun Klitzke, der Tochter des langjährigen Vorsitzenden der LPG-Pflanzenproduktion, Arthur Klitzke.

Als Erste aus der Klasse war sie, zwanzigjährig, in die Sozialistische Einheitspartei Deutschlands eingetreten. Die gelernte Köchin, Kreistagsabgeordnete, spätere Absolventin der Fachschule für Staatswissenschaften Weimar, Leiterin des Abgeordnetenkabinetts im Rat des Kreises und zuletzt Bürgermeisterin der benachbarten Oderbruch-Gemeinde Genschmar, trug ungleich schwerer als Klassenkamerad Winfried an der *Wende*. Mit der war nicht nur das Ende ihrer beruflichen Laufbahn verbunden, mehr noch ging für sie gleichsam eine Welt unter.

Auch Gudrun ließ sich dazu zwischen 1989 und 1991 noch befragen, wenn auch in einer spürbaren Schockstarre. Sie gab einsilbig-lakonisch Auskunft über ihre Situation und Befindlichkeit, weil auch ihr Vater weiterhin bereit war, sich vor der Kamera zu äußern. Doch das sollte sich bei beiden bald ändern.

Die gute Schülerin mit Zehnklassenabschluss war und blieb in ihren Haltungen sehr vom Vater geprägt, dem studierten Landwirt und verdienstvollen Genossen. Er war ihr Vorbild, war für Gudrun «die Partei», wie sie immer wieder betonte. Und da sie ledig und kinderlos war und bis heute ist, füllten sie Beruf und gesellschaftliches Engagement ganz aus, widmete sie sich gern und voll der kommunalpolitischen Arbeit.

Mit dem Umbruch in der DDR 1989/90 verlor sie diesen Lebensinhalt. Und in einem ersten Interview danach zeigte sie sich tief enttäuscht von der SED – und ratlos.

Wir drehten sie in dieser Zeitenwende noch mehrmals:

An der Seite des Vaters im Hof des Elternhauses in einem Gespräch mit den beiden über die eingetretene Situation, deren Ursachen und die nun unklaren Perspektiven nicht nur für die Landwirtschaft. Auch wie sie bei den letzten DDR-Kommunalwahlen, selbst nicht mehr für das Amt der Bürgermeisterin kandidierend, das Auszählen der Stimmzettel überwacht. Schließlich auf Krücken, weil sie zu allem Unglück gestürzt war und sich eine komplizierte Knieverletzung zugezogen hatte, uns aber dennoch kommen ließ und Antwort gab.

Das war drei Tage vor dem Beitritt der DDR zur Bundesrepublik – und gehörig viel, was Gudrun auf einmal zu schaffen machte. Das Knie war dabei vielleicht nicht einmal das, was am meisten schmerzte, als sie fürs Erste Schutz im Golzower Elternhaus suchte.

Ein Jahr später, am 12. September 1991, empfing uns Gudrun erneut in ihrer Wohnung in Genschmar. Das Knie war soweit verheilt, die Arbeitslosigkeit und andere Wunden waren geblieben. 118,- DM erhielt sie in der Woche, wie sie freimütig bekannte. Es war – wie man so sagt – zum Leben zu wenig und zum Sterben zu viel. Sie ist damals erst 36 Jahre alt.

Wir besuchten sie, um ihr das Gefühl zu geben, dass wir uns auch in den *neuen Zeiten* für sie inte-

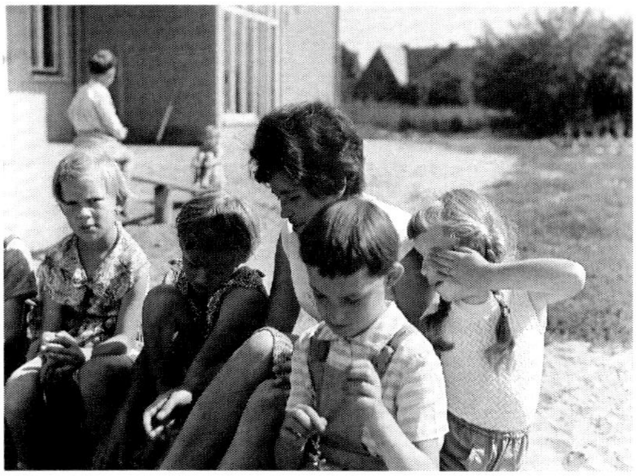

Gudrun 1961 im Golzower Kindergarten, ein erstes Filmbild mit der Sechsjährigen (links)

ressierten und ihr zur Seite sein wollten. Und wir wollten erkunden, wie sie über unseren Film denkt, ob sie weiter daran mitwirken würde. Es ergab sich ein langer Dialog, aus dem ich nur das zitiere:

W. J. «Möchtest du vielleicht gar nicht mehr, dass wir über die Zeit reden und berichten? Du als Bürgermeisterin?»

Gudrun «Warum nicht?»

W. J. «Du hast mal gesagt, den Film möchtest du vorher sehen.»

Gudrun «Ja, sicher, diesmal ja. Ansonsten hab' ich dir ja eigentlich immer geglaubt, aber diesmal möchte ich's dann doch schon vorher sehen. Nein, das ist nicht zu verschweigen, das ist ja doch, ich glaube sieben Jahre, die ich hier war. Die kannste ja nicht einfach wegstreichen.»

[...]

W. J. «Könnte es denn was geben, was du nicht gerne wiedersehen möchtest in diesem Film aus deinem Leben?»

Gudrun «Da fällt mir im Moment nichts ein, nein.»

W. J. «Willst uns weiter vertrauen?»

Gudrun «Ja, 'n bisschen noch.»

W. J. «Tja, ich frag' mich immer, warum lässt du dich weiter filmen? Was hast du davon?»

Gudrun «Nichts.»

W. J. «Und du machst es. Ja, warum denn?»

Gudrun «Tja, frag' mich nicht...»

W. J. «Was bedeutet dir die Arbeit mit uns?»

Gudrun «Das ist doch 'n Stück Geschichte. Und es ist selber für einen doch sehr interessant oder für Bekannte oder sonst da wen, das später noch mal zu sehen, ja, so war das damals oder so, ja. Das ist schon was.»

Gudrun war inzwischen in der PDS, der «Partei des demokratischen Sozialismus», wie die Nachfolgerin der SED und Vorläuferin der heutigen Partei «Die Linke» hieß. Und ich kommentierte das mit einem spontanen «Schön!», weil es mir sympathisch war, dass Gudrun weiter zu ihren Überzeugungen stand, sich offenbar mitverantwortlich fühlte für die Erneuerung ihrer Partei. Wenn auch die Chance klein war, es noch einmal neu und erfolgreicher mit dem Sozialismus zu versuchen, wollte sie daran teilhaben. In diesem Augenblick waren wir uns letztmals ganz nahe.

Als Gudrun uns an der Haustür verabschiedet und mit einem lustlos-schlappen Winken gehen lässt, kann ich noch nicht wissen, dass es der letzte Kaffee war, den ich vor der Kamera mit ihr trank.

Am 2. und 3. Oktober 1991 war sie jedoch noch einmal beim Wiedersehen unserer Klasse und der Fahrt nach Hamburg dabei, das den 1. Jahrestag der deutschen Einheit ausrichtete und erstaunlicherweise über sein Filmbüro die Weiterführung der Golzower Chronik förderte. Die Klassenfahrt von der Oder zur Elbe erklärt sich so auch als Dank unsererseits.

In die Vorbereitung dieses denkwürdigen ersten Treffens der Golzower als Bundesbürger hatten wir Gudrun einbezogen und nach Hamburg mitgenommen.

Sie wusste also, dass wir die Fahrt nutzen wollten, um für unseren ersten Film nach Ende der DDR erneut zu drehen.

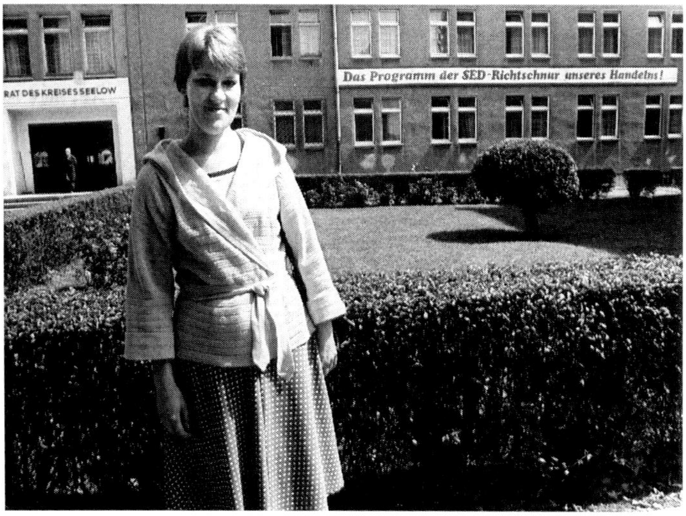

Anfang der 1980er-Jahre vor dem Rat des Kreises Seelow. Interview mit der Genossin Klitzke, Leiterin des Abgeordnetenkabinetts

Aber als die Stunden da waren, in denen aus einem lockeren Wiedersehen erneut ein Drehtermin wurde, gehörte Gudrun zu jenen, denen unser Dabeisein gar nicht mehr so recht war. Und sie ließ das auch laut werden. Für sie schien die Fortsetzung der Filmerei der sprichwörtliche Tropfen zu sein, der das Fass zum Überlaufen brachte.

Auf dem Wege vom Hafen zum Fischmarkt sagte sie mir dann, sie werde nicht länger am Film mitwirken, habe sich das inzwischen überlegt. An eine Begründung erinnere ich mich nicht, aber wir konnten uns ja alles denken, wenngleich nur schwer verdauen. Nach Petra und Ilona ließ uns im 30. Jahr unserer Chronik ein weiteres Mädchen *im Stich*. Nur auf Zeit oder für immer? Und nach dem Tod von Brigitte hatte sich deren Reihe sowieso schon zu lichten begonnen.

Ich konnte dagegen nichts machen, mich nur damit trösten, dass noch gar nicht abzusehen war, ob sich unsere Arbeit überhaupt nach DREHBUCH: DIE ZEITEN – DREI JAHRZEHNTE MIT DEN KINDERN VON GOLZOW UND DER DEFA – fortsetzen lassen würde.

Es konnte aber mit den *Kindern von Golzow* weitergehen, und so klopften wir über die Jahre immer mal wieder auf den Busch, ob Gudrun noch immer wie in Hamburg dachte, vermieden aber, ein neues Nein herauszufordern. Glücklicherweise blieben wir mit ihr sporadisch in Kontakt, auch als sie der Arbeit wegen von Genschmar nach Karlsruhe zog. Sie hatte sich in Frankfurt (Oder) zur Steuergehilfin umschulen lassen, und weil man mit ihr sehr zufrieden war, wurde Gudrun im deutschen Westen eine Anstellung als Buchhalterin mit fiskalischen Kenntnissen vermittelt. Da soll es geheißen haben: Wenn sie Bürgermeisterin gewesen sei, dann kenne sie ja wohl Verantwortung, wäre verlässlich und wisse, worauf es ankäme.

In der PDS war Gudrun bald nicht mehr. Das ginge «da drüben» schlecht. Und überhaupt sollte möglichst sonst nichts an ihre politische Vergangenheit erinnern. Das wäre, wie sie fürchtete, wohl kaum zu vermeiden gewesen, wenn wir – als Chronisten ihres Lebens – dem Arbeitgeber hätten erklären müssen, warum wir gerade Gudrun drehen wollten. So gab es einen stichhaltigen Grund für Gudruns Weigerung, die Filmarbeit mit uns in Karlsruhe wieder aufzunehmen.

Da wir, wenn auch unter Mühen, erneut zu Förderung kamen und ebenfalls der Ostdeutsche Rundfunk Brandenburg, später rbb, als ständiger Koproduzent weitere Filme möglich machte, hofften wir natürlich, dass es mit Gudrun eines Tages doch noch einmal was werden würde, wenn sie über die Jahre zur Ruhe käme und glauben konnte, nicht mehr derart auf ihre neuen Lebensumstände Rücksicht nehmen zu müssen.

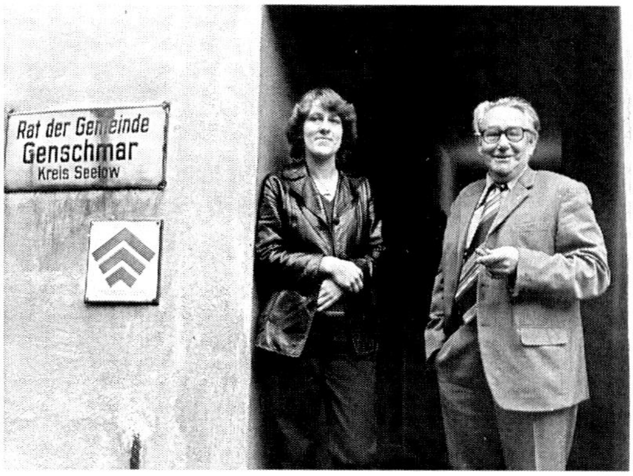

Die gelernte Köchin und Staatswissenschaftlerin wird in Genschmar (Oderbruch) den alten Bürgermeister ablösen

Wir besuchten sie in Karlsruhe zweimal. Beim ersten Male kamen wir ihr natürlich noch nicht mit der *Gretchenfrage*, wie sie es mit einem abschließenden Film halten würde, bauten ihr sogar eine Brücke, als wir anboten, die *Lebensstation Karlsruhe* erstmal nur in einer Form festzuhalten, mit der sie sich wohlfühlen konnte, beispielsweise darauf zu verzichten, sie am Arbeitsplatz zu drehen. Aber Gudrun ließ sich auf nichts ein.

Jahre gingen darüber hin, in denen wir die Filme über Jürgen, Willy, Elke, Marieluise, Brigitte, Dieter, Jochen und Bernd herausbrachten.

Für den 25. August 2003 konnten Barbara und ich einen neuen Besuchstermin mit Gudrun verabreden. Das nährte unsere Hoffnung, dass sie unter bestimmten Bedingungen vielleicht doch wieder mit dem Filmen einverstanden sein würde. Zwölf Jahre nach Gudruns Ausstieg aus dem Golzow-Projekt, das seinem Ende entgegenging, mussten wir allmählich wissen, woran wir mit ihr und auch Winfried waren, den wir zuvor in Augsburg besucht hatten. Und unseres Erachtens hätte sie nicht zulassen dürfen, dass wir uns auf den Weg nach Karlsruhe machen, nur um uns die endgültige Absage abzuholen.

Kurz vor unserem Treffen war Gudrun jedoch zu Mutters 78. Geburtstag in Golzow. Die Eltern hatten sich völlig in ihr Oderbruch-Gehöft am Rande des Ortes zurückgezogen und so gut wie alle ihre vielen Verbindungen zum Dorf gekappt. Auch für uns war Arthur nicht mehr zu sprechen. So hat er vermutlich seiner Tochter geraten, die Finger von weiterer Filmarbeit zu lassen. Wenn nicht allein schon sein Beispiel wirkte.

Gudrun ließ uns kommen, war aber nicht in ihrer Wohnung anzutreffen. Wir warteten, weil sie ja durchaus mit Verspätung von der Arbeit heimkehren konnte. Und endlich sah ich aus dem Treppenhaus auch, wie sie aus dem Auto stieg und über die Straße

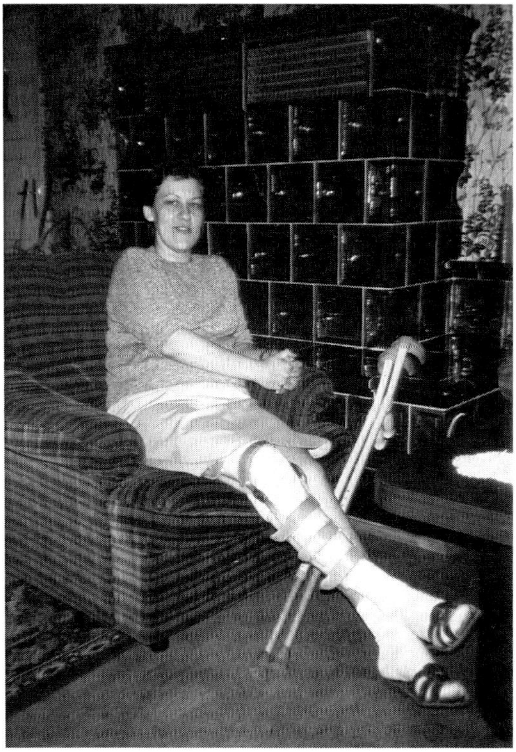

Der Beitritt der DDR zur Bundesrepublik reicht wohl nicht zu Gudruns Unglück? Auch ist sie nun arbeitslos

ging. Leider kam sie aber oben bei uns nicht an. Ihr Wohnungsnachbar, bei dem wir klingelten, erteilte uns die Auskunft, wir könnten Frau Klitzke vielleicht bei einer Bekannten im Erdgeschoss antreffen.

Hatte die verlässliche Gudrun unsere Verabredung wirklich vergessen oder wollte sie sich ihr nur in letzter Minute entziehen? Wir klingelten nun unten und hörten daraufhin kurz Gudruns erregte Stimme. Als die Wohnungsinhaberin öffnete und wir nach Gudrun fragen wollten, gab sie sich doch einen Ruck, erschien, versuchte sich an der Entschuldigung, sie habe gar nicht mehr an uns gedacht, sagte aber im gleichen Atemzug, dass sie augenblicklich gar keine Zeit für ein Gespräch habe.

Immerhin ging sie mit uns in ihre Wohnung hoch und machte es da kurz: Es bleibe dabei. Sie wolle sich nicht erneut filmen lassen. Weder in Karlsruhe noch in Golzow oder sonst wo.

Dafür also waren wir tatsächlich noch einmal nach Karlsruhe gefahren.

Selbst wenn die Situationen nicht vergleichbar sind, erinnert mich das an eine Fahrt 1978 nach Weimar, mit Drehstab in zwei Wagen, als Gudrun uns ebenfalls kommen ließ, um sie dort als Studentin zu filmen, sie aber wegen einer Erkältung in Golzow geblieben war, ohne uns abzusagen.

So etwas kriegten eher andere Golzower mit der erstaunlichsten Selbstverständlichkeit fertig. Aber auch bei Gudrun steckten wir seinerzeit natürlich zurück, um sie nicht zu verlieren.

Diesmal wogen die Folgen allerdings schwerer: Auch Arthurs Tochter schied nun endgültig aus dem Kreis der Gefilmten aus.

Wenn wir uns nicht eingestehen wollten, dass unser Ansinnen bereits Züge einer Treibjagd bekam, konnten wir jetzt nur aufgeben und uns für den Film um Schadensbegrenzung bemühen.

Es galt zu retten, was zu retten war. Vorsichtig machten wir Gudrun damit vertraut, dass wir uns jetzt um eine gestalterische Lösung lediglich mit dem vorhandenen Material bemühen würden, eine Notlösung also, wenn sie anders als Winfried – nicht wenigstens zu einem Schlusswort für ihr Porträt bereit wäre.

Gudrun hatte gegen diese Lösung glücklicherweise nichts einzuwenden.

Ein solches Schlusswort hätte durchaus in ihrem Interesse sein können. Sie verschenkte die Gelegenheit, sich noch einmal so darzustellen, wie sie heute gesehen werden wollte.

Bei den Porträts über Marieluise, Jochen, Bernd und letztendlich Winfried hatte sich daraus ein großer Gewinn für die Betreffenden selbst und so auch für die Filme und ihre Betrachter ergeben.

Da wir wussten, dass Gudrun zu ihren Überzeugungen als ehemalige DDR-Bürgerin und Genossin stand, war natürlich nicht zu erwarten, dass sie vor der Kamera *endlich abschwören* würde. Sie aber schien vielleicht anzunehmen, dass es uns darum gehen könnte und verweigerte sich vorsorglich gleich grundsätzlich. Konnte sie sicher sein, dass wir noch jene waren, mit denen sie einst auf gleicher Wellenlänge kommunizierte? Würden uns die neuen Zeiten mit ihren neuen Abhängigkeiten nicht nötigen, sie bloßzustellen und auszuliefern?

So ärgerlich der Besuch in Karlsruhe für uns auch war, er trug doch sehr dazu bei, den Druck und die tragische Frustration zu verstehen, unter der die einst so kooperative und freimütig sich äußernde, *fortschrittliche Gudrun* an der neuen/alten Gesellschaft litt.

Wie sollten wir nun mit ihrem Porträt umgehen? Im Unterschied zu dem von Winfried konnte es also nach fast anderthalb Jahrzehnten Pause 2005 nicht wieder aufgenommen werden. Es war leichter gesagt als getan, eine Dramaturgie für all das zu finden, was über die LEBENSLÄUFE von 1980/81 hinaus dokumentiert worden war.

Die Idee, Gudruns Leben – im Unterschied zu denen von acht der zehn letzten Helden unseres abschließenden Films – mal nicht rein chronologisch vom Damals ins Heute zu erzählen, war ja jetzt nicht mehr realisierbar.

Ursprünglich hatten wir da an einen Prolog gedacht, der Gudrun schon einmal als Frau um die Fünfzig in der Gegenwart vorstellt, die im deutschen Westen lebt. Eine Bundesbürgerin unter Bundesbürgern in Karlsruhe. Das Besondere: Sie lebte hier noch nicht lange, war bis in die Mitte ihres Lebens Bürgerin der DDR, ist eines der *Kinder von Golzow*: Worauf sich die Frage stellte, wie diese Gudrun Klitzke hierher gekommen sei. Hatte es mit ihr unter den *Kindern von Golzow* doch jemanden gegeben, der der DDR den Rücken kehrte? Dem vielleicht die Ausreise *gewährt* wurde oder der 1989 mit dem Rucksack über die Tschechoslowakei oder Ungarn flüchtete? Denn genau das waren bis zur *Wende* die gängigen Vermutungen.

Der daraufhin einsetzende Rückblick auf Gudruns Leben von ihrer Kindheit an hätte erkennen lassen, dass die DDR sie niemals so enttäuschte, dass sie Bundesbürgerin hätte werden wollen. Und doch wurde sie es Mitte ihres Lebens. Nicht Gudrun war in den Westen gegangen, der Westen war zu ihr gekommen. Und gleichgültig nun, wo sie in dieser Bundesrepublik lebte. Der Arbeit wegen wurde es Baden-Württemberg.

Am Ende der Chronik ihres Lebens wäre Gudrun dann wieder in Karlsruhe zu sehen gewesen. Und wenn sie den Rahmen für ihr Porträt sogar noch selbst geschlossen hätte, in dem sie zu einem Schlusswort bereit gewesen wäre, hätten wir sicher sein können, dass sich in ihrer Biografie viel von deutscher Geschichte und der Zeitenwende mitteilte, und dass Gudrun richtig verstanden wird.

Aber da doch alles anders kam, musste es nun bei einem Fragment ihres Porträts bleiben.

Wenn wir auch Gudruns Lebensgeschichte nur wieder chronologisch, so wie es das Material diktierte, aufbauen konnten, endete diese also bereits 1991. Am 12. September hatte da das lange Gespräch mit mir in ihrer Genschmarer Wohnung stattgefunden, in dem Gudrun noch Hoffnung weckte, dass es mit der Filmerei weitergehen könnte.

Dass es notgedrungen ein Schlusswort ersetzen sollte, war uns alles andere als lieb, zumal die Szene schon 1992 in DREHBUCH: DIE ZEITEN eingeflossen war, was Kennern unserer Filme auffallen musste.

Dennoch – es gab keine Alternative. Wie Gudrun sich dargestellt hatte, gehörte auch als Wiederholung unverzichtbar in ihr Porträt und war hier sogar wichtiger als im früheren Film.

Eine richtige Entscheidung, denn für die meisten Zuschauer war diese Szene mit ihr ja doch neu.

Heute ist das anders. Seit es das gesamte Golzow-Projekt auf DVD gibt und erfreulicherweise eine Menge Käufer findet, die immer wieder in den 19 Filmen mit 42 1/2 Stunden Laufzeit *surfen*, verraten sich

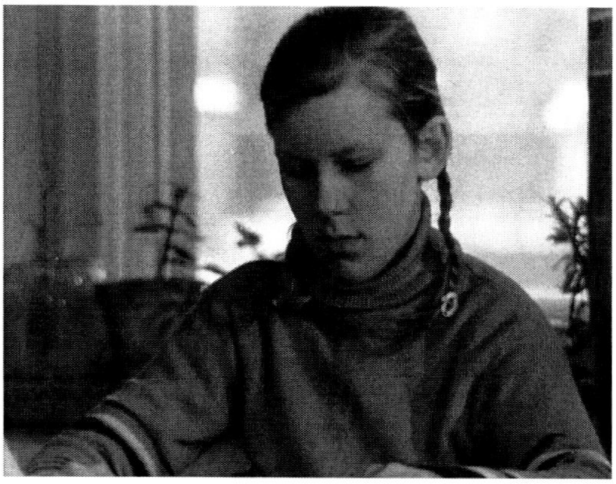

Gudrun mit elf – lernt für eine neue Zeit

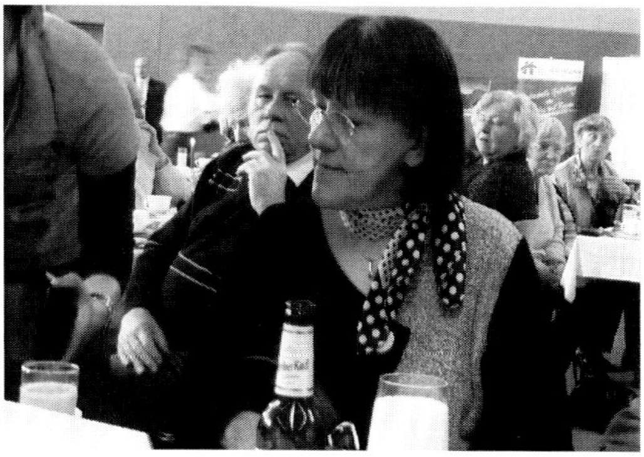

Mit fünfzig erlebt sie die – nur ist sie anders als vorhergesagt

Wiederholungen im Material oder auch der Gestaltung leider recht schnell.

Aber wir werden auch getröstet. Die Fans unter den Zuschauern behaupten, dass sie sich die Filme immer wieder anschauen, weil sie Bestimmtes wiedersehen wollen, Neues dabei entdecken und auch, weil sie es interessant finden, wie sich Material offensichtlich wandelt, wenn es verschiedenen Zwecken dient, wenn also die Aspekte wechseln.

Über unserer Arbeit hing natürlich ein Damoklesschwert. Konnte es nicht sein, dass Gudrun, wenn wir sie nach all unseren Mühen baten, sich den Rohschnitt anzusehen und – mit oder ohne Korrekturen – zu akzeptieren, diesen gar nicht sehen wollte, weil sie inzwischen zu der Überlegung gekommen war, dass es einen Film über sie besser gar nicht geben sollte? Dass es also mit dem «bisschen Vertrauen» uns gegenüber, wie sie mal gesagt hatte, inzwischen zu Ende war?

Sie hätte uns dann nicht mal mit dem Rechtsanwalt kommen müssen. Aber vielleicht hätte der Produzent wegen der Abrechnung in Anspruch genommener Fördermittel einen gewissen Druck aufgebaut, selbst wenn auch er als *links Positionierter* gewiss Verständnis für Gudrun gehabt hätte.

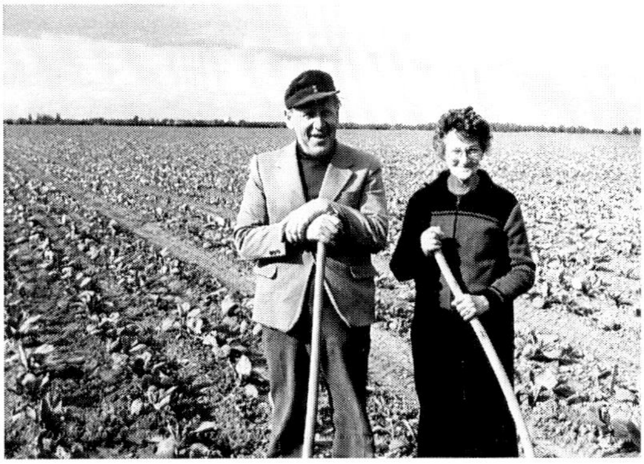

Gudruns Vater ist bis 1989 noch Herr über 7300 Hektar. Dass damit auch ein Arbeitsproblem verbunden sein kann, zeigt sich beim Rübenhacken

Eine moralisch wie juristisch schwierige Situation, denn Gudrun hatte ja seit der Wende keinem Mitwirkungsvertrag mehr zugestimmt, sich aber zunächst dennoch weiter drehen lassen. Sie wollte eben aus freien Stücken dazu bereit sein und nicht das Gefühl haben, sich ihr Leben für den Film *abkaufen* zu lassen. Dabei hätte sie das wenige Geld bitter nötig gehabt. Nun jedoch konnte rechtlich ausschlaggebend sein: Wer sich filmen lässt, muss damit rechnen, dass das Gedrehte auch veröffentlich wird.

Aber es kam wieder mal anders. Obwohl Klaus Schmutzer Gudrun mehrfach zur Besichtigung ihres Porträts einlud, und wir uns schließlich auf den letztmöglichen Termin im technologischen Countdown der Fertigstellung für die Leipziger Dokumentarfilmwoche 2007 einigten, die mit der Übernahme dieses dritten von vier Teilen des abschließenden Films der Berlinale zuvorkommen wollte, nahm sie auch diesen Termin nicht wahr.

Sie setzte damit den Produzenten ins Recht, den Film so, wie wir ihn anboten, fertigstellen zu lassen, spätere Einsprüche mussten nun nicht mehr berücksichtigt werden.

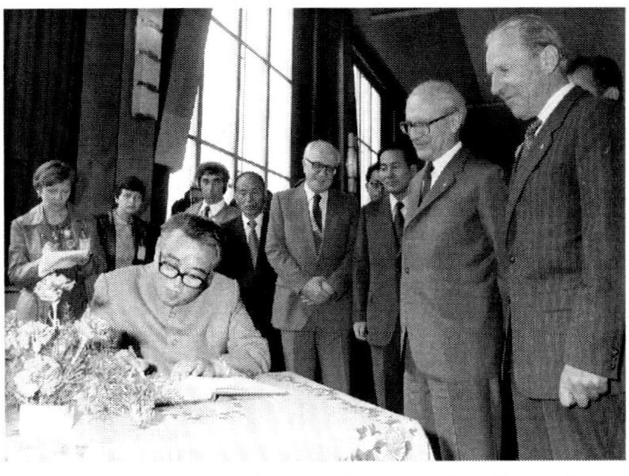

1983 bringt Erich Honecker Kim Il Sung nach Golzow mit

Sowohl für Gudrun als auch uns war das im Grunde keine Lösung. Hatte sie nicht in unserem letzten Gespräch vor der Kamera gesagt, sie habe mir ja eigentlich immer geglaubt, aber diesmal wolle sie den Film «dann doch schon vorher sehen». Wir konnten zwar annehmen, dass wir Gudruns Leben und die Rolle ihres Vaters darin, wie in Golzow überhaupt, sachlich richtig, fair und mit unverkennbaren Sympathien dargestellt hatten. Aber Fehler konnten uns trotzdem unterlaufen sein, und Gudrun hätte uns darauf aufmerksam machen können.

Sollten wir ihren Verzicht auf eine Ansicht als Beweis ihres fortbestehenden Vertrauens ansehen oder hatte sie nur aufgegeben und war ihr das Bild in der Öffentlichkeit inzwischen gleichgültig? Schließlich ging es ja nur um einen Film und sie hatte seit der *Wende* Schwerwiegenderes zu bewältigen.

Noch vor der Veröffentlichung ihres Porträts schickten wir Gudrun immerhin eine DVD. Aber sie ließ uns nicht wissen, wie sie darüber dachte.

Als jedoch 2008 die Golzower Premiere in der Oderbruchhalle stattfand, saß sie unerwartet unter den Zuschauern. Lag es daran, dass sie das Publikum hier kannte und verstanden zu werden glaubte? Oder hatte sie die DVD doch inzwischen gesehen und fühlte sich mit ihr nicht unwohl? Wie sich herausstellte, war es noch anders: Gudrun besaß gar keinen Player. Darum will sie die DVD einem Bekannten gegeben haben, und der hätte ihr versichert, dass sie einverstanden sein könne.

Als dann alle vor der Leinwand für ein Gruppenbild Aufstellung nahmen, die sich – wie ich vorschlug – länger als 3 Sekunden darauf wiedergesehen hatten, stand schließlich auch sie in einer langen Reihe von Golzowern.

Zu unserem Erstaunen gab sie sogar einem holländischen Fernsehteam, das auf die *Kinder von Golzow* aufmerksam geworden war und sich bei uns für eine Reportageserie über die neuere europäische Geschichte angesagt hatte, vor aller Augen im Saal ein längeres Interview. Als hätte sich Gudrun nie geweigert, noch einmal vor eine Kamera zu treten.

Es war ja auch nicht die unsere.

Als wir später die DVD dieses Films erhielten, sahen wir, dass sie sich durchaus gut geschlagen und sogar den Mut hatte, eine Frage einfach nicht zu beantworten. Das konnte uns nur freuen.

Gudrun lebte und arbeitete 2008 schon nicht mehr in Karlsruhe. Die Stadt war ja auch nicht die einzige Station im Westen Deutschlands, in die sie die Suche nach Arbeit verschlug. Im Oderbruch hatte sie keine gefunden, und als Arbeitslose konnte und wollte sie in Genschmar nicht länger leben.

So soll sie zunächst auch auf ein Stellenangebot aus dem deutschen Süden eingegangen sein. Man suchte eine gelernte Köchin. Es stellte sich jedoch heraus, dass offenbar ein *Mädchen für alles* gebraucht wurde, eher noch eine Reinigungskraft, die kochen konnte.

In Karlsruhe hatte sie dann schon eine gute Anstellung als Buchhalterin. Aber auch hier blieb sie natürlich ziemlich mit sich allein. Das Elternhaus im Oderbruch war zu weit entfernt, sie sah es daher nur selten. Hinzu kam über die Jahre, dass die Mutter mehr und mehr zum Pflegefall wurde und Vater nicht mehr ausreichend in der Lage war, sich um sie und das große Anwesen am Ortsrand zu kümmern.

So entschloss sich Gudrun zur Rückkehr in die Heimat und fand irgendwann Arbeit als Haushälterin in Worin bei Seelow. Wir glaubten, nicht recht zu hören, als uns jemand sagte, sie wäre bei Erich Böhme untergekommen, dem einstigen *Spiegel*-Chef, Chef der «Berliner Zeitung» und omnipräsenten Talker und Talkmaster. Wir nehmen nicht an, dass Böhme wusste, wen er sich da vom Arbeitsmarkt ins Haus geholt hatte. Gudrun wird es ihm wohl nicht verraten haben. Und auch ein Böhme konnte ja nicht alles wissen.

Da Gudrun jedoch später wegen Vaters Tod und den damit verbundenen Verpflichtungen und Erledigungen einige Zeit ausfiel, besorgten sich Böhme und seine Lebenspartnerin Angelika Unterlauf, die ehemalige Nachrichtensprecherin des DDR-Fernsehens, dann jemand anderes.

Als Arthur Klitzke 2005 80 Jahre alt geworden war, hatte ihn die Gemeinde in ihr Ehrenbuch eingetragen, eine allzu späte, aber immerhin noch erfolgte Ehrung ihres verdienstvollsten Bürgers.

Drei Jahre später, im April 2008, verlor Gudrun dann ihren Vater. Im Unterschied zu stattlichen Gräbern von seinesgleichen aus früherer Zeit hat er auf dem Golzower Friedhof ein bescheidenes Urnengrab. Zur Beisetzung sahen wir seine Tochter wieder und hatten das Gefühl, sie dankte es uns, dass wir dabei sein wollten.

Die Mutter war inzwischen in Seelow ins Pflegeheim gekommen, Gudrun nahm sich dort eine Wohnung, um täglich zu ihr gehen zu können. Arbeit soll sie in Frankfurt (Oder) gefunden haben. Und die hätte wieder mehr mit der Steuer zu tun. Aber das sind wiederum Angaben *ohne Gewähr.*

Ihr Elternhaus, das Oderbruch-Gehöft inmitten von einst 12,5 ha Ackerland, von wo unter Arthur

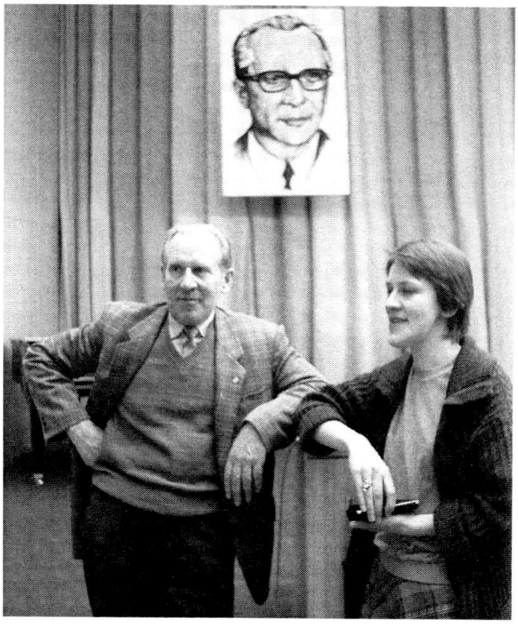

Vater Dozent, Tochter Studentin: Bezirksparteischule 1983

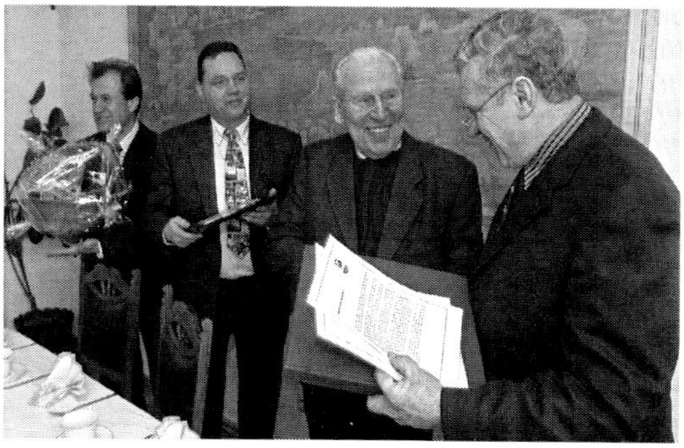

Mit 80 kommt Arthur endlich ins Ehrenbuch der Gemeinde

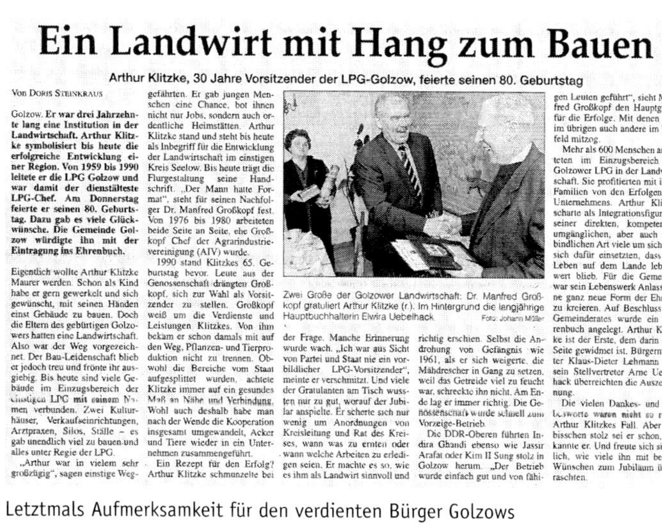

Ein Landwirt mit Hang zum Bauen

Arthur Klitzke, 30 Jahre Vorsitzender der LPG-Golzow, feierte seinen 80. Geburtstag

Von Doris Steinkraus

Golzow. **Er war drei Jahrzehnte lang eine Institution in der Landwirtschaft. Arthur Klitzke symbolisiert bis heute die erfolgreiche Entwicklung einer Region. Von 1959 bis 1990 leitete er die LPG Golzow und war damit der dienstälteste LPG-Chef. Am Donnerstag feierte er seinen 80. Geburtstag. Dazu gab es viele Glückwünsche. Die Gemeinde Golzow würdigte ihn mit der Eintragung ins Ehrenbuch.**

Eigentlich wollte Arthur Klitzke Maurer werden. Schon als Kind habe er gern gewerkelt und sich gewünscht, mit seinen Händen einst Gebäude zu bauen. Doch die Eltern des gebürtigen Golzowers hatten eine Landwirtschaft. Also war der Weg vorgezeichnet. Der Bau-Leidenschaft blieb er jedoch treu und frönte ihr ausgiebig. Bis heute sind viele Gebäude im Einzugsbereich der einstigen LPG mit seinem Namen verbunden. Zwei Kulturhäuser, Verkaufseinrichtungen, Arztpraxen, Silos, Ställe – es gab unendlich viel zu bauen und alles unter Regie der LPG.

„Arthur war in vielem sehr großzügig", sagen einstige Weggefährten. Er gab jungen Menschen eine Chance, bot ihnen nicht nur Jobs, sondern auch ordentliche Heimstätten. Arthur Klitzke stand und steht bis heute als Inbegriff für die Entwicklung der Landwirtschaft im einstigen Kreis Seelow. Bis heute trägt die Flurgestaltung seine Handschrift. „Der Mann hatte Format", steht für seinen Nachfolger Dr. Manfred Großkopf fest. Von 1976 bis 1980 arbeiteten beide Seite an Seite, ehe Großkopf Chef der Agrarindustrievereinigung (AIV) wurde.

1990 stand Klitzkes 65. Geburtstag bevor. Leute aus der Genossenschaft drängten Großkopf, sich zur Wahl als Vorsitzender zu stellen. Großkopf weiß um die Verdienste und Leistungen Klitzkes. Von ihm bekam er schon damals mit auf den Weg, Pflanzen- und Tierproduktion nicht zu trennen. Obwohl die Bereiche vom Staat aufgesplittet wurden, achtete Klitzke immer auf ein gesundes Maß an Nähe und Verbindung. Wohl auch deshalb habe man nach der Wende die Kooperation insgesamt umgewandelt, Acker und Tiere wieder in ein Unternehmen zusammengeführt.

Ein Rezept für den Erfolg? Arthur Klitzke schmunzelte bei der Frage. Manche Erinnerung wurde wach. „Ich war aus Sicht von Partei und Staat nie ein vorbildlicher LPG-Vorsitzender", meinte er verschmitzt. Und viele der Gratulanten am Tisch wussten nur zu gut, worauf der Jubilar anspielte. Er scherte sich nur wenig um Anordnungen von Kreisleitung und Rat des Kreises, wann was zu ernten oder wann welche Arbeiten zu erledigen seien. Er machte es so, wie es ihm als Landwirt sinnvoll und richtig erschien. Selbst die Androhung von Gefängnis wie 1961, als er sich weigerte, die Mähdrescher in Gang zu setzen, weil das Getreide viel zu feucht war, schreckte ihn nicht. Am Ende lag er immer richtig. Die Genossenschaft wurde schnell zum Vorzeige-Betrieb.

Die DDR-Oberen führten Indira Ghandi ebenso wie Jassir Arafat oder Kim Il Sung stolz in Golzow herum. „Der Betrieb wurde einfach gut und von fähigen Leuten geführt", sieht Manfred Großkopf den Hauptgrund für die Erfolge. Mit denen man im übrigen auch andere im Umfeld mitzog.

Mehr als 600 Menschen arbeiteten im Einzugsbereich der Golzower LPG in der Landwirtschaft. Sie profitierten mit ihren Familien von den Erfolgen des Unternehmens. Arthur Klitzke scharte als Integrationsfigur mit seiner direkten, kompetenten, umgänglichen, aber auch verbindlichen Art viele um sich, die sich dafür einsetzten, dass das Leben auf dem Lande lebenswert blieb. Für die Gemeinde war sein Lebenswerk Anlass, eine ganz neue Form der Ehrung zu kreieren. Auf Beschluss des Gemeinderates wurde ein Ehrenbuch angelegt. Arthur Klitzke ist der Erste, dem darin eine Seite gewidmet ist. Bürgermeister Klaus-Dieter Lehmann und sein Stellvertreter Arne Uebelhack überreichten die Auszeichnung.

Die vielen Dankes- und Lobesworte waren nicht so recht Arthur Klitzkes Fall. Aber ein bisschen stolz sei er schon, bekannte er. Und freute sich sichtlich, wie viele ihn mit besten Wünschen zum Jubiläum überraschten.

Zwei Große der Golzower Landwirtschaft: Dr. Manfred Großkopf gratuliert Arthur Klitzke (r.). Im Hintergrund die langjährige Hauptbuchhalterin Elwira Uebelhack Foto: Johann Müller

Letztmals Aufmerksamkeit für den verdienten Bürger Golzows

Klitzke alles seinen Ausgang genommen hatte, was in 40 Jahren DDR einen Großbetrieb von 7500 ha hervorbrachte, ist verwaist. Gudruns Bruder, einst Parteisekretär in der Nachbar-LPG und seit der Wende nicht nur psychisch krank, hatte sich das Leben genommen. Als dessen zwei Söhne und eine Tochter noch Kinder waren, hatten wir mit ihnen, Arthur und Gudrun 1983 Stunden des Glücks erlebt und gefilmt. Einem von Gudruns Neffen wurde das Grundstück vererbt und ist inzwischen wohl verkauft worden. Im Sommer 2013 verstarb dann auch Dorothea Klitzke, die Mutter.

Für Gudrun ist es nur noch der Besuch des Friedhofs, der sie mit Golzow verbindet.

Wenn ich mir vorstelle, vor welche Fragen uns diese Geschehnisse der letzten Jahre gestellt hätten und dass wir vielleicht versucht gewesen wären, dennoch die Chronisten der Familie zu bleiben, muss ich eigentlich froh sein, dass Gudrun 2003 die Zusammenarbeit mit uns aufkündigte.

Gudrun hat bei ihren Zuschauern Sympathie und Anteilnahme ausgelöst. Das dürfte sich verstärken, wenn sie zumindest durch dieses Buch erfahren, wie es mit ihr und den Klitzkes weitergegangen ist.

Millionen anderen, die Gudrun nur durch das Fernsehen kennen, soll sie so in Erinnerung bleiben, wie der Film sie zeigt.

Die Ereignisse, die dieses *Kind von Golzow* mit dem Fall der Mauer und dem Ende der DDR aus der Bahn warfen, liegen nun schon über zweieinhalb Jahrzehnte zurück. Und wir können bloß hoffen, dass Gudrun sich inzwischen gefangen und zu neuem Lebensmut gefunden hat. Das ist ihr sehr zu wünschen, unabhängig davon, wie es um unser Verhältnis steht.

Barbara und ich haben ihr in den letzten Jahren wiederholt ein Gespräch angeboten. Es ist bisher nicht zustande gekommen.

Hielt Gudrun es inzwischen für nicht mehr nötig, fürchtete sie sich gar vor ihm oder fand sich bislang nur kein Termin, der ihr wie uns passte?

Wir geben die Hoffnung nicht auf, dass es doch noch einmal zu einem Treffen kommt und erinnern uns daran, dass wir einst gute Gespräche miteinander hatten.

Niemand im Dorf und aus dem Publikum sagt, dass wir ihr und der Familie mit dem Film geschadet haben oder gar schaden wollten. Im Gegenteil, wir versuchten, Verständnis für die Klitzkes zu wecken. Aber es ist auch nie auszuschließen, dass wir sie doch enttäuscht haben könnten. Und wenn der Grund *nur* darin läge, dass wir den Film über die *Kinder von Golzow* nicht mit der DDR beendeten.

Die Geschichte vom Aufstieg einer der ersten Familien im Dorf seit der Nachkriegszeit und dem Beginn des Aufbaus einer sozialistischen Gesellschaft und Landwirtschaft in der DDR wäre nach deren Ende zur Studie eines beispiellosen Niedergangs geworden, eine Fallstudie in einem weiteren Sinne des Wortes.

Sie fortzusetzen und öffentlich zu machen, hätte sich für unser Gefühl verboten, zumindest solange noch Betroffene leben.

Für die Kollegen vom Spielfilm gibt es dieses Problem nicht. Aus Lebensbausteinen authentischer Schicksale wird da Fiktionales, werden Kunstfiguren. Und da Gefahr besteht, dass sich doch jemand wiedererkennen könnte, sichert man sich rechtlich mit dem Satz ab, dass *jede Ähnlichkeit mit lebenden Personen rein zufällig* sei.

Kann eigentlich anders noch deutlicher werden, welche Verantwortung mit dem Dokumentarfilm verbunden und wie schwer er zu machen ist?

Zwei aus verschiedenem Holz im Doppelpack – Bernhard und Eckhard

Auch von Bernhard – Bernhard Guderjahn – war im letzten Kapitel des Werkstattgesprächs unseres Buches von 2004 schon die Rede, als es darum ging, Ausblick auf hoffentlich noch weitere Porträts von Protagonisten wie Ilona, Winfried und Gudrun zu geben, die sich politisch engagierten und bereit waren, Mitglieder der SED zu werden. Zu ihnen gehörte auch Bernhard.

Ihm sollte Teil 4 des letzten Films gewidmet sein und zwar zusammen mit seinem Klassenkameraden Eckhard – Eckhard Hoppe. So wie wir das seit langem planten, und nicht nur, weil Eckhard parteilos war.

Ein Doppelporträt?

Nachdem wir Gudruns Lebensgeschichte zusammen mit der ihres Vaters erzählt hatten, war das ja eigentlich keine Ausnahme mehr.

Begründete sich das Doppelporträt Gudrun und Arthur Klitzke aus der starken, prägenden Beziehung der als Single lebenden Tochter zu ihrem Vater, so gab es für das von Bernhard/Eckhard andere Gründe:

Beide waren für uns Helden aus der zweiten Reihe, eben *Reservehelden* genannt. Auch sie gehörten nicht zu den neun *Kindern von Golzow*, denen in LEBENSLÄUFE bereits eigene Porträts gewidmet waren. Lediglich im Epilog dieses Films wurden sie zusammen mit Willy, Jochen und Karin mit wenigen Schnittbildern skizziert. Dazu der Kommentar: «Vielleicht ein andermal.»

Insbesondere von Willy, dann aber bald auch von Jochen stand nach der *Wende* soviel Material zur Verfügung, dass wir 1995 und 2001 Einzelporträts in Langmetrage machen konnten, über die man im vorigen Buch schon las.

Bernhard drehten wir seit den 1990er-Jahren ebenfalls verstärkt, während wir ein Porträt nach dem anderen hatten abschließen können. Bei ihm gab es größeren Nachholbedarf. Dasselbe galt für Eckhard, obwohl wir bei ihm nicht allzu viel Wichtiges verpasst zu haben glaubten. Ein Irrtum, wie wir heute meinen.

Ehrlich gesagt, waren wir uns lange nicht sicher, ob Bernhards Lebensgeschichte je ein eigenständiges, Programm füllendes Porträt rechtfertigen würde. Die vorhergehenden hatten einfach Maßstäbe gesetzt.

Bei Eckhard waren wir uns noch weniger sicher. Dass sich einfach nicht genügend in seinem Leben getan hatte, sollten wir nicht behaupten. Wir haben ihn eben nur zu selten beachtet, waren nicht genügend an ihm *drangeblieben*, auch weil meist die Mittel fehlten, kontinuierlich zu dokumentieren. Selbst wenn wir das in den letzten Jahren nachzuholen versuchten.

Was wir nun von Eckhard hatten, reichte immerhin, um im Vergleich zu Bernhards *Lebenslauf* auch für einen reizvollen Kontrast zu sorgen. Was dem einen fehlte, schien der andere zu haben. So ergänzten sich die beiden Porträts in gewisser Weise und werteten sich wechselseitig auf, indem sie beispielsweise Stärken und Schwächen eines jeden deutlicher erkennen ließen.

Interessant ist dabei, dass auch diese beiden nicht nur aus demselben Buddelkasten ins Leben aufbrachen, sondern etwa gleiche *Startpositionen* hatten: Sie waren durchschnittliche Schüler, die das neue Ziel – den Zehnklassenabschluss – schaffen wollten und denselben Beruf ergriffen. Beide wurden Landmaschinenschlosser und keiner von ihnen konnte sich vorstellen, mal aus Golzow fortzugehen, vielleicht sogar noch in den Westen.

Soweit die Gemeinsamkeiten. Doch zu den Unterschieden.

Bernhard ließ sich Mitte zwanzig werben, in die SED einzutreten. Für Eckhard – *unpolitisch* wie schon die bäuerlichen Eltern – wäre das nie denkbar gewesen. Es fragte ihn aber auch niemand.

Bernhard wurde *nolens volens* Vater, bevorzugte aber dennoch, Junggeselle zu bleiben. Eckhard hingegen ging es schon früh um Familie. Er heiratete und genoss es, bald Vater von vier Kindern zu sein.

Bernhard wollte der Mutter seines Sohnes nicht nach Binz auf Rügen folgen, sondern hoffte im Oderbruch wohl lieber auf eine zweite Chance. Er wohnte noch Jahre bei seinen Eltern, bis das einst herrschaftliche Anwesen, in das man sie nach dem Kriege eingewiesen hatte, so verfallen war, dass es das Ende der DDR nicht überlebte.

Eckhard bezog Mitte der Achtziger in einer Reihenhaussiedlung der LPG ein komfortables Eigenheim, an dem er mit seinen vielen Fertigkeiten mitgebaut hatte und weiter daran baute.

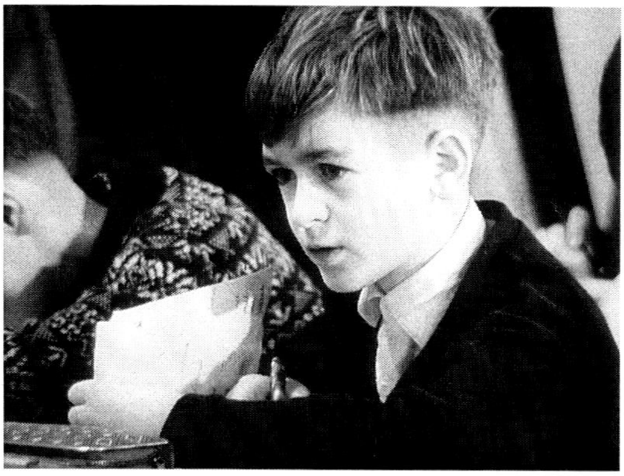

Bernhard in der 5. Klasse: Russisch ist schwer. «Ich werd's wohl nie lernen», sagt er später, als er es brauchen könnte

Bernhard qualifizierte sich nach 1990 als Landmaschinenschlosser für neue Maschinen aus dem westlichen Ausland. Und er war ungebunden genug, um in der Ukraine, im Rahmen eines Joint Venture der Golzower Landwirtschafts-GmbH mit der Agrofirma *Tekut-*

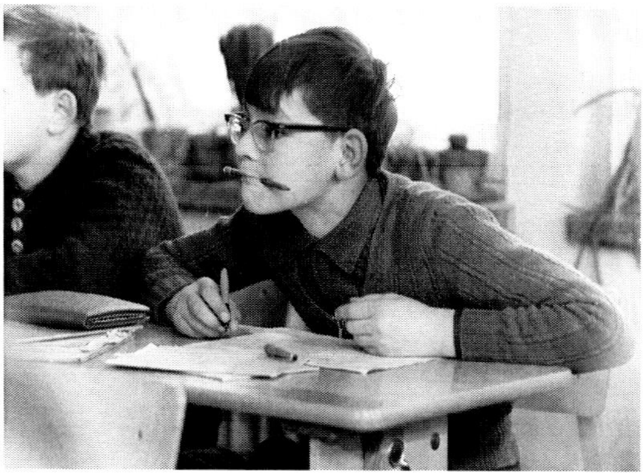

Klassenkamerad Eckhard findet alles Schriftliche schwierig

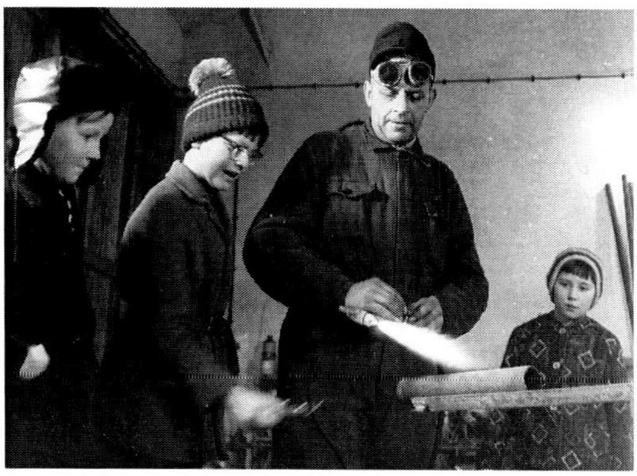

Ist mit elf lieber in Vaters Werkstatt

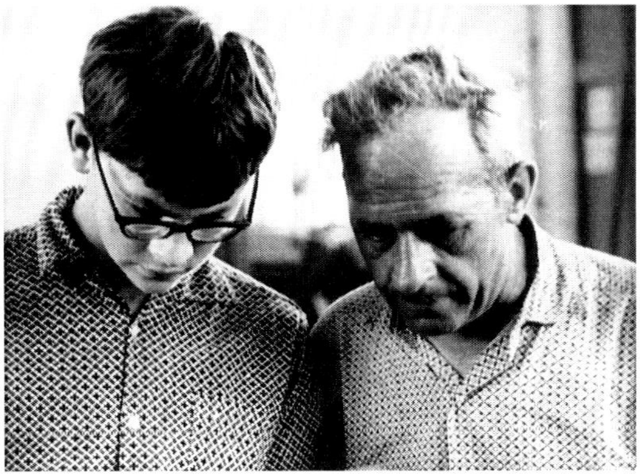

Mit 14 schon immer mal Vaters Lehrling

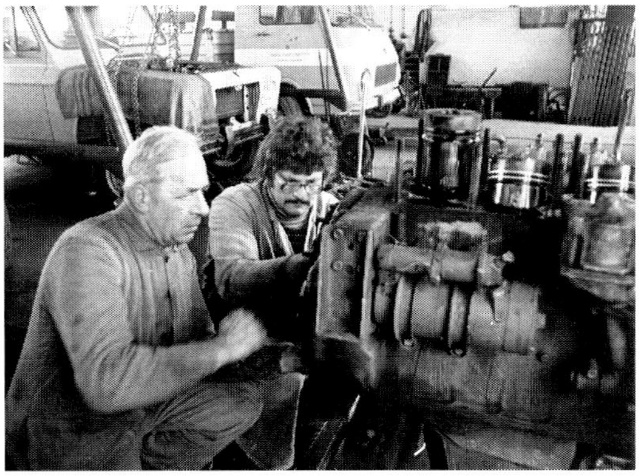

Mit 20 Vaters Kollege

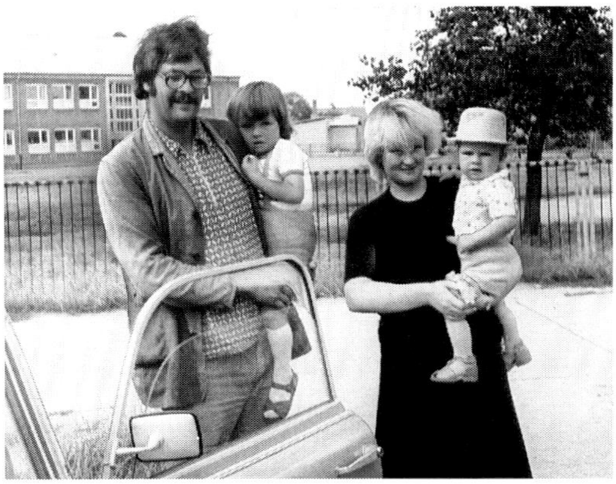

Und mit 29 Vater zweier Kinder. Zwei werden noch folgen, und die haben Eckhard und Rita dann auch im Golzower Kindergarten, in den sie schon selber gingen

scha, mehrmals jährlich für einige Wochen als eine Art Entwicklungshelfer zu arbeiten. Er unterwies die ehemaligen *Kolchosniki* in der nun so anderen Technik.

Eckhard verließ sich darauf, noch eine Weile mit der überkommenen Technologie vielfältig einsetzbar zu sein. Er wechselte schließlich aus der Landwirtschafts GmbH in ihre Bauabteilung, die sich ausgründete – und pleite ging. So wurde Eckhard noch vor seinem 40. Geburtstag arbeitslos. Anders als Bernhard ungleich stärker mit Haus, Grundeigentum und Familie an Golzow gebunden, war er unter marktwirtschaftlichen Bedingungen entbehrlich geworden und gehörte am Ende zu jenen vier Fünfteln von Genossenschaftlern, die die Golzower Landwirtschaft freisetzte. Danach hielten ihn Arbeitsbeschäftigungsmaßnahmen über Wasser, bis die jahrelange berufsbedingte Überbeanspruchung des Körpers die Rückenprobleme verstärkte, die ihm sein *Morbus Bechterew* bereitete. Hatte diese Diagnose Eckhard einst vor der Einberufung in die Nationale Volksarmee geschützt, so schützte ihn jetzt offenbar sein ebenso ererbter Besitz an Acker erst einmal vor jeglicher staatlichen *Stütze* oder Frühverrentung.

Bei einem Doppelporträt besteht immer die Gefahr, dass der eine gegen den anderen ausgespielt wird, auch wenn das nicht beabsichtigt ist. Die Sympathien der Zuschauer werden nun mal von deren Haltungen bestimmt und dem, was ihnen wie mitgeteilt wird. Selten gelten sie gleichermaßen beiden Protagonisten.

Glücklicherweise besagen unsere Erfahrungen, dass es bei Bernhard und Eckhard gelungen sein könnte, dies nicht zum Problem werden zu lassen.

Auch hat uns keiner von beiden sein Porträt übelgenommen. Der eine wie der andere ist im Gegenteil ganz froh, nicht allein *vorgeführt* zu werden.

Und vor allem zählt für beide, dass sie nach Jahrzehnten des Drehens zum guten Schluss doch noch in unserer Chronik vertreten sind – wenngleich im *Doppelpack*.

Proporz gelang dabei allerdings nicht. Bernhard sind mehr Minuten gewidmet als Eckhard. Das diktierte einfach das vorhandene Material. Die Dokumentation seines Lebens aber war nicht nur umfassender, sondern offenbarte auch mehr Probleme, mit denen zu beschäftigen sich lohnte, als bei Eckhard. Im Unterschied zu dem schien Bernhard in seinen jungen Jahren beispielsweise noch kaum so etwas wie einen *Lebensplan* zu haben.

Zu Beginn seines Porträts stellt er sich während der Arbeit an einem Motorblock im Dialog mit mir so vor:

W. J. «Ist deine Welt nun hier. Hast du dir mal eine andere Welt vorstellen können?»

Bernhard «Na, sicherlich, aber ich bin nun dabei und dabei geblieben im Beruf.»

W. J. «Was hättest du dir noch vorstellen können außer Maschinen?»

Bernhard «Ich wusste nie richtig, was ich werden sollte eigentlich – oder wollte.»

W. J. «Warum bist du das geworden?»

Bernhard «Ja, es hat sich irgendwo angeboten, in der Nähe von zu Hause zu lernen. Und bin ich bei geblieben. Hat mir irgendwie gefallen.»

Nach künftigen Zielen befragt, sagt er in einem anderen Interview schulterzuckend:

«Ziele? – Mal sehen, wie's kommt.»

Landmaschinenschlosser wollte er werden, weil Eckhard es auch werden wollte. Und der hatte einen Vater, der es war. So vollzog sich das schon immer auf dem Lande. Nur, dass man neuerdings erst nach zehn Schuljahren in die Lehre ging, womit sich insbesondere Eckhard mit Mühe abfand. Früher verdiente man nicht *erst* mit achtzehn Jahren sein eigenes Geld, gründete bald darauf eine Familie und hatte als Zwanzigjähriger schon alles, worauf es so ankam, irgendwie erreicht.

Bernhard war zwar auch früh Vater geworden, beschied sich hingegen bis in die Mitte des Lebens mit seinem Junggesellentum, ohne die damit verbundenen Freiheiten wohl so recht zu nutzen. Erst Jahre nach der *Wende* entschied er sich, mit einer alten Bekannten und Mutter von vier Kindern gemeinsame Sache zu machen. Drei davon waren schon aus dem Hause, aber – den eigenen Sohn eingerechnet – war er nun theoretisch auf Anhieb fünffacher Vater und hatte so seinen Klassenkameraden und früheren Kollegen Eckhard nicht nur mit einem Schlag eingeholt, sondern übertroffen.

Vor allem aber war es für Bernhard, den *großen Zauderer* und nun schon über vierzig, so etwas wie ein Befreiungsschlag, der ihm da endlich gelang und seine Zuschauer freute. Wie oft hatte ich ihn in Interviews mit der Frage genervt, ob er weiter allein bleiben wolle!

Leider schaffte Bernhard es nicht, für das erste dieser fünf Kinder, seinen Martin, ein besserer Vater zu sein, als er es war. Der hing lange an ihm, hoffte, dass Mama und Papa doch noch zusammenfinden und sie eine Familie würden. Aber Bernhard beließ es bei gelegentlichen Besuchen in Berlin, als Ines hier noch «auf Diplomgärtner» studierte, wie er das nannte, und später bei noch selteneren in Binz. Im Gegenzug überraschte Martin Bernhard schon mal, indem er sich für eine Ferienwoche in Golzow einlud. Einmal war die Kamera

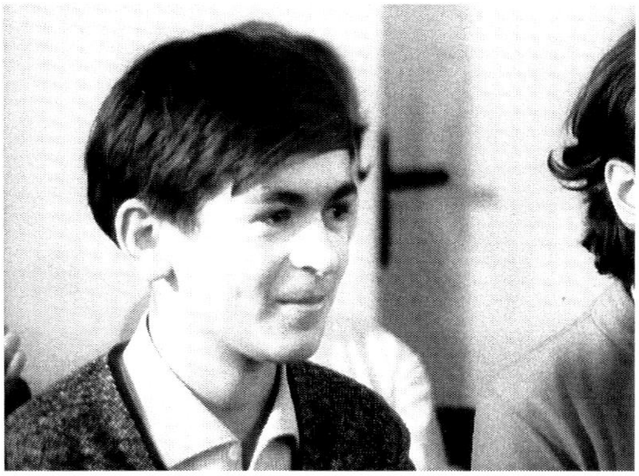

Mit 14 in einer Jugendstunde zum »Sinn des Lebens« befragt, druckst Bernhard herum

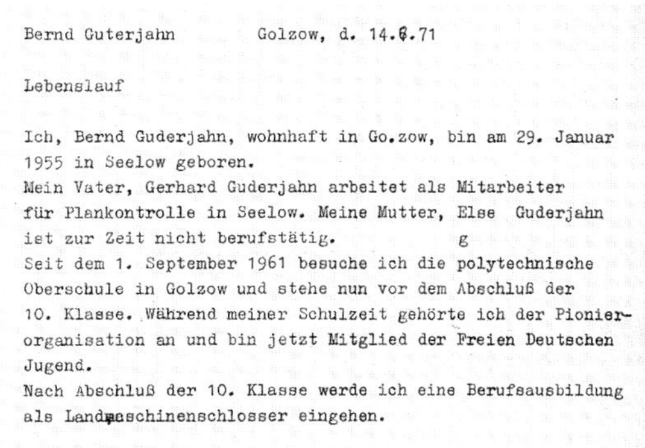

Bernd Guterjahn Golzow, d. 14.6.71

Lebenslauf

Ich, Bernd Guderjahn, wohnhaft in Go.zow, bin am 29. Januar 1955 in Seelow geboren.
Mein Vater, Gerhard Guderjahn arbeitet als Mitarbeiter für Plankontrolle in Seelow. Meine Mutter, Else Guderjahn ist zur Zeit nicht berufstätig. g
Seit dem 1. September 1961 besuche ich die polytechnische Oberschule in Golzow und stehe nun vor dem Abschluß der 10. Klasse. Während meiner Schulzeit gehörte ich der Pionierorganisation an und bin jetzt Mitglied der Freien Deutschen Jugend.
Nach Abschluß der 10. Klasse werde ich eine Berufsausbildung als Landmaschinenschlosser eingehen.

Auch Bernhard lernt, seinen Lebenslauf zu schreiben und darf es damit noch kurz halten

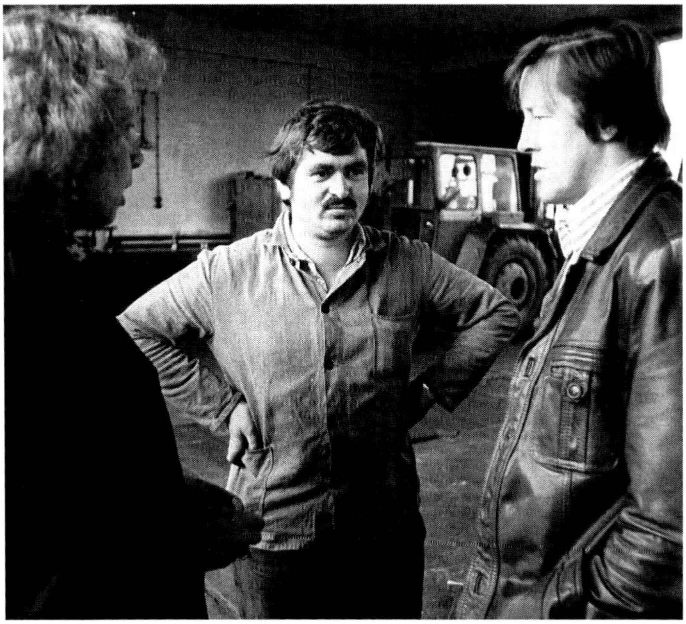

Was will die DEFA denn nun schon wieder?!

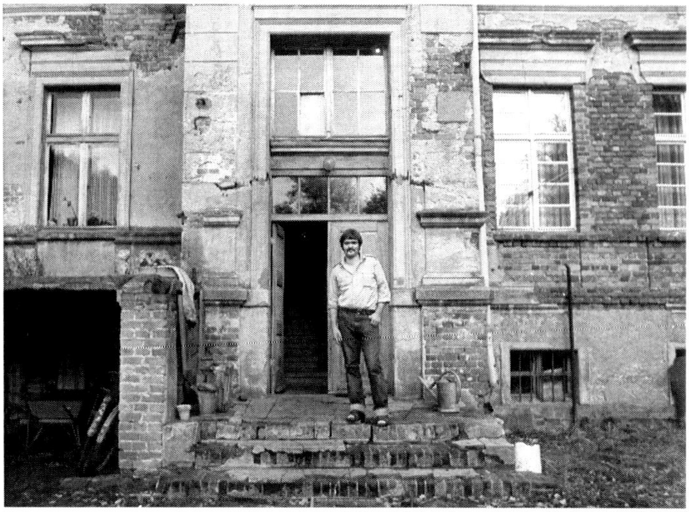

Bernhard wohnt 1983 noch immer in einem Haus, in das man die Eltern nach dem Kriege einwies. Der scheint gerade erst zu Ende zu sein

dabei sogar Zeuge, und es ergab sich eine Szene, die in Erinnerung bleibt.

Doch wie schon die Mutter begriffen hatte, so verstand auch der Sohn, als er heranwuchs, dass da alles Hoffen und Harren vergebens war. Ines zog ihren Sohn also allein auf. Und weil die Dipl.-Gartenbau-Ingenieurin eine kluge, vielseitig interessierte und erzieherisch begabte Gesprächspartnerin war, wollte Martin ebenfalls das Abitur schaffen. Er studierte in Greifswald Geografie, was wir noch drehen konnten, lebt inzwischen in Aachen, ist verheiratet, hat zwei Kinder und wird hier promovieren.

Bernhard ist nicht wenig stolz auf Martin, muss aber damit leben, dass der nicht seinen Familiennamen trägt. Der Sohn sieht dem Vater erstaunlich ähnlich, kommt aber so ganz und gar nicht nach ihm. Vielleicht ist Bernhard, der sich seiner Schwächen durchaus bewusst ist, darüber froh, doch er scheint ja mit dem, was ihm das Leben brachte, dennoch nie unzufrieden gewesen zu sein.

Ein besonderes Kapitel ist *Bernhard als Genosse*, auch wenn es ein solches Kapitel im Film nicht gibt, sondern sich in seinem *Lebenslauf* nur immer mal wieder thematisiert. Wäre sein Porträt noch zu DDR-Zeiten erschienen, hätten wir den Fakt besser gar nicht erst erwähnen sollen, denn mit Bernhard in der SED konnte der Film wirklich *keinen Staat machen*.

Wie war es überhaupt dazu gekommen? Uns stellte sich das so dar: Als die Golzower SED-Parteigruppe offenbar mal wieder junger *Kader* bedurfte, hatte man auch Bernhard angesprochen. Das muss Anfang der 1980er-Jahre gewesen sein. Und weil dem für eine Verweigerung so recht keine Ausrede eingefallen war, und er wohl auch Ruhe vor weiteren *Nachstellungen* haben wollte, wurde er Genosse, zahlendes Mitglied, wie er schon zahlender Vater geworden war.

Danach schien er abzuwarten, wozu man ihn eigentlich brauchte. Was sich damit beantwortete, dass er für die Golzower Jugend in den Gemeinderat gewählt wurde. Und da er nun dort saß, wurde er für uns, die wir schon Mühe hatten, Anlässe für Dreharbeiten mit ihm zu finden, plötzlich wieder interessant. Wir hatten nun mal einen gewissen Mangel an *Kindern von Golzow*, die zu gesellschaftlicher Arbeit bereit waren und sich auf Politik einließen.

Außerdem wurde damals unser nächster Film vom DDR-Fernsehen bezahlt und sollte 1984 zu einem Parteitag der SED gesendet werden. Da mussten wir es wohl oder übel mit Bernhard versuchen. Also hatten wir die Absicht, den Genossen Guderjahn in seiner Funktion zu drehen. Das führte dazu, dass man Bernhard einen Redebeitrag für die Gemeinderatssitzung vom 21. 10 1983 antrug. Der inzwischen

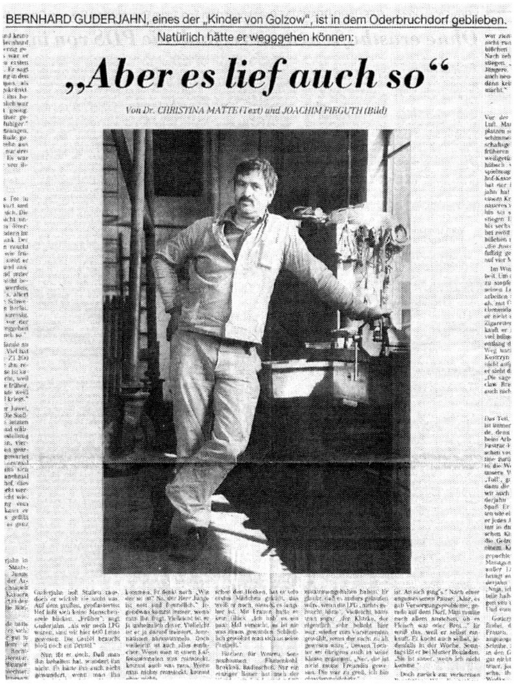

BERNHARD GUDERJAHN, eines der „Kinder von Golzow", ist in dem Oderbruchdorf geblieben.

Natürlich hätte er wegggehen können:

„Aber es lief auch so"

Von Dr. CHRISTINA MATTE (Text) und JOACHIM FIEGUTH (Bild)

Der Porträtierte versteht die Welt nicht mehr: Eine ganze Seite im *Neuen Deutschland* nur über ihn?

filmerfahrene Bürgermeister Heinz Riedel riet ihm zu schriftlicher Ausarbeitung, damit die Sache «ordentlich rüberkommt». Und so las der nicht gerade als gesprächig bekannte Bernhard seine Rede dann auch vor und blickte dabei sogar zeitweise auf.

Abgesehen davon, dass er immerhin Mitglied der Golzower Kampfgruppe war, was wir erst mitbekamen, als wir diese mal drehten, ist uns von sonstigen Aktivitäten Bernhards, des Genossen, eigentlich nichts weiter zu Ohren gekommen.

Die Eltern wussten von seinem Eintritt in die Partei zunächst auch nur aus der Zeitung, wie Vater in einem Interview mit Mutter, an den heimischen Kachelofen gelehnt, zugab, will den Entschluss des Ältesten seiner drei Kinder jedoch begrüßt haben. Zumindest sagte er es so vor laufender Kamera.

Er selbst war nicht Mitglied der SED und wollte von uns auch nicht mit dem *Genossen Bruder* verwechselt werden. Gerhard Guderjahn lebte dem Sohn eine bestimmte, probat zu nennende Lebenshaltung vor. Obwohl im Dorfe eher den *Fortschrittlichen* zuzurechnen, ließ er alle Dinge erst einmal an sich herankommen, fand sich mit wechselnden Umständen ab und tat dann das Seine, ob er es für vernünftig hielt oder weil es eben getan werden musste.

Wie Vater wirklich dachte, war ihm kaum anzumerken, wobei ihm möglicherweise zugute kam, dass er von Laienbühnen Erfahrungen als Kleindarsteller mitbrachte. So überlebte Guderjahn senior an seinem Schreibtisch im Rat des Kreises nicht nur alle Wendungen in der regionalen Kommunalpolitik, sondern auch die *Wende* in der DDR. Weil er sich im Katasterwesen gut auskannte, wurde er beim Einritt der Alteigentümer sogar geradezu unentbehrlich, sodass man ihn nicht einfach in die Rente gehen lassen konnte.

Was Bernhards Gemüt angeht, so ist er unbestreitbar Vaters Sohn. Immer galt für ihn: «Erstmal abwarten ...», und zwar für so gut wie alles:

In der Schule, ob er aufgerufen wurde. Bei der Berufswahl, was sich eben so anbieten würde. In der Liebe, ob er die Mutter seines Sohnes heiraten sollte oder ob sich nicht irgendwann so eine finden ließe, wie sie ihn vom Poster an der Wand daheim anlächelte. Abwarten – das galt für das *große Ganze*, also den *Aufbau des Sozialismus*, ob es damit noch klappen würde, – wie fürs *kleine Persönliche*, den drohenden Verlust des Arbeitsplatzes nach dem Ende der DDR.

«Erstmal abwarten» als Lebensmaxime.

So gehörte Bernhard nach 1989 auch nicht zu den Genossen, die ihr *Dokument* dem Parteisekretär auf den Tisch knallten. Stattdessen ließ er es darauf ankommen, ob noch jemand seinen Mitgliedsbeitrag haben wollte. Anfang 1990 von mir im Kreise der Kollegen befragt, ob er weiter in der SED sei, antwor-

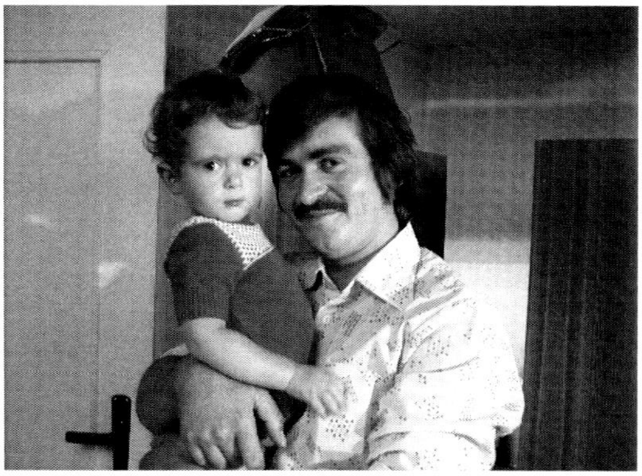

1980: Bernhard mit Martin oder: «Zahlemann und Sohn»

tete er, weil es ihm peinlich zu sein schien, zögerlich: «N-n-nein, es ist ... hab's einschlafen lassen.»

Ein Genosse wie Bernhard ist heutzutage nicht nur *Besserwessis* die willkommene Bestätigung dafür, dass auch *die Partei* typische *Mitläufer* in ihren Reihen hatte, dass also *Anpassung* nicht bloß bei Parteilosen üblich war.

Anpassung kann ja auch eine Tugend sein, wenn es sich um das Einstellen auf begrenzte Entscheidungsmöglichkeiten, auf Unabänderliches handelt, um das Beste daraus zu machen. Günter Gaus, einst Leiter der Ständigen Vertretung der Bundesrepublik in der DDR, sprach ja sogar mal von einem «Menschenrecht auf Anpassung» als Überlebensstrategie, wie sie uns gleichsam aus dem Tierreich überkommen ist. Als einer von Millionen hilft Bernhard, der ein wirklich tüchtiger Landmaschinenschlosser war und ist, nun zu einem gut Teil zu erklären, warum der Sozialismus in der DDR auf der Strecke blieb.

Wie sympathisch sind solche wie Bernhard oder auch schon Winfried? Und wieder finde ich: Sind sie es nicht doch zur Genüge und gerade deshalb, weil sie nicht rundum *positive Helden*, *Vorzeigehelden* sind, um die es in der DDR zu oft gehen musste?

Mit Eckhard komme ich wieder auf jene aus unserer Klasse zurück, die sich in der DDR politisch lediglich loyal verhielten und die große Mehrheit bildeten. Acht von ihnen hatten wir zwischen 1994 und 2003 eigene Filme gewidmet.

Natürlich durfte Eckhards Lebensskizze im Rahmen eines Doppelporträts nicht nur die Funktion einer Parallele und eines Kontrastes zu der von Bernhard haben, sondern musste auch ihre Eigenständigkeit besitzen. Mangels ausreichenden Materials gelang das leider nur ungenügend.

Darum will ich ihn hier noch ein wenig charakterisieren:

Eckhard gehört zu jenen unentbehrlichen *praktischen Menschen*, von denen Uwe Kant einmal schrieb,

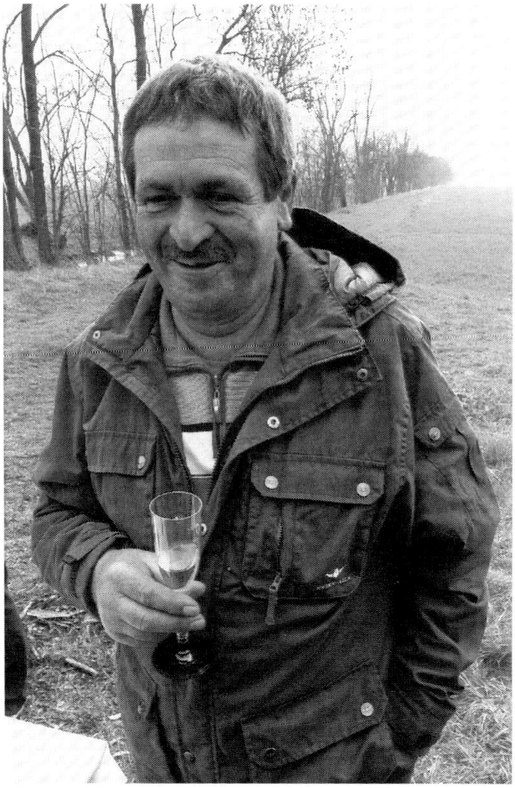

Noch immer bei Arbeit, trinkt Bernhard auf das Wohl seiner Gemeinde, deren Schild mit dem Zusatz «Ort der Kinder von Golzow» gerade eingeweiht wurde

«allerhand gestandenen und gelernten Leuten, beispielsweise befähigt, eine unbewohnte Insel zu bebauen, zu beackern, bewohnbar zu machen – Golzow-Land». So wäre er vielleicht zur Zeit Friedrichs des Großen und dessen Urbarmachung des Oderbruchs einer der ersten erfolgreichen Kolonisten gewesen. Befragt, was er alles könne, pflegte er zu antworten: «Frag' lieber, was ich nicht kann», um dann doch aufzuzählen, womit er schon alles beschäftigt war.

Es hatte ihn geradezu aus der Schule gedrängt, um sich nützlich machen zu können und sich alle Fertigkeiten anzueignen, die es ihm ermöglichten, das für sein Leben und das Leben seiner Familie Angestrebte und Notwendige zu erreichen.

«Selbst ist der Mann» hätte seine Maxime sein können. Aber die hieß nur: «Anpacken statt reden!» Denn Abstraktes war Eckhard fremd, Theoretisches die Sache von Büchern, von denen er – übrigens im Unterschied zu Bernhard – nicht allzu viele hatte. Politik fand für ihn im Radio und Fernsehen statt. Die Mauer war als Resultat von Politik zu weit weg, um ihn zu beschäftigen. Er hatte in Golzow das Seine, und da war er souverän.

Bis zu seinem 35. Geburtstag war ja auch alles seinen planbaren, verlässlichen, *sozialistischen Gang* gegangen. Mitte des Lebens kam Eckhard nun in unerwartete Turbulenzen, und so reagierte er auf die neuen Herausforderungen entsprechend ratlos. Anfangs vermochte er sich noch zu trösten. Da fielen die Worte:

> «Solange wir noch Arbeit haben, aber wenn ditte erst der Fall ist, dass wir arbeitslos werden, na denn – jute Fuhre!»

Als das Gefürchtete im vereinten Deutschland eintrat, wie sollte da gerade ein Eckhard verstehen, dass er nicht mehr gebraucht wurde?

Das Ende einer unendlichen Geschichte – ihr Epilog

Worüber bleibt noch zu sprechen? Natürlich über deren Epilog. Aber konnte es bei einer «unendlich» genannten Geschichte überhaupt einen Epilog geben? Und wenn ja, wie sollte der nach über 9 Stunden des letzten Films noch aussehen, ohne dass er nur eine entbehrliche Verlängerung war?

Welcher Punkt konnte damit gesetzt, wie ein *Pflock in den Fluss des Lebens* gerammt werden, um im Bilde jenes Heraklit zu bleiben – und seines «Alles fließt»?

War nicht bereits längst wieder Vergangenheit, was im Film Gegenwart ist und nur dort für immer bleibt?

Bevor wir nun nach 42 1/2 Stunden in 19 Filmen an das Wort «Ende» im Nachspann denken konnten, musste uns beschäftigen, mit welchen letzten Eindrücken wir die Zuschauer verabschieden sollten.

Gaben wir die Frage gelegentlich an das Publikum weiter, so war da ziemlich einhellig der Wunsch, noch einmal alle Protagonisten wiedersehen zu können. Und möglichst in einer Gruppenszene.

Da hätte es ein neues Klassentreffen geben müssen, erfahrungsgemäß wiederum von uns zu organisieren, weil sich unsere *Helden* bisher immer darauf verlassen hatten. Aber selbst, wenn sie es diesmal selbst versuchten – wäre es wirklich zustande gekommen?

Da hätten sich wohl bestenfalls neun unserer Ehemaligen eingefunden, sodass sich kein auch nur annähernd vollständiges Bild der alten Klasse ergeben konnte, wie sich in den letzten Jahren wiederholt bestätigt hatte. Da hatten auch die Gemeinde und ihr Verein «Golzower für Golzow» immer mal zu einem Treffen eingeladen. Gelegenheiten boten die Premieren der abschließenden beiden Zweiteiler, die

Namensgebung «Schule der Kinder von Golzow», die 700-Jahrfeier des Ortes und diverse Termine rund um das Museum, das sich ja auch zu einer Begegnungsstätte entwickeln sollte.

Aber nie kamen mehr als diese Neun. Und selbst, wenn es nur sie gewesen wären, hätten wir für den Epilog noch ein anderes Problem gehabt, falls es nicht nur um eine Gruppenszene hätte gehen sollen, sondern darüber hinaus um kurze Interviews und vielleicht auch einige Aufnahmen vom letzten Stand der Dinge im Leben des Einzelnen. Denn das hätte gleich viele neue Meter gekostet und den Film in seiner 10. Stunde noch einmal neu anfangen lassen. Dennoch wäre es dabei geblieben, dass 2007 niemals wieder alle zusammen gekommen wären.

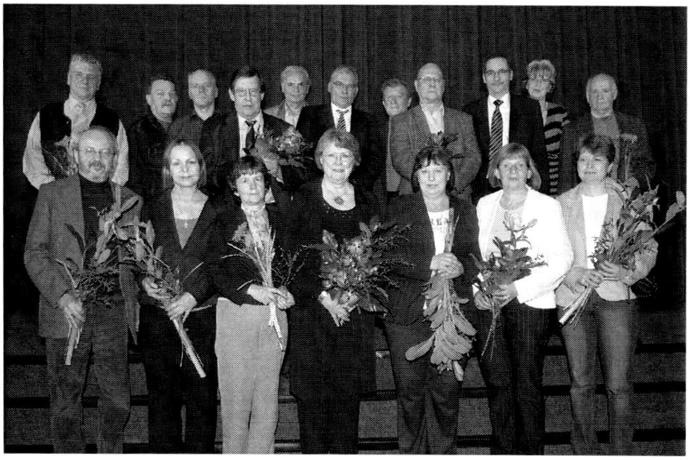

3. April 2008 – letzte Kino-Premiere eines Golzow-Films im Berliner «Toni». Mit Ministerpräsident Matthias Platzeck (3. v. r. oben): Vier der Kinder von Golzow, Bürgermeister, Geschäftsführer der Golzower Landwirtschafts GmbH, PROGRESS-Verleihdirektor, rbb-Redakteurin und Produzent mit dem Filmstab

Vergegenwärtigen wir uns:

Brigitte und Jürgen lebten nicht mehr.

Ilona und Petra hatten sich schon zu DDR-Zeiten nicht mehr filmen lassen und verzichteten sogar auf das Wiedersehen mit den anderen.

Elke und Brigittes Sohn Marcel hatten ihre Porträts zwar akzeptiert, fühlten sich damit aber bald nicht mehr recht wohl und mieden Kontakte mit uns und den anderen.

Mit Dieter wäre seinerzeit noch zu rechnen gewesen. Er lebte zwar schon bei Bielefeld, war aber noch nicht als *Zeuge Jehovas* mit den Seinen ins Abseits geraten, sodass Versuche, mit ihm in Verbindung zu bleiben, erst später ins Leere gingen.

Karin hinderten am Kommen damals wie heute die Arbeit und die Entfernung Wuppertal – Golzow.

Winfried hatte aus Augsburg zwar auch einen weiten Weg, kam aber immerhin, wenn er irgend konnte, schon der Mutter wegen, die noch in Golzow lebt.

Marieluises Vater – damals bereits 86 Jahre alt – und drei ihrer Geschwister leben bis heute im Ort. Aber nicht nur deshalb wäre sie 2007 bestimmt aus der neuen Heimat zwischen Köln und Bonn angereist, um dabei zu sein, wenn wir filmten.

Ebenso Willy, der schon immer aus Gräfenhainichen gekommen war, wenn man ihn rief, auch weil er die Familie des Ältesten seiner drei Söhne und alte Freunde im Oderbruch wiedersehen wollte.

Jochen kam früher ebenfalls öfter mal von Bernau bei Berlin herüber. Da war er aber noch immer Melker und nicht frühverrentet, also ausreichend gut genug drauf.

Bernd kam und kommt, wenn es das Dreischichtsystem in der Petrolchemie AG in Schwedt erlaubte. Seinen Golzower Vater freut's.

Christian, der Randberliner wurde, ließ sich sowieso immer mal wieder in Golzow blicken, ebenfalls seines Vaters wegen. Er gehörte stets zu den *verlässlichen Neun*.

Selbst aus Golzow und Umgebung ließ sich nicht immer jeder blicken.

Bernhard, wie eh und je Landmaschinenschlosser, wäre wohl für einen letzten Dreh mit den anderen zusammengekommen, aber sicher konnte man da auch nicht sein. Warum nahm er beispielsweise nicht an der vom rbb beachteten Berliner Premiere gerade dieses letzten Films mit seinem Porträt teil? Selbst Matthias Platzeck, seinerzeit Brandenburger Ministerpräsident, vermisste Bernhard auf der Bühne. Das Publikum erfuhr, er sei «arbeitsmäßig nicht abkömmlich», was sein anwesender Chef, GmbH-Geschäftsführer Dr. Großkopf, allerdings nicht bestätigen konnte. War Bernhard die Show bloß nicht geheuer gewesen?

Eckhard, sein arbeitsloser Kollege, erschien zu Golzower Premieren und auch Treffen mit den ehemaligen Klassenkameraden, wenn er nicht gerade wieder mal einen Job wichtiger nehmen musste oder ihm seine gesundheitlichen Probleme zu schaffen machten.

Gudrun hätte sich zu Abschluss des Projekts 2005–2007 sicher auch nicht mehr in der Gruppe drehen lassen. Viele Jahre nahm sie sich ja ein Beispiel am Vater, der sich nach der Wende vollkommen zurückgezogen hatte. Seit er und nun auch die Mutter tot sind und Gudrun nicht mehr in Karlsruhe lebt, dürfte sie sich unter Umständen wieder sehen lassen. Aber der Film ist ja vorbei.

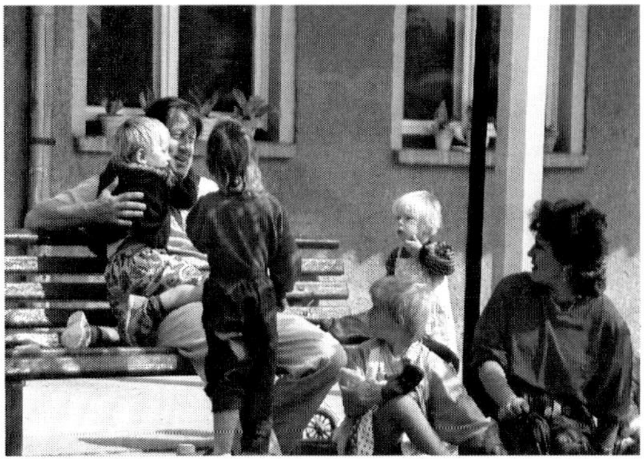

Täter soll es immer wieder an den Tatort zurückziehen: Winfried Junge 30 Jahre nach Filmbeginn am Golzower Buddelkasten

Ein Wiedersehen erhoffen wir ebenfalls mit der zweiten Elke in Alt-Tucheband, die – wie zu erleben war – für einige Jahre in den Kreis der Gefilmten zurückkehrte und deshalb sicher auch zu einem Gruppenbild bereit gewesen wäre. Als Mitarbeiterin des Museums hatte sie sogar wieder Kontakt mit den Klassenkameraden aufgebaut.

Bis man sie gehen ließ, und seitdem niemand weiß, woran er mit ihr ist.

Und was den zweiten Jürgen betrifft: Der war ja nicht in unserer Klasse geblieben und wurde darum bei späteren Treffen meist vergessen. Er hätte seinerzeit also, wenn es noch einmal um sie alle hätte gehen sollen, höchstwahrscheinlich gefehlt.

Welch eine Lösung bot sich also nach dieser Lage der Dinge für einen letzten Epilog als Abschluss des Gesamten im Jahre 2007 an?

Wir tasteten uns mit folgenden Überlegungen an ein Konzept heran:

Über die Jahrzehnte hatten unsere Filme immer mal wieder jenen Sandkasten ins Bild gebracht, in dem 1961 alles seinen Anfang genommen hatte. Zuletzt, als der Einschulungsjahrgang 2004 hier noch einmal an seinem Rande Platz nahm und für uns ein Lied sang, das so beginnt:

«Nun sagen wir auf Wiedersehen
zu unserem Kindergarten.
Wir dürfen in die Schule geh'n
und können's kaum erwarten...»

Diese Szene hatten wir bisher nicht in einem Film unterbringen können. Ebenso eine vergleichbare mit den Unseren von 1961, die anlässlich des 30. Jahrestages der Chronik hier ebenfalls erneut saßen und noch einmal jenes Lied vorgespielt bekamen, das sie zur Einschulung gesungen hatten:

«Wenn ich erst zur Schule geh',
lern ich schreiben A, B, C.
Lesen lerne ich dazu,
E und O und I und U...»

Die eine wie die andere Szene war danach ins Archiv geraten.

Die Erstgenannte, weil die ABC-Schützen von 2004 ihre Einschulung schon einige Tage hinter sich hatten und dieses Lied für sie überholt war. Auch war es sehr heiß. So taten sie uns erheiternd lustlos nur einen Gefallen. Als ich sie bat, ihr Gesinge zu wiederholen, erntete ich lautstarken Unmut, und sie flohen mit «Good bye, Good bye» aus dem Buddelkasten. Damit glaubten wir seinerzeit, nichts anfangen zu können.

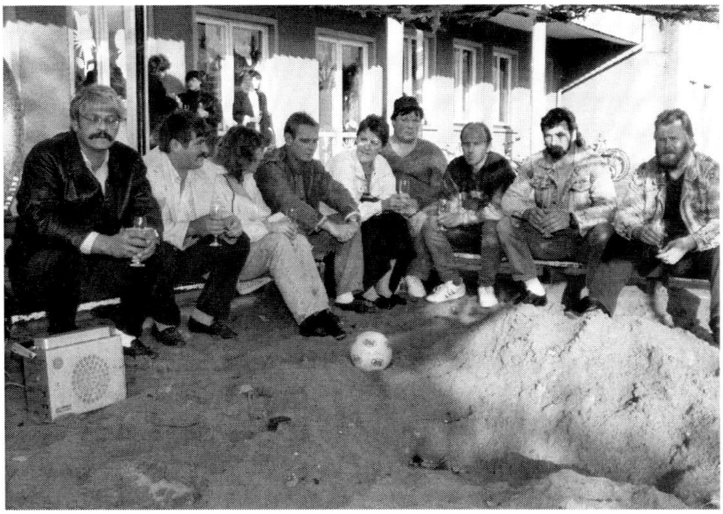

Mit den Beinen im historischen Sand: Neun der Kinder von einst sehen sich 1991 am Vorabend des ersten Jahrestages der Deutschen Einheit in Golzow wieder

Die andere Szene war ebenfalls noch unbekannt, weil sie dramaturgisch und aus Längengründen nicht in die Schnittfolge von DREHBUCH: DIE ZEITEN (1992) eingepasst werden konnte. Die Montage lief zu Filmende auf jene Fahrt der Gruppe nach Hamburg zu, das 1991 den ersten Jahrestag der deutschen Einheit ausrichtete. Und da weckte die Szene im Buddelkasten vorzeitig Schlussgefühle.

Wenn aber jetzt tatsächlich Schluss sein konnte, wir beide Buddelkasten-Szenen miteinander in Beziehung setzten und sich damit Generationen begegneten, mussten sich deren Wirkungen wechselseitig steigern, und das konnte uns zu einem pointierten Finale verhelfen.

Auch wenn die Aufnahme, die die *Kinder von Golzow* als Erwachsene zeigt, 2007 schon 16 Jahre alt war: Schön und immer noch aktuell ist daran jener lange ruhige Schwenk über drei Strophen von einem zum anderen der uns inzwischen so gut bekannten Gesichter, wie sie am Rande des Buddelkastens dem eigenen Kinder-Gesang von damals zuhören.

Der Kommentar nennt dazu noch einmal den Namen eines jeden, den Beruf und damaligen Wohnort und so wird das Ganze zu einem Abschiednehmen von Dieter, Willy, Bernd, Jochen, Gudrun, Jürgen, Marieluise, Bernhard und Eckhard.

Es ist zugleich auch ein Abschiednehmen von der DDR, denn mit diesen drei Buchstaben liegt sie vor ihnen im Sand – als *Spielball*, zu dem die Zeitenwende das Land, in dem die Golzower geboren wurden, so plötzlich gemacht hatte.

Unter den neun Kindern von einst sitzt auch noch jener Jürgen, der hier 1961 als Erster gedreht wurde und seit 2006 nicht mehr unter ihnen ist. Was ihm und 1984 bereits Brigitte geschah, entkleidet den nunmehr wiederkehrenden Filmtitel seiner Märchenhaftigkeit und gibt ihm etwas vom Ernst der Wirklichkeit:

«UND WENN SIE NICHT GESTORBEN SIND -
DANN LEBEN SIE NOCH HEUTE ...»

Dann löst sich aus dem Untertitel «Das Ende der unendlichen Geschichte» das Wort «Ende» und wird bildfüllend.

Die Kamera entfernt sich von der Golzower Schule und beginnt Fahrten durch den Ort, die Landschaft des Bruchs bis hin zur Oder, die in Luftaufnahmen einem fernen Horizont und dem Meer entgegen fließt, ehe der Nachspann mit den vielen Namen der seit Jahrzehnten an unserer Seite Beteiligten aufblendet.

Todeskreuze, wie noch 1992 bei DREHBUCH: DIE ZEITEN, fehlen diesmal, weil sie eines nahenden Tages hinter jedem dieser Namen stehen müssten.

Dann gab es noch ein letztes Gestaltungsproblem: Gerhard Rosenfeld, der Komponist, war ja 2003 verstorben, und von den Musiken, die er hinterlassen hatte, reichte die längste nur für den abschließenden Rolltitel, nicht aber zuvor auch für die vielen schönen Kamerablicke von Harald Klix aus dem fahrenden Auto bis hin zur Oder und von dieser aus dem Hubschrauber.

Fehlender Musik wegen auf all diese Bilder verzichten zu müssen, kam jedoch für uns genauso wenig infrage, wie die Hilfe eines anderen Komponisten oder der Griff in die *Konserve*. Abgesehen davon, dass guter Rat manchmal auch beim Filmemachen teuer sein kann. Vor allem, wenn man es mit der GEMA zu tun kriegt, dieser *Gesellschaft für musikalische Aufführungs- und Vervielfältigungsrechte*.

Mitunter hilft dann nur ein glücklicher Zufall: Im Durchgang zu meinem Arbeitszimmer hängt noch immer eine 50 x 40 cm große farbige Tuschzeichnung, die uns die Golzower Schule mal an einem *Tag der offenen Tür* überreicht hatte.

Darauf ist eine Blechbüchse zu sehen, von der sich ein perforierter Filmstreifen zu einer Kamera schlängelt, die das Schulhaus filmt. Auf ihm steht: «Zur Erinnerung an alle Kinder von Golzow».

Hinter der Schule erstreckt sich das Bruch und hinter Weiden und Dämmen die Oder. Den *Himmel* füllen Strophen der Golzwoer Schulhymne.

Als mein Blick darauf fiel, erinnerte ich mich, dieses Lied bereits irgendwann gehört zu haben. Originellerweise ist es ja ein *Rap*, mit den dafür typischen *Textbergen*, die da immer abzutragen sind. Aber ich zögerte: Von Rosenfeld zu diesem *Rap* und wieder zurück zu Rosenfeld?

Ich bin ein zu konventioneller Typ, als dass mir die Entscheidung leichtfallen konnte. Doch da gibt's dieses Sprichwort von der Not, dem Teufel und den Fliegen, und so wollten wir wenigstens versuchen, dem *Wink des Schicksals* zu folgen.

Gaby Thomas, die ideenreiche Musiklehrerin, von der die Hymne – auch «Oderbruchsong» genannt – stammt, ließ sie noch einmal von Schülern einer 6. Klasse singen. Und unser Mischtonmeister, der die CD nach allen digitalen Regeln prüfte, befand sie für brauchbar, auch wenn sich einer der Sänger des hemdsärmelig vorgetragenen Songs mal einen launigen Ausrutscher geleistet hatte. Aber für dessen Beseitigung galt: Digital kann Unmögliches sofort erledigt werden, nur Wunder dauern etwas länger. Aber auch auf die ist Verlass.

Eigentlich müsste unserem Buch nun eine CD dieses Liedes beiliegen. Leider kann ich umseitig nur mit dieser Zeichnung papiertrocken und nicht mal bunt zur Kenntnis geben, was die heutigen Kinder von Golzow sangen und was sogar noch eine Strophe länger war.

Wem dieses Lied noch im Ohr ist oder wer es sich über eine DVD unseres letzten Films in Erinnerung ruft, versteht vielleicht, dass dieser «Oderbruchsong» für uns nicht nur eine musikalische Notlösung war, sondern ein *Stilbruch von echtem Gewinn*.

Denn die Musik ordnet die Geschichte der *Kinder von Golzow* auf ihre Weise endgültig der Vergangenheit zu. Aus der Schule, in die diese einmal gegangen waren und die unsere Kamera nun hinter sich zurücklässt, erschallen die Stimmen der Kinder von heute. Wieder einer neuen Generation in einer anderen Zeit, deren Chronisten wir nicht mehr sein werden, die aber die ihren finden sollte.

Es gibt im Leben Tage, wo das Herz im Leibe springt,
doch auch solche, wo dir einfach gar nichts gelingt.
Dann sitze ich und frage mich: wohin?
Und auch wieso? Warum leb' ich g'rade hier und nicht anderswo?
Warum bin ich nicht wie andre, warum bin ich, wie ich bin?
Kann ich irgendwas verändern? Kriegt mein Leben einen Sinn?

1747 war in Sanssouci der Sitz von Preußenkönig Friedrich,
auch genannt der alte Fritz.
Als Mann der Künste und des Schlachtfelds wollt' er schaffen:
Neues Land erobern, aber ohne Waffen!
Kluge Köpfe und fleißige Hände
brachten fürs Oderbruch die langersehnte Wende.

Die Menschen hier durchlebten Kriege und Not,
doch es hat sie nicht verbittert und verroht.
Sie rückten zusammen und taten sich müh'n,
gerade, wenn das Leben bedroht erschien.
Mit dieser Kraft und der vielen Helfer Ringen
konnte man auch das Wasser bezwingen.

Refrain
Wo die Oder in die weite Eb'ne fließt,
wo man Ruhe und Natur genießt.
Wo Böden schwer und fruchtbar trotzen märkischem Sand,
da liegt das Oderbruch – mein Heimatland.
Altes wahren und trotzdem vorwärts geh'n,
dann ist's hier auch noch für unsre Enkel schön.

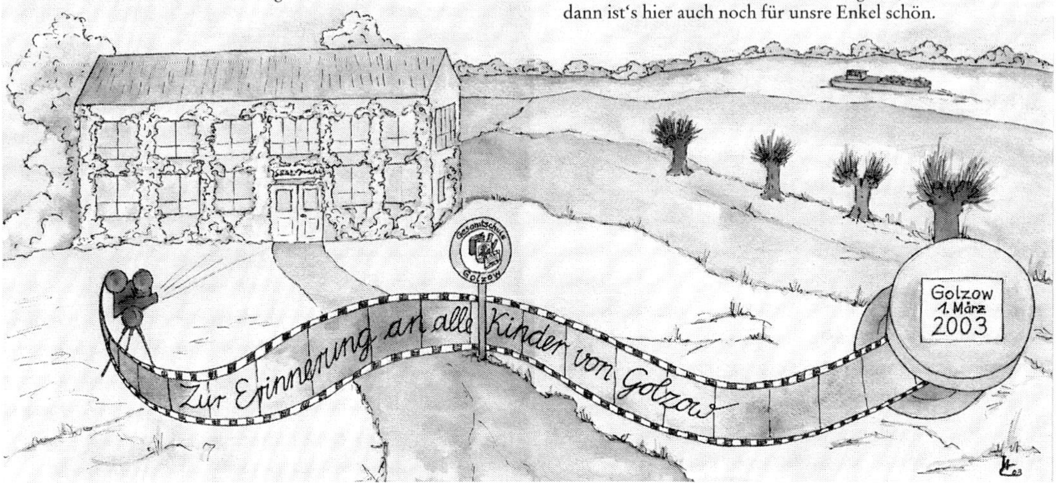

Ist nun wirklich Schluss?
Ein notwendiges P. S.

Wer soll uns eigentlich noch glauben, dass diesem letzten Film kein weiterer *letzter* folgt? Wie oft hieß es über die Jahrzehnte und hatten wir auch selbst davon gesprochen, dass mit diesem oder jenem Film das Ende der Chronik erreicht sein konnte.

Meist taten wir das, wenn sie mal wieder an einem Totpunkt angekommen war. Weil diejenigen, von deren Verständnis und Gunst wir abhingen, meinten, so etwas könne ja nicht «endlos gehen», sei irgendwann, wenn nicht längst «ausgereizt». Oder weil mit diesen Golzowern nicht so recht Staat zu machen war, wie zu DDR-Zeiten offiziell gefürchtet wurde. Was man zwar im vereinten Deutschland nun wieder gut fand, das liebe, lange Ganze aber dann doch für zu wenig spektakulär hielt, um dafür immer aufs Neue Geld herzugeben, ohne dass sich das medienwirtschaftlich «rechnete».

Aus einer im Prinzip unendlichen Geschichte kommt man natürlich nur heraus, wenn man aufhört, ehe man *aufgehört wird*. Also die Augen rechtzeitig genug davor verschließt, dass die Kinder von einst längst Kinder und Kindeskinder haben. So machten wir Schluss, als von den einst 24 ABC-Schützen jene 18 erzählt waren, von denen wir genügend Material besaßen, an das wir anknüpfen konnten. Nun erleben wir, dass Fans auch nach den restlichen sechs aus der Klasse fragen und schon vermuten, dass wir sie nur nicht zeigen wollten.

Auch wir fragten uns natürlich schon geraume Zeit, wie lange man die Golzower Chronik noch fortsetzen konnte und sollte. Hatten wir doch erwartet, dass das Interesse daran tatsächlich schwinden würde. Aber dem ist eben nicht so. Zu bestimmten Anlässen und Zeiten lebt es immer wieder auf, und das Fernsehen hat mit Wiederholungen unserer Filme daran Anteil.

Allerdings wird es zum Problem, wenn der rbb bei diesen Wiederholungen neuerdings nur auf den letzten Vierteiler zurückgreift und damit vergessen macht, dass die Chronik der *Kinder von Golzow* sehr viel mehr Filme hervorbrachte. Davon entstanden jedoch nur die letzten sieben in Koproduktion mit der ARD, d.h. elf Filme von 1961 bis 1994 kehrten bisher kaum wieder ins Fernsehen zurück. Darunter vier Preisträger: NACH EINEM JAHR, ELF JAHRE ALT, LEBENSLÄUFE und DREHBUCH: DIE ZEITEN. Die ersten neun dieser elf Filme stammen noch aus der DDR, in der dieses Experiment einer Langzeitbeobachtung – ursprünglich für das Kino – möglich wurde.

Aber nicht nur deshalb und weil man behaupten könnte, die Filme wären durch die neueren als überholt anzusehen, erscheinen sie wohl nicht mehr im Fernsehen, sondern hauptsächlich aus dem triftigen, wenn auch banalen Grund, dass die ARD daran bekanntlich keine Rechte hat und die Sendelizenzen erwerben müsste, wozu man offensichtlich solange nicht bereit ist, wie man bei den *Kindern von Golzow* weiter in der praktizierten Weise verfahren kann, weil ein großes Publikum das noch immer hinnimmt, obwohl es wissen könnte, was ihm vorenthalten wird.

So beschäftigt uns in letzter Zeit also weniger die Überlegung, ob wir unserem Film doch noch ein *Postskriptum* folgen lassen sollten, das den neuesten Stand im Leben der Protagonisten dokumentiert, sondern vielmehr der wichtigere Versuch, dafür zu sorgen, dass die Filme vor 1994 nicht vergessen sind und nun auch einem nachwachsenden jungen Publikum ebenfalls über das Fernsehen bekannt werden.

Wir haben den rbb als unseren ständigen Koproduzenten deshalb 2013 gebeten, nicht nur die mit ihm entstandenen Filme immer wieder einmal auszustrahlen, sondern künftig mehr das Gesamtprojekt im Auge zu behalten und damit vielen Zuschauern etwas Neues zu bieten.

Aus diesem Grunde haben wir ihm auch einen Alternativvorschlag gemacht und – ein gängiges Wort benutzend – von einer *Umformatierung* gesprochen, als wir anregten, das Material aller Filme, also des Gesamtprojekts, in einer Reihe von *Themenabenden* aufzubereiten, auch um dabei eine vertiefende Interpretation aus heutiger Sicht möglich zu machen.

Damit besser verständlich wird, wovon wir reden, nachfolgend unser Brief vom 7. 10. 2013 im Auszug:

«Vorschlag:

LEBENSLÄUFE – DIE KINDER VON GOLZOW als Themenabende in 5 Programmen zu jeweils bis zu 180 Minuten (90 Minuten zur Hauptsendezeit zwischen den Nachrichtensendungen und 90 Minuten am späten Abend)

1) Kindheit und Jugendjahre
1961–1975 (s/w; mit farbigem Prolog/Epilog):
Kindergarten, 8–10 oder 12 Jahre Schule, Lehre oder Studium,
Soldat sein, Liebe, Kinder und frühe Heiraten, sich aussprechen und
vergleichen können zu einem ersten Klassentreffen.

2) Ihre 20er-Jahre
1978–1981 (Farbe und s/w-Rückblenden):
Angekommen in Beruf, Ehe und Familie.
Viele sind nun Städter. Die Errungenschaften Wohnung und Auto.

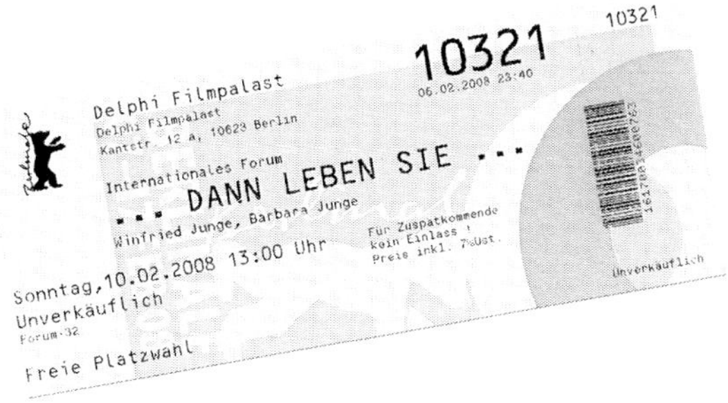

Erinnerungsstücke: Nicht abgeholte Freikarte und Zertifikat über die letzte Berlinale-Premiere der *Kinder von Golzow* 2008, unterzeichnet von Christoph Terhechte, neuer Leiter des Internationalen Forums des Jungen Films

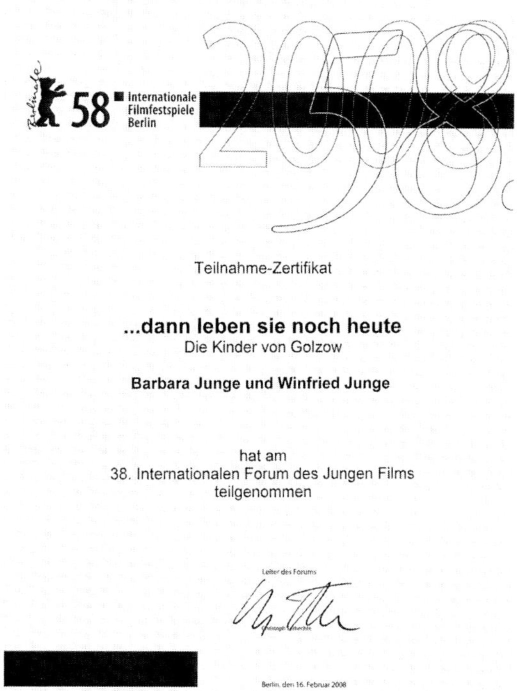

58. Internationale Filmfestspiele Berlin

Teilnahme-Zertifikat

...dann leben sie noch heute
Die Kinder von Golzow

Barbara Junge und Winfried Junge

hat am
38. Internationalen Forum des Jungen Films
teilgenommen

Leiter des Forums

Berlin, den 16. Februar 2008

Der Umgang mit dem Alltag prägt den «gelernten» DDR-Bürger.

3) Ihre 30er-Jahre
1983–1990 (Farbe u. s/w, s. o.):
Eingerichtet auf das Leben in der späten DDR zu Zeiten der Perestroika.
Aber die Probleme nehmen zu, bis die ‹Wende› Mitte ihres Lebens alles ändert.

4) Ihre 40er- und 50er-Jahre
1990–2005 (Farbe und s/w; s. o.):
Das Ende der DDR und Probleme der Neuorientierung als Bundesbürger.
Arbeitslosigkeit und leben, wo es Arbeit gibt.
Als ‹Gewinner› und ‹Verlierer› im vereinigten Deutschland.

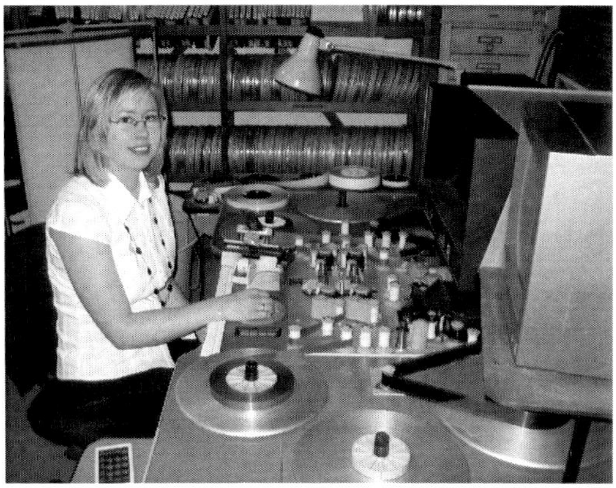

Claudia Gründer, die eine Enkelin der Junges sein könnte, hätte das Golzow-Projekt gern weitergeführt...

5) Die beginnenden 60er-Jahre
2014–2015 (Farbe; noch zu drehen):
Einige der ‹Kinder von Golzow› als Eltern und Großeltern.
Ihre Kinder und Enkel sind oder werden erwachsen. Ihr Leben ist ein anderes.
Die letzen Arbeitsjahre unserer Golzower vor der Rente. Vorläufige Lebensbilanzen.
[...]

Das Ergebnis könnte ein ‹Golzow-Kompaktprogramm› sein, das auf Grund einer ‹Dramaturgie des Querschnitts› erstmals einen handhabbaren Überblick über das älteste Langzeitprojekt der internationalen Filmgeschichte ermöglicht und nicht nur für rbb und arte, sondern auch die dritten Programme der ARD, Spartenkanäle und ausländische Sender interessant sein dürfte.
Das könnte andererseits auch helfen, zu bestimmten Anlässen wieder auf einzelne Filme aufmerksam zu machen, die ja dadurch nicht an Wert und Bedeutung verlieren. Sie bleiben weiterhin einsetzbar.»

Die Antwort auf unsere Anfrage kam am 18.7.2014 – nach einem Dreivierteljahr – von Rolf Bergmann, der 2001 den Film Jochen – Ein Golzower aus Philadelphia für den SFB redaktionell mitbetreut hatte und nun einer der beiden Leiter der Redaktion «Dokumentation und Zeitgeschehen» des rbb ist:

«Wir betrachten die Golzow-Reihe als ein großes dokumentarisches und zeitgeschichtliches Projekt, welches mit Fug und Recht als Zeitdokument der besonderen Art verstanden werden muss. [...]

Auch wenn der Abschluss dieser Langzeitbeobachtung nun selbst schon wieder ein paar Jahre zurückliegt, die Stücke haben ihre Gültigkeit behalten [...]

Eine Umformatierung erscheint uns deshalb weder nötig noch weiterführend. Die Reihe ist unserer Meinung nach zu einem wunderbaren und großen Abschluss gekommen.»

So getröstet und um die Hoffnung gebracht, der Golzower Chronik noch einmal ein neues Gesicht geben oder richtiger hinzufügen zu können, sagen wir uns, was sich schon so mancher vor uns sagte: «Wer weiß, wozu es gut ist.»

Dennoch überwiegt das Bedauern, auch weil ein Jahrzehnt lang eine Studentin an unserer Seite war, die als *Fan* anfangs «nur mal gucken» kommen wollte, am Schneidetisch den Abschluss des Golzow-Projekts miterlebte, ihn mit uns diskutierte und sich bei der praktischen Arbeit nützlich machte: Claudia Gründer.

Inzwischen schaffte sie an der Leipziger Uni ihren Magister in Politik- und Kulturwissenschaften sowie Slawistik und hat für den MDR bereits verschiedentlich recherchiert, kurze Filme und Magazinbeiträge realisiert.

Als 2007 die Arbeit an *Golzow* getan war und wir den Schneidetisch abstellten, fragte sie zaghaft, ob sie unsere Arbeit nicht weiterführen könnte. Das rührte uns, denn da gibt es Studenten wie Sand am Meer von mittlerweile allzu vielen Hoch- und sonstigen Filmschulen, und keiner hatte bisher deshalb mit uns Kontakt gesucht.

Wir rieten Claudia seinerzeit spontan davon ab, und dafür gab es ja auch genügend Gründe. Aber hätte es jetzt nicht den Versuch gelohnt, sie bei einer Umformatierung der Chronik zu einer Serie von Themenabenden mitarbeiten zu lassen und ihr zumindest den letzten Teil ganz zu übertragen, der die 60-jährigen Golzower mit der Generation ihrer Kinder zeigt, zu der sie ja selber zählt?

Aber es hat ja nun «nicht sollen sein...»

Sich damit abzufinden, würde schwerer fallen, erinnerten wir uns nicht all der Anstrengungen, die es über die Jahrzehnte brauchte, um dem *Rad unserer Geschichte* immer wieder eine neue Umdrehung abzuringen, denn da fehlte es weniger an denen, die bremsten, als an denen, die mit anpackten.

Wären wir jünger und ginge es noch darum, den Beweis zu erbringen, dass eine Langzeitbeobachtung wie die *Kinder von Golzow* den internationalen Dokumentarfilm um eine neue Dimension – die der «Zeit als Interpreten« – bereicherte, so sollten wir weiterhin keine Mühen scheuen, dieser Innovation zu Aufmerksamkeit zu verhelfen.

Doch die Arbeit ist getan, und das Werk hinterbleibt mit allem, was gelang oder misslang, als ein Experiment, das *Variety* (USA) bereits 1982 einen «einzigartigen Meilenstein der Filmgeschichte» nannte.

Dieter Wolf

Die Dokumentation zur Golzower Chronik

UND WENN SIE NICHT GESTORBEN SIND...

Die Kinder von Golzow – Das Ende der unendlichen Geschichte
Teile 1 und 2

Wer den Film schuf

Langzeitdokumentation 1961–2005
nach einer Idee von Karl Gass
Buch und Regie: Barbara und Winfried Junge
Kamera: Hans-Eberhard Leupold, Harald Klix und H. Dumke, W. Labuszewski, H. Gerstmann, W. Randel, P. Holz, W. Dietzel, R. Worel
Ton: Dinter, Dormeyer, Edler, Fengler, Georgi, Gohlke, Haußig, Heinke, Helmecke, Huschenbett, Jäger, Koch, Pfaff, Pflughaupt, Schmischke, Schwarz, Sosna, Zielinski.
Mischton: Hannes Schreier
Tonüberspielung: E. Schwarz
Musik: Gerhard Rosenfeld, Kurt Grottke
Text und Sprecher: Winfried Junge
Dokumentation und Schnitt: Barbara Junge
Assistenz: Dagmar Bingel
Trickkamera: Jürgen Bahr
Computergrafik: Norbert Marzahn, Edgar Schröder ESM Satz und Grafik GmbH
Studiotechnik: Gunthard Becker, Eberhard Schwarz Video-Service EUROTAPE GmbH. Gedreht auf AGFA, ORWO, KODAK, FUJI
Filmbearbeitung: Barbara Gummert und CinePostproduction GmbH & Co KG, GEYER Berlin
Die Chronisten danken Jürgen Fröhlich, Petra Hadlich, Christian Struwe, Ilona Müller, Winfried Jerchel, ihren Eltern und Familien wie allen, die bereit waren, sich filmen zu lassen.
Dank ebenso jenen, die sich persönlich für die Fortsetzung der Kinder von Golzow einsetzten und diesen Film ermöglichten.
Unterstützt vom Staatlichen Filmarchiv der DDR und dem Bundesarchiv (Filmarchiv), der Beauftragten der Bundesregierung für Kultur und Medien; dem Ministerium für Wissenschaft, Forschung und Kultur des Landes Brandenburg. Gefördert von der Kulturstiftung des Bundes, der Medienboard Berlin-Brandenburg GmbH und der Ostdeutschen Sparkassenstiftung im Land Brandenburg, gemeinsam mit der Sparkasse Märkisch Oderland.

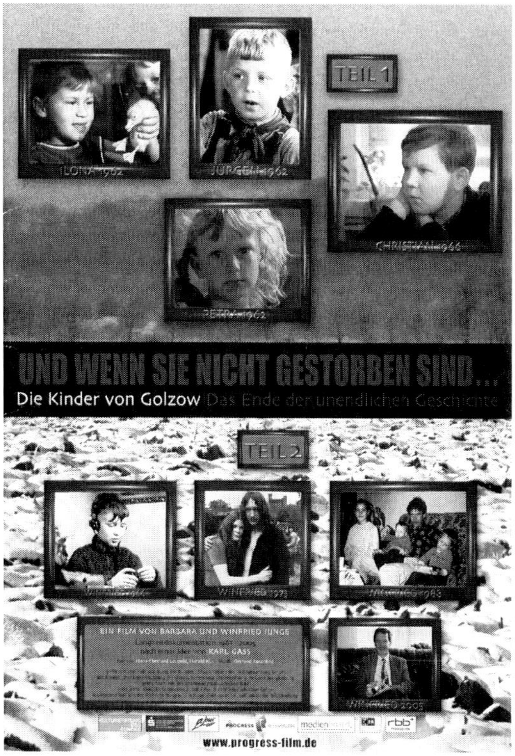

Kinoplakat zu den ersten beiden Teilen des letzten Films

Die Chronik der Kinder von Golzow wurde 1961–1990 produziert vom VEB DEFA-Studio für Dokumentarfilme Berlin, 1991–1993 von der JOURNAL-Film Klaus Volkenborn KG und der DOK-Film Babelsberg GmbH, seit 1992 mit Dienstleistung der JohannisthalSynchron GmbH Berlin und freundlicher Unterstützung von Dr. Gerhard-K. Englert.
Redaktion: Birgit Mehler rbb
Produzent: Klaus Dieter Schmutzer à jour Film GmbH, in Gemeinschaft mit der DEFA-Stiftung und in Koproduktion mit dem Rundfunk Berlin-Brandenburg. © 2005
Dokumentarfilm 35 mm Schwarzweiß und Farbe. 1:1,37. 7615 m. 278 Min. (24 Bilder/Sekunde)
UA: 11.02.2006 IFF: Berlin

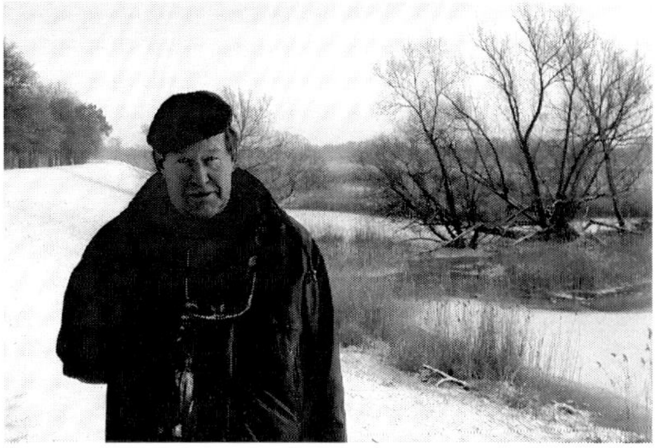

Am 16. April 2005 an der Oder. Vor 60 Jahren begann hier die letzte große Schlacht des 2. Weltkrieges vor Berlin

Von wem und wovon der Film erzählt Teil 1

Prolog. Oderlandschaft 2004/2005. Von hier nahm die Offensive auf Berlin am 16. April 1945 ihren Ausgang. 60 Jahre danach: Gedenken am Seelower Ehrenmal für die 30.000 sowjetischen und nun auch zahllosen deutschen Opfer. Unter den Überlebenden – offiziellen Gästen aus aller Welt und Menschen aus der Region – Bernhard Guderjahn, eines der *Kinder von Golzow*. Zehn Jahre nach Ende dieses Krieges geboren, hatte auch er einmal im Sandkasten des Golzower Kindergartens auf seine Einschulung gewartet. Die war am *Weltfriedenstag*, dem 1. September 1961. Mit Zuckertütenbaum und Platznehmen im Klassenzimmer, wie sich das alle Jahre wiederholt.

Der Film nimmt die Beobachtungen vom Einschulungsjahrgang 2004 zum Anlass, in seinem Teil 1 von weiteren vier jener zehn Erstklässler damals zu berichten, deren Lebenwege noch unbekannt sind.

Jürgen (Fröhlich) ist in der 1. Klasse auf Wandertag, sieht die Pferde auf der Koppel und ein Agrarflugzeug landen. Bestaunt mit Jochen das Cockpit, erlebt den Besuch des Piloten in der Schule, will selber mal «Flugzeugfahrer» werden. Ein Wettkampf beim Sport und im Rechnen macht noch Spaß. Doch dann wird's ernst: Mathe-Arbeit. Und Jürgen sammelt streng die Hefte ein, als es klingelt.

21 Jahre danach an seinem alten Platz in der Klasse: Jürgen sagt, er sei verheiratet, habe zwei Kinder, eine schöne Wohnung und könne mit seinem Filmbild leben.

Rückblick: Mit 11 von 26 schon gelernten Buchstaben schreibt er einen Zettel – «Jochen ist dof». Der hat in Mathe eine Vier, Jürgen selbst eine Fünf. Wird nach drei Jahren sitzenbleiben. Ist aber bei Klassenfahrten nach Schwedt, Weimar und Sachsenhausen in Vorbereitung der Jugendweihe wieder dabei.

Der 8-Klassen-Schüler beginnt eine Lehre in Seelow. Er will wie sein ehemaliger Klassenkamerad Jürgen (Weber) Maler und Tapezierer werden. Auf der Disco im Schlosspark Gusow und im Kulturhaus Seelow ist Jürgen als Soldat auf Brautschau. Die beiden Jürgen erhalten am DDR-Staatsfeiertag, dem 7. Oktober 1978, eine Auszeichnung für gute Arbeit beim *Mach-mit-Wettbewerb* der Gemeinden. Ab 1981 ist Jürgen *in festen Händen*. Fotos zeigen ihn mit Frau Angelika und zuletzt drei Kindern.

Zwei Jahrzehnte später ist er Bundesbürger und sitzt nach Arbeitslosigkeit und Umschulung auf dem Gabelstapler einer Vermarktungsfirma. Seine Frau Angelika, gelernte Bäckerin, ist immerhin noch Verkäuferin in einer Golzower Verkaufsstelle. 2005 feiert die Familie – Angelika mit den großen Töchtern

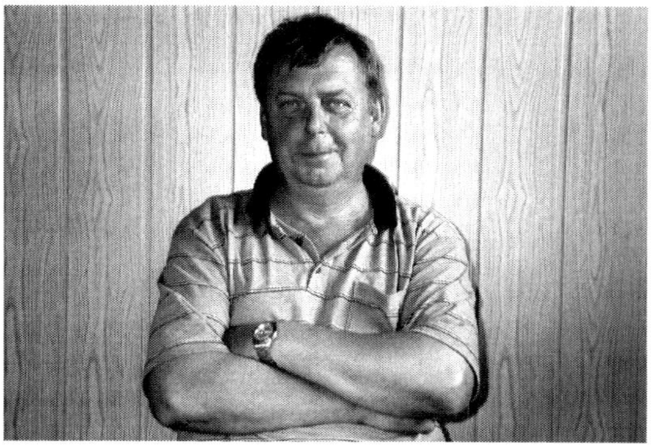

Nach über vier Jahrzehnten: Jürgen zwo, der Lausbub von 1962

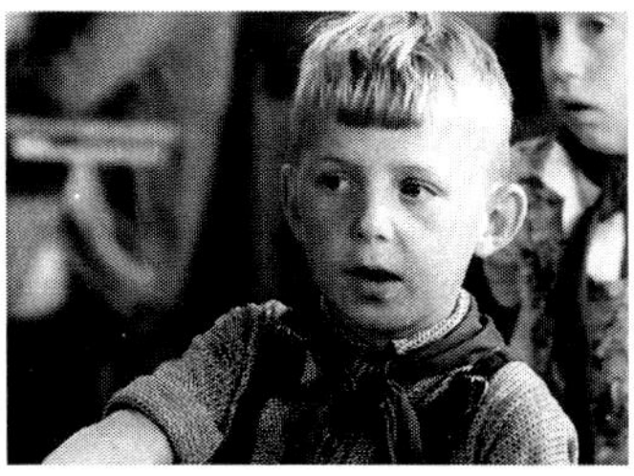

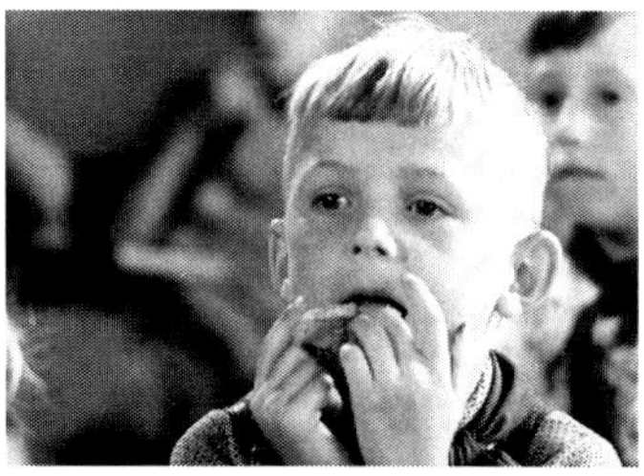

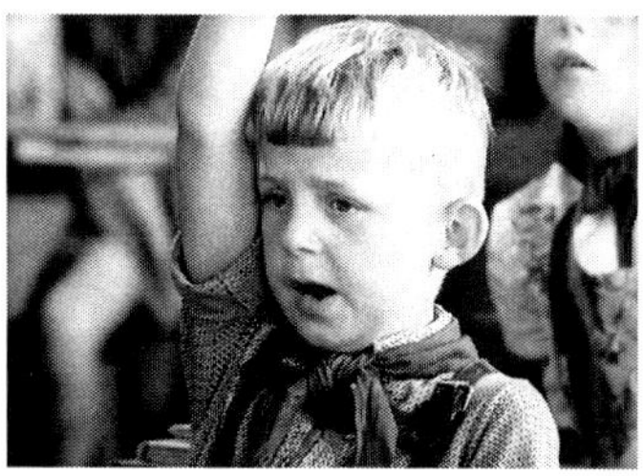

In NACH EINEM JAHR wird vor allem dieser andere Jürgen zum Blickfang für die Kamera

Anja, Alexandra und Sohn Andreas – Jürgens 50. Geburtstag. Sie überraschen Papa mit einem Gedicht und einem Fernsehsessel. Er nimmt darin Platz und hofft auf eine *Rente schon mit 58*. Zuvor hatte er bereits in einem gemeinsamen Interview mit Angelika recht sarkastisch Lebensbilanz gezogen.

Petra (Hadlich, geb. Scholz) wird schon im 1. Schuljahr als Beste vorgestellt. Mit 11 hilft sie Brigitte bei den Schularbeiten, langweilt sich im Unterricht, fühlt sich unterfordert, sieht nicht nur ihre Schule kritisch. Drei Jahre später geht es in der Jugendstunde um den *Sinn des Lebens*. Petra will mal Chirurgin werden. Ein Interview der 14-Jährigen erkundet ihre Lebensvorstellungen. Unterschnitten ist das mit Unterrichtsbeobachtungen, Petras Betrachtung eines Totenschädels anlässlich eines Besuchs im Goethe-Haus Weimar u. a. m.

Nach der 8. Klasse wird sie mit anderen an die Erweiterte Oberschule verabschiedet. Mit Ilona und Elke erleben wir Petra auf einem Bummel durch Frankfurt (Oder): Freundinnen und ihre Geheimnisse.

Das letzte Interview führt Winfried Junge mit ihr 1975 zum Klassentreffen der Zwanzigjährigen: Wie Petra im Nachhinein über die Schule denkt und wie es danach weiterging. Sie bekommt keinen Studienplatz für Medizin und auch nicht für Architektur. 1979 ist sie Bauingenieurin wie ihr Mann. Noch einmal stellt sich Petra der Kamera auch mit ihm und dem Kind in der Küche und auf dem Hof ihrer ersten Bleibe in Ribnitz-Damgarten an der Ostsee. Ein Telegramm beendet Anfang der 1980er-Jahre ihre Zusammenarbeit mit dem Team lakonisch: «Ich lege auf weitere Dreharbeiten keinen Wert.»

Christian (Struwe) wird 1979 nach langer Drehpause auf seiner LPG in Petershagen bei Berlin besucht. Rückblick: Mit 11 ist er erstmals in der Golzower Klasse dabei und fällt durch eine vorpubertäre Pausen-Kabbelei mit Petra auf. Im anschließenden Unterricht beim Direktor höchstselbst geht es um Fragen zur Prometheus-Sage, auf die ihm Antworten schwerfallen. Interessanter ist für den leicht gehbehinderten Christian das Anpflügen mit der Raupe und dem neuen Zehnscharpflug, der sie alle auf dem Heimweg von der Schule zuschauen. Soll er sich dennoch für die Landwirtschaft entscheiden? Mit 14 könnte er da schon in die Lehre gehen, aber er will doch lieber den Zehnklassenabschluss machen.

Zwei Jahre später übersteht er die Deutsch-Prüfung zu «Kabale und Liebe» man gerade so, aber der Lehrvertrag für Landmaschinenschlosser ist ihm ja bereits sicher. Beim Abschlussfest der Zehnten trifft er wieder auf Petra, jetzt künftige Abiturientin, und tanzt mit ihr. Im Herbst '71 unterhält Christian Eckhard und Bernhard an der Drehbank in der Lehrwerkstatt Müncheberg halbstark mit großen Worten, die eher Eckhard zukämen, der hier seinen Traumberuf finden dürfte.

1975 sitzt er, gerade 21, beim Treffen unter lauter Klassenkameraden, die jetzt Soldat sind. Erzählt, er sei ausgemustert, bereits in Mecklenburg verheiratet und werde am 12. Juni Vater. Das findet Mitschüler Winfried für sich jedenfalls zu früh. Christian besucht Frau und Kind in der Mecklenburger Klinik und spricht am alten Platz im Klassenraum über seine frühe Bindung, die auch Tochter Yvonne geschuldet ist. So wird aus einem begonnenen Ingenieurstudium nichts.

Bis weit über das Ende der DDR hinaus verliert die Chronik Christian aus den Augen. Im Sommer 2005 sehen wir ihn bei seinem Vater in Golzow wieder. Mit ihm sind seine zweite Frau Monika und Sohn Kevin, 16 Jahre alt. So lange sind sie auch schon verheiratet. Monika ist selbstständige Handelsvertreterin für Staubsauger. Opa Struwe hat immer noch Kontakt zur ersten Schwiegertochter Silvia und ist bereits stolzer

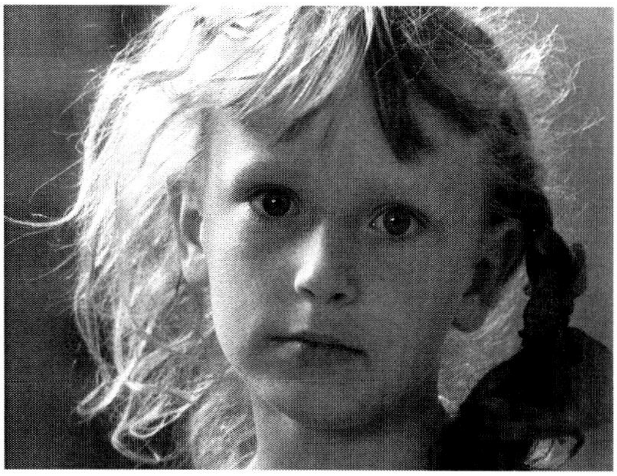

Petra, die Kluge, sieben Jahre alt

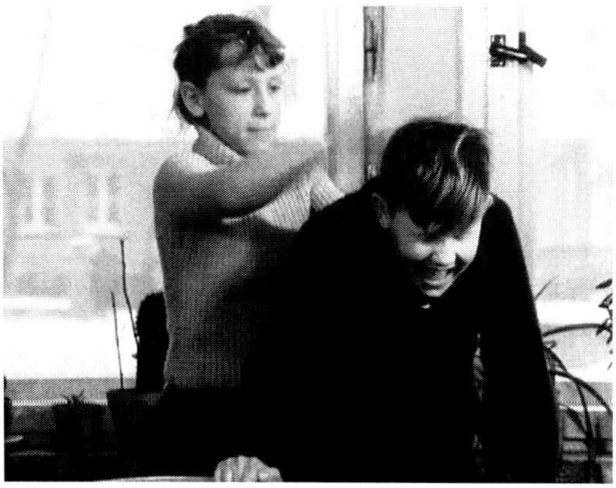

Christian (mit Petra, links) – eine Entdeckung in der 5. Klasse

Uropa. Christian erzählt, wie es zur Trennung kam: Er wollte nicht nach Mecklenburg und sie nicht ins Oderbruch. Nun wohnt er im neuen Berlin-Hellersdorf und verteidigt die *Platte*. Die U-Bahn bringt den Golzower täglich zur *Kreditanstalt für Wiederaufbau*, ehemals *Staatsbank der DDR*, am Gendarmenmarkt. Hier arbeitet er seit 18 Jahren als Haustechniker. Von der DDR-Mark will er wissen, dass sie in einem Salzbergwerk verrotte. Die D-Mark aber auch, nur schneller. Nachdem Christian und sein Team einen Saal für eine Tagung zum Thema *Globalisierung* hergerichtet haben, an der er nichts auszusetzen hat, solange ihm die Arbeit sicher ist. Wir begleiten ihn mit Frau und Sohn zum neuen Potsdamer Platz, den er – wie wir hören – noch nicht kennt. In welchen Film sie dort gehen, ist zweitrangig, Hauptsache, Kevin kriegt Popcorn.

Ilona (Müller, geb. Großkreutz). Die Elfjährige spielt zu Hause für Freundin Regina Lehrerin quer durch alle Wissensgebiete und ahmt ihre Pädagogen einfallsreich nach. Mit 27 kommentiert sie in einem Fernseh-Interview die damalige Szene und bekennt sich zu ihrem inzwischen gestörten Verhältnis zur Filmerei.

Rückblende: Wir erleben Ilona mit 6 und 11, dann 14-jährig als Mutters Stellvertreterin und Respektsperson für die vier jüngeren Geschwister, aber auch bei Gymnastik als Kür und einem Training für das Bezirkssportfest in Frankfurt (Oder). Die häuslichen Pflichten lassen Ilona wenig Zeit zum Lernen, und das fällt ihr sowieso nicht leicht. Die Mathe-Prüfung für den Abschluss der 10. Klasse läuft dann auch nicht so gut, und da hilft kaum, dass der Direktor die Weinende zu trösten versucht.

Seit 1971 erlernt die Golzowerin in der Betriebsberufsschule des Halbleiterwerkes Frankfurt/O. wunschgemäß den modernen Beruf einer Elektronikfacharbeiterin. Im April 1973 wird Ilona 18. Hochschwanger lässt sie sich wieder mal befragen, ihr zur Seite der künftige

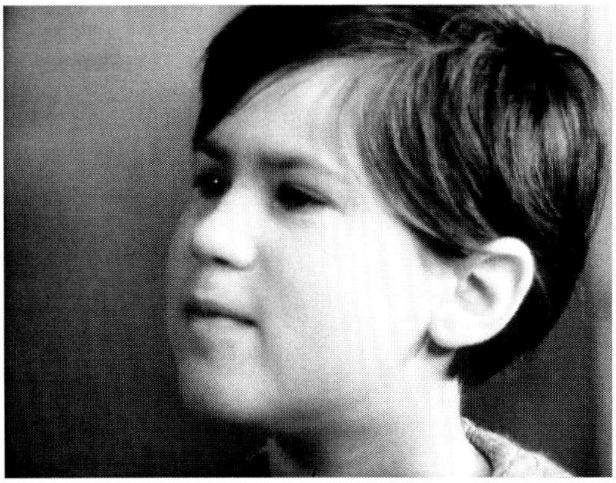

Ilona hat sich vor der Kamera nie mehr so wohl gefühlt wie mit elf

Ehemann Wolfgang, Landmaschinenschlosser. Das Kind abtreiben zu lassen, hatte sie sich geweigert: «Sowat macht man einfach nicht. Was man getan hat, dafür muss man auch einstehen.» Es wird eine Jacqueline.

1975 ist Ilona plötzlich Krippenerzieherin, erklärt das beim Interview in der alten Klasse damit, dass das Halbleiterwerk ihr nur einen Wochenkrippenplatz anbieten konnte. Und sie erzählt diesmal von sich wie später nie wieder. 1978 begleitet die Kamera erneut ihren Spaziergang an der Oder. Diesmal nicht mehr mit Wagen und Krippenkindern im Sechserpack, sondern mit Wolfgang und der inzwischen 5-jährigen Tochter. Erstmals in Farbe. Ilona ist nun hauptamtliche Instrukteurin der FDJ-Kreisleitung Frankfurt (Oder)-Stadt, spricht mit Jugendlichen im *Jugendtourist-Hotel Oderturm*, im Halbleiterwerk oder mit angehenden Facharbeiterinnen für Lagerwirtschaft. Das ist bei laufender Kamera nicht so einfach. Ilona erwartet noch dazu ein zweites Kind und ist ohne Wolfgang, der gerade als NVA-Reservist dient. Sie atmet erleichtert auf, als der Regisseur davon spricht, dass es die letzten Filmaufnahmen sein könnten. Und Vater in Golzow bestätigt, dass sie darüber froh wäre. Das läge an der Arbeit.

Aber das Filmen geht weiter. 1979 ist Ilona der rauchende Mittelpunkt unter gestandenen Männern in der Bezirksparteischule, an die man sie delegiert hat, und begrüßt, dass sie da gefilmt wird.

1981 lässt Ilona die Kamera noch dabei sein, wenn sie Jacquelines Klasse in den Pionierpark der Berliner Wuhlheide führt und Jacqueline sich mit Kopfsprüngen als gute Schwimmerin entpuppt. Aber ein Interviewversuch scheitert hier ebenso wie bei der Zeugnisausgabe, in der die Tochter ebenfalls mit guten Leistungen glänzt. Denn recht ist Ilona diese Filmerei ja schon lange nicht mehr.

1982, wieder ist Frühling an der Oder, und Ilonas Mutter stellt sich Junges Fragen nach deren offensichtlich endgültiger Film-Verweigerung. Nur weiß die von gar nichts, wie sie sagt, will mal mit der Tochter reden. Auch wenn sie es tat, es änderte sich daran nichts.

1983 wird Ilona mit der Arthur-Becker-Medaille ausgezeichnet und kann sich wieder mal nicht dagegen wehren, dabei gefilmt zu werden. Vater hingegen bekennt sich stolz dazu, 25 Jahre Mitglied der Kampfgruppe der LPG Golzow zu sein.

Mit drei sehr unterschiedlichen Erinnerungen an Ilona endet ihre Porträtskizze: Am *Tag der Republik* 1978 tanzt sie mit Wolfgang und den Eltern froh und unbeschwert auf dem Parkett des Kulturhauses zu viert im Kreise und singt dabei «Es gibt kein Bier auf Hawaii».

1966 beeindruckt die Elfjährige in einer Musikstunde noch im schönsten Solo mit der Kinderhymne «Anmut sparet nicht noch Mühe», die Brecht und Eisler gern zur neuen deutschen Nationalhymne gemacht hätten.

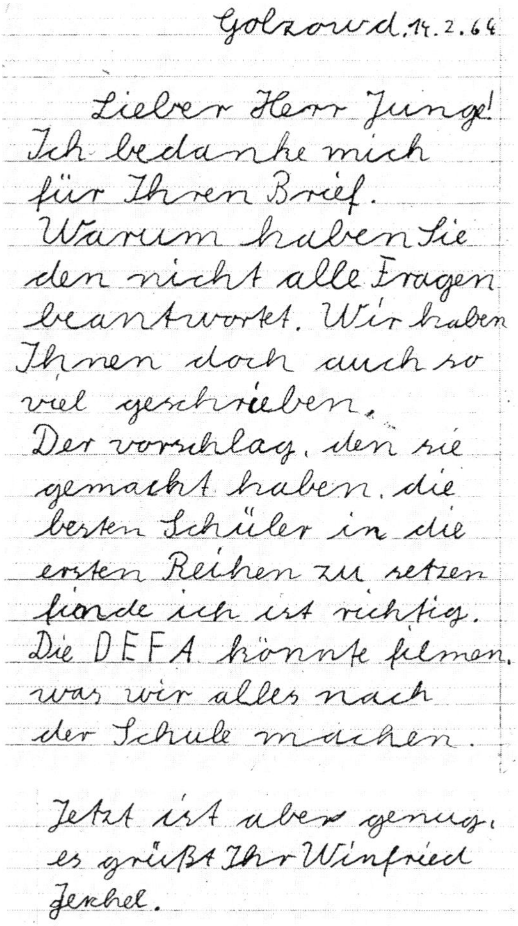

Golzow d. 14.2.64

Lieber Herr Junge!
Ich bedanke mich
für Ihren Brief.
Warum haben Sie
den nicht alle Fragen
beantwortet. Wir haben
Ihnen doch auch so
viel geschrieben.
Der vorschlag, den sie
gemacht haben, die
besten Schüler in die
ersten Reihen zu setzen
finde ich ist richtig.
Die DEFA könnte filmen,
was wir alles nach
der Schule machen.

Jetzt ist aber genug,
es grüßt Ihr Winfried
Jerchel.

Winfried an Winfried – frühe Korrespondenz

Und vor der Erstausstrahlung der LEBENSLÄUFE 1982 beichtet Ilona, gleichsam um Verständnis bittend, dem DDR-Fernsehen ins Mikrophon, sie habe nichts gegen die Idee dieses Filmes, sei aber «nicht der Mensch, der gern vor der Kamera steht und möchte deshalb da auch nicht mehr mitmachen.»

Teil 2

Winfried (Jerchel), sechs Jahre alt, sitzt als Jüngster kopfrechnend in der 1. Klasse, zählt sich das Ergebnis schon nicht mehr an den Fingern ab. 16 Jahre später, im August 1978, wechselt die Kamera von der Oder an den Dnjepr. Winfried, künftiger Diplomingenieur für elektronischen Gerätebau, weilt mit einer Studentengruppe aus Karl-Marx-Stadt zum Erfahrungsaustausch am Technologischen Institut der Leichtindustrie in Kiew. Die *Ewige Flamme* erinnert auf den Höhen über

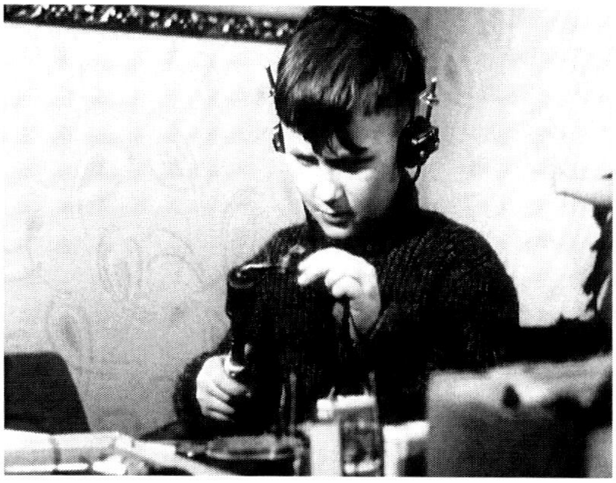

Winfried wird aus einem Hobby seinen Beruf machen

dem Strom an die Opfer des Krieges. Winfried legt für die Delegation Blumen nieder und schaut sich in der Stadt um. Wie war sein Weg bis hierher?

Der technisch interessierte Schüler 1966 am Elektrobaukasten. Er will mit 11 Erfinder werden, mit 14 zumindest Ingenieur. Schaut auch schon von hinten in den Fernseher. Und sieht im Heiraten kein Hindernis für den Beruf. Der 14-Jährige liebt an Mädels den «Charakter» und tanzt als 16-Jähriger mit Christiane aus der Parallelklasse: Charakter auf schönen Beinen.

Zum Abitur kommt ausgerechnet er in die Musikprüfung, muss *Freude, schöner Götterfunken* singen. Der Schule geht es um den *allseitig gebildeten Menschen.*

Im Mai 1975 endet sein Wehrdienst, da war er natürlich Funker. Im Sommer vor dem Studium ist er noch einmal in Golzow, auch um dem Opa auf dem väterlichen Hof zu helfen, denn Vater leitet ja den gesamten Feldbau. Winfried will «auf Elektronik» studieren, glaubt, damit später auch auf dem Lande Arbeit zu finden, das er mehr mag als die Stadt.

Im Studentenwohnheim ist Winfried das Basteln noch immer wichtiger als die Mädchen im Klub. Er

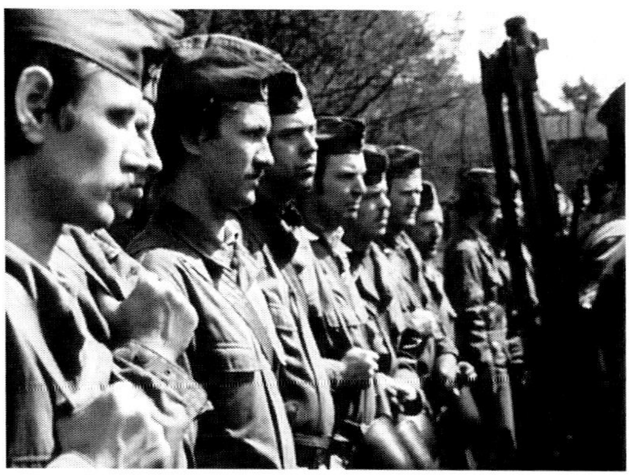

Winfried (3.v.l.) – Freizeitopfer in der Betriebskampfgruppe

bandelt schon mal an, denkt aber noch nicht ans Heiraten. Im Elektroniklabor bekennt er, ein neugieriger Mensch zu sein. Kritisch sieht er, dass er als Diplomingenieur nur 650 Mark netto verdienen wird. Und so sehen wir den Bauernsohn im Juli 1980 als Teil der Arbeiterklasse: Winfried ist für 1.100 Mark unter den Gießern im Stahlwerk Gröditz statt als Programmierer im dortigen Rechenzentrum. Vater Jerchel, inzwischen Lehrausbilder im Feldbau, ist stolz auf ihn, bedauert nur, dass Winne zu selten nach Golzow kommt.

1981 arbeitet der wieder am Rechner, womit sich für ihn kaum Perspektive verbindet. Als Gießer wurde er Kandidat, jetzt ist er Mitglied der SED. Er bekommt es leider auch gleich mit *parteierzieherischen Maßnahmen* zu tun, weil er sich als Diplomingenieur ausgegeben hatte, ihm dafür aber noch eine Prüfung fehlte. Nun muss er das Diplom nachholen, zur Bewährung ein Jahr lang das FDJ-Studienjahr in der Gröditzer Patenschule leiten und sich bereit erklären, Mitglied der Betriebskampfgruppe zu werden.

1982 wohnt die Kamera Winfrieds *sozialistischer Eheschließung* bei. Sabine ist ebenfalls Ingenieurin in Gröditz und Mutter einer Uta. Beide sind am gleichen 13. Juli 1956 geboren, und so halten sie sich füreinander bestimmt. Die Hochzeitsreise geht nach Binz, und selbst hierher darf die DEFA nachkommen.

1983 besuchen die Eltern Winfried am Arbeitsplatz im Rechenzentrum, und der führt sie durchs Werk. Insbesondere Vater erinnert sich im Golzower Garten noch lange an das Gesehene, aber nicht gern an die «Sache mit der Partei».

Im Karl-Marx-Jahr 1983 werden wir Zeuge des Rituals der Löschung von Winfrieds Parteistrafe, wie sie von der Parteileitung vorgeschlagen und von der Parteiversammlung beschlossen wird. Winfried lässt sich auch dabei filmen und sagt dazu: «Wenn der Film nur das Gute von jedem bringt, dann ist doch die Sache am Ende unrealistisch.»

Ab 1986 arbeitet Winfried im VEB Zellstoffwerk Gröditz, wo ihn interessantere Tätigkeit erwartet: Elektronik von Robotron soll Einzug halten. Und er baut mit am eigenen Reihenhaus. Inzwischen sind sie schon zu fünft. Und Winfried sieht noch Platz für ein weiteres Kind, was bei Sabine spontane Entrüstung auslöst, die schon Zeichen einer kriselnden Ehe sein könnte. Zwei Jahre später ist

Über meinen Namensvetter

von Winfried Junge

Im Buddelkasten des Golzower[1]) Kindergartens machten wir uns 1961 alle miteinander bekannt. Sie streckten dem Onkel vom Kino die Hände entgegen und sagten ihre Namen. Mancher tat's im Übereifer doppelt. Elke — Marieluise — Jürgen — Brigitte — Jochen — Ilona — Bernd — Gudrun — Willi — Karin — Eckhard — Petra — Bernhard. Und wie sie alle hießen. Nicht jeden kennen wir bis heute, und nicht jeden konnte ich mir gleich mit Namen merken. Wenn da aber einer Winfried heißt, dann merkt man ihn sich schon.

Anzufangen wußten wir mit Winfried zuerst nicht viel. Es gab „süßere" Abc-Schützen. Er wirkte staksig und fahrig, sprudelte die Sätze nur so heraus, war schwer zu verstehen, stotterte fast, wenn die Zunge dem Tempo der Gedanken nicht mehr gewachsen war. Ansonsten hielt sich Winfried mehr am Rande des Geschehens. Er beobachtete uns, wie wir andere beobachteten. Noch hatten wir keinen Blick für Winfrieds hervorstechende Eigenschaften — seine geistige Regsamkeit und seine Neugier.

Betrachte ich heute eine Serie von Fotos mit dem Siebenjährigen, so verstehe ich schon eher. Da geht es darum, wer die Kamera von Hans Leupold einmal selbst halten und den Freund filmen kann. Winfried bringt sie schließlich in seinen Besitz. Haben auch wir dazu beigetragen, sein Interesse für die Technik zu wecken?

Als Elfjähriger machte mein Namensvetter bereits mehr von sich reden. Er konnte Löcher in den Bauch fragen — oder, wie Saint-Exupéry vom Kleinen Prinzen sagt: „Er verzichtete niemals auf eine Frage, wenn er sie einmal gestellt hatte." Die Kamera wurde auf ihn aufmerksam. Die Aufnahmen von damals zeigen meist einen konzentriert zuhörenden, kritisch prüfenden, offensichtlich mitdenkenden und schnell begreifenden Jungen. Winfrieds Arm war oft schon oben, bevor der Lehrer die Aufgabe ausformuliert hatte. Manchmal hatte er gleich eine Gegenfrage, manchmal wußte er schon, was man ihm erst beibringen wollte. Sein Wissensdurst brauchte ständig Futter. Und wenn sich der Reiz des Neuen erschöpft hatte, suchte er sich anderweitig Betätigung. Er hatte da so manches in der Tasche, was sich unter der Bank herumzeigen ließ. Sein Credo schon damals (wörtlich auf Band): „Mir macht es nur Spaß, wenn es schön schwer ist."

Winfried war in der Klasse bald als Bastler bekannt. Die wechselnden Auslagen des Elektrogeschäfts in der Hauptstraße hatten es ihm auf dem Heimweg von der Schule besonders angetan. Der nette Inhaber wußte den Jungen zu nehmen („... 'n Lötkolben brauchste? Elektrisch oder mit Dampfbetrieb?"), verkaufte oder schenkte ihm Pfennigartikel, und im Elternhaus fand sich Weiteres zum Auseinandernehmen und Zusammenbauen. Möglichst aber zum Löten. Den Elfjährigen drehten wir — die Kopfhörer eines ausrangierten De-

1) Siehe auch Wb 3 und 7/1980.

270

Winfried über Winfried (aus: *Die Weltbühne*, 26. 02. 1980)

TONBERICHT FÜR DIE PRODUKTION :	" DIE KINDER VON GOLZOW "	
Porträt	*Winfried Jerchel -" Letzte Film ,Abfahrt v. Klix 10 00 Ankunft Klix 17 : 30 Uhr*	Band Nr.: 2
Datum	*Reisezeit 11.10.2005 - 13.10.2005 11. Hinf. / 13. Rückf. Drehtage 1*	Bd. 2 von 2
Drehort	Augsburg / Stadt / Rathausplatz u. Umgebung / v. Glockenturm	
	35 mm Farbe 24 Bi./s Nagra IV 19,5 cm / s Vollspur	
Pilotton	*50 Hz. Neopilot Quarz / Ka - Pilot*	
Regie	W. Junge	
Bild	*Harald Klix*	
Ton	*Eberhard Schwarz*	
Zählwerk	Band in Bobbi u. 1 Umdrehung ,dann Nullung des Zählwerkes	0.00.00
Ansage	Glockenschlag Glockenturm	0.00.00 - 0.00.30 Qu.- Sy
Ansage	1. Einstellg. Ka - Sy. Winfried u. Inga laufen auf die Ka zu	0.00.30 - 0.00.59 Ka.- Sy
	W. Junge : Hallo Winfried mit viel Nebengeräuschen Strassenb. Auto..	0.01.01 - 0.01.38 Ka.- Sy
Ansage 2. x	W. Junge : Hallo Winfried kurz vorbeifahrendes Auto v. Matesakreuz	0.01.56 - 0.02.45 Ka.- Sy
	Atmo am Springbrunnen nähe Weberhaus	0.02.45 - 0.03.51 nur Ton
Ansage	am Springbrunnen Winfried u. Inga	0.03.51 - 0.04.06 Ka.- Sy
	Winfried u. Inga laufen auf den Springbrunnen zu	0.04.06 - 0.04.23 Ka.- Sy
Ansage	Am Weberhaus	0.04.23 - 0.04.33 nur Ton
	Einstellung Weberhaus	0.04.34 - 0.04.44 Ka.- Sy
Ansage	Winfried u. Inga laufen zum Schmuckladen	0.04.44 - 0.05.23 nur Ton
	Winfried u. Inga laufen zum Schmuckladen	0.05.24 - 0.05.34 Ka.- Sy
Ansage	Abgebrochen eine 2.	0.05.34 - 0.05.48 nur Ton
	2. x Winfried u. Inga laufen zum Schmuckladen	0.05.49 - 0.06.14 Ka.- Sy
	nur Ton mit Absage	0.06.14 - 0.06.20 nur Ton
	Auto fährt auf Ka zu (nähe Weberhaus) Maximilianstr. v. Dom	0.06.21 - 0.06.36 Ka.- Sy
Ansage	Absage u.Ansage vor dem Rathaus Leute sitzen auf Stühlen Kaffeezei	0.06.37 - 0.06.47 nur Ton
	Gegenüber v. Weberhaus Leute sitzend Kaffeezeit	0.06.48 - 0.07.00 Ka.- Sy
Absage		
	Gegenüber Weberhaus Einstellung mit Kellnerin (Tablett in der Hand)	0.07.05 - 0.07.21 Ka.- Sy
Ansage	Absage u. Ansage nur Ton	0.07.22 - 0.08.02 nur Ton
	Winfried u. Inga laufen in der Fussgängerpassage (Beate Uhse Ladenschild)	0.08.02 - 0.08.42 Ka.- Sy
Absage	Ansage nur Ton u.Winfried alleine auf Ka zulaufend	0.08.43 - 0.09.33 Ka.- Sy
	Winfried alleine auf Ka zulaufend	0.09.34 - 0.09.58 Ka.- Sy
Absage u.	Ansage eine 2. x	0.10.00 - 0.10.16 nur Ton
	Winfried alleine auf Ka zulaufend	0.10.17 - 0.10.44 Ka. - Sy
Absage		0.10.44 - 0.10.48 nur Ton
	Musiker spielen in der Fussgängerpassage (Geige u. Gitarre)	0.10.50 - 0.11.44 nur Ton
Absage	nur Misiker dann nur Atmo	0.11.45 - 0.12.09 nur Ton
Ansage	Am Rathausplatz u. Glockenturm Leute sitzen auf Stühle Gemütlichkei	0.12.09 - 0.12.19 nur Ton
	Atmo am Rathausplatz Tellerklappern u. Leute Stimmen u. sachte Schritte	0.12.19 - 0.15.40 nur Ton
Absage u.	Ansage 16 : 00 Uhr ohne Ka.	0.15.40 - 0.15.44 nur Ton
	Turmglockenschläge mit Atmo (Leute an Tischen, Geschirrklappern u. a.)	0.15.54 - 0.16.32 nur Ton
Ansage	Ende Aufnahme rest des Bandes ist frei	0.16.33

Penibler letzter Tonbericht des letzten Tonmeisters von den letzten Drehtagen für den letzten Film im Oktober 2005 in Augsburg

Winfried noch immer mit dem Ausbau beschäftigt, denn es fehlt an guten Beziehungen für Material und Dienstleistungen. Oktober 1988: Die Betriebskampfgruppen feiern ihren 35. Jahrestag. Winfried ist inzwischen Kommandeur, verleiht Verdienstmedaillen und orientiert auf Verpflichtungen zum 40. Jahrestag der DDR. Die Kämpfer danken mit: «Ich diene der Deutschen Demokratischen Republik.»

Im Jahr darauf fällt die Mauer. Am 12. 12. 1989 ist Winfried auf dem Weg nach Westberlin, noch mit Grenzstempel im Ausweis. Der Kommandeur als *Kundschafter*. Die *Weltenscheide* passiert er am Potsdamer Platz. Zurück in Gröditz diskutieren Winfried und Kollegen mit dem Regisseur die Lage und ihre Konsequenzen. Am 3. Oktober 1990 beglückwünscht der die Eltern in Golzow dazu, nun Bundesbürger zu sein, aber Vater hat nur «gemischte Gefühle». Am 1. Dezember, dem Vortag der ersten Gesamtdeutschen Wahlen, scheint klar: In Gröditz rauchen die Fabrikschornsteine bald nicht mehr. Winfried wird bei einer bayrischen Elektronikfirma als Service-Ingenieur einsteigen. Da ist DDR-Improvisationstalent gefragt. Sabine schult zur Heilpraktikerin um und fehlt, als Winfried Winfried besucht, ihn interviewt und ihm sein Leben auf Kassette überreicht. Ob er weiter mitmacht? Winne verspricht es «noch für ein Weilchen».

Am 29. 1. 1992 ergibt sich vielleicht schon ein letzter Drehtag. Er endet vor dem Zelt eines der neuen Discounter. Winfried und Sabine packen den Einkauf in den Kofferraum ihres Westautos. Und auf die Frage, ob man das alles mehr Kohl oder mehr Gorbatschow zu verdanken habe, meint Sabine: «Weder – noch. Wir haben's ja alle so gewollt.»

Zwölf Jahre später, am 23. Juni 2004, ist die Kamera wieder zu Besuch bei den Eltern in Golzow, auch um über Winfried zu sprechen. Mit Rücksicht auf Sabine hatte der sich inzwischen doch «weiterer Filmerei» verweigert. Nun aber sei er geschieden und lebe in Augsburg mit einer Inga zusammen, die ebenfalls geschieden, jedoch «nicht ganz unvermögend» sei und mit der er viel reise. Bald darauf stirbt sein Vater, und Winfried ist bereit, für den Film noch ein «Schlusswort» zu sprechen. So sitzt er der Kamera am 12. Oktober 2005 mit Schlips gegenüber und erzählt von all dem, was nicht gedreht werden konnte, auch von seinen beruflichen Stationen – Siemens, KUKA-Wehrtechnik, Infineon, Bayrischer Rundfunk und immer wieder von Zeitarbeit. Einen Herzinfarkt hat er glimpflich überstanden. Zur Zeit ist er arbeitslos und könnte sich vorstellen, dass die Zuschauer fragen, wie das mit 50 möglich wäre: Da müssten Gesellschaft und Regierung doch was falsch machen, dass man «leider ein paar Millionen Leute zu viel hat, die wir irgendwie nicht brauchen.»

Epilog Teil 1 und 2. Der Film führt nach Golzow zurück und endet mit der Verabschiedung zweier zehnter Klassen der Oderbruchschule. Für ein weiteres Jahr ist deren Existenz gesichert, doch die Schüler gehen ihr aus. Schon stehen Klassenräume leer, und in einem ist nun die *Ständige Filmausstellung Die Kinder von Golzow* untergebracht, die an die Zeiten mit der DEFA und danach erinnert, in ABM betreut von Elke Hinkelmann aus der '61er Klasse. Aber das ist schon wieder eine neue Geschichte.

Was zeitgleich in der Welt geschah

2003

Februar
- Deutschland übernimmt als nicht-ständiges Mitglied Vorsitz im UN-Sicherheitsrat
- Raumfähre *Columbia*, 5 Männer, zwei Frauen, verglüht b. Rückflug nach 16-tgg. Expedition
- Jugoslawien umbenannt in Serbien und Montenegro
- Weltweite Demonstrationen gegen drohenden Irak-Krieg

März
- Beginn 3. Golf-Krieg, dt. Regierung u. Bevölkerung gegen eine Beteiligung
- 20.000-Schüler-Demo gegen Irak-Krieg in Hamburg, v. Polizei gewaltsam aufgelöst

April
- Serbien und Montenegro im Europarat
- Estland u. Malta treten der €-Zone bei
- Bagdad: Großbrand zerstört Nationalbibliothek

Mai
- G.W. Bush verkündet «Ende der wesentlichen Kampfhandlungen»
- Albanien u. USA bestreiten Zuständigkeit des Int. Gerichtshofs in Den Haag für ihre Bürger
- St. Petersburg: Rekonstruktion des von Deutschen geraubten *Bernsteinzimmers* vollendet

Juni
- Kabul: Vier Bundeswehrsoldaten sterben bei Anschlag
- FDP-Spitzenpolitiker Jürgen Möllemann stirbt b. Fallschirmsprung

August
- 40,8° C. Hitzerekord seit Messung in Deutschland

November
- Georgien: Rücktritt v. Präsident Eduard Schewardnadse, letzter UdSSR-Außenminister

Dezember
- Iran: Erdbeben fordert 30–60.000 Tote

- Festnahme des irakischen Ex-Präsidenten Saddam Hussein nahe Tikrit
- *Vietnamisierung* des Irak-Kriegs: 500 tote amerik. Soldaten seit Beginn
- CDU-Vorsitzende Merkel bekundet US-Präsident Bush deutsche Solidarität

2004

Januar
- Jerusalem : Terroranschlag auf Bus fordert 11 Tote, 50 Verletzte
- Mars-Raumsonde *Spirit* gelandet

Februar
- G.W. Bush rechtfertigt Irak-Krieg trotz Falschbegründung
- Jerusalem: Terroranschlag auf Bus fordert 8 Tote, 60 Verletzte
- Israel tötet Hamas-Führer Ahmad Scheich Yasin u. zwei Söhne in Gaza-Stadt

März
- 3. Amtszeit v. Russland-Präsident Vladimir Putin
- Unruhen in Kosovo
- NATO-Beitritt v. Bulgarien, Estland, Lettland, Litauen, Rumänien, Slowakei, Slowenien
- Madrid: Schwerer Terroranschlag fordert 191 Tote, 1500 Verletzte

April
- Berlin, Köln, Stuttgart: 500.000 Demonstranten gegen Sozialabbau u. Agenda 2010
- Irak: Misshandlung irak. Häftlinge im amerik. Militärgefängnis Abu Sharif/Bagdad wird publik

Mai
- EU-Beitritt v. Estland, Lettland, Litauen, Malta, Polen, Slowakei, Slowenien, Tschechien, Ungarn, Zypern (ohne türk. besetzten Norden)
- Banker Horst Köhler wird Bundespräsident (Rücktritt 5/2010)

Juni
- Machtübergabe an irakische Übergangsregierung
- Afghanistan: Ermordung von 5 Mitarbeitern «Ärzte ohne Grenzen»
- Ziviler Astronaut Melvill erreicht im Eigenbau 100 Km Höhe

Juli
- Irak: Autobombe fordert in Bakuba 68 Tote, 40 Verletzte
- Monsun-Überschwemmungen in Südostasien fordern 1000 Tote, Millionen Obdachlose

August
- 60 Jahre Warschauer Aufstand, erstmals m. dt. Kanzler, G. Schröder
- Irak: Anschläge auf christliche Kirchen in Bagdad u. Mossul
- Burundi: Hutu-Rebellen überfallen UNO-Flüchtlingslager, 189 Tote, 70 Verletzte
- tschetschenischer Anschlag auf zwei russ. Passagiermaschinen fordert 89 Tote
- tschetschenisches Selbstmordattentat auf Moskauer Metro fordert 39 Tote, 130 Verletzte
- Israel: 2 Selbstmordattentate in Bershawa fordern 16 Tote, 100 Verletzte
- ca. 300.000 Demonstranten, überwiegd. in Ostdeutschland, gegen Hartz IV-Gesetze

September
- tschetschenische Terroristen nehmen in Beslan 1000 Schulkinder als Geiseln, gewaltsame Befreiung fordert 340 Opfer
- Irak: 1000 tote amerikanische Soldaten seit Kriegsbeginn
- Irak: Anschlag auf Polizeiwache in Bagdad fordert 47 Tote, 114 Verletzte
- Landtagswahlen in Brandenburg: trotz Stimmverlusten SPD/CDU-Koalition, 5 %, DVU
- Potsdam: Wiederwahl von Matthias Platzeck zum Ministerpräsidenten

Oktober
- Israel bombardiert Gaza-Streifen, 50 Tote
- Ägypten: Selbstmordanschläge im Sinai fordern 32 Tote, 100 Verletzte
- Afghanistan: Hamid Karzei gewinnt Präsidentenwahl mit umstrittenen 55 %
- Weißrussland: Umstrittenes Referendum erlaubt 3. Amtszeit von Präsident Lukaschenko
- Irak: Bombenanschlag tötet 49 Polizeirekruten

November
- USA: 2. Amtszeit von G.W. Bush
- Griechenland-Beitritt zum EURO (nach seit 1997 gefälschten Zahlen)
- Irak: Amerikanische u. irak. Soldaten töten 1000 Aufständische in Falludscha
- (11.) Palästinenser-Präsident Yassir Arafat gest. (* 1929)

Dezember
- Indischer Ozean: Seebeben fordert durch Tsunami in Anliegerstaaten 230.000 Tote

2005

Januar
- WASG-Parteigründung
- Massenhafter Stellenabbau im öfftl. Dienst, Bankgewerbe und in vielen Industriezweigen
- Palästina: Mahmud Abbas folgt Yassir Arafat als Präsident der Paläst. Autonomiebehörde

* Irak: USA stellen Suche nach Massenvernichtungswaffen ein, Kriegsgrund war vorgetäuscht
* USA-Präsident G.W. Bush für 2. Amtszeit vereidigt
* Irak: Beginn wöchentlicher Serie von Selbstmord- u. Bombenanschlägen

Februar
* Waffenstillstandsverhandlungen zw. Israel u. Palästinensern (Sharon u. Abbas)
* Tel Aviv : Bombenanschlag mit Toten und vielen Verletzten.
* (2.) Box-Legende Max Schmeling gest. (* 1905)

April
* Benin verbietet als 1. afrik. Staat weibliche Genitalverstümmelung
* Bagdad: Massendemonstration für Truppenabzug
* London: Terroranschlag auf U-Bahn fordert 50 Tote u. 700 Verletzte
* Irak: Autobombe in Hilla fordert 132 Tote, 700 Verletzte
* (2.) Tod v. Papst Johannes Paul II. nach 26-jähr. Pontifikat (* 1920)
* Kardinal Joseph Ratzinger wird Papst Benedikt XVI.

Mai
* Berlin: Massendemo gegen NPD-Aufzug
* Berlin: (Stelen-)Denkmal für die ermordeten Juden Europas feierlich eröffnet
* Oskar Lafontaines Austritt aus der SPD, plädiert für Wahlbündnis WASG und PDS
* Angela Merkel wird 1. Kanzler-Kandidatin von CDU/CSU

Juni
* Berlin: Umbenennung der PDS in Partei Die Linke
* Teheran: Konservativer Bürgermeister Ahmadinedschad wird Präsident des Iran

Juli
* Berlin: Kanzler Schröder ermöglicht nach Wahlniederlage in NRW per Vertrauensfrage Neuwahlen

August
* Köln: Christlicher Weltjugendtag m. 150.000 Teilnehmern aus 180 Nationen
* USA: Hurrikan Katrina verursacht schwerste Schäden, New Orleans überschwemmt, Todesopfer
* Bagdad: Terrorwarnung führt auf Tigris-Brücke zur Massenpanik m. 1011 Toten, 800 Verletzten

September
* CDU/CSU stellt stärkste Fraktion im Bundestag

Oktober
* Große Koalition CDU/SPD. Norbert Lammert wird Bundestagspräsident
* Pakistan: Erdbeben fordert 80.000 Tote allein im pakistanischen Kaschmir

November
* Irak: amerikanisches Massaker an Zivilisten nach Tod eines Kameraden in Haditha
* Angela Merkel wird 1. deutsche Bundeskanzlerin

Dezember
* Weltklimakonferenz in Montreal
* Matthias Platzeck wird Vorsitzender der SPD

Wie die Presse den Film aufnahm

«Das wird das Porträt einer in einer sozialistischen Gesellschaft aufwachsenden Generation», prognostizierte Anfang des Projekts Junges Kollege Karl Gass, von dem die Idee des Unternehmens stammte. Nun wurde es das Porträt einer Generation, die das Scheitern der sozialistischen Utopie erleben und damit auf unterschiedliche Weise fertig werden musste. Winfried Junge wertet nicht, überlässt es dem Zuschauer, sich eigene Gedanken zu machen. Wer will, könnte die Lebensläufe der Golzower als Illustration eines Gedankens von Günter Gaus betrachten, ob es nicht ein Menschenrecht auf Anpassung gebe.

Heinz Kersten, Neues Deutschland, 11.2.2006

Der längste Film der Berlinale 278 Minuten, aber keine Minute Langeweile, dabei ist es ein Dokumentarfilm, kein spannender Plot, keine suggestiven Montagen, trotzdem ein fesselnder Film. Je länger man sie verfolgt, desto näher rücken die Figuren. Rücken näher und bleiben dennoch fern, Objekte einer zeitgeschichtlichen Studie, zu denen man Abstand hält, von der ersten Einstellung an.[...] Wenn man sieht, was aus den offenen, optimistischen Kindergesichtern geworden ist, stellt sich Rührung und Ernüchterung ein, vielleicht sogar Bestürzung. Jeder Schritt ins Leben eine Zurücknahme von Möglichkeiten, Aussichten, Hoffnungen? Das ist der Schock des Films. Hinzu kommen die Veränderungen durch die deutsch-deutsche Geschichte, die niemand voraussehen konnte, die dem Film aber einen ganz besonderen Kick geben.

Benedikt Gondolf, ZDF-Aspekte, *11.2.2006*

Auf der Suche nach dem verlorenen Land. Es war einmal im August 1961. Das Jahr, in dem der erste Mensch ins All fliegt und nach drei Stunden vor zwei schockierten Schulmädchen wieder landet, weit weg, in den Tiefen Sibiriens. Der Monat, in dem der antifaschistische Schutzwall gebaut wird. Junge ist damals 26 Jahre alt und sieht aus wie der junge Walter Jens, schlaksig, Tolle, hageres Gesicht mit gut gelaunt vorstehendem Kinn. Es gibt Fotos von ihm vor der Schule von Golzow, wo er seinen ersten Film dreht. 13

Minuten beobachtet er Kinder an der Schwelle vom Kindergarten in die Schule, in der Anfangssequenz sitzen sie singend im Sandkasten. 1961 sah das nach Zukunft aus, hier erschafft die DDR sich selbst. 45 Jahre, 19 Filme und 400.000 Meter Film, später kann man die Szene auch anders lesen, die DDR, auf Sand gebaut. Die Hauptfigur der Golzow-Filme ist die Zeit.

Alex Rühle, Süddeutsche Zeitung, *11.02.2006*

Winfried Junges pädagogisierende Kommentare sind berüchtigt. Im Porträt der zeitweiligen FDJ-Leiterin Ilona Müller erreicht er allerdings neue Gipfel der Selbstgefälligkeit. Nicht nur, dass Ilona ihren Wunsch, aus dem Filmprojekt auszusteigen, wiederholt rechtfertigen muss, Junge unterstellt ihr auch «Komplexe» und niedere Beweggründe.

Silvia Hallensleben, Der Tagesspiegel, *11.2.2006*

Es ist sehr beruhigend, angenehm und auch lehrreich, viereinhalb Stunden im Kino zu sitzen und einfachen Menschen zuzuhören, wie sie von sich erzählen, den Lauf der Zeit von da bis hier zu beobachten, die Veränderung der gesellschaftlichen Produktions- und Reproduktionsverhältnisse zu verfolgen. Und sich dabei auch an sich selbst zu erinnern.

Detlef Kuhlbrodt, die tageszeitung, *11.12.2006*

Das Schöne und immer wieder Bewegende der Annäherungen Junges an die einstigen Schulkinder aus Golzow ist der Kontrast von den Bildern der Kindheit, Jugend und des Erwachsenseins. Die fröhliche Unbekümmertheit der Annäherungen Junges an die einstigen Schulkinder der Erstkläßler weicht ihrem aufmüpfigen Gehabe in der Pubertät, und schließlich sehen wir erwachsene Menschen, in deren Gesichtern sich schon das Alter ankündigt. Immer mehr wägt jeder ab, was er sagt. Manche Szenen dieses Films hätte Junge bei der DEFA kaum durch die Zensur gebracht, heute sind gerade sie verblüffende Dokumente der hingenommenen Umstände. Alle fünf Biographien sagen viel über die ostdeutschen Verhältnisse und mehr noch über eine deutsche Spielart, sein Leben meistern zu wollen. Komik und Tragik wechseln in schneller Folge. Das ist nicht allein von historischem Interesse. Was ist der Mensch? Könnte die nie direkt aufgeworfene eigentliche Frage lauten. Die Zeiten wechseln, die Menschen bleiben, wie sie sind. Selbst die autoritärste Ordnung kann sich den Einzelnen nie total unterwerfen, immer bleiben ein Handlungs- und Entscheidungsspielraum und die feste Figur des Charakters. Was für eine Dramatik, welche Verwicklungen, Eingeständnisse und, nicht zuletzt, was für Szenen von Arbeit, Familienleben und maroder Umwelt versammelt der Film. Zu wünschen wäre nur gewesen, die Autoren hätten die fünf unterschiedlichen Lebenswege nicht zu einem Paket verschnürt, das die Geduld des Zuschauers strapaziert, sondern einzelne Filme daraus gemacht …

Hans-Jörg Rother, Frankfurter Allg. Zeitung, *13.2.2006*

Und wenn sie nicht gestorben sind … überlässt es dem Zuschauer, die richtigen Schlüsse zu ziehen. Dass manche Suggestivfrage des Interviewers Winfried Junge nicht der Schere des gleichnamigen Regisseurs zum Opfer fiel, zeugt von der Ehrlichkeit des Mannes. Obwohl ein paar Schnitte dem viereinhalbstündigen Opus durchaus gutgetan hätten.

Renate Holland-Moritz, Eulenspiegel *6/2006*

Genau solche aus den konkreten Lebenswegen gefilterte Erkenntnisse über die Korrespondenz zwischen dem Einzelnen und der Gesellschaft, dem Privaten und dem Öffentlichen, machen die Stärke des Films aus. Der filmische Rahmen wirkt indes etwas klein. In den Prolog Ausschnitte aus einer Rede des brandenburgischen Ministerpräsidenten Matthias Platzeck zum 60. Jahrestag der Schlacht um die Seelower Höhen einzuschneiden, rückt das Unternehmen sehr an Tagesnachrichten und scheint etwas anbiedernd. Am Schluss zeigt Junge die Golzower Schule, die 1961 neu gebaut worden war und nun mangels Kindern geschlossen wird. Das wäre an sich ein beeindruckendes Finale, doch konnte es sich Junge nicht verkneifen, mit seiner Kamera auch in das ihm und der Golzow-Reihe gewidmete Museum zu gehen. Mit einem solchen Selbstbezug aber macht er den Film etwas kleiner als er ist.

Ralf Schenk, film-dienst-Kritiken *6/2006*

Der märchenhafte Titel täuscht, denn nicht alle Geschichten nehmen ein gutes Ende; so wie der gesamte Staat kein gutes Ende genommen hat. Aus den Kindern wurden Leute, die einen Beruf ergriffen, eine Familie gründeten und die schließlich, je nach Einstellung, befriedigt oder befremdet erlebten, wie ihr Staat vor der Hunde ging. Kaum ein Einschnitt im Lebenslauf hat sich derart nachhaltig ausgewirkt wie die «Wende»: Arbeitsplätze wurden abgebaut, und Beziehungen beendet, Wurzeln gekappt. Gestorben sind sie noch nicht, die Kinder von Golzow, aber kleine Tode waren schon dabei. […] Der wahre Wert des Mammutprojekts aber liegt in der soziologischen Dimension, denn natürlich erzählt Junge auch die Geschichte eines Landes: seines Landes. Der Schulbeginn markierte mit der Einführung der zehnjährigen Oberschule eine Bildungsreform. Als Junge 2005 zum letzten Mal nach Golzow fuhr, schloss sich der Kreis: Das Gebäude ist nur noch Grundschule, viele Räume stehen leer; es gibt keine Kinder mehr. Mit dem gut vierstündigen Abschluss erzählt das Ehepaar weit mehr über die DDR als alle auf Prominenz fixierten Fernsehdokumentationen zusammen.

Tilmann P. Gangloff, Frankfurter Rundschau, *5.10.2006*

UND WENN SIE NICHT GESTORBEN SIND - DANN LEBEN SIE NOCH HEUTE...

Die Kinder von Golzow – Das Ende der unendlichen Geschichte
Teile 3 und 4

Wer den Film schuf

Langzeitdokumentation 1961–2007
nach einer Idee von Karl Gass
Buch und Regie: Barbara und Winfried Junge
Kamera: Hans-Eberhard Leupold, Harald Klix und Hans Dumke, Walfried Labuszewski, Manfred Gronau, Roland Worel
Musik: Gerhard Rosenfeld, **Oderbruchsong:** Gaby Thomas, 2007, mit der 6. Klasse der Oberschule Golzow
Toncollagen: Peter Gotthardt
Dokumentation und Schnitt: Barbara Junge
Assistenz: Dagmar Bingel
Text und Sprecher: Winfried Junge
Ton: Dinter, Dormeyer, Fengler, Gohlke, Heinke, Helmecke, Huschenbett, Koch, Pfaff, Pflughaupt, Schmischke, Schwarz, Sosna, Zielinski
Tonbearbeitung: Eberhard Schwarz
Mischton: Hannes Schreier
Studiotechnik: Gunthard Becker
Fotoarbeiten: Studio Pahl
Computergrafik: Norbert Marzahn, Edgar Schröder ESM GmbH
Trickkamera: Jürgen Bahr
Video-Service: EUROTAPE GmbH
Gedreht auf AGFA, ORWO, KODAK, FUJI
Filmbearbeitung: Barbara Gummert und Ute Lingner, Cordula Knorr, CinePostproduction GmbH & Co KG, GEYER Berlin

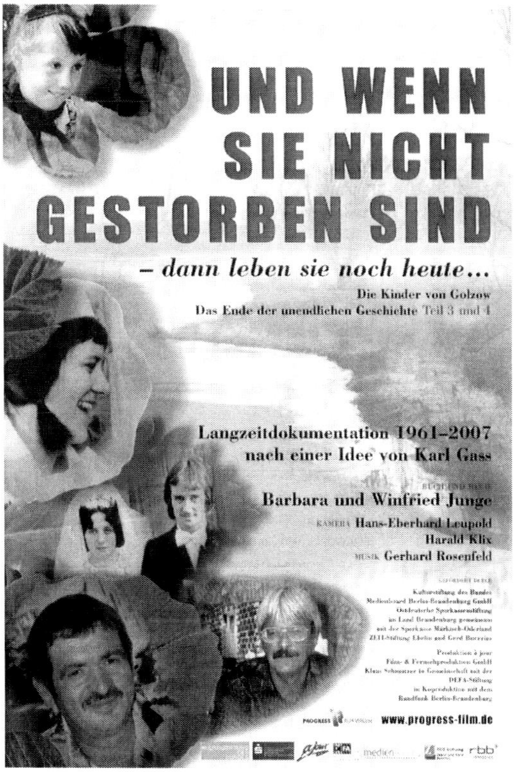

Kinoplakat zu den Teilen 3 und 4 des letzten Filmes

Die Chronisten danken Elke Himmelmann, Karin Howald, Marlies Teike, Gudrun Klitzke, Bernhard Guderjahn und Eckhard Hoppe, ihren Eltern und Familien, der Gemeinde Golzow (Oderbruch) wie allen, die bereit waren, sich filmen zu lassen. Dank vielen der ungenannt bleibenden über 300 Mitarbeiter des ehemaligen DEFA Dokumentarfilmstudios, die über die Jahrzehnte das Ihre zu dieser Dokumentation beitrugen.

Dank ebenso jedem, der sich persönlich für die Fortsetzung der *Kinder von Golzow* einsetzte und so auch diesen letzten Film ermöglichte. Er entstand mit Förderung und damit freundlicher Unterstützung durch die Kulturstiftung des Bundes, medienboard Berlin-Brandenburg GmbH, ZEIT-Stiftung Ebelin und Gerd Bucerius Hamburg und die Ostdeutsche Sparkassenstiftung im Land Brandenburg gemeinsam mit der Sparkasse Märkisch-Oderland.

Die Chronik der *Kinder von Golzow* wurde unterstützt vom Staatlichen Filmarchiv der DDR und dem Bundesarchiv (Filmarchiv), dem Beauftragten der Bundesregierung für Kultur und Medien; dem Ministerium für Wissenschaft, Forschung und Kultur des Landes Brandenburg. Sie wurde 1961–1990 produziert vom VEB DEFA-Studio für Dokumentarfilme Berlin, 1991–1993 von der JOURNAL-Film Klaus Volkenborn KG gemeinsam mit der DOK-Film Babelsberg GmbH und seit 1992 mit freundlicher Dienstleistung von Dr. Gerhard-K. Englert JohannisthalSynchron GmbH Berlin.
Redaktion: Birgit Mehler, Rundfunk Berlin-Brandenburg
Produzent: Klaus Dieter Schmutzer, à jour Film GmbH in Gemeinschaft mit der DEFA-Stiftung und in Koproduktion mit dem rbb. © 2007
Dokumentarfilm 35 mm schwarzweiß und Farbe.
1:1,37. 8104 m. 290 Min. (25 Bilder/Sekunde)
UA: 16.02. 2008 IFF: Berlin

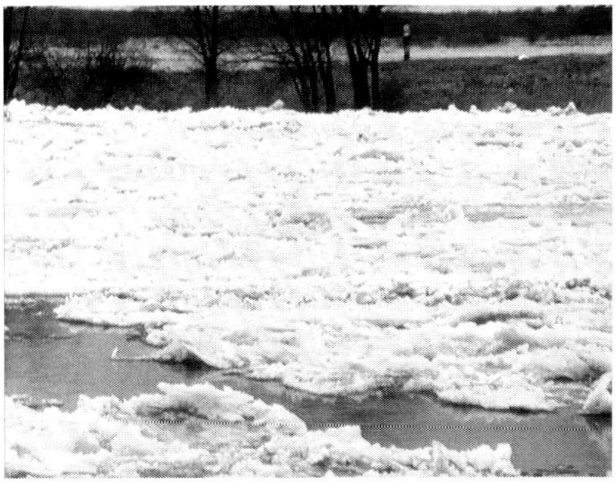

Die Oder, der Fluss im Leben der *Kinder von Golzow* – als Gleichnis

Von wem und wovon der Film erzählt – Teil 3

Prolog. Ende des **Winters** 1965/66. Als sich die Oder aus der Eisesstarre löste, hörten die *Kinder von Golzow* erstmals von jenem «gelehrten Mann aus dem Griechenland», der gesagt habe: «Alles fließt – man kann nicht zweimal in denselben Fluss steigen».

Die Kamera nimmt die Bewegung auf, nähert sich durch das Oderbruch im Vorfrühling Golzow, einst an der Straße des Krieges gelegen.

Es ist die Landschaft, in die sie ein Jahrzehnt nach diesem Krieg hineingeboren wurden, das Land ihrer Kindheit, aus dem man ins Leben fortgeht, und in das man nie mehr zurückkehren kann. Eine Collage von Impressionen erinnert daran, wie die Elfjährigen es erlebten.

Und ein Rolltitel informiert zu Beginn des neuen Zweiteilers ...DANN LEBEN SIE NOCH HEUTE wiederum über das Langzeitprojekt. Wie es auch die *Ständige Filmausstellung Kinder von Golzow* in der Schule tut, die einige Zeit von Elke Hinkelmann aus der *Filmklasse* betreut wurde. Man sah sie schon zu Ende des vorigen Filmteils, aber jetzt kann es auch um ihre Lebensgeschichte gehen.

Elke (Hinkelmann, geb. Thelemann) wartet in der Ausstellung auf Besucher, von denen immer mehr kommen, wie das Gästebuch zeigt. Obwohl sie sich noch immer als eines der *Kinder von Golzow* fühlt, spricht sie nur davon, wenn sie jemand erkennt. Fotos rufen die Erinnerung an die Schulzeit zurück: Elke mit elf neben Willy, der gern mal abguckt. Mit Dieter und Bernd eine Apfelsine teilend. Mit sowjetischen Soldaten und ihren Kindern bei Verständigungsschwierigkeiten an einem gemeinsamen Pioniernachmittag mit Tanz.

Als Vierzehnjährige sitzt sie neben Freundin Petra, erhält ihren ersten Personalausweis, erlebt als Zuschauerin die Jugendweihe der Klassenkameraden. Nicht erst in der 8. Klasse hält sie es beim Toben mit den Jungs, liest aber auch einfühlsam Goethes «Schatzgräber», hat überhaupt etwas für Dichtung übrig, will aber nicht Lehrerin werden.

Elke besteht die Abschlussprüfung der zehnten Klasse mit «gut». Zum Klassenfest in der Aula tanzt sie sich ihren Stress vom Leibe.

Mit 20 kehrt Elke in die Schule zum Interview zurück. Ist da schon verheiratet, hat Tochter und Wohnung. Sucht nur noch den richtigen Arbeitsplatz. Ihre Lehre hatte mit einem Schreibmaschinenkurs begonnen. Damit enden die Filmaufnahmen für mehr als dreißig Jahre. Wie es mit ihr weiterging, erzählt sie nun in der Filmausstellung. In der Agraringenieurschule in Beelitz wäre Junge ja nicht mehr – wie versprochen – vorbeigekommen.

Elke wird Wirtschaftskauffrau und in der LPG Alt-Tucheband Lohnbuchhalterin. Als sie 1994 von der Golzower GmbH übernommen wird, machen sie Computer arbeitslos. An ihrem 40. Geburtstag erhält sie ihre Kündigung. Seitdem lebt sie von ABM. Die im *Filmmuseum*, inzwischen zweimal verlängert, ist auch wieder zu Ende. Seit 2 Jahren ist Elke arbeitslos. So sitzt sie hier nur noch einmal für die Kamera.

Gerd, ihr neuer Lebenspartner, ist ebenfalls arbeitslos. Doch sie wollen sich nicht unterkriegen lassen, wie beide im Interview in Elkes Küche bei den Vorbereitungen für den 30. Geburtstag von Tochter Kati in einer Begegnungsstätte versichern.

Kati lebt als Bürokauffrau bei München, doch den *Runden* will sie im Oderbruch mit allen Lieben aus der Heimat feiern. Es wird ein vielköpfiges Gruppenbild, auch mit Sohn Kai, der nicht fortging, und sogar mit dem Vater beider Kinder, Elkes Geschiedenem.

Das Filmmaterial und damit das Gespräch mit Elke sind zu Ende. Für die Kamera macht Elke am 24. Juni 2004 im Museum noch einmal das Licht aus: «Das war's ...»

Karin (Howald, geb. Sonnack) 1979, da ist sie 24 und dabei, einem Eber die Hauer abzusägen. Das geschieht in einem Zuchtbetrieb in Fischbeck bei Tangermünde an der Elbe.

Rückblick, beginnend mit einem Foto von 1962: Karin ist mit der Klasse als Junger Pionier für Walter Ulbricht angetreten. Als eines von neun Kindern einer Neubauernfamilie ist sie Pflichten und Disziplin gewohnt. Nur wenige Beobachtungen aus der Kindheit: Sie hilft mit, wo sie nur kann. Beispielsweise beim Eiereinsammeln in der Geflügelfarm. Karin ist von klein auf eine, die – wie man so sagt – *die Arbeit sieht.* Der Sinn für die Schule kommt ihr abhanden, wenn sie mit den Tücken des Füllers kämpft. Mit elf ist sie lieber dabei, wenn geschweißt wird. Mit vierzehn zeigt die zierliche Kleine, dass sie den Jungen im Kugelstoßen nicht nachsteht. Natürlich will und kriegt sie 1969 die Jugendweihe. Da muss man die Nationalhymne können. Später nicht mehr, wegen der Zeile *Deutschland einig Vaterland*. In der Probe ist Karin dieser Zeit schon voraus.

Nach der 8. Klasse nehmen sie die Eltern aus der Schule. Sie wird Facharbeiterin für Geflügelzucht in einem *Kombinat für Industrielle Mast* in Spreenhagen bei Berlin. Doch 1975 ist sie wegen eines Mannes, Kindes und einer Wohnung bei Schweinen gelandet, genauer bei der Spermagewinnung von Ebern dank künstlicher Sau. Die hat sie auch zu waschen und Prachtexemplar Nr. 63 vor Experten über die Bühne zu führen.

Wenn Karin mit Tochter Doreen aus der Kinderkrippe zur Wohnung im Neubau heimkommt, erwartet sie Hans-Joachim, der angehende Elektrosignalmechaniker. Er lernt für die Prüfung, während sie das Geld für die Familie verdient. Da sind die beiden auch noch ganz glücklich.

Die Ehe hält aber nur drei Jahre, denn dann kommt die Armeezeit mit seiner Trinkerei, und so lässt sie sich scheiden. Danach will sich Karin nicht mehr filmen lassen, sondern «erstmal ihr Leben in Ordnung bringen».

Jahrzehnte vergehen, ehe sie am 16. 12. 2004 die Kamera wieder kommen lässt – nach Wuppertal zu ihrem 50. Geburtstag. Bevor die Gäste da sind, erzählt sie von sich und wie sie hierher kam. Als sie in Fischbeck arbeitslos wurde, war ihr klar, dass sie nur «irgendwo im Westen» eine neue Chance hatte. In Wuppertal versuchte sie es in einem Altenheim, dann bei ALDI: Wer arbeiten wolle, könne alles lernen. Sie habe «das Beste daraus gemacht», auch daraus, dass sie allein blieb, mit Männern «immer wieder Pech» hatte. Jetzt arbeitet sie vor allem mit Demenzkranken. «Ein schwerer Beruf.» Wir erleben, wie sie die zum Ballspiel animiert oder bei der Essenauswahl berät, also mit ihnen redet. Mit Tieren ging das nicht, so ist es für sie ein Gewinn. Die Chefin des Hauses gratuliert Karin zum 50sten und dankt für ihre Einsatzbereitschaft.

Am Kaffeetisch nehmen Tochter Doreen, die beiden Enkel, Schwester Barbara, eine Kollegin und nun doch ein Mann Platz – der Italiener Guiseppe, von dem Karin sagt: «Wir leben nicht zusammen, aber wir verstehen uns so ganz gut.» In einem Leben mit «vielen Höhen und Tiefen» ist da wieder mal eine Hoffnung. So erklären sich auch Karins Tränen der Rührung, als Guiseppe sie mit einer abendlichen Einladung ins Restaurant überrascht, mit «Wollen wir aufstoßen» das Glas erhebt, mit ihr anstößt und sie küsst.

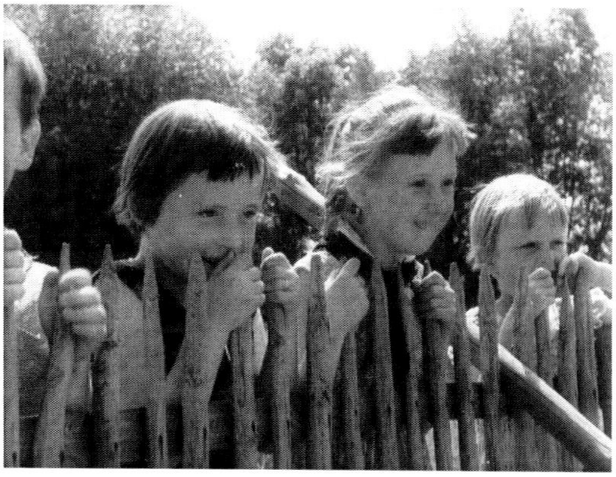

Karin und Elke 1962 am Zaun der genossenschaftlichen Geflügelfarm

Während sich am nächsten Morgen die Türen der Schwebebahn hinter Karin schließen und sich diese über der Wupper entfernt, relativiert der Kommentar dieses Happy End. Wir erfahren: Karin arbeitet und wohnt nicht mehr dort, wo wir sie eben noch filmten und ist auch wieder ohne Guiseppe. *Alles fließt…*

Marlies Teike (geb. Grell). Auf einem Foto vom Klassentreffen der Zwanzigjährigen 1975 könnte man sie für eines der Mädchen halten. Aber Marlies war ihre erste Lehrerin. Mit 18 stand sie 1961 schon vor der Klasse und nennt das heute «unvorstellbar». Nun 61 und seit 1991 Schulleiterin in Letschin, unweit von Golzow, gibt sie am Schreibtisch lehnend über sich Auskunft. Eine Rückblende montiert Szenen von der Einschulung und ihren ersten Stunden und Tagen im Beruf.

Marlies begrüßt die Veränderungen in der heutigen Schule: Dass es jetzt viel lockerer zugeht, die Kinder zu mehr Selbstständigkeit erzogen werden und vieles selbst entscheiden dürfen. Die Kamera folgt ihr in eine 1. Klasse, in der sie bei einer jungen Kollegin hospitiert: Wie findet diese einen guten Anfang mit den

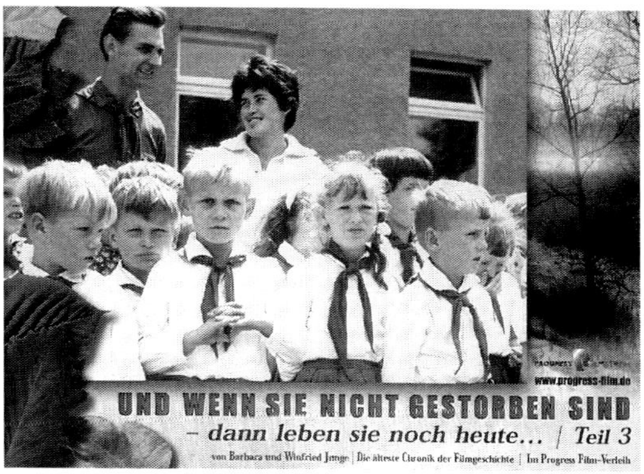

Schaukastenfoto: Marlies und ihre zu Jungen Pionieren gewordenen Kinder werben 2008 für den Kinobesuch

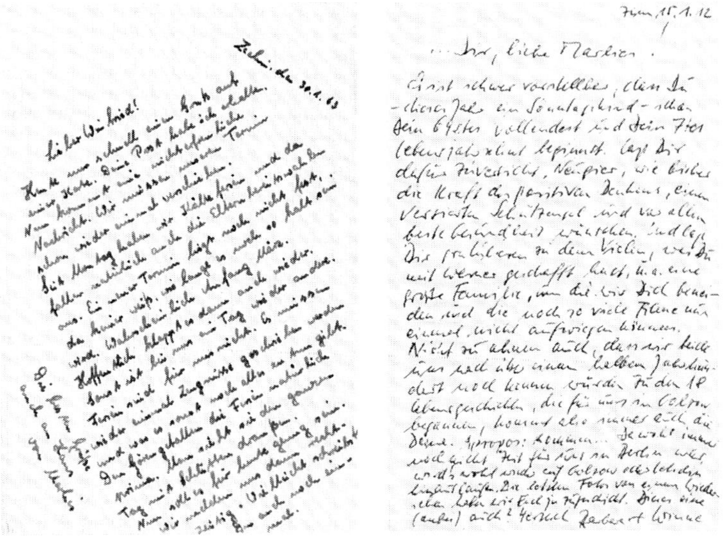

Marlies und Winfried schreiben und sehen sich bis heute

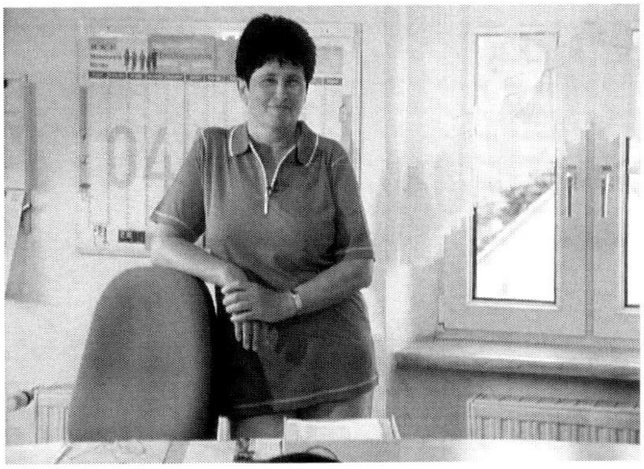

Frau Schulleiterin Teike 2004

ihr Anvertrauten? Da Marlies nun in die Rente gehen wird, naht Winfried Junge sich ihr im Kollegium zuletzt mit einem großen Blumenstrauß. Beide wenden sich nach 43 Jahren noch einmal der Kamera zu: So sähe man jetzt aus! Wie sie mal aussahen, als Winne Marlies noch Augen machte, zeigt ein Foto von 1962.

Gudrun und **Arthur Klitzke.** Sie ist schon 1961 die Größte der Mädchen. Mit 11 und 14 eine verlässliche gute Schülerin. Nicht verschlossen, aber ernsthaft. Liebt Witze. Erzählt im Unterricht einen, über den sie im Interview 1989 nicht mehr lachen kann – von Tünnes und Scheel und dem offenen Tor in der Mauer einer Irrenanstalt, das sie am Ausbrechen hindert. Gudrun kämpft mit einer bodenlosen Enttäuschung. In 40 Jahren wurde so viel geschaffen – und nun?

Der Rückblick zeigt Gudrun in der 1., 5., 8. Klasse. Da ist sie aktiv im FDJ-Aktiv, immer ganz Tochter des großen Vaters, ohne den ihr Leben nicht zu erzählen ist. Damals leitet der studierte Landwirt die Genossenschaft schon ein gutes Jahrzehnt erfolgreich. Arthur verantwortete da auch noch die Viehwirtschaft. 1975 wurde daraus die *LPG Pflanzenproduktion «30. Jahrestag des Sieges»*. Mit dem Boden von sieben Gemeinden ist die Golzower LPG mittlerweile einer der größten Agrarbetriebe der DDR, ja Mitteleuropas. Betreibt Großraumwirtschaft mit hochmechanisiertem Gemüseanbau, Düngen und Säen sogar aus der Luft. Mit 12,5 ha verminten eigenen Ackers hatte Klitzke nach Kriegsende wieder angefangen.

Gudrun aber enttäuscht den Jugendstundenleiter, wenn sie sagt, sie möchte Köchin werden. Mit 20 ist sie es, doch nicht lange. Klitzkes Tochter erwartet eine kommunalpolitische Karriere. 1974 ist sie schon Jugendabgeordnete im Kreis Seelow und bei der Aufnahme in die SED zu erleben, danach als Studentin der Fachschule für Staatswissenschaften in Weimar. Am Wochenende hilft sie dem Vater, der immer Gudruns Ratgeber und für sie «die Partei» war, in Golzow beim Bau von Hochsitzen in Serie für die Jagd. Zeit auch für Gespräche.

1981 ist Gudrun Leiterin des Abgeordnetenkabinetts beim Rat des Kreises Seelow, aber wohnt, noch immer ungebunden, weiterhin bei den Eltern.

Statt mit dem Fahrrad wie 1969 fährt Arthur 1983 inzwischen im *Lada* am neuen LPG-Verwaltungssitz im Kulturhaus vor. 7.300 ha machen ein Auto nötig. Am Schreibtisch und im Hörsaal der Bezirksparteischule erzählt er die konfliktreiche Geschichte der Genossenschaft, die auch seine eigene ist. Unter den Kursanten auch Gudrun. In der DDR ist 1983 das *Karl-Marx-Jahr*, in Bonn das Jahr des Regierungswechsels zur CDU/FDP. Es ist die Zeit der beiderseitigen Raketenbedrohung.

Im Mai soll Gudrun den alten Bürgermeister in der Nachbar- und Grenzgemeinde Genschmar zunächst kommissarisch ablösen. Er wird sie noch einarbeiten und bringt das auf den einfachen Nenner: Ein Bürgermeister muss alles können, weil er für alles verantwortlich ist. Schnell erkennt Gudrun, dass sie damit auch das *Mädchen für alles* ist und obendrein *Prügelknabe* sowohl der 399 Einwohner als auch der vorgesetzten Stellen des Kreises. Als Genschmarer Amtsperson kann sie auch nicht mehr bei den Golzower Eltern wohnen, engeren Kontakts wegen zu ihren Bürgern. 1984 wählt die Gemeindevertretung Gudrun erwartungsgemäß einstimmig zum Ortsoberhaupt. Da feiert Vater Arthur bereits ungefährdet seinen 25jährigen Vorsitz.

Auf der Jahreshauptversammlung der LPG zu Jahresende '84 spricht er nicht nur über Erfolge, sondern sieht auch im «Schludrian unseren größten Feind, der die guten Leistungen der einen durch andere wieder zunichte macht». In der Vorweihnachtszeit '87 befragt der Regisseur Gudrun über mögliche Zweifel am Sinn ihrer alltäglichen Arbeit. Doch sie meint: Hätte sie diese, würde sie aufhören. Noch immer lebt Gudrun allein und hat für sie all ihre Zeit zur Verfügung. Sie besucht den Kindergarten, der sich über Neuzugänge freut und nach Feierabend eine alte Frau, um sich nach ihrem Befinden zu erkundigen.

1988 inspiziert Arthur den neuen Meliorationsgraben, mit dem man sich für die Zukunft rüstet, wie er das schon 1969 für die Teilnehmer einer Jugendstunde, mit Gudrun an seiner Seite, tat, als er auf das Jahr 2000 orientierte.

Der Chronist, seit langem im Gespräch mit Gudrun wie mit dem Vater, konfrontiert beide ein Jahr vor dem noch nicht zu ahnenden Fall der Mauer schon mal in Schnitt und Gegenschnitt mit der Frage, was sie von Gorbatschows *neuem Denken* halten. Gudrun moniert nur *zu viel Papierkram* und plädiert für mehr Ehrlichkeit, aber Arthur bekennt: «Wir hören gern mal nach drüben, wie man dort einiges neu macht, und im Stillen hoffen wir, dass wir auch bei uns bald so etwas erleben.» Aber noch bleibt alles beim Alten.

Genschmarer Bürger putzen mit Sowjetsoldaten das Ehrenmal für die hier 1945 Gefallenen, und Gudrun dankt in einer Rede zum 1. Mai 1989 für einen dem Dorf verliehenen Ehrentitel. Kurz dazu befragt, gibt sie aber auch zu, dass nicht alle Bürger zu den anstehenden Kommunalwahlen gehen werden. *Ausreiseprobleme* hätte Genschmar allerdings nicht.

Dann kommt auch für diesen Ort und seine Bürgermeisterin die große *Wende*. Am 6. Dezember '89 begegnet Gudrun dem Interviewer in bedrückender Ratlosigkeit. Doch sie will nicht aus der SED austreten, fühlt sich offenbar mitverantwortlich für die entstandene Lage.

Arthur Klitzke kandidiert auf der LPG-Hauptversammlung am 2. Februar 1990 konsequenterweise nicht mehr für den Vorsitz. Aber auch, weil er 65 ist und in die Rente gehen kann. Sein Nachfolger wird ebenfalls ein Golzower – Dr. Großkopf, mit 229 Stimmen bei 110 Gegenstimmen und 32 Enthaltungen. Der vertraut weiter auf die Großproduktion, auch wenn es *Restitutionsansprüche* geben wird. Eine Umfrage zu den ersten freien Volkskammerwahlen – 53 % SPD, CDU 12–13 %, 12–13 % auch für die PDS – wird sich

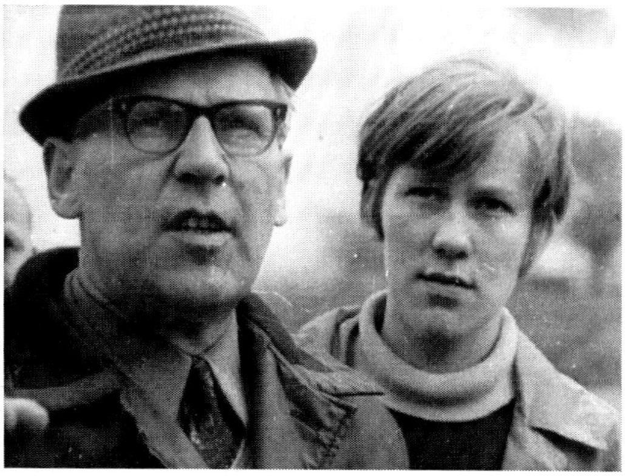

Gudrun in Vaters Fußstapfen? Die sind allerdings groß...

als falsch erweisen. Am 18. März 1990 ist die CDU der Gewinner. Zu den Kommunalwahlen in Genschmar am 6. Mai kandidiert auch Gudrun nicht mehr. Den Beitritt zur Bundesrepublik erlebt sie auf Krücken mit kaputtem Knie im Golzower Elternhaus. Doch auch anderes tut weh. Außerdem ist sie arbeitslos. Am 15. Juli 1991 besucht Winfried Junge den Duz-Freund Arthur das letzte Mal für ein «Wie geht's?» und ein Foto mit seiner Frau, am 12. September 1991 auch für ein längeres Gespräch mit Gudrun in Genschmar. Da ist sie auf dem Wege der Genesung. Wenn es Arbeit gäbe, würde sie hier bleiben. Ihr Leben in der DDR und ihre Teilnahme am Film sieht sie als ein Stück Geschichte.: «So grundverkehrt war das alles nicht.» Und sie wollte uns auch auch «ein bisschen noch» weiter vertrauen. Aber bereits drei Wochen danach beendet Gudrun ihre Mitwirkung. Sie wird umschulen, Steuergehilfin werden und als Buchhalterin in Karlsruhe tätig sein können, Jahre später zurückkehren, um die Eltern zu umsorgen, und sogar wieder Arbeit in der Heimat finden.

Teil 4

Bernhard und Eckhard

Bernhard (Guderjahn), der Landmaschinenschlosser, 2003 in der Werkstatt an einem Motor: «Ich wusste nie richtig, was ich werden sollte oder wollte. Es hat sich angeboten, in der Nähe von zu Hause zu lernen. Und ich bin bei geblieben.»

Schrifttitel: *Ziele? Mal seh'n, wie's kommt.*

Eckhard (Hoppe) z.Zt. arbeitslos, sitzt daheim im Sessel: «Ich kann mauern, schlossern, schweißen. Es gibt ja kaum, was ich nicht kann».

Schrifttitel: *Aber wenn dit erst der Fall ist, dass wir arbeitslos werden, denn jute Fuhre!*

Die beiden 1961 am Golzower Zuckertütenbaum. Erste Filmaufnahmen und Fotos.

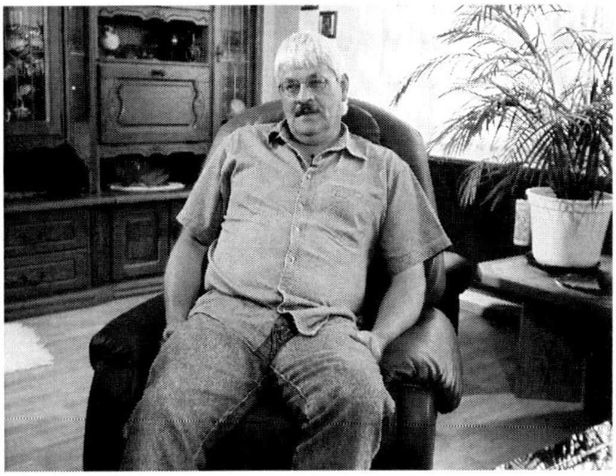

Eckhard 2003 – arbeitslos trotz all seiner praktischen Talente

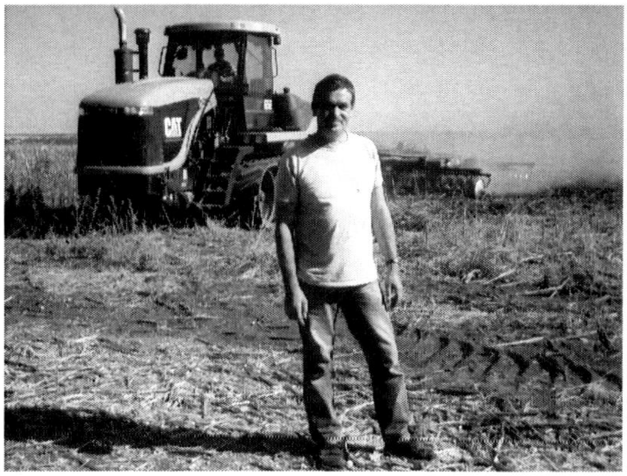

Bernhard 2003 - bei Arbeit für ein Joint Venture in der Ukraine

In der 5. Klasse hat Bernhard so seine Schwierigkeiten in Russisch, Eckhard in Mathe. 13 Jahre später sind Eckhard und Bernhard Kollegen und Landmaschinenschlosser. Die Anregung kam mit 14 im wöchentlichen *Unterrichtstag in der Produktion,* doch beide wollten zunächst die 10. Klasse abschließen. Sie schaffen es *befriedigend,* doch die Lehrverträge sind ja längst klar und so beginnen sie, zusammen mit Christian, an der zentralen Berufsschule in Müncheberg. Eine Lehrmeisterin unterweist die Lehrlinge an der Drehbank. Bernhard ist einer der wenigen, die im erlernten Beruf geblieben sind. Eckhard sitzt bald schon mehr auf dem Traktor, LKW, Mähdrescher – auf allem, was rollt.

1975 leistet Bernhard an der *Staatsgrenze* seinen *Ehrendienst für den Frieden.* Der Kamera wegen läuft er weit entfernt davon Patrouille und darf sich sogar interviewen lassen. 1983 geht es uniformiert in der Kampfgruppe der LPG weiter: Inzwischen Genosse, sei er «da nun mal drin».

Eckhard wird aus gesundheitlichen Gründen nicht Soldat, dient jedoch bei der *Freiwilligen Feuerwehr*. Vater, mit dem er schon 1969 und '79 in der LPG-Werkstatt zu sehen war, ist dort Hauptmann. Er hat inzwischen mit Rita, der Wirtschaftskauffrau, eine Doreen und einen Dirk.

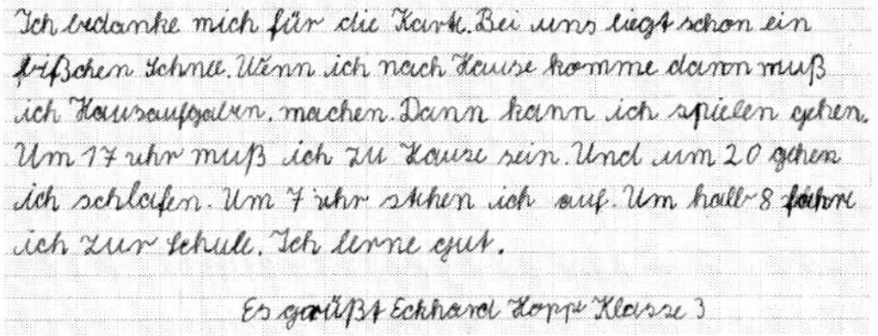

Golzow, den

Lieber Herr Junge!

Ich bedanke mich für die Karte. Bei uns liegt schon ein bißchen Schnee. Wenn ich nach Hause komme dann muß ich Hausaufgaben. machen. Dann kann ich spielen gehen. Um 17 uhr muß ich zu Hause sein. Und um 20 gehen ich schlafen. Um 7 uhr stehen ich auf. Um halb 8 fahre ich zur Schule. Ich lerne gut.

Es grüßt Eckhard Hoppe Klasse 3

Eckhard teilt Herrn Junge in der 3. Klasse mit, dass er gut lernt. Mit 50 geht es mehr ums Umlernen

Bernhard lebt noch bei den Eltern. In einem einst herrschaftlichen Haus mit Hunderten Einschüssen von 1945 an der Fassade. Auf der Treppe sitzend befragt, erzählt er, er habe einen Sohn, Freundin Ines studiere in Berlin, werde *Diplomgärtner*, wolle ihm aber später nicht nach Golzow folgen. Ines lebt 1981 mit ihrer beider Martin, 1 1/2, im Studentenwohnheim. Sie wird zu ihren Eltern in das Haus in Binz auf Rügen zurückkehren. Als Bernhard Mutter und Sohn in Berlin besucht, sieht es mal kurz nach Familie aus.

1983 rüsten die Hoppes für den 675-Jahr-Umzug in Golzow mit *lebenden Bildern* aus seiner Geschichte. Man erinnert an die Kriegszerstörung und Oderflut. Hoppes Wagen thematisiert die *erste Friedensernte*. Bernhard demonstriert auf geschmücktem, neuestem Mähdrescher Marke *Fortschritt* selbigen. Eckhard fährt, wie sonst auch, das Feuerwehrauto, und der Fanfarenzug des *Blocks der Jugend* bläst für den Frieden und gegen die NATO.

Bernhard lebt weiter mit den Eltern und Geschwistern in jenem Haus, das die *Kommunale Wohnungsverwaltung* weder saniert noch abreißt. Einen eigenen Fernseher hat er nicht, guckt höchstens mal bei den Eltern und liest ansonsten viel. Sein Single-Dasein kommentiert Vater, nach dem Bernhard zu kommen scheint, geduldigen Gemüts. Und Mutter will erst aus der Zeitung erfahren haben, dass der Sohn in der Partei ist. Im Gemeinderat sitzt Bernhard als Genosse Guderjahn nun *für Belange der Jugend* und spricht da sogar über lösungsbedürftige Probleme.

Eckhard und Rita, 1988 bereits elf Jahre verheiratet, haben mit Constanze jetzt drei Kinder, das vierte ist unterwegs. Und sie wohnen in einem der neuen Siedlungshäuser. Die Eltern hoffen, dass alle mal das Abitur machen.

Im August '88 lohnt Bernhards Arbeit in der Werkstatt mal wieder kaum das Filmen. So entfährt es dem Chronisten: «Na, mein Lieber, welche Ziele hast du denn noch? Bei dir verändert sich ja gar nichts?» Ines und Martin bleiben der Kamera treu und überraschen den Golzower mit ihrem Besuch. Martin platzt da einfach in ein Interview mit dem Vater hinein: «Verstehen Sie Spaß» im Oderbruch.

Dort sind auch *Perestroika* und *Glasnost* längst in aller Munde, und so entschließt sich der parteilose Regisseur, Bernhard, den Genossen, eines Tages in einer Werkstattecke danach zu befragen, was ihm durch den Kopf gehe. Wirtschaftlich, meint der, müsse sich in der DDR ebenfalls einiges ändern, und das dürfe nicht länger verschwiegen werden.

Der 1. Mai 1989 aber läuft noch ab wie immer, und fast alle sind dabei.

Anfang 1990 ist alles anders, und es herrscht ein gewisser Sarkasmus als Ausdruck von Ratlosigkeit, wie es weitergehen wird. Bernhard hat die SED-Mitgliedschaft «einschlafen» lassen. 35-jährig, richtet er inzwischen in einem anderen Altbau die erste eigene Wohnung ein. Miete: 18,50 DDR-Mark. Das elterliche Domizil steht endlich vor dem Abriss. In kurzer Zeit verändert sich plötzlich Vieles, und selbst eine Kommunalwahl wie die letzte in der DDR kann vielleicht schon etwas bewirken. So geht auch Bernhard wählen.

Der neue LPG-Vorsitzende Manfred Großkopf hat noch immer Verantwortung für 550 Genossenschaftler. Sie werden nicht mehr alle Arbeit haben: «Das Umdenken auf neue Verhältnisse wird sicherlich eine der schwierigsten Aufgaben werden.» Er ahnt die Probleme, die auf die Landwirtschaft und die Golzower zukommen werden, da selbst die Bodenreform nicht unumkehrbar zu sein scheint. Die Produkte der LPG sind konkurrenzfähig, doch die festen Preise aus sozialistischen Zeiten gibt es nicht mehr.

Eckhard und Rita vertrauen der Kompetenz des gewählten Vorsitzenden, der ja einer der Ihren ist, und auf den Erhalt ihrer Arbeit. Das neue Haus ist noch nicht abbezahlt, und nur aus dem Garten können sie sich nicht ernähren.

Am 15. 8. 1990 zeigt die Kamera Bernhard beim Zusammenkommen der Bauern des Kreises zur Fahrt mit LKW und Bussen zur landesweiten Protestkundgebung auf dem Berliner Alexanderplatz gegen den *Ausverkauf der DDR-Landwirtschaft*. Es sind nur noch sieben Wochen bis zum Ende dieser Republik.

Der Markt in Seelow hat sich bereits stark verändert: Der *Rat des Kreises* heißt wieder *Landratsamt*. Bundesflaggen wehen schon vor dem Beitritt der DDR zur BRD. Ein *Wiedereinrichter* nutzt seinen Acker zum Anbieten von Gebrauchtwagen. Und die Statue des *Alten Fritz* ist auf ihren Sockel nach Letschin zurückgekehrt. Nun gibt es allerorten auch die SPD, die Deutsche Bank und ALDI.

Bernhard steht in der Ruine des Hauses, in dem er aufgewachsen ist und das jetzt sogar wieder aufgebaut werden könnte, *wenn sich wer mit viel Geld fände*. Er hat die DDR *eigentlich nie so unerträglich empfunden*, wie man jetzt sagt. «Es ist alles in ruhigen Bahnen gelaufen, man wusste, was morgen kommt.»

Am 3. Oktober 1990 ist der Chronist mit der Kamera wieder im Ort, um sich nach Befindlichkeiten am *Tag der Einheit* zu erkundigen. Eckhard erklärt, zum Beitritt der DDR zur Bundesrepublik um Mitternacht schon geschlafen zu haben, und Vater Hoppe relativiert das Erlebnis, indem er daran erinnert, man sei ja nun «zweimal, beziehungsweise dreimal erzogen jeworden und jedes Mal vakehrt». Auch Bernhard hat die neue Fahne nicht rausgehangen, weil der Genosse selbst die alte nie gehabt haben will.

Aber Dr. Großkopf erweist sich nun als Mann der Tat. Er ersetzt eine Staffel Traktoren durch einen ersten Riesenkettenschlepper aus Übersee, um «auf Golzower Strukturen hochproduktiv zu arbeiten». Die *Wiedervereinigung* von Pflanzen- und Tierproduktion, die Querdenker Hübner – Melker und Vater von Marieluise – in der DDR immer begrüßt hätte, ist für ihn jedoch nur Ausdruck von Marktzwängen und «amerikanischer, kapitalistischer Ideologie».

In der Vollversammlung 1991 geht es um die *Novellierung des Landwirtschaftsanpassungsgesetzes* – nach Großkopf «alles andere als LPG-freundlich« – nämlich um rückwirkende Pachtzahlungen für Landeigentümer und Verzinsung von Inventarbeiträgen. Aus der LPG wird eine GmbH werden müssen und die Bilanz zum 30.6.91 ist Grundlage auch der Vermögensaufteilung. Das sei eben «die Form dieser Privatisierung und Umbildung in eine neue Rechtsform». Dafür muss der Vorsitzende, der zum Geschäftsführer wird, nun um die Zustimmung der Mitglieder werben. Auch derer, die keine Arbeit mehr haben, und der Vorruheständler. Nur wenn man mit den mehr als 7000 ha zusammenbleibt, kann die GmbH markttüchtig gehalten werden.

Eckhard und Bernhard sind von der neuen Situation ungleich betroffen. Eckhard hat Bodenanteile vom Opa eingebracht, Bernhard nicht, kann nur seine Arbeitskraft anbieten. Aber beide haben 1992 noch Arbeit, sie klagen nicht und hoffen, dass es so bleibt. Bernhard repariert einen alten DDR-Mähdrescher, ansonsten neue Maschinen, sagt, er habe mehr Arbeit, «weil entschieden weniger Leute hier sind». Verdient offenbar so, dass er sich schon eine Italienreise leisten konnte.

Juli 1993. Auf Rügen fährt die Bahn direkt an Ines' Elternhaus vorbei. Hier lebt sie mit dem 13-jährigen Martin, der seinen Vater in einem mitgebrachten Video von DREHBUCH: DIE ZEITEN mal wieder sieht. Anlass, über ihn und den Stand der Beziehungen zu sprechen. Trotz Diplom macht Ines nur Hilfsarbeiten als Gärtnerin und Gemeindekraft. Zur Leiterin fehlte ihr in der DDR die SED-Mitgliedschaft, und heute ist sie froh, überhaupt Arbeit zu haben.

12. September 1999. Im Golzower Mehrfamilienhaus hat Edeltraut – seit sechs Jahren, und doch für die Filmleute überraschend, Bernhards Lebensgefährtin – eine eigene Wohnung. Zusammen mit dem jüngsten ihrer vier Kinder. Die Geschiedene arbeitet als Reinigungskraft. Bernhard verspricht im Interview, seine Behausung aufzugeben.

Familie Hoppe im hauseigenen Garten «geht's gut, wenn man das Schlechte weglassen tut». Alle Kinder sind noch zu Hause. Dirk hat eine Lehrstelle als KfZ-Mechaniker, Doreen arbeitet im Handel, Christopher macht sich in der Schule, und Constanze geht immerhin im Gymnasium in die Zwölfte. Sie will vielleicht als Sanitäterin zum *Bund,* vielleicht auch Ärztin werden. Eckhard ist nun Betriebshandwerker, er macht, was anfällt: Mauern, pflastern, Fliesen kleben, schlossern.

Dieser 12.9. ist auch Tag des Golzower Sonnenblumenfestes. Mit Constanze als Sonnenblumenkönigin. Hier gibt es ein «Guten Tag, guten Weg» mit Elke aus Frankfurt (Oder) und ihrem Friedel aus Frankfurt (Main), die mittlerweile verheiratet sind. Und abends ist Tanz auf dem hell erleuchteten Schulhof.

Oktober 2000. Da Bernhard nur noch einer von wenigen Kollegen ist, hat er abwechslungsreiche Arbeit. Diesmal fährt er mit Traktor und Hänger Diesel für den Kettenschlepper aufs Feld. Eckhard wiederum muss trotz seiner Rückenprobleme mit dem Presslufthammer für den Umbau eines Stalles alten Beton aufsprengen. Aber nie ist jetzt nach der Winterpause die Arbeit sicher.

Am 22. November 2000 sorgt die Regie für ein «klammes» Zusammentreffen in Golzow und seinem Gasthaus. Martin ist jetzt Student und mit Freundin Ulrike da, Ines mit Freundin Petra, Bernhard mit Edeltraut. Aber niemand will sich Berührungsängste nachsagen lassen, und so reflektiert man bemüht Gemeinsamkeit und Getrenntsein. Ines will vor allem, dass Martin seinem Vater endlich mal wieder begegnet und sie spät am Abend auch noch kurz Bernhards Eltern besuchen kann. Da gibt es eine Umarmung unter Tränen und Omas Kuss für den großen Enkel.

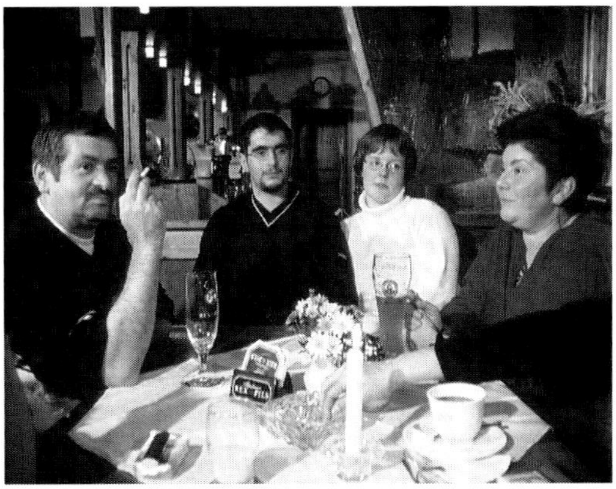

Bernhard sieht Ines nach über einem Jahrzehnt wieder. Der gemeinsame Sohn Martin ist mit Freundin Ulrike da

November 2001. Rita bedient in der Kaufhalle an der Wursttheke für den Film auch Eckhard und Constanze. Der arbeitet wieder mal am eigenen Haus, hat aber dafür jetzt viel Zeit. Ab 1. Dezember ist er arbeitslos. Christopher, sein Jüngster, schaut ihm zu und wird wohl auch Schlosser werden wie sein Papa und Opa.

In Greifswald gehen Martin und Ulrike zur Universität. Beststudent Martin will hier sein Diplom in Geografie und in München seinen Doktor machen. Ist auch in den Fachschaftsrat gewählt worden. Ines arbeitet ehrenamtlich mehrmals im Monat in der Telefonseelsorge. Das macht für die zeitweilig Arbeitslose Sinn.

Der ruhige, verlässliche und vielfältig einsetzbare Bernhard ist bei Dr. Großkopf beliebt. Auch weil er seinerzeit noch unverheiratet ist, delegiert der ihn seit 1994 jährlich mehrfach in die Ukraine und zwar zur Agro-Firma Tekutscha, zwischen Kiew und Odessa gelegen. Der ehemalige Kolchos ist seit 1993 *Joint Venture*-Partner der Golzower GmbH. Man hat hier 4000 ha gepachtet, weil im EU-Zwang zu Hause ein Zehntel der Flächen stillgelegt werden musste. Golzow nutzt so seine überzählige Technik mit Fachleuten wie Bernhard. Großkopf sieht sein Engagement auch als historische Verpflichtung zur Hilfe, meint, ein Zurück zum Kleinbauerntum wäre katastrophal. Am Ehrenmal für die Gefallenen des II. Weltkriegs findet sich auch der Familienname des hiesigen Firmenchefs Kolesnik. Bernhard arbeitet, wenn es Strom gibt, mit seinem Vorgesetzten Arne in der Werkstatt und erhält von Kolesnik ein großes Lob für die Betreuung der hochmodernen überstellten Technik.

Währenddessen wird Eckhard in Golzow zum Langzeitarbeitslosen. 2004 feiert er in der Garage in großer Runde seinen 50. Geburtstag. Auch Nachbar Jürgen Weber kommt noch kurz vorbei, um zu gratulieren. Eckhard hofft unbeirrt, dass es mal eine positive Antwort auf eine seiner vielen Bewerbungen gibt.

Derweil bestreiten Bernhard und Arne – die beiden *Entwicklungshelfer* im ehemaligen Lande Lenins – ihren zeitweiligen Junggesellenhaushalt bereits im 10. Jahr und blicken auf den sehr schwierigen Anfang zurück: «Nichts zu kaufen, Plumpsklo und alle drei Tage Wasser warm.» Heute haben sie eine Satellitenschüssel auf dem Dach, kennen das halbe Dorf und gehören überall dazu. Ein kleines Treffen an einem schönen Spätsommerabend mit den Arbeitskollegen belegt das. Und so endet Bernhards filmische Lebensgeschichte über 1500 km von Golzow entfernt.

Epilog

In einer Fotomontage, wie sie bisher allen Porträts folgte: Bernhard und Eckhard 1961–2004. Vom Sandkasten im Kindergarten 1961 zu demselben Sandkasten mit Kindern von 2004. Am 2. Oktober 1991 hatten sich hier noch einmal einige aus der damaligen ersten Klasse getroffen: Dieter, Willy, Bernd, Jochen, Gudrun, Jürgen, Marieluise, Eckhard und Bernhard.

Im Sandkasten vor ihnen ein Ball mit den Buchstaben DDR. Während die Kamera von Gesicht zu Gesicht schwenkt, fallen ihre Namen und wird gesagt, wer was heute macht und wo er 2007 lebt.

Erstmals nach 19 Filmen aus 46 Jahren erscheint das Wort *Ende*. Die Kamera entfernt sich von Kindergarten und Schule, verlässt Golzow und erreicht, begleitet von einem frisch-fröhlichen Song jetziger Schüler, durch das Bruch die Oder.

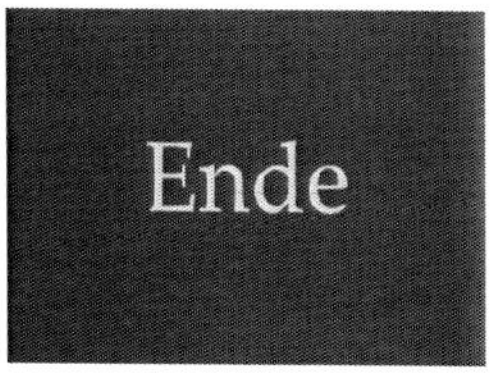

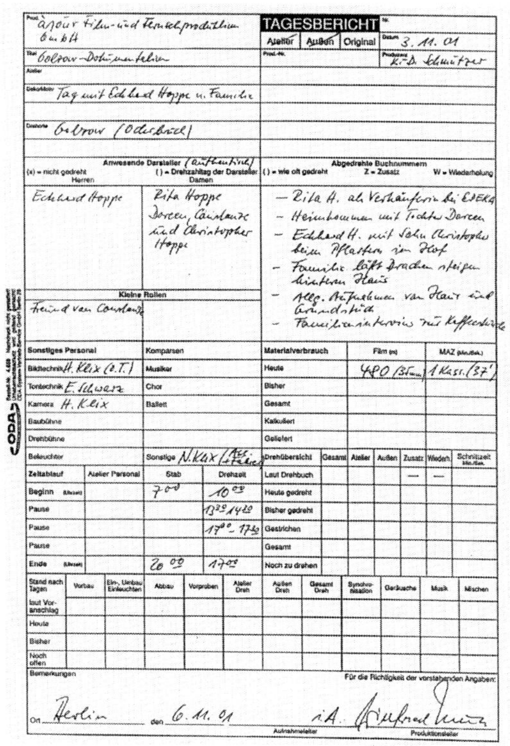

TAGESBERICHT

Prod.: à jour Film- und Fernsehproduktion GmbH

Atelier | Außen | Original — Datum: 3.11.01

Titel: Golzow-Dokumentarfilm — Produzent: K.-D. Schmutzer

Dekoration: Tag mit Eckhard Hoppe u. Familie

Drehort: Golzow (Oderbruch)

Anwesende Darsteller (authentisch): Eckhard Hoppe; Rita Hoppe, Doreen, Constanze und Christopher Hoppe

Kleine Rollen: Freund von Constanze

Abgedrehte Buchnummern:
- Rita H. als Verkäuferin bei EDEKA
- Heimkommen mit Tochter Doreen
- Eckhard H. mit Sohn Christopher beim Pflastern im Hof
- Familie läßt Drachen steigen hinterm Haus
- Allg. Aufnahmen vom Haus und Grundstück
- Familieninterview mit Kaffeetrinken

Sonstiges Personal: Bildtechnik H. Klix (D.T.); Tontechnik E. Schwarz; Kamera H. Klix

Materialverbrauch: Heute 480 (35mm) — 1 Kass. (37')

Sonstige: N. Klix (Kamera-assistenz)

Beginn 7⁰⁰ / 10⁰³; Pause 13²⁰–14²⁰; Pause 17⁰⁰–17¹⁵; Ende 20⁰⁰ / 17⁴⁵

Ort: Berlin, den 6.11.01 — i.A. [Unterschrift]

Tagesbericht – ausgefüllt vom Regisseur mangels Aufnahmeleiter

Von der Produktion bis zur Premiere: Fundsachen

Barbara und Winfried Junge
à jour Film GmbH, Klaus-D. Schmutzer

Massower Str. 26
10315 Berlin
Tel: 030 - 5136365
Fax: 030 -51659111
e-mail:
W.Junge@yahoo.de

Sparkasse Märkisch-Oderland
Herrn Dietrich Harms
Vorsitzender des Vorstands

Große Str. 2 - 3
15344 Strausberg

Dezember 2006

Antrag

auf Förderung der Fortsetzung
des Dokumentarfilms „Und wenn sie nicht gestorben sind…"

„…d a n n l e b e n s i e n o c h h e u t e

Die Kinder von Golzow
- das Ende der unendlichen Geschichte"

(AT: "LEBENSLÄUFE II: letzter von zwei Filmen)

durch die Ostdeutsche Sparkassenstiftung
gemeinsam mit der Sparkasse Märkisch-Oderland

"LEBENSLÄUFE II"
(Projekttitel)

ist die Weiterführung
von
"LEBENSLÄUFE - Die Geschichte der Kinder von Golzow in einzelnen Porträts"
(DDR 1980)

Ein letzter Förderantrag

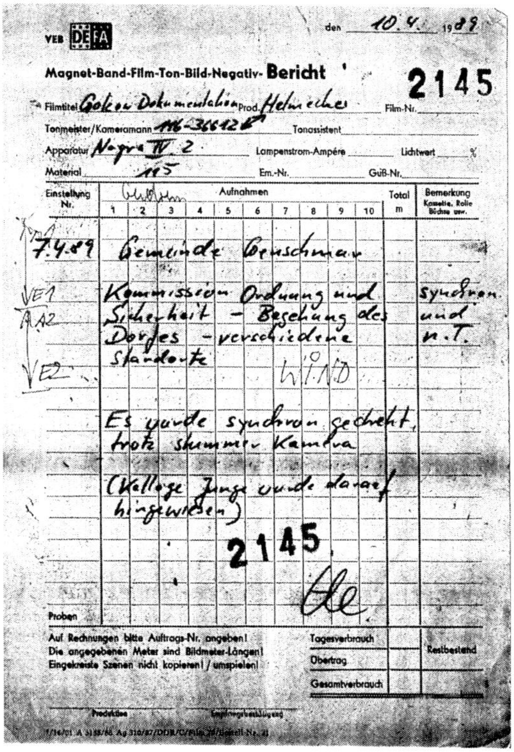

VEB DEFA — den 10.4.1989

Magnet-Band-Film-Ton-Bild-Negativ-Bericht — 2145

Filmtitel: Golzow Dokumentation — Prod.: Helmecke

Tonmeister/Kameramann: [illegible]

Apparatur: Nagra IV 2

Material: 115

7.4.89 Gemeinde Genschmar

Kommission Ordnung und Sicherheit – Beziehung des Dorfes – verschiedene Standorte — synchron und n.T.

Es wurde synchron gedreht, trotz stummer Kamera
(Kollege Junge wurde darauf hingewiesen)

2145

Auf Rechnungen bitte Auftrags-Nr. angeben! Die angegebenen Meter sind Bildmeter-Längen! Eingekreiste Szenen nicht kopieren / umspielen!

Bericht des Tonmeisters, der sich wieder mal für schlechte Aufnahmequalität rückversichert

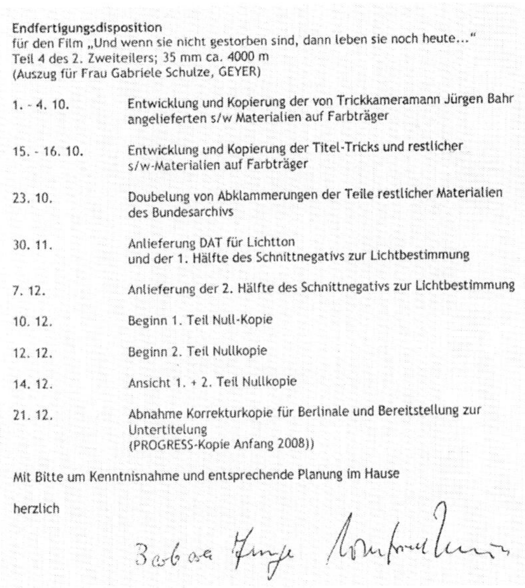

Endfertigungsdisposition
für den Film „Und wenn sie nicht gestorben sind, dann leben sie noch heute..."
Teil 4 des 2. Zweiteilers; 35 mm ca. 4000 m
(Auszug für Frau Gabriele Schulze, GEYER)

1. - 4. 10.	Entwicklung und Kopierung der von Trickkameramann Jürgen Bahr angelieferten s/w Materialien auf Farbträger
15. - 16. 10.	Entwicklung und Kopierung der Titel-Tricks und restlicher s/w-Materialien auf Farbträger
23. 10.	Doubelung von Abklammerungen der Teile restlicher Materialien des Bundesarchivs
30. 11.	Anlieferung DAT für Lichtton und der 1. Hälfte des Schnittnegativs zur Lichtbestimmung
7. 12.	Anlieferung der 2. Hälfte des Schnittnegativs zur Lichtbestimmung
10. 12.	Beginn 1. Teil Null-Kopie
12. 12.	Beginn 2. Teil Nullkopie
14. 12.	Ansicht 1. + 2. Teil Nullkopie
21. 12.	Abnahme Korrekturkopie für Berlinale und Bereitstellung zur Untertitelung (PROGRESS-Kopie Anfang 2008))

Mit Bitte um Kenntnisnahme und entsprechende Planung im Hause

herzlich

Barbara Junge

Zeitplan letzter organisatorisch-technischer Abstimmungen bei der Fertigstellung des Films

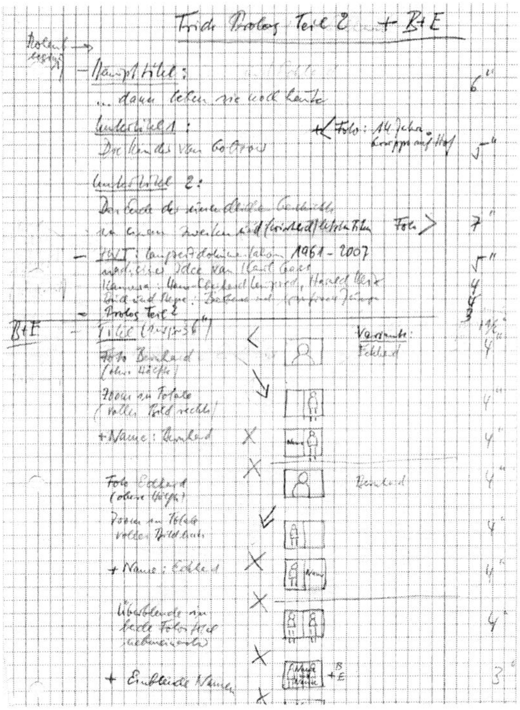

Vorschlagskizze für den Trickkameramann, die Gestaltung des Vorspanns von Teil 4 des Films betreffend

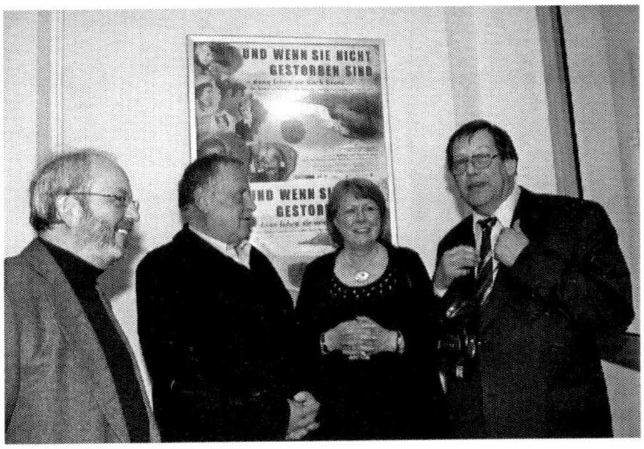

Prof. Dr. Lothar Bisky, Medienwissenschaftler und Vorsitzender von «Die Linke» ist nicht zum ersten Mal unter den Zuschauern

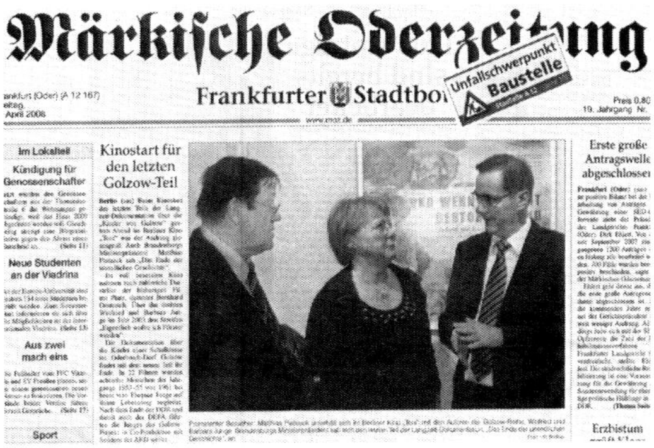

Märkische Oderzeitung

Frankfurter Stadtbote

Kinostart für den letzten Golzow-Teil

Erste große Antragswelle abgeschlossen

Die *Märkische Oderzeitung* setzt die Premiere auf die Titelseite ...

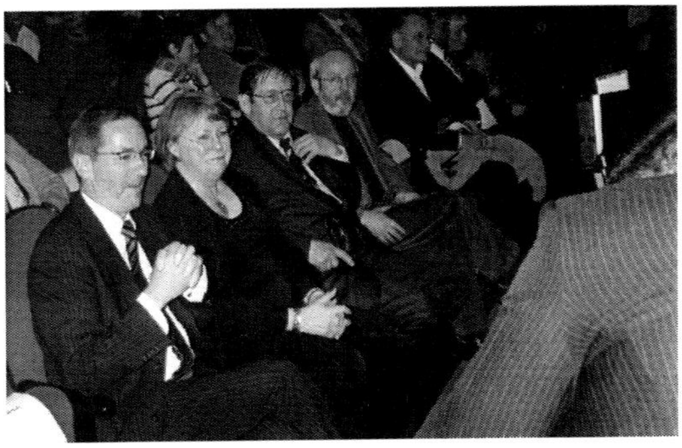

Platzeck, Ministerpräsident von Brandenburg, ist an diesem 3. April 2008 nicht nur Zuschauer, sondern auch Laudator

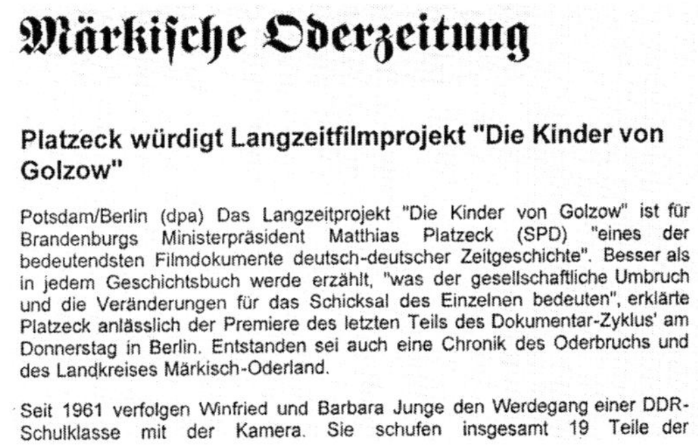

Märkische Oderzeitung

Platzeck würdigt Langzeitfilmprojekt "Die Kinder von Golzow"

Potsdam/Berlin (dpa) Das Langzeitprojekt "Die Kinder von Golzow" ist für Brandenburgs Ministerpräsident Matthias Platzeck (SPD) "eines der bedeutendsten Filmdokumente deutsch-deutscher Zeitgeschichte". Besser als in jedem Geschichtsbuch werde erzählt, "was der gesellschaftliche Umbruch und die Veränderungen für das Schicksal des Einzelnen bedeuten", erklärte Platzeck anlässlich der Premiere des letzten Teils des Dokumentar-Zyklus' am Donnerstag in Berlin. Entstanden sei auch eine Chronik des Oderbruchs und des Landkreises Märkisch-Oderland.

Seit 1961 verfolgen Winfried und Barbara Junge den Werdegang einer DDR-Schulklasse mit der Kamera. Sie schufen insgesamt 19 Teile der

... und zitiert Matthias Platzeck

Erinnerungen in Farbe

Kleines Kaleidoskop von Filmszenen im Stand

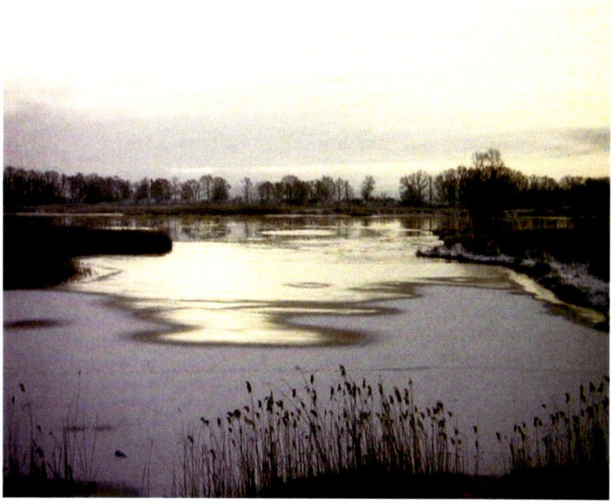

Die Oder –
das Oderbruch bei Reitwein,
auf den Tag genau 60 Jahre nach dem Beginn
der Erstürmung der Seelower Höhen,
des Sturms auf Berlin, am 16. April 1945

1 Million 236 Tausend Geschosse
am ersten Tag der Offensive.
Da hat man sie noch gezählt

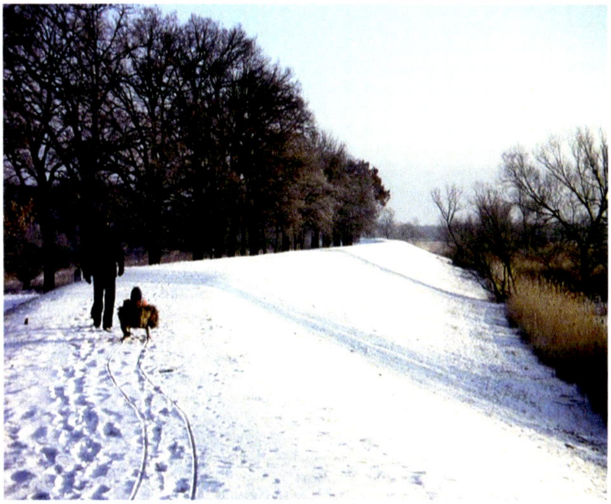

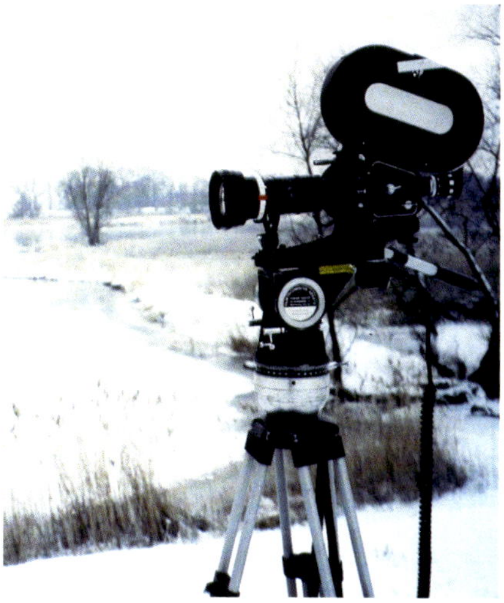

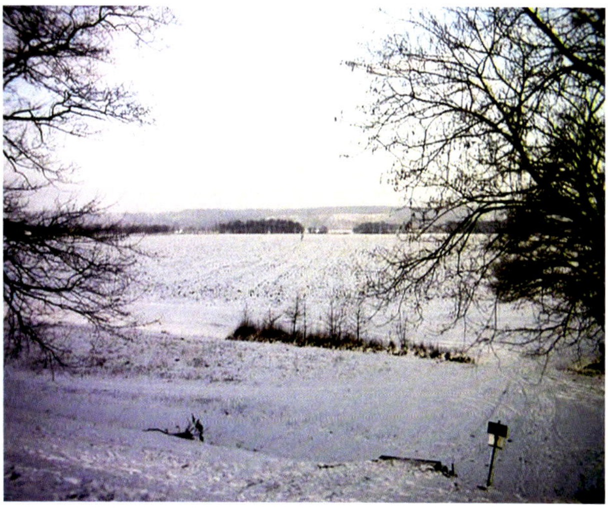

Der Fluss –
nun schon seit 7 Jahrzehnten
eine Grenze des Friedens

Geschichtliches Land,
in das die *Kinder von Golzow*
zehn Jahre nach diesem Kriege
hineingeboren wurden

Jürgen Fröhlich

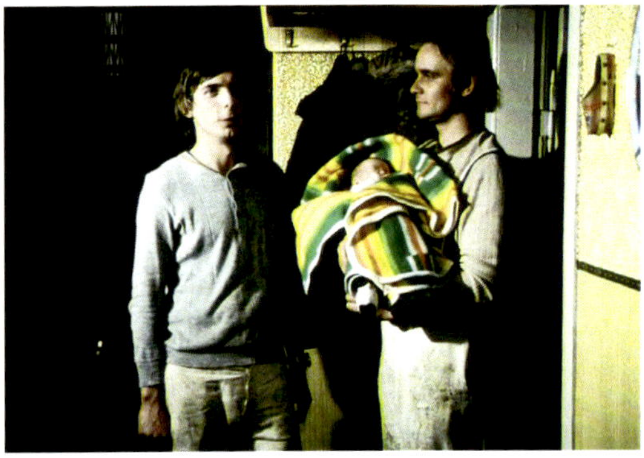

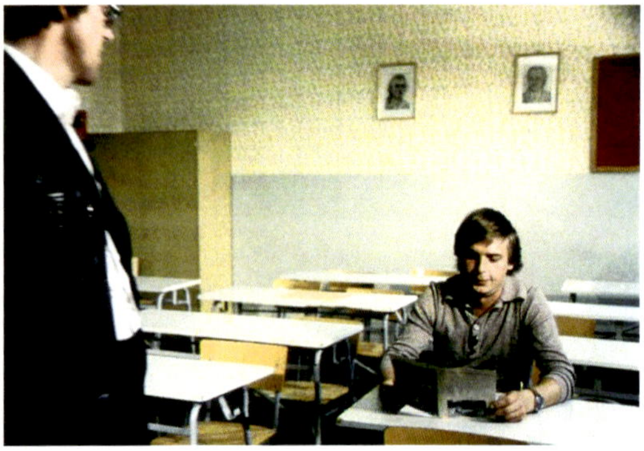

links oben: 1981 – Jürgen Fröhlich bei Jürgen Weber. Sie wurden Maler und Tapezierer. Und Väter

rechts oben: Jürgen an seinem alten Platz in der Klasse im Gespräch – 21 Jahre, nachdem ihn die Kamera hier entdeckte

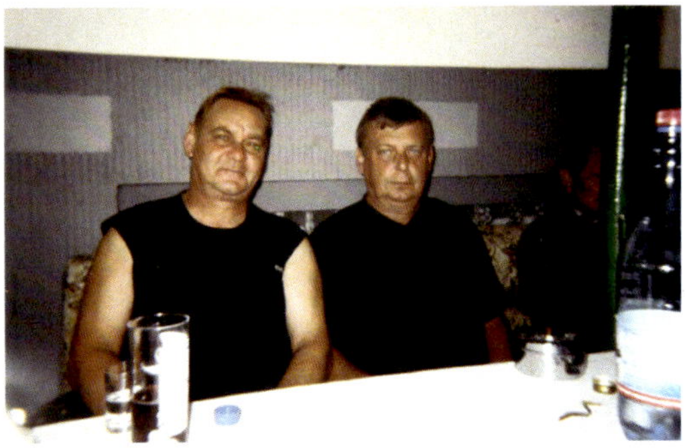

links: Jürgen bei Jürgen 2004 zu dessen Fünfzigstem

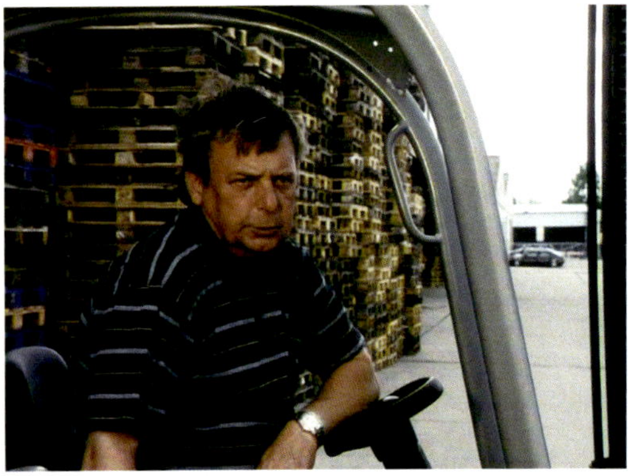

links: Der Maler als Lagerarbeiter auf dem Gabelstapler: «Ick möcht mal den sehen, der noch in sei'm Beruf arbeitet!»

links unten: 2005 wird auch Jürgen fünfzig: Ein Ehepaar im Interview, wenn das sein muss?

rechts unten: Am großen Runden die große Runde in der guten Stube des glücklich fertiggestellten Eigenheims im Oderbruch

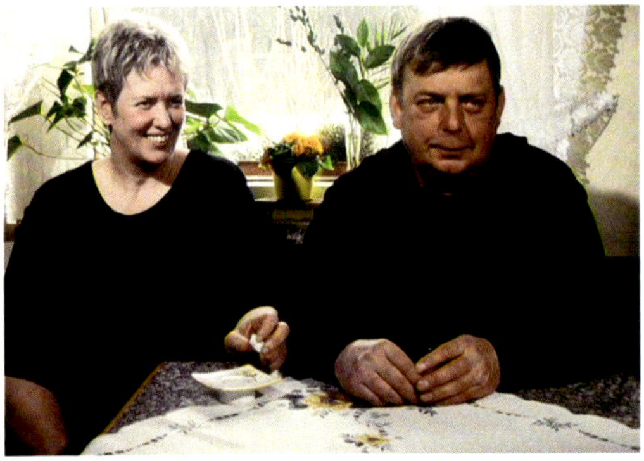

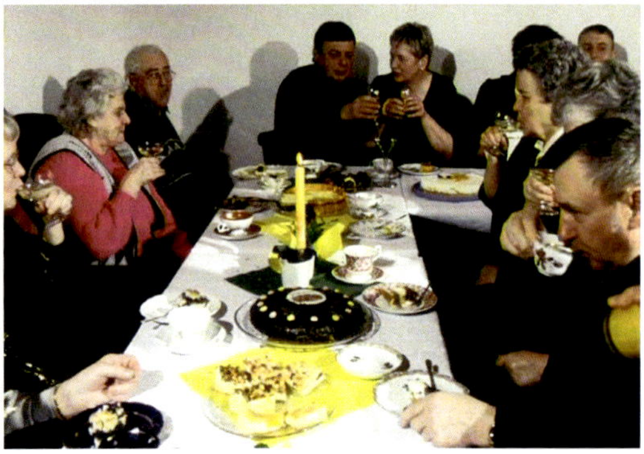

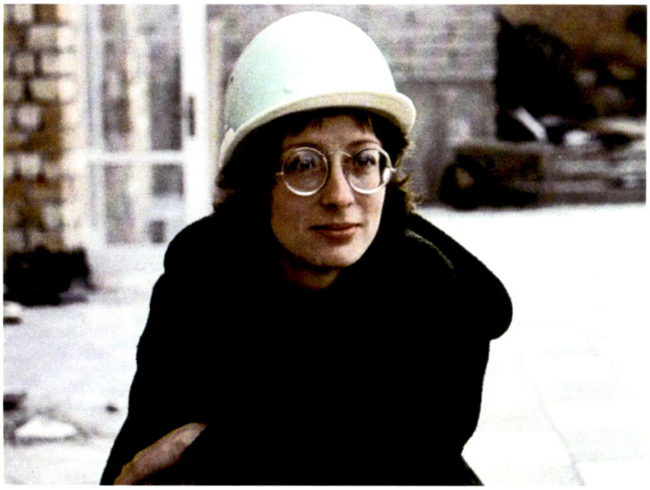

Wollte Chirurgin,
dann Architektin werden,
wird Bauingenieurin

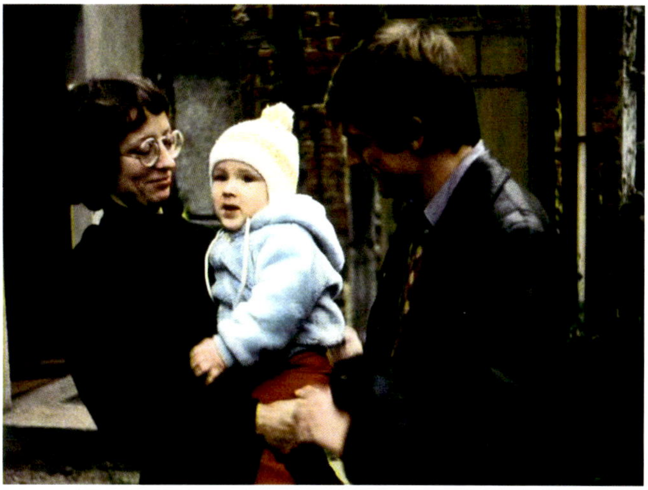

Wie ihr Mann, mit dem sie 1979
in Ribnitz-Damgarten an der
mecklenburgischen Ostsee
Arbeit und Bleibe findet

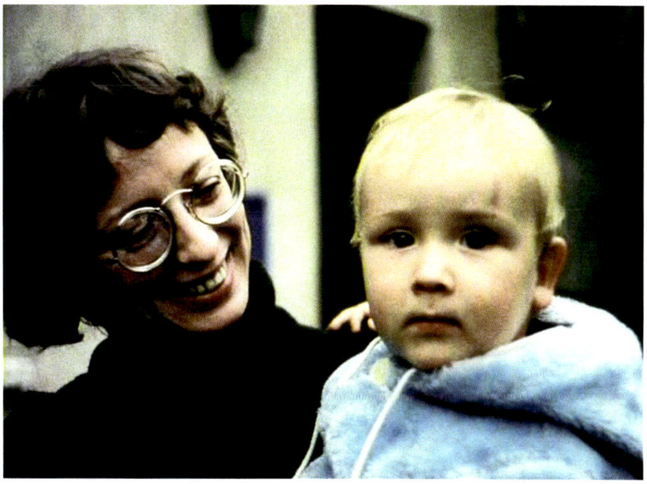

Genießt es vor allem, Mutter zu sein.
Aber filmen, wie ihr Kind groß
und sie älter wird? –
Nein, danke !

Christian Struwe

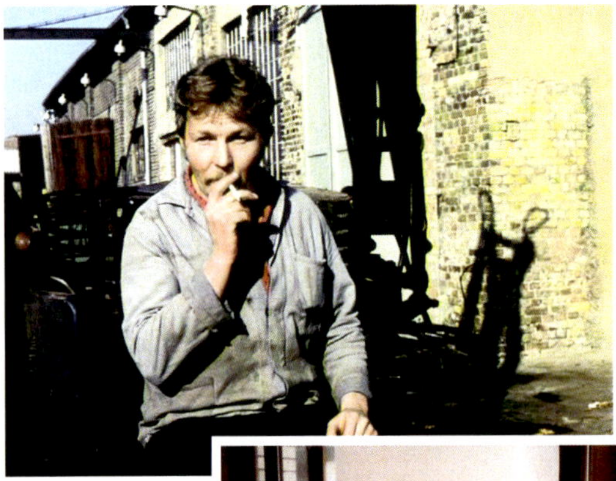

Ist 1979 Landmaschinenschlosser in der LPG Petershagen bei Berlin und noch Raucher

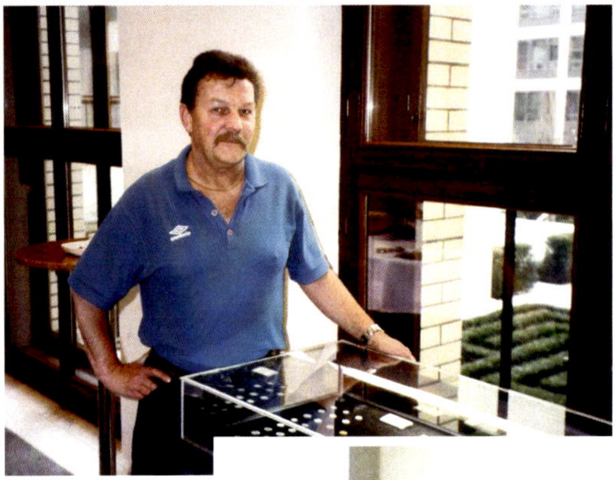

Wird Haustechniker bei der Staatsbank der DDR, nach deren Ende Kreditanstalt für Wiederaufbau

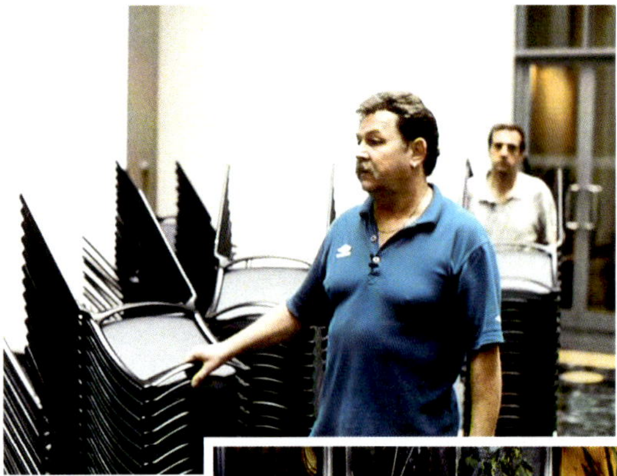

Als Mann für alle Fälle hat er mit seinem Team am Drehtag gerade einen Saal mit 162 Stühlen für eine Fachtagung über Globalisierung herzurichten. Was ihm Arbeit gibt, muss er für gut halten

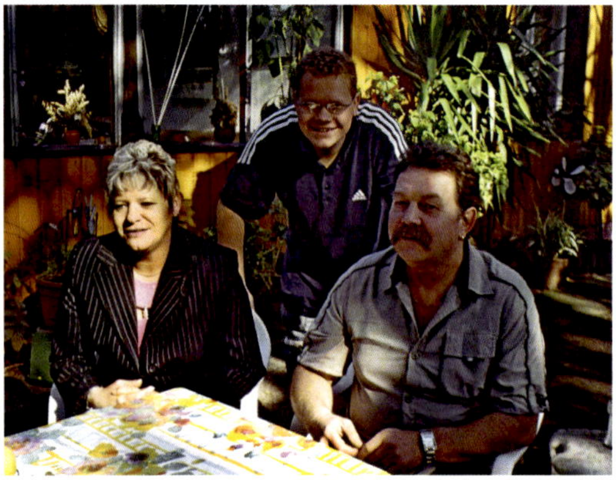

Lebt 2005 in zweiter Ehe mit Monika und 16-jährigem Kevin im neuen Berlin-Hellersdorf, wird nach seiner absehbaren Frühverrentung nach Müncheberg ziehen und Vater in dessen Golzower Garten dann Gabriele vorstellen

Ilona Müller (geb. Großkreutz)

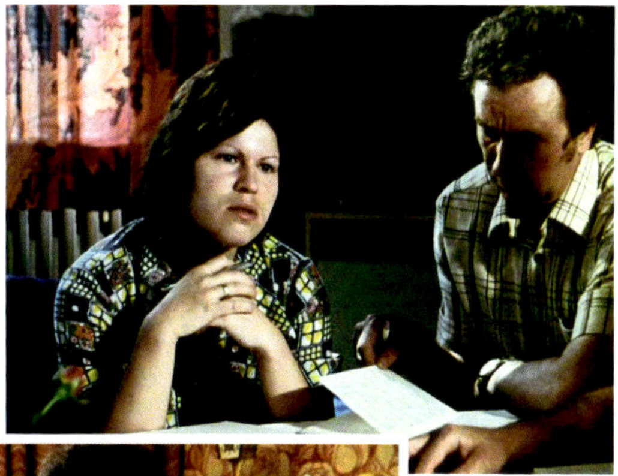

1978 an der Bezirksparteischule Beeskow für eine hauptamtliche Funktion im Jugendverband (FDJ) studierend

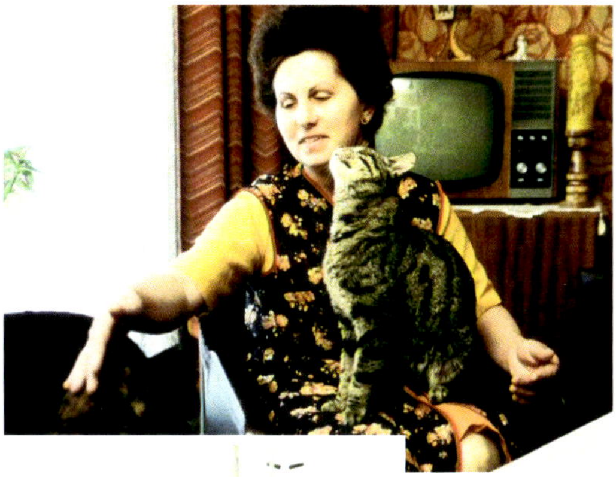

Die Mutter, mit Schmusekater und Hund, ist stolz auf die Tochter und findet, Ilona könne sich mit dem Erreichten im Film sehen lassen

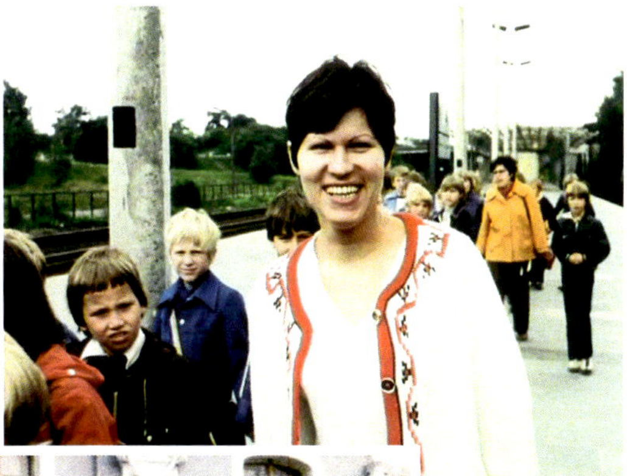

Ilona als Elternvertreterin mit der Klasse ihrer Tochter auf dem Wege zum Berliner Pionierpark

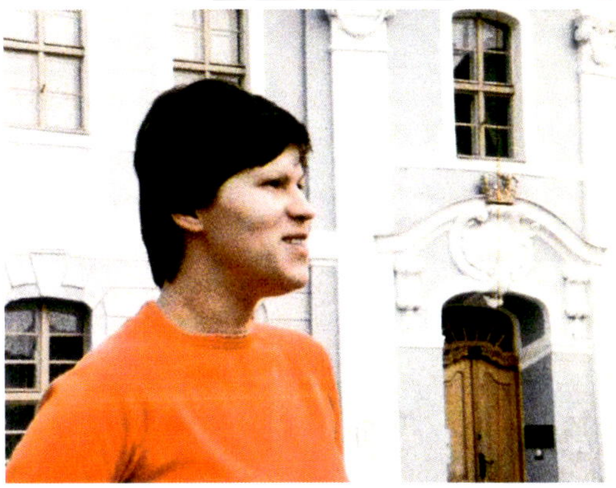

In einem Interview mit dem DDR-Fernsehen 1982 kündigt auch Ilona ihre weitere Mitarbeit an den Golzow-Filmen auf. Sie sei nicht der Mensch, der gerne vor der Kamera stehe

Winfried Jerchel

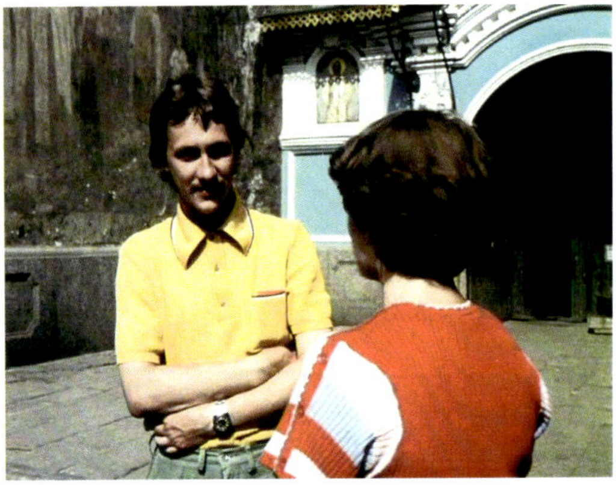

Als Student der Technischen Hochschule Karl-Marx-Stadt 1978 bei einer Exkursion nach Kiew. Am berühmten Höhlenkloster versucht er zu verstehen, was Natascha erklärt. Russisch war bisher nicht sein Ding

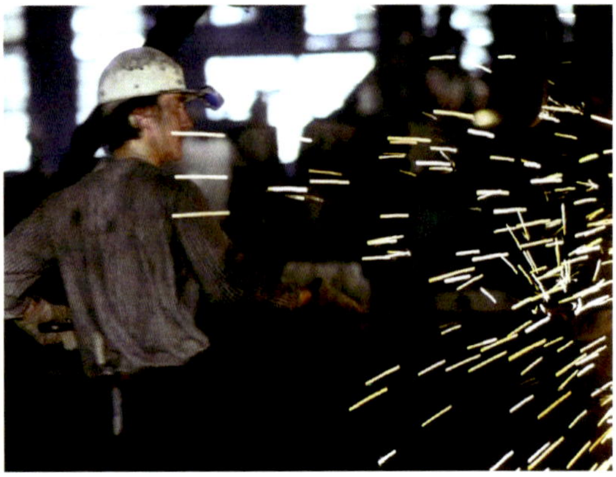

Im Stahl- und Walzwerk Gröditz arbeitet Winfried 1981 ein Jahr als Gießer, auch des besseren Verdienstes wegen

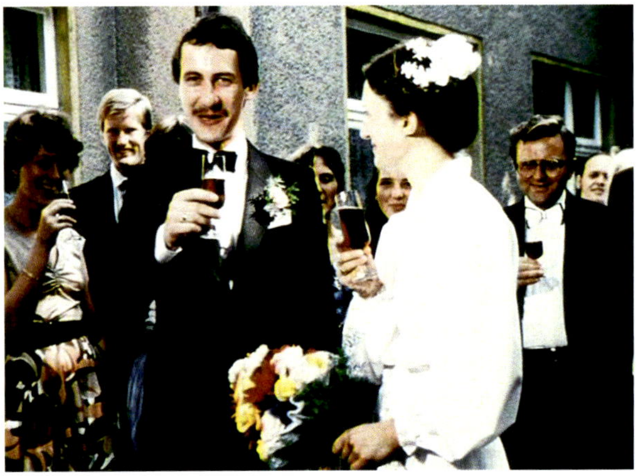

Er heiratet 1982, als er seine Sabine gefunden hat. Sie halten sich füreinander bestimmt, weil sie am gleichen Tag geboren wurden

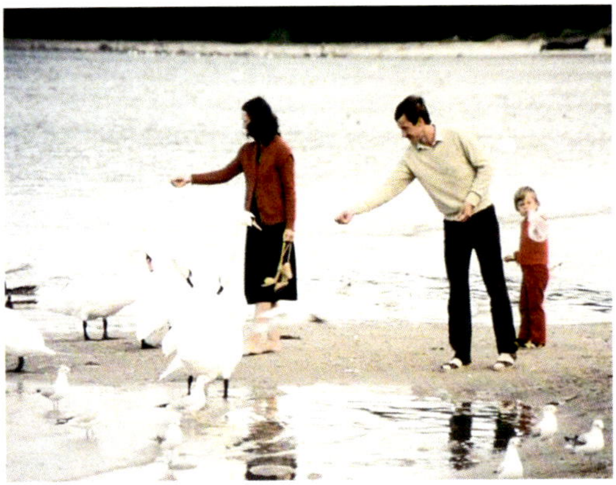

Hochzeitsreise nach Binz auf Rügen. Sabine bringt ein Kind in die Ehe mit – ein Mädchen

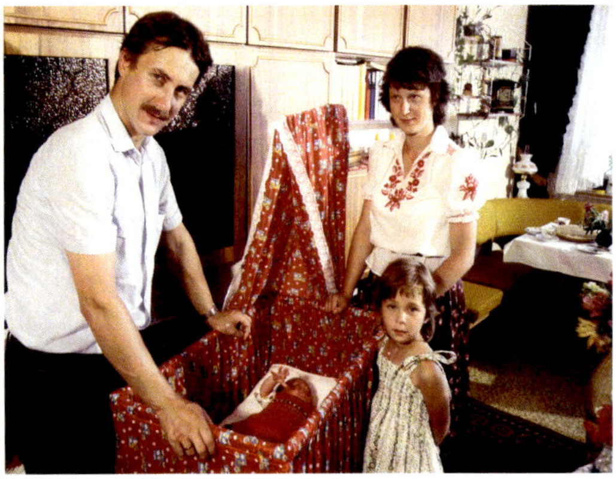

Ein gemeinsames Kind lässt nicht lange auf sich warten – ein Junge

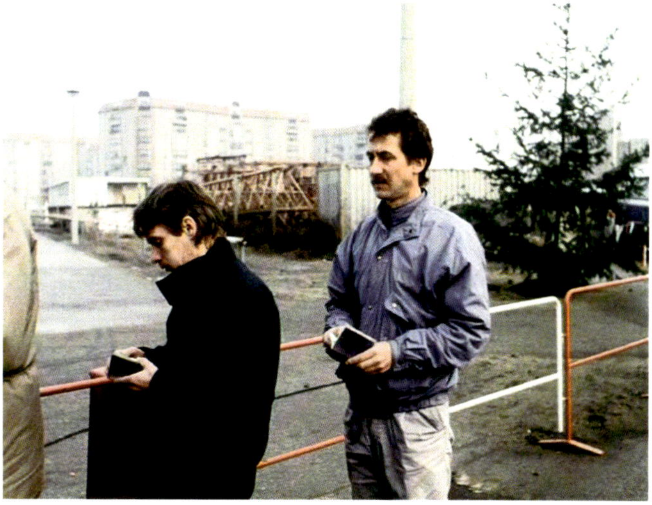

Winfried ist jetzt im Zellstoffwerk Gröditz Kampfgruppenkommandeur. Als die Mauer fällt, gehört er dessenungeachtet zu den Ersten, die sich in Westberlin umsehen.

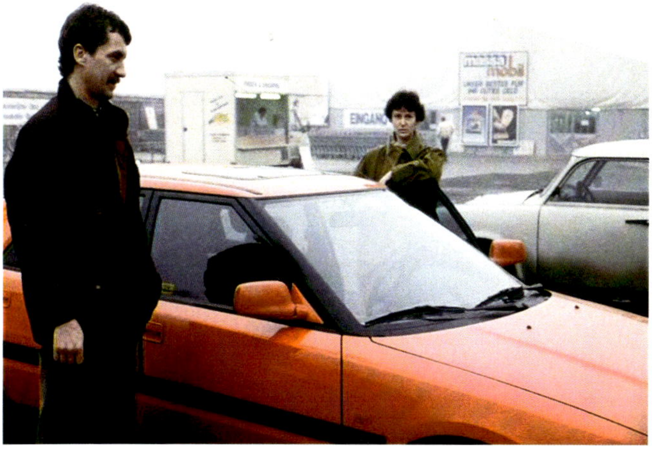

Das neue Geld verschafft ihm diesen Mazda. Nach einem Einkauf im Discounter steht er mit Sabine Rede und Antwort zu Problemen der *Wende*

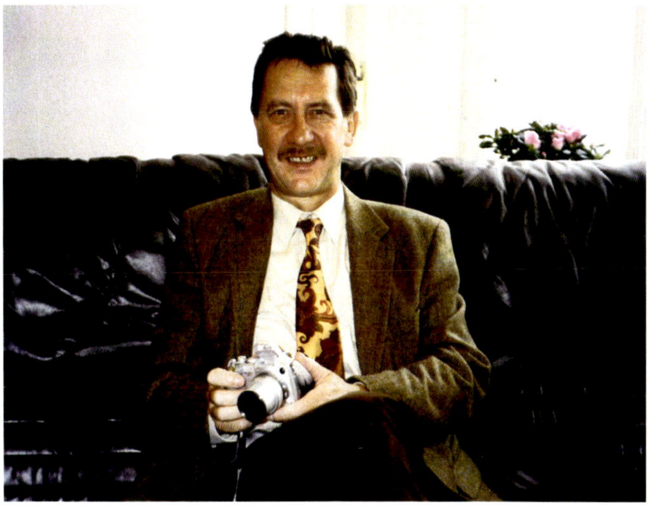

Nach dem Ende des Zellstoffwerks führt ihn Arbeitssuche nach Bayern. Eine Ehe mit inzwischen drei Kindern geht in die Brüche. Aber Augsburg lässt ihn eine neue Lebenspartnerin finden.
In einem letzten Interview 2005 äußert sich Winfried kritisch zu einer Politik, die «…zulässt, dass wir 'ne Dienstleistungsgesellschaft werden. Nur haben wir leider ein paar Millionen Leute zuviel, die wir da irgendwie nicht brauchen.»

Elke Hinkelmann (geb. Thelemann)

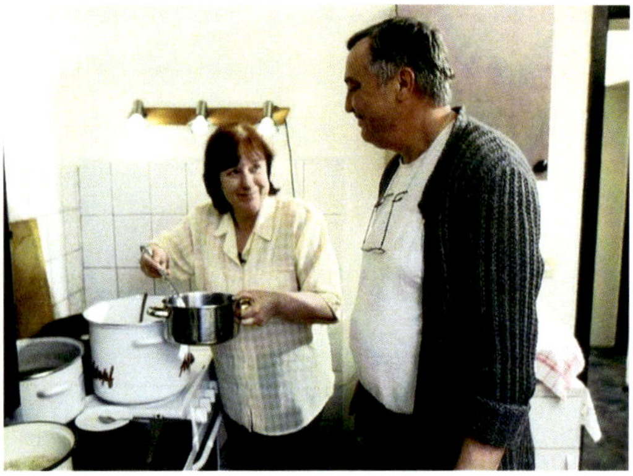

Mit Lebenspartner Gerd 2005 in Alt Tucheband unweit von Golzow. Die geschiedene Wirtschaftskauffrau und Mutter zweier erwachsener Kinder ist ebenso wie der gelernte Schlosser immer wieder arbeitslos

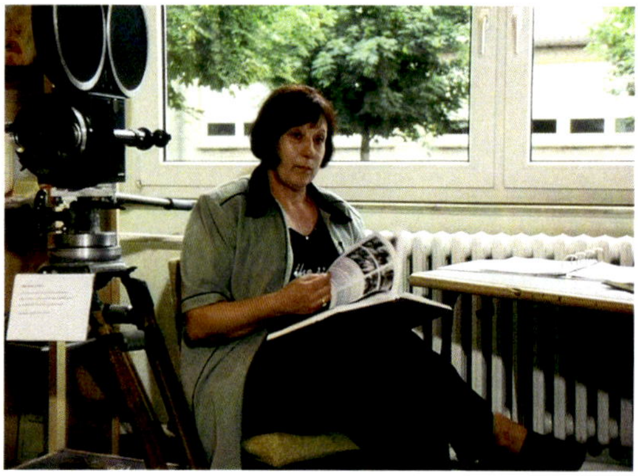

Für Elke ist es zwar ehrenvoll, für die «Ständige Filmausstellung» über ihre einstige Klasse, eingesetzt zu werden, vor allem aber eine Arbeitsbeschaffungsmaßnahme – und als solche endlich

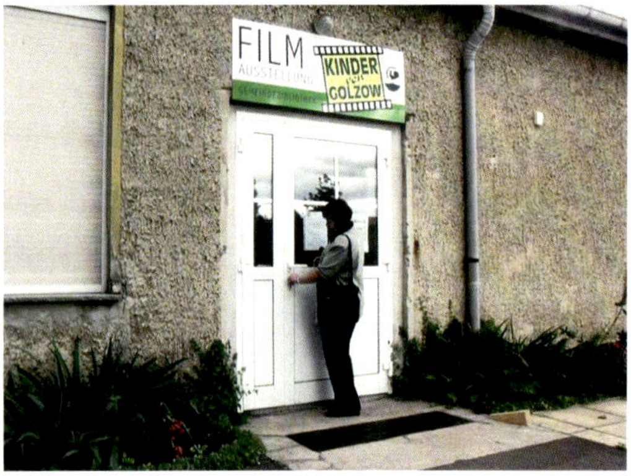

Sie schließt hinter sich zu, war nur noch einmal für das Interview hier, denn ihre Zeit ist rum. Wenn aus der Ausstellung ein Museum geworden ist, wird man sie wieder rufen, aber auch irgendwann erneut gehen lassen. «Und das sind dann so Verhältnisse.» (Kindermund aus ELF JAHRE ALT)

Marlies Teike (geb. Grell)

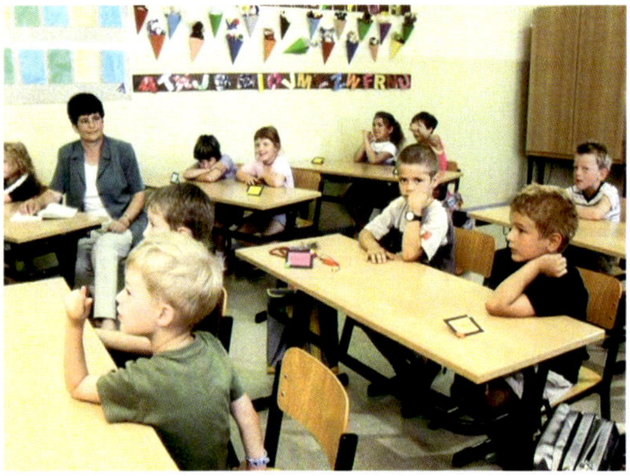

Sie ist kein «Kind von Golzow», sondern war die erste Lehrerin der «Filmklasse», ist seit 1991 Schulleiterin im benachbarten Letschin. Die Kamera kehrt noch einmal in ihr Leben zurück, als sie in einer 1. Klasse hospitiert…

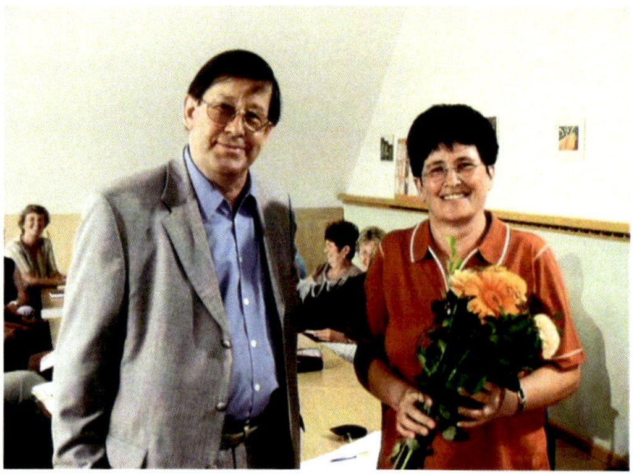

…und von Winfried Junge mit Blumen und allen guten Wünschen in die Rente verabschiedet wird

Karin Howald (geb. Sonnack)

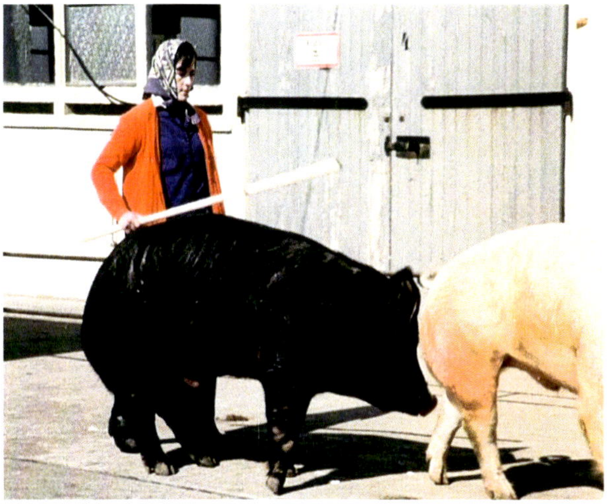

Ist eines von 9 (neun) Kindern einer Neubauernfamilie und wollte immer eine Arbeit mit Tieren haben, wie sie das nicht anders kannte. Lernte Geflügelzüchterin, nahm es später mit Zuchtebern auf…

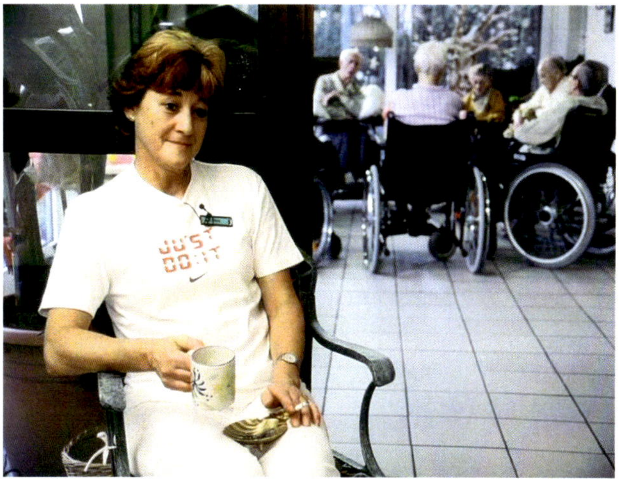

…und nach dem Ende der DDR in Wuppertal zuletzt mit dementen Alten in einem Pflegeheim

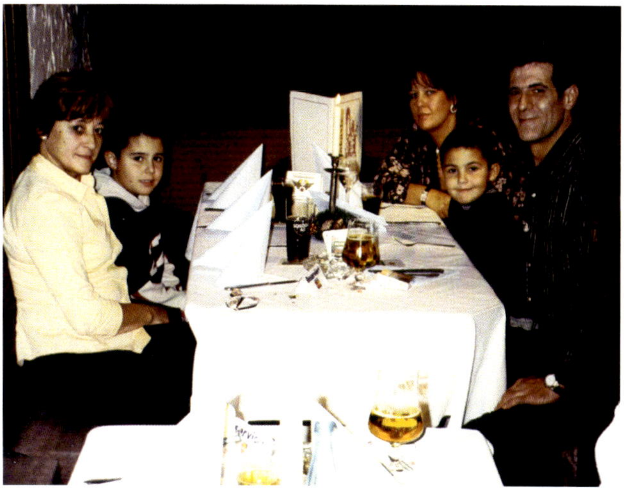

Als auch Karin fünfzig wird, sieht die Geschiedene ihre Tochter mit den Enkeln wieder. Guiseppe, ihr Freund, lädt zu einem Essen ein und wird noch mit ihr «aufstoßen»

Gudrun Klitzke

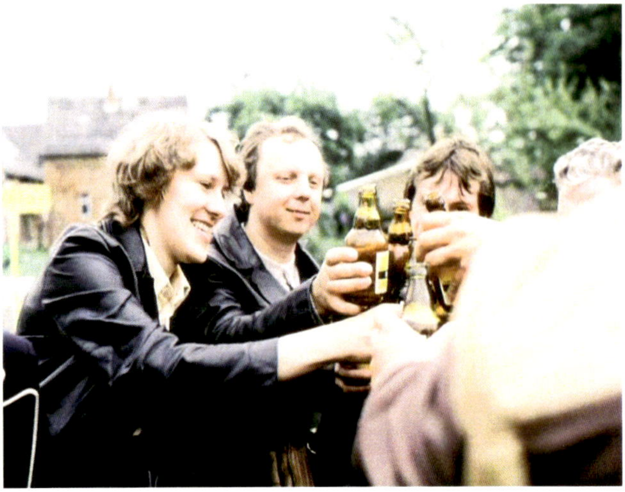

Hat Köchin gelernt, Staatswissenschaften studiert und sich an der Bezirksparteischule gerade auf ihre Arbeit als Bürgermeisterin vorbereitet.
Mit einer feucht-fröhlichen Kremserfahrt feiert man das Ende des Lehrgangs

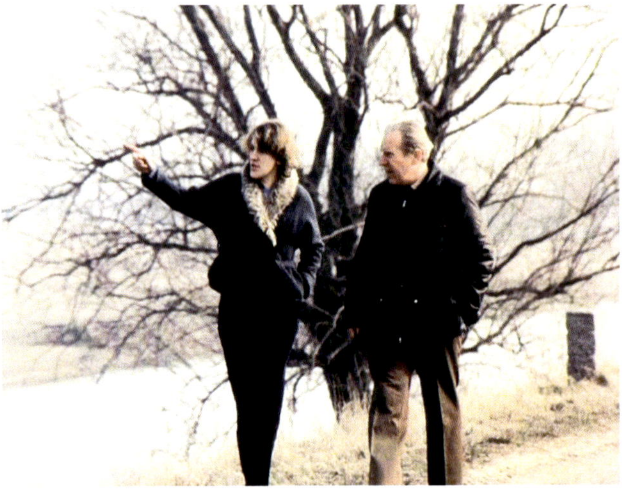

Mit Vater, dem langjährigen Vorsitzenden der LPG Pflanzenproduktion Golzow, auf dem Oderdeich bei Genschmar, wo die Tochter dem Gemeinderat vorsteht

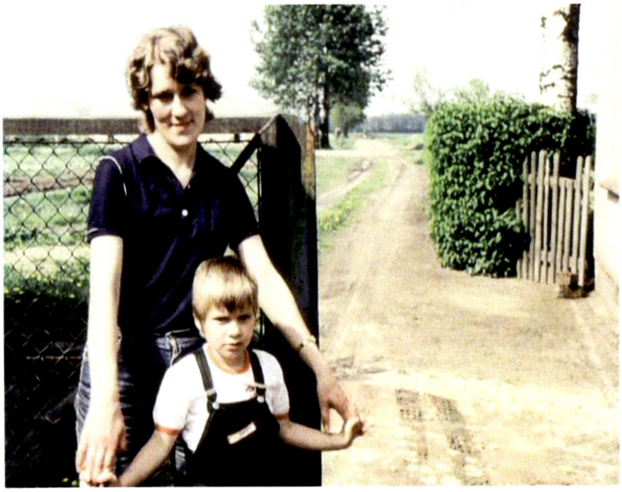

Gudrun ist alleinstehend, kinderlieb und die gute Tante für die drei «Quaden» des Bruders, wie man im Oderbruch sagt

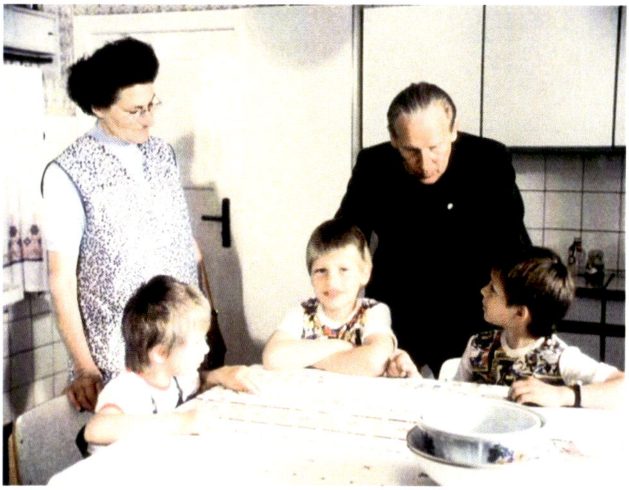

Diese sind bei den Großeltern auf dem einstigen Bauernhof gern zu Besuch Für alle sind das glückliche Stunden, wird es in ihrer Erinnerung die glücklichste Zeit ihres Lebens sein

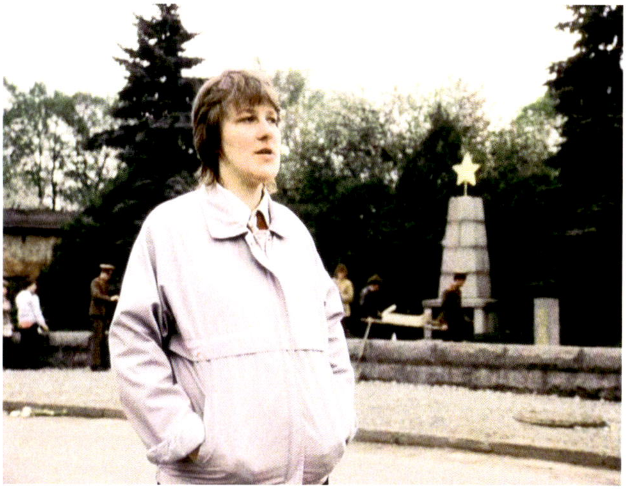

Der Bürgermeisterin ist es Pflicht und Bedürfnis zugleich, die Gedenkstätte für die rund um den Ort gefallenen sowjetischen Soldaten zu pflegen und in Ehren zu halten

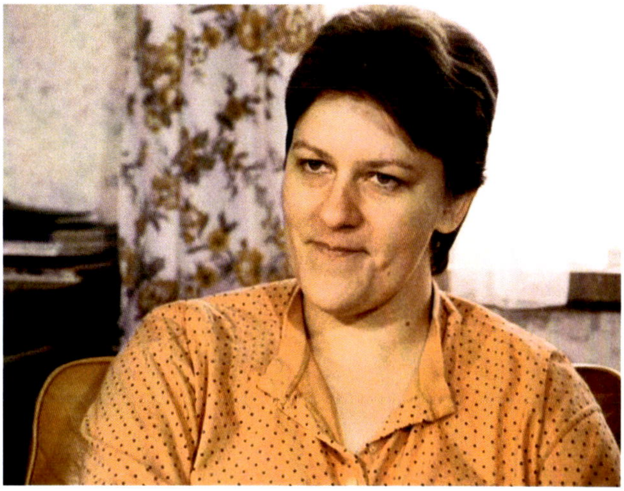

Sieben Jahre war Gudrun im Amt, kandidierte 1990 jedoch nicht mehr. In einem langen letzten Gespräch verweist sie auf Vieles, das im Ort erreicht wurde, steht zu ihrer Gesinnung und dem, was die Chronisten dokumentierten. Am 3. Oktober 1990 aber beschließt auch sie, sich nicht weiter filmen zu lassen

Eckhard Hoppe und Bernhard Guderjahn

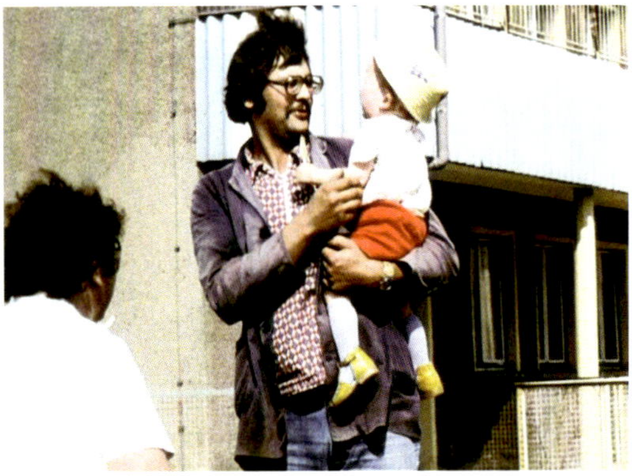

Eckhard mit Dirk, seinem zweiten von später mal 4 Kindern. Der Landmaschinenschlosser arbeitet und lebt ganz für die Familie, für die er noch an einem schönen großen Reihenhaus mitbauen wird

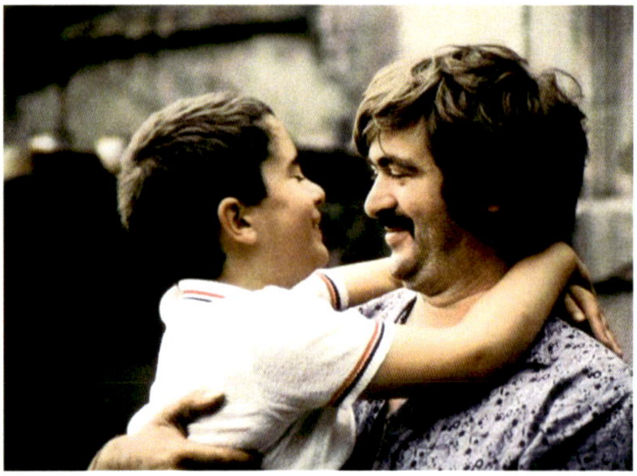

Bernhard hat seinen Sohn Martin nur zu Besuch. Der wird bei der Mutter auf Rügen groß. Die Eltern heirateten sich nicht, auch weil weder Bernhard nach Binz noch Ines nach Golzow ziehen wollte

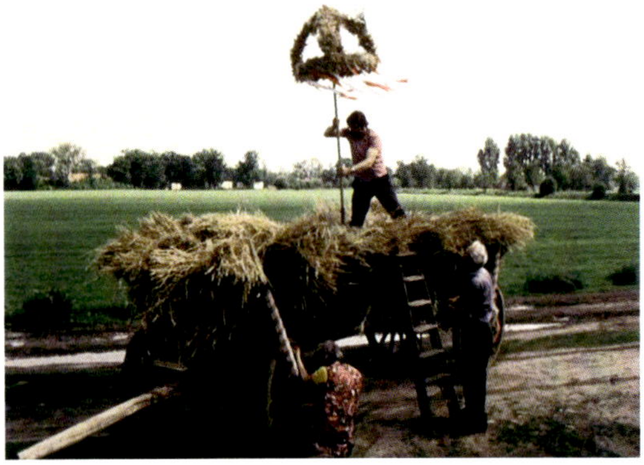

Pfingsten 1983: Golzow bereitet sich auf seinen 675sten Geburtstag vor. Eckhard ist mal kurz von seinem viele PS starken Traktor auf den alten Erntewagen umgestiegen, um ihn mit den Eltern für den großen Umzug zu schmücken

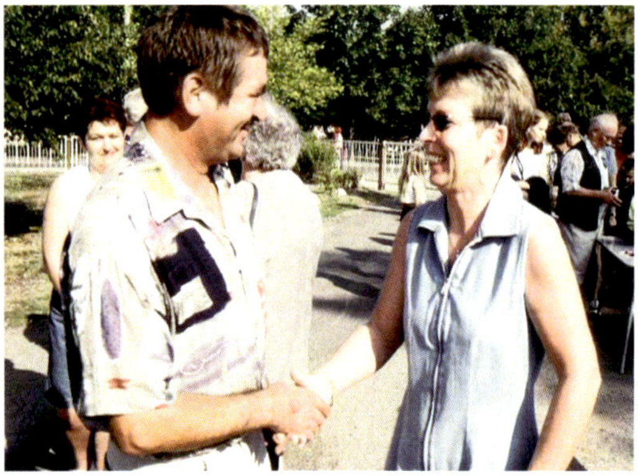

Zu Golzows Sonnenblumenfest schaut Bernhard beim Fest, ob unter den Mädels mal wieder ein neues Gesicht ist. Das aber ist Elke, seine Klassenkameradin

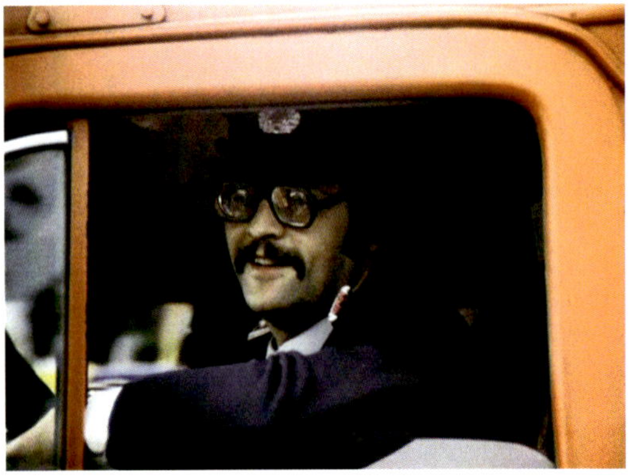

Eckhard ist beim Umzug als Fahrer der Freiwilligen Feuerwehr dabei. Deren Wagen sprang mal bei einer Übung für den Film nicht an. Aber heute blamiert ihn der Motor nicht

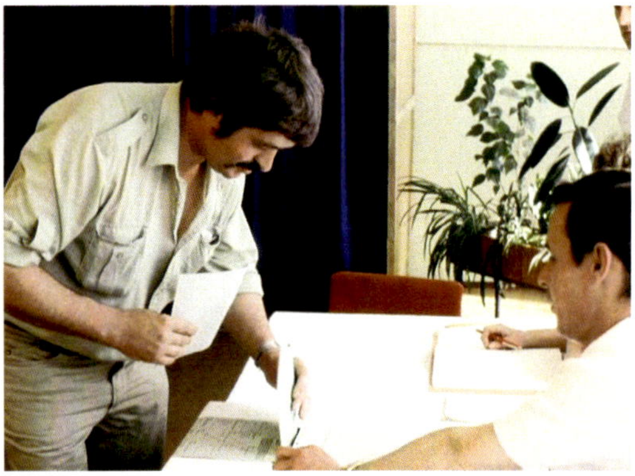

Genosse Bernhard ist in Golzow natürlich immer wählen gegangen. So tut er das auch bei den letzten Kommunalwahlen der DDR 1990 und hat dazu sogar die Kabine benutzt

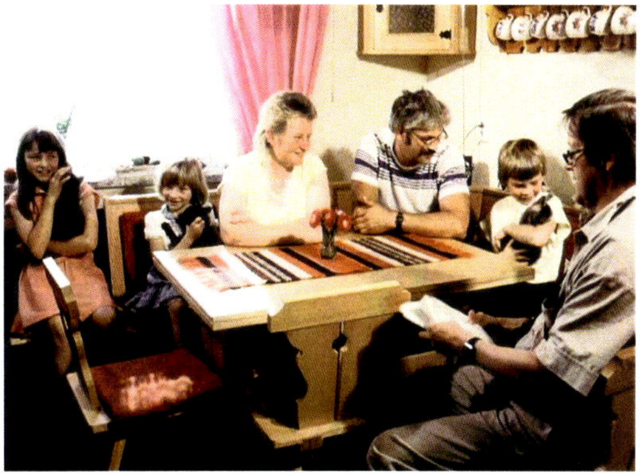

Eckhard mit dem 4. Kind in einem neuen Sommer im Oderbruch. Im Unterschied zu Bernhard kann er nur hoffen, dass er noch gebraucht wird

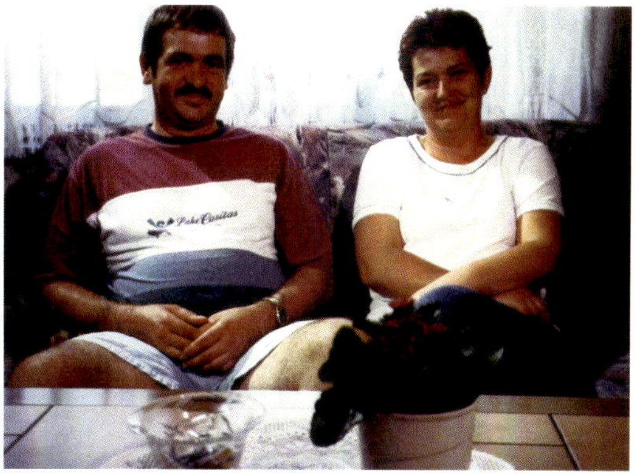

Bernhard lebt in seinem 5. Jahrzehnt nicht mehr als Junggeselle, sondern mit Edeltraut, der Raumpflegerin, zusammen, die er schon lange kannte und deren vier Kinder inzwischen aus dem Haus sind

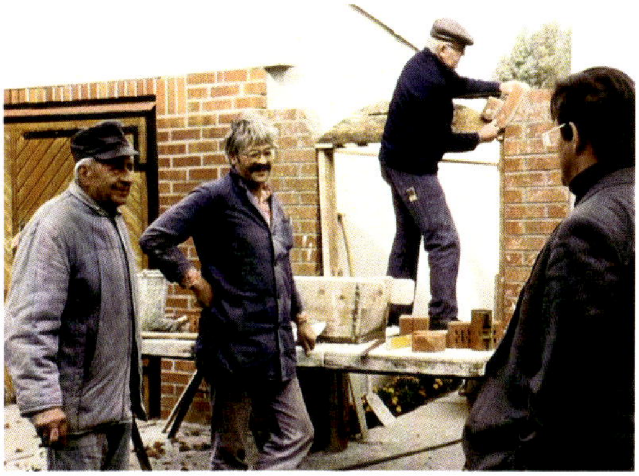

Eckhard und Vater einen Tag nach dem Beitritt der DDR zur Bundesrepublik Deutschland 1990. Er bekennt dem Filmemacher, dass er zur historischen Mitternacht schon geschlafen habe: «Ich musste doch nächsten Morgen wieder arbeiten.»

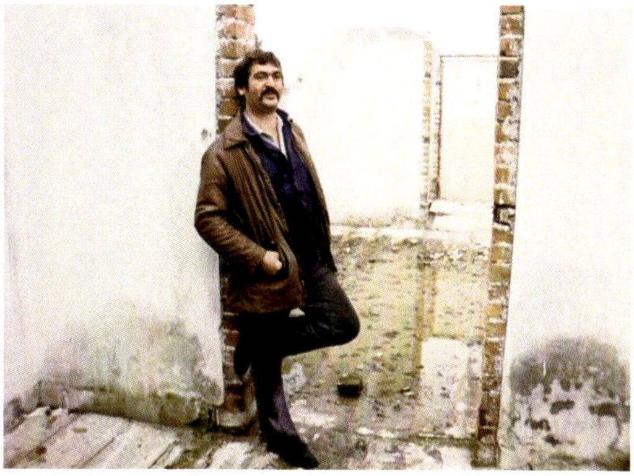

Bernhard 1991 in seinem Elternhaus, von dem nur noch die Grundmauern stehen. Es hat dem Krieg, der Nachkriegszeit und 40 Jahren Aufbau des Sozialismus widerstanden, nicht aber der Wende. Und nun? – «Erstmal alles rankommen lassen.»

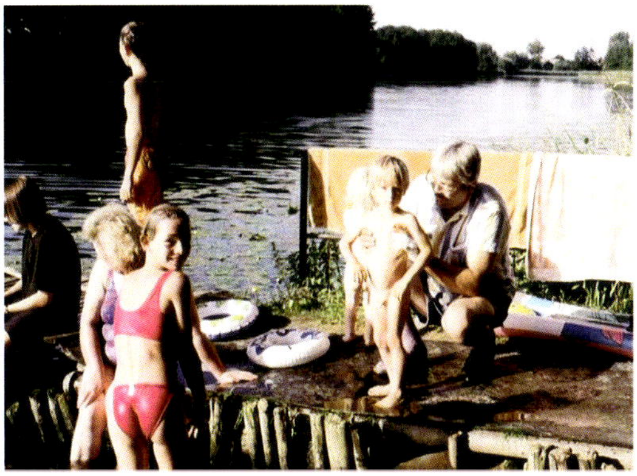

Eckhard mit dem vierten Kind im Oderbruch. Im Unterschied zu Bernhard, der allein schon zeitweilig in der Ukraine gebraucht wird, kann er nur hoffen, dass ihm seine Arbeit erhalten bleibt.

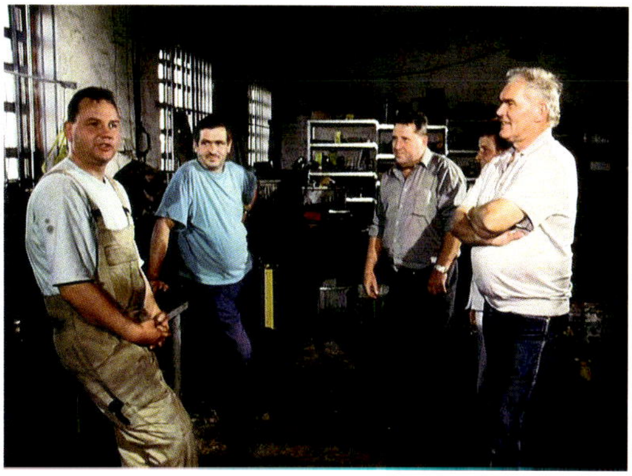

Bernhard und sein Vorgesetzter Arne mit den Chefs des Joint Venture Golzow-Tekutscha Dr. Großkopf (v.) und Kolesnik

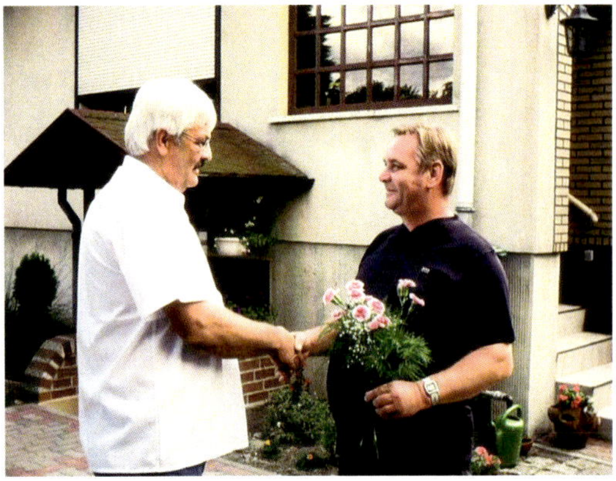

2004 wird auch Eckhard fünfzig. Nachbar Jürgen Weber ist es gerade geworden und kommt gratulieren

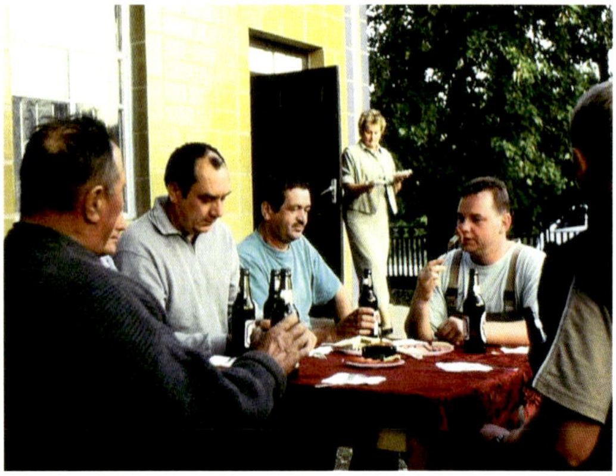

Bernhard und sein Kollege Arne mit ihren ukrainischen Arbeitspartnern an einem Sommerabend in Tekutscha, einem ehemaligen Kolchos zwischen Kiew und Odessa: Es wird die letzte Szene von ... DANN LEBEN SIE NOCH HEUTE werden

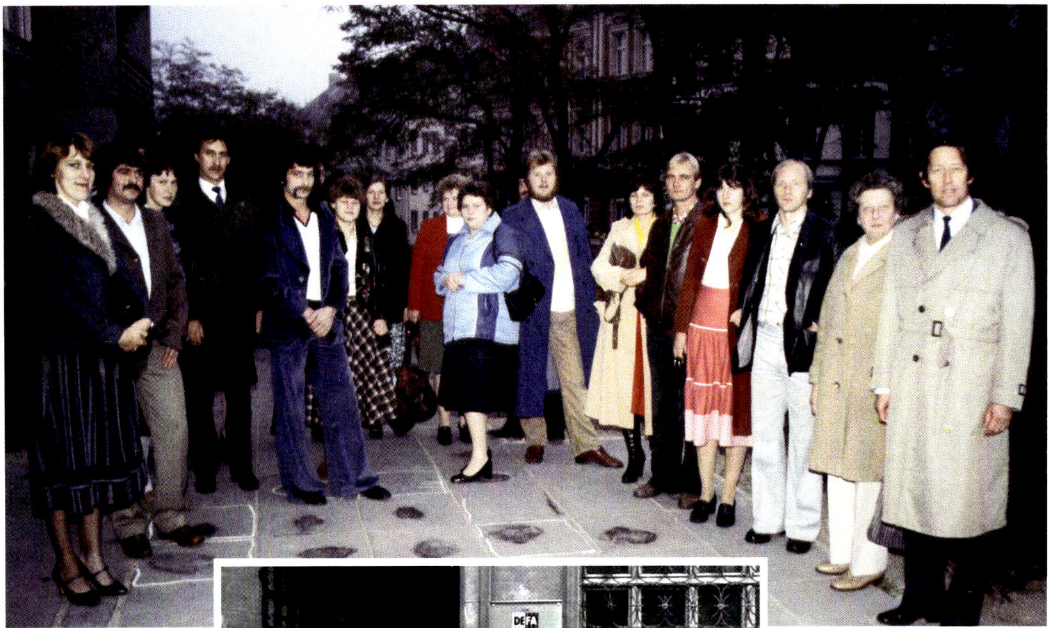

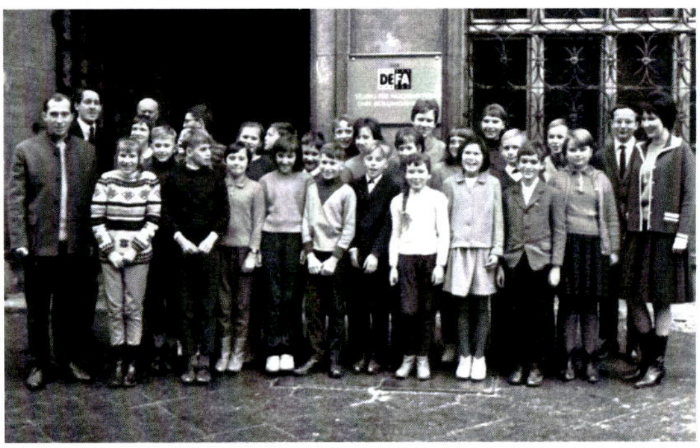

Zeiten gingen drüber hin: Die Kinder von Golzow mit ihren Chronisten 1967 vor dem DEFA-Studio (unten) und 1983 als Twens, viele davon nun zu zweit, in Frankfurt (Oder).
Von links: Gudrun, Bernhard, Sabine und Winfried, Willy, Dieters Anita, Marieluise, Brigitte, Willys Ingeborg, Dieter, Anita und Jürgen W., Petra und Bernd, Schnittmeisterin Charlotte Beck, Winfried Junge

...und einige Arbeitsfotos

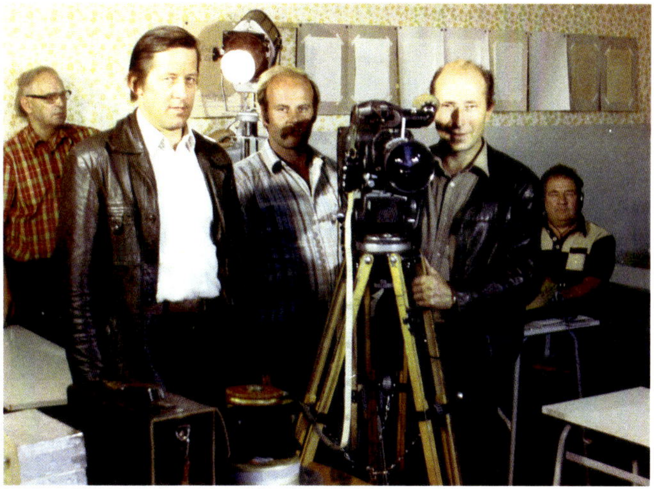

Mit Hans-Eberhard Leupold und dem Stab 1983 im Klassenraum, in dem die Dreharbeiten 1961 begannen. Der Film DIESE GOLZOWER – UMSTANDSBESTIMMUNG EINES ORTES erzählt auch aus der Werkstatt der Golzow-Filme

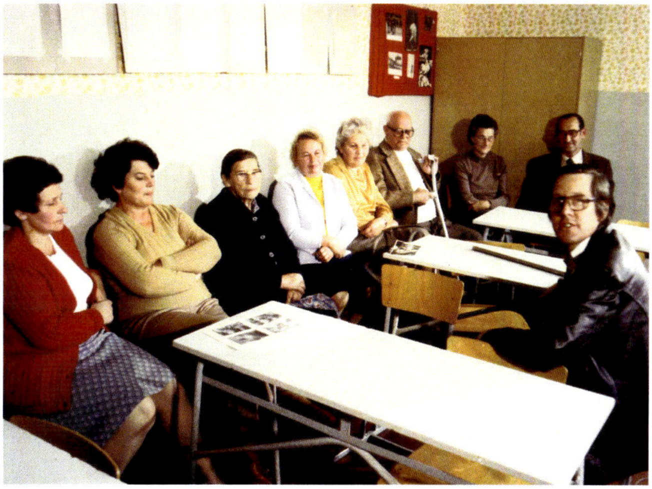

Der Filmer versucht sich an einem Interview mit den Eltern über die Anfänge. Das Mikro reicht nicht überall hin, und überhaupt kommt wenig dabei raus. So blieb die Szene unveröffentlicht

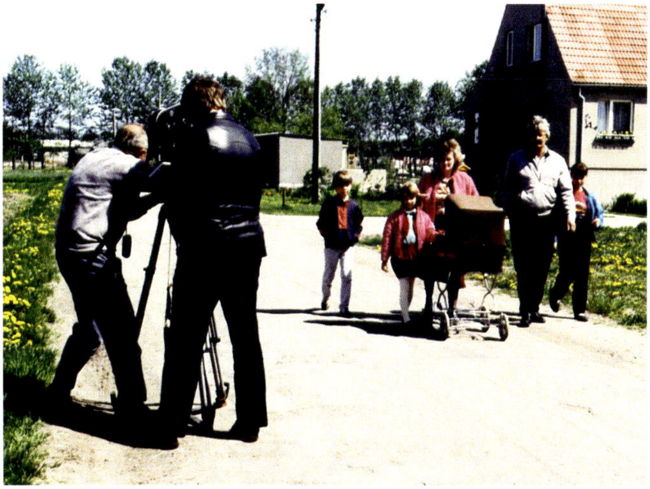

Roland Worel setzt die Arbeit von Kameramann Hans Leupold fort und dreht, wie die Großfamilie Hoppe zur Kundgebung am 1. Mai 1989 geht. Es wird die letzte ihrer Art sein

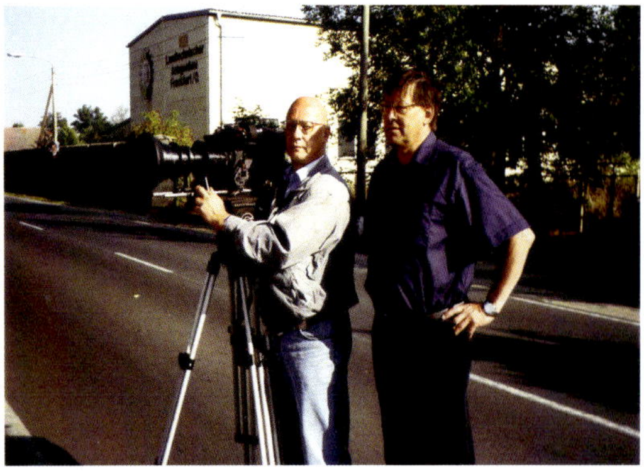

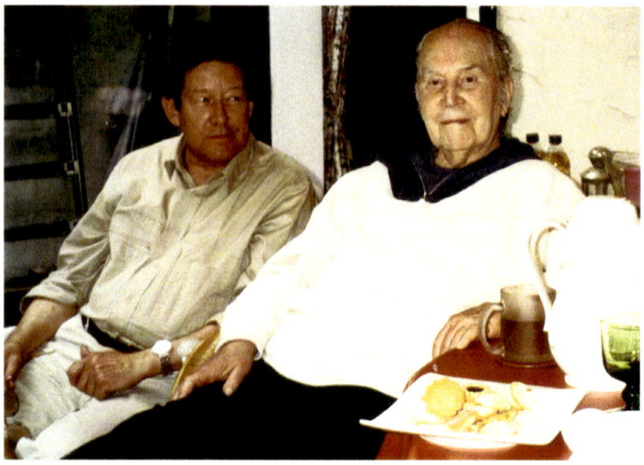

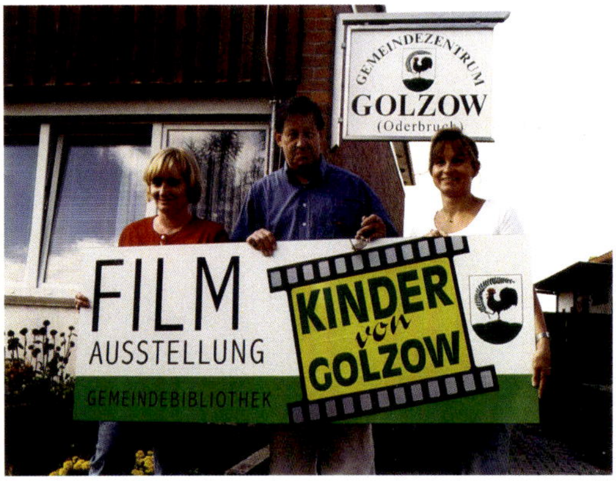

oben links: Mit Harald Klix, der das Golzow-Projekt seit dem Herbst '89 weiterführte

oben rechts: Bei Karl Gass, der 92 Jahre alt wurde und seine Idee einer Langzeitchronik darum eigentlich auch selbst hätte realisieren können

Summa summarum

Ein Dorf identifiziert sich mit einem Film über sich und seine Kinder so sehr, dass es dafür eine «Gedenkstätte« einrichtet.

Noch Fragen...?

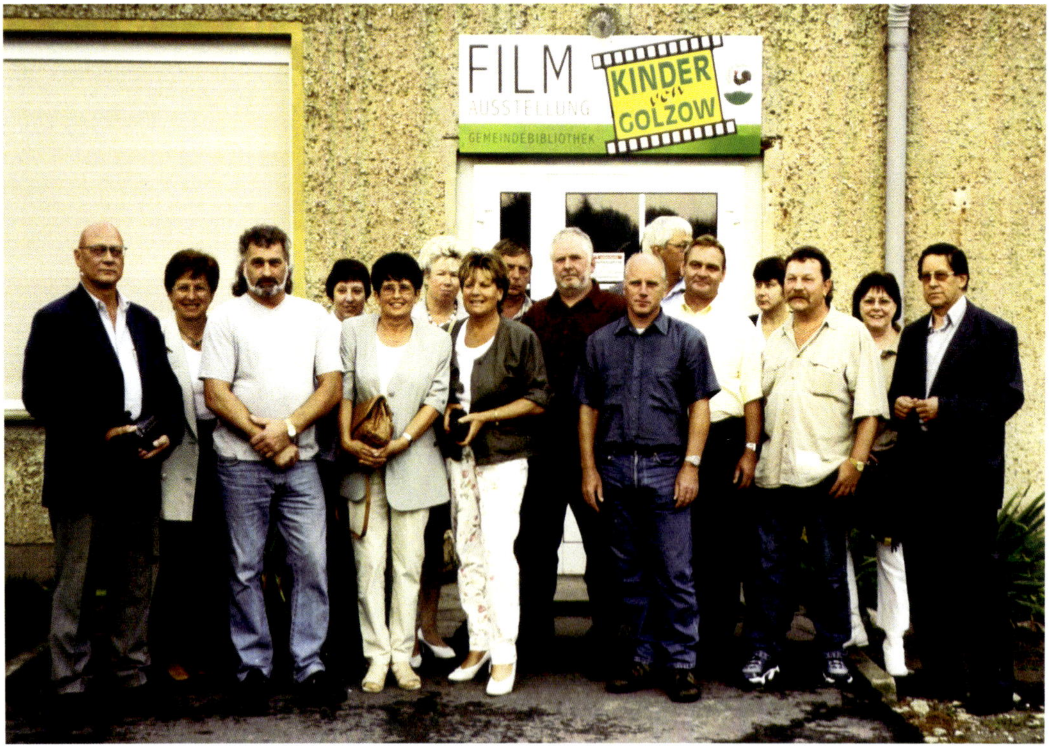

Was zeitgleich in der Welt geschah

2006

Januar
- Deutschland: Kälterekord fordert vier Tote, 150 in Polen
- Arbeitslosenzahl auf 5,02 Mio., 12,1 %, gestiegen
- Palästina: Radikale Hamas verzeichnet Siege bei 1. Parlamentswahlen, kontrolliert Gaza-Streifen
- Irak: Beginn weiterer schwerer Selbstmordanschläge m. Hunderten v. Toten u. Verletzten
- Marianne Birthler folgt Joachim Gauck als Bundesbeauftr. f. Stasi-Unterlagen-Behörde

Februar
- Weltbevölkerung erreicht 6,5 Mia. Menschen
- Massenproteste in islamischen Ländern gegen dänische Mohammed-Karikaturen

März
- Frankreich: Studentenproteste in Paris, Besetzung der Sorbonne-Universität, Massenproteste von 3 Mio. gegen Liberalisierung des Kündigungsschutzes
- Baskenland: Separatistische ETA verkündet dauernden Waffenstillstand
- Leipzig: Buchmesse-Rekord mit 2200 Ausstellern

April
- Iran: Präsident Ahmadinedschad erklärt Iran zur Atommacht
- Rücktritt von Matthias Platzeck als SPD-Vorsitzender aus gesundheitlichen Gründen

Mai
- Java: Erdbeben fordert 5400 Tote, Tausende Verletzte
- China: Betriebsaufnahme des umstrittenen Drei-Schluchten-Staudamms

Juni
- Montenegro löst sich vom Staatenbund mit Serbien u. wird UNO-Mitglied
- EU-Parlament stimmt mehrheitlich f. Stammzellenforschung
- USA: Höchstes Gericht kritisiert Verstöße gegen Genfer Konvention im Lager Guantanamo

Juli
- Israel-Krieg gegen libanesische Hisbollah
- Koreanische Halbinsel: Taifun-Verwüstungen mit Tausenden Toten
- USA: Bush-Veto stoppt Liberalisierung der Stammzellenforschung
- China: Start der erdhöchsten Eisenbahnlinie Peking-Lhasa
- Dt. Astronaut Thomas Reiter mit Space-Shuttle zur internationalen Raumstation ISS
- wärmster Monat seit Wetteraufzeichnung in Deutschland

August
- Kuba: Fidel Castro übergibt Staatsführung u. Parteiamt an Bruder Raúl

September
- SPD gewinnt Landtagswahlen im Mecklenburg-Vorpommern und Berlin

Oktober
- Nordkorea meldet erfolgreichen Atombomben-Test

November
- USA: Mehrheit der Demokraten im Repräsentantenhaus u. Senat
- Emsdetten:18-jähriger Amok-Schütze verletzt 37 Schüler bzw. Lehrer z. T. schwer, begeht Suizid

Dezember
- Irak: Vollstreckung des Todesurteils gegen Ex-Präsident Saddam Hussein

2007

Januar
- Orkan Kyrill über Europa m. 8 Mia Schaden
- EU-Beitritt v. Bulgarien u. Rumänien
- Slowenien: Beitritt zur €-Zone
- Ban ki-moon wird UNO-Generalsekretär
- USA: Finanzkrise löst weltweite Verwerfungen aus
- Mehrwertsteuererhöhung von 16 auf 19%

Februar
- Bagdad: Selbstmordanschlag fordert 137 Tote, 300 Verluste

März
- Große Koalition beschließt Rente m. 67, senkt Unternehmenssteuer

April
- (23.) Russ. Ex-Präsident Boris Jelzin gest. (*1931)

Mai
- Afghanistan : drei Bundeswehrsoldaten sterben bei Anschlag

Juni
- G 8- Gipfeltreffen in Heiligendamm unter starken Sicherheitsvorkehrungen
- PDS u. WASG vereinigen sich zur Partei *Die Linke*, Vors: O. Lafontaine, L. Bisky

August
- Irak: Koordinierte Selbstmordanschläge fordern 500 Tote

September
- Israel bombardiert syr. Reaktor

- Myanmar: Massenproteste, angeführt v. Mönchen, gewaltsam niedergeschlagen

November
- Pakistan : Ausnahmezustand
- Erdöl- und Goldpreis-Rekord
- Bangladesch: Zyklon fordert Tausende Tote

Dezember
- Estland, Lettland, Litauen, Polen, Tschechien, Slowakei, Ungarn, Slowenien u. Malta treten Schengen-Abkommen bei
- 1. öffentliches Gedenken an NS-Opfer von Sinti und Roma

2008

Januar
- Finanzkrise v. 2007 belastet Weltwirtschaft m. Ölpreis-Hoch, DAX-Einbruch u. Bankenpleiten
- Malta u. Zypern (ohne türk. besetzten Norden) Beitritt zur €-Zone
- Briefmonopol der Dt. Post endet

Februar
- Ludwigshafen: 9 Tote türk. Herkunft b. Wohnhausbrand
- Kuba: Raúl Castro wird Staatsoberhaupt u. Regierungschef

März
- EU-Anerkennung der Unabhängkeit des Kosovo
- Russland: Alexander Medwedjew wird Präsident, W. Putin Premier

April
- NATO-Offerte an Albanien und Kroatien

Mai
- Myanmar: Zyklon fordert 80.000 Tote, über 1 Mio. Obdachlose
- Südchina: Erdbeben fordert 70.000 Tote
- NASA-Sonde landet auf dem Mars

Juni
- EU: Ende der Wirtschaftssanktionen gegen Kuba

Juli
- Serbien: Ex-Präsident Karadzic an Int. Gerichtshof in Den Haag überstellt

August
- Georgien beginnt an der Grenze zu Ossetien Kaukasus-Krieg
- (21.) DDR-Unterhändler RA Wolfgang Vogel gest. (*1925)

September
- Islamabad: Bombenanschlag auf Hotel fordert 55 Tote, 266 Verletzte
- Zuspitzung der Bankenkrise durch Insolvenz v. Lehman Brothers

Oktober
- Berlin: Schließung des Flughafens Tempelhof nach gescheitertem Volksentscheid

November
- Barack Obama wird 1. afroamerikan. Präsident der USA
- Türkei: Protestdemo von 100.000 Aleviten

Dezember
- Wiederwahl von Angela Merkel zur CDU-Vorsitzenden
- 111 Staaten unterzeichnen Anti-Streubomben-Abkommen
- Montenegro wird EU-Mitglied
- Ende der zehn heißesten Jahre in Europa 1997–2008 seit Aufzeichnung

Wie die Presse den Film aufnahm

Die ersten Golzow-Filme waren kurz. Heute gibt es zwanzig Filme von fast 44 Stunden Laufzeit. Darin sind achtzehn Leben erzählt. Allein im neuesten, letzten Film, der auf stolze 290 Minuten kommt, gibt es fünf Biografien. Als die DDR in Agonie lag, ließen die Bilder und Gespräche auch diesen Stillstand deutlich werden. Richtig neuen Wind für das Golzow-Projekt brachte aber erst die deutsche Einheit mit all ihren Chancen, Brüchen und Verwerfungen. Auch wenn der eine oder andere Zuschauer über didaktische Fragen und belehrende Kommentare stolpert, eines bleiben die ‚Kinder von Golzow' auf jeden Fall: ein Langzeitprojekt von staunenswert langem Atem, das Privates und Zeitgeschichtliches verknüpft. Mit Bildern aus Lebens- und Arbeitswelten, die sonst im Kino nie vorkommen. Bisweilen rührt es sogar zu Tränen.

Ralf Schenk, Berliner Zeitung, *5.2.2008*

Lebenszeit ist Geschichtszeit – das zeigt sich vor allem an geschichtlichen Brüchen wie dem von 1989, als sich auch das Leben der Golzower völlig veränderte. Für einige begann ein neues Leben, andere fassten bis heute nicht mehr Fuß im veränderten Alltag. Wie viel Stärke, wie viel Haltung haben doch die gezeigt, die die Last der Veränderung zu tragen hatten. Es gibt, so beweisen Junges auch hier wieder, kein uninteressantes Leben.

Gunnar Decker, Neues Deutschland, *7.2.2008*

Arafat ist da gewesen und Indira Gandhi. Und auch der nordkoreanische Diktator Kim Il-Sung hat 1984 Golzow besucht und sich über die Landwirtschaft in der DDR informieren lassen. Doch nicht die erfolgreiche LPG «Einheit» hat das Dorf im ostbrandenburgischen Oderbruch in der Welt bekannt gemacht. Berühmt geworden ist der 1000-Einwohner-Ort durch die längste Filmdokumentation der Geschichte: «Die Kinder von Golzow».

Yvonne Jennerjahn, Berliner Morgenpost, *8.2.2008*

Abschied von einer Zeitreise. Mit ihrer Chronik haben sie den Ort in aller Welt bekannt gemacht. Zweifellos sind die Golzower stolz, dass ihr Ort zum Mittelpunkt eines eigenen filmischen Universums wurde. «Eine bessere, authentischere Dokumentation über die DDR gibt es nicht», sagt der frühere Golzower Bürgermeister Christian Dorn anerkennend. Da ist er sich mit vielen Historikern und Kritikern einig. Das Finale ist erstaunlich unsentimental geraten. Doch das schmälert keineswegs den Unterhaltungswert, sondern steigert das Bedauern über die Unvermeidbarkeit des Endes.

Max-Peter Heyne, Märkische Oderzeitung, *9.2.2008*

Die Junges erzählen das alles ohne Rührseligkeit, das macht den Film so stark. Gerade weil die Entwicklung des Sozialismus aus dem Ruder lief, wurde den «Kindern von Golzow» die Last der Musterbürger genommen. Persönliches Glück hat ihnen das nur selten gebracht. Ein Glücksfall für die Filmhistorie sind sie trotzdem.

Lars Grote, Märkische Allgemeine, *9.2.2008*

So reisen wir mit den Kindern von Golzow durch deutsche Mentalitäten, die längst keine deutsch-deutschen mehr sind. Am Ende dieses fünf Stunden langen, kurzen Dokumentarfilms hören wir aus Kinderkehlen ein Oderbruch-Lied, unsere Alltags-Helden werden nach 46 Jahren für immer in die Anonymität entlassen - und wir werden ihnen, den Junges und diesem kurzweiligen Langzeit-Filmprojekt aus dem puren Leben mehr als nur eine Träne nachweinen.

Eberhard von Elterlein, Berliner Morgenpost, *10.2.2008*

Winfried und Barbara Junge haben noch so viel Material auf Lager gehabt und Ideen im Kopf, dass sie dem im Jahr 2006 im Forum präsentierten Abschlussfilm «Und wenn sie nicht gestorben sind...» einen raumgreifenden, zuweilen bedrückenden, ernüchternden, im Detail aber oft heiteren Nachtrag folgen ließen. Seine Filme sind auch Reportagen, Berichte vom Stand der Dinge, im letzten Teil auch von Golzow selbst, wo aus der Genossenschaft eine GmbH wurde, die sich dank ihrer Größe auf dem Agrarmarkt behauptet [...] Mit diesem Abschluss ist das Filmprojekt fern der Visionen und der Poesie seines Anfangs auf dem harten Boden der Tatsachen angekommen. Ein kesser Song aus der Schule, der die Vorzüge des Lebens in Golzow ironisch anpreist, verhilft diesem Film zur passenden Abschiedsmelodie. Ein großes Werk [...] ist nun an sein Ende gekommen. Es hat Auskunft gegeben, wie man in der DDR lebte und sich wandeln musste, um zu überleben.

Hans-Jörg Rother, Frankfurter Allgemeine Zeitung, *12.2.2008*

Am Ende von 70 Kilometern geschnittenem Film steht der Schluss. Den letzten, 5 Stunden lang, konnten wir nun im tiefen Sessel genießen. Und der vertraut eintönigen Stimme von Winfried Junge zuhören, der so gerne philosophisch wird. In seinem Schneidestudio horten er und seine Frau Barbara noch unzählige Meter ungeschnittenen Films.

Julia Schmidt für rbb, *13.2.2008*

...kein letzter großer Wurf; kein Paukenschlag beschließt diese älteste Langzeitdokumentation des internationalen Films. Sie klingt mit Porträts von Menschen aus, die die Kamera gewöhnlich übersieht: still und pragmatisch, ein wenig sentimental, gegen Ende hin ziemlich wehmütig – so wie die Chronik im Grunde immer war. Nicht nur die große Politik hallt in den Filmbiographien nach, auch die Moden und Strömungen des Dokumentarfilms sind zu spüren: die Befreiung der Kamera in der Siebzigern, der Einfluss des Cinéma vérité oder die große Verunsicherung in den Neunzigern, als der Ostblock zusammenkrachte und auch unter den Dokumentarfilmern die große Selbstreflexion begann. Dass Junge die Form seiner Filme variierte, machte «Die Kinder von Golzow» immer schon besonders durchlässig für Zeitströmungen. Man kann süchtig werden nach solchen Geschichten, nicht umsonst wurde das Projekt auch ‹Ost-Dallas› genannt.

Martina Knoben, Süddeutsche Zeitung, *14.2.2008*

Leben ist eine der aussichtslosesten Angelegenheiten, meint manchmal, wer diese Filme sieht. Der Regisseur widerspricht nicht, nicht mehr. Obwohl gerade diese Wahrheit nicht gemeint war am Anfang, die am allerwenigsten. Auch der letzte Teil der Golzow-Saga versammelt keine Gewinnerporträts. Im Gegenteil. Der Gestus der Golzow-Filme scheint manchem heute bieder, dabei sind sie einmal revolutionär gewesen. Ein Dokumentarfilm fast ohne Kommentar, ohne überhöhend-lehrhafte Interpretation. Einfache Menschen mit einfachen Berufen vom Lande – sie hatten in der Mehrzahl keine Chance, mit den neuen gesamtdeutschen Wirklichkeiten nach 1990 auf Augenhöhe zu bleiben. Umso besser, dass es Winfried Junges Golzow-Filme gibt.

Kerstin Decker, Tagesspiegel, *15.2.2008*

Mit den letzten Porträts wird vor allem deutsche Wendegeschichte verknüpft, die sich manchmal im sozialen Alltagsgefüge erschöpft. Weil aber die Kamera das menschliche Antlitz als Spiegel innerer Verfassung erforscht, eine Methode, der sich in 46 Jahren drei Kameraleute – Hans-Eberhard Leupold, Harald Klix und Harald Dumke – unterwarfen, wurde eine bruchlose Montage möglich. Vom Leben selbst wurde man dort am meisten überrascht, wo man es am wenigsten vermutete.

Margit Voss, Der Kameramann, *20.3.2008*

Zuletzt hat Winfried Junge in seinem Lebenswerk das porträtiert, woran er am wenigsten dachte und was der Sozialismus einst ganz abschaffen wollte: das Schicksal selbst.

Kerstin Decker, Der Tagesspiegel, *3.4.2008*

Nach 1989 sprechen die Golzower anders, flüssiger, freier, kritischer über die gesellschaftlichen Verhältnisse, die Vergangenheit. Auch darin spiegeln sich Umbrüche: Das einstige existenzielle Grundvertrauen ist einem gewissen Misstrauen gewichen; man hat aus neuen Erfahrungen gelernt, aus Kollegen wurden Konkurrenten. Die einstigen Kinder von Golzow waren sich ihrer Zeitzeugenschaft bewusst. Aber nun wollen sie ihr Leben nicht mehr so öffentlich machen. In einer Kultur der Unverbindlichkeit ist das eine Frage des Überlebens.

Anke Westphal, Berliner Zeitung, *2.4.2008*

Golzow bedeutet Geschichtskino von außergewöhnlicher, von tiefer wie sehr informativer wie sehr unterhaltsamer, spannender Lebendigkeit. Die Golzow-Filme sind einzeln wie insgesamt ein definitiver Geniestreich des deutschen Kinos.

Hans Ulrich Pönack, Spreeradio, *2.4.2008*

Die Kinder von Golzow sind erwachsen geworden. Sehr erwachsen und um sie zu finden, musste der Filmemacher jetzt schon weit fahren. Es ist interessant, diese Schicksale zu verfolgen, zu sehen, wie sie dahingekommen sind, die ihre Sehnsucht nach der Heimat doch nie verlieren. Aus den als so differenziert und individuell gepriesenen Lebensgeschichten von Menschen im Sozialismus sind über die Zeit längst universelle Geschichten geworden, die aufregenden Wendestorys wurden Erzählungen von Menschen, wie sie überall auf der Welt passieren. Nach der Wende gab es die Suche nach neuen Produzenten und Geldgebern. Es ist ein großes Glück, dass Winfried und Barbara Junge nicht aufgegeben haben.

Hannelore Heider, Neues Deutschland, *3.4.2008*

Chroniken haben eigentlich kein Ende. Nicht zwangsläufig. Und so könnte man immer weiterfilmen, von Generation zu Generation, und deutsches Leben protokollieren. Aber es gibt keinen Nachfolger, sagen die Junges […] Irgendwann, wenn niemand mehr weiß, wie man lebte in der DDR, und wie es war, als sie zusammenfiel, hat man immer noch die Golzow-Filme.

Jochen-Martin Gutsch, Der Spiegel, *15/2008*

Auf stolze 700 Jahre kann Golzow in diesem Jahr zurückblicken. Zum Festkomitee gehört natürlich auch Winfried Junge, der das kleine Dorf nahe der polnischen Grenze mit seiner Filmsaga ins Guinness-Buch der Rekorde brachte und Golzow als kleinsten Ort der Welt mit einem eigenen Filmmuseum machte. Golzow kam nicht zufällig in den Blickwinkel der Filmemacher. Die Infrastruktur mit einer gerade eingeweihten Schule entsprach den Idealvorstellungen, nach denen junge Menschen in den Sozialismus hineinwachsen sollen. Dem offiziellen Glanzbild allerdings verweigerte sich Winfried Junge getreu seinem 1962 formulierten Credo, nichts überzeuge mehr als das Leben selbst. Er bewies Gespür für Zwischentöne, was ihm neben seiner ruhigen und ausgleichenden Art und seiner Ehrlichkeit das Vertrauen der Golzower einbrachte.

Katharina Dockhorn, epd film Journal *4/2008*

Die Junges und ihre Kameramänner erkundeten mit nicht nachlassendem Interesse den Alltag der ostdeutschen Provinz: wie die Menschen wohnen, was sie reden, wie sie feiern und leben; wie sich Menschen emanzipieren oder auch nicht; wie Politik ins «gewöhnliche Leben» eingriff, wie sich eine Landgemeinde verwandelte: was die Genossenschaft für die Bauern bedeutete, dass ein Kulturhaus entstand und eine neue Kaufhalle. Als die DDR in Agonie lag, ließen die Bilder den Stillstand deutlich werden. Neuen Wind gab es auch für den Film mit der deutschen Einheit und ihren Möglichkeiten, Brüchen und Verwerfungen. Das alles beschreibt der Film penibel, versehen mit einem nachdenklichen, mitunter ironischen Text. In manchen seiner Fragen wird deutlich, dass Winfried Junge über all die Jahre gern erzieherischen Einfluss auf die Protagonisten ausübte; zugleich lässt der Kommentar erkennen, dass es ihn mitunter heftig ärgerte, wenn der eine oder andere seiner «Helden» einen Haken schlug und sein Leben doch nicht so gestaltete, wie es Junge gern gesehen hätte. Solche didaktischen Töne mag man bemängeln – letztlich aber gehören sie ebenso zum Stil des Golzow-Projekts wie die weitgehend chronikalische Dramaturgie und die oft idyllisch wirkenden kammermusikalischen Melodien von Gerhard Rosenfeld. Auf die wollten Junges am Ende verzichten, um ihren Film in der Gegenwart ankommen zu lassen. So hören wir über den finalen Flugaufnahmen einen Rap, gesungen von einer heutigen Schulklasse: «Wo die Oder in die weite Ebene fließt, … da liegt das Oderbruch, mein Heimatland.» Das mutet beim ersten Hinhören etwas heimattümelnd an und scheint der Größe des Gesamtprojekts eher unangemessen, vor allem auch gegenüber der im Prolog angeschnittenen, von der Grenznähe zu Polen inspirierten Krieg-Frieden-Problematik; doch hat auch dieser Rap etwas mit jener «Welt im Wassertropfen» zu tun, die sich in der Golzow-Saga immer wieder offenbarte.

Ralf Schenk, film-dienst *7/2008*

Eines der wohl berührendsten Dokumente ist mit dem Film über Gudrun Klitzke gelungen. Bei einer Vorführung in Golzow weinten Zuschauer. Junges zeigen die Entwicklung dieser jungen Frau. Weil sie Tochter des mächtigen LPG-Vorsitzenden Arthur Klitzke war, hatte sie eine besondere Stellung. Der Film zeigt, wie erfüllt und glücklich sie in ihrer Zeit als Köchin, und wie sehr sie sich mühte, den in sie gesetzte Erwartungen auf eine Karriere als Partei- und Staatsfunktionärin gerecht zu werden. Mit den Kindern von Golzow bekommt gesellschaftlicher Wandel ein Gesicht.

Ulf Grieger, Märkische Oderzeitung, *7./8. 11. 2009*

Das ist wirklich unser letzter Film

Weder verklärt noch verachtet

DER LETZTE FILM ÜBER
»DIE KINDER VON GOLZOW«
18 SCHICKSALE
schreiben Kinogeschichte

Die „Kinder von Golzow" nehmen ihren Abschied

Der Vorhang zu – und alle Fragen offen

Die Schweigsamen haben das letzte Wort

Letztes Lied vom Oderbruch

Golzow-Saga beendet

Golzows Kinder sind erwachsen

Abschied von einer Zeitreise

Ein Dorf am Rande der Zeit

„Die Kinder" haben Golzow berühmt gemacht

Finale einer unendlichen Geschichte

Das ganze Leben – und noch viel mehr

Ein Dorf, zwanzig Filme, zwei Welten

Hoffnungen, erfüllt und enttäuscht

Die früheren Filme im Überblick

Entstehungjahr – Titel – Länge – Kurzinhalt

1961 WENN ICH ERST ZUR SCHULE GEH'
(13 Min.)

Die letzten Tage im Buddelkasten des Kindergartens sind gekommen. Die Lehrerin besucht ihre künftigen Schüler. Sie singen ihr das Lied, das sie für das große Ereignis gelernt haben: «Wenn ich erst zur Schule geh'...».

Endlich ist es so weit. Auf dem Hof der neuen Schule wartet der Zuckertütenbaum. Das ganze Dorf nimmt Anteil, wie die Kinder vom Haus Besitz ergreifen, Eltern, Großeltern, Bauarbeiter. «Lernen macht Spaß» verheißt ein Spruchband über der Schultür.

Aber nun beginnt auch richtige Arbeit. Es gibt viel zu lernen - aufzustehen, wenn die Lehrerin in die Klasse kommt und sie im Chor zu begrüßen. Sie hat eine Zuckertüte mitgebracht, die Jürgen mit zwei Strichen an der Tafel zeichnet. Wenn die Lehrerin sie umdreht und mit einer Schleife versieht, erscheint an der Tafel das große A, der erste Buchstabe des Alphabets, und alle artikulieren ihn gemeinsam. Damit die Finger zum Schreiben locker bleiben, lässt man sie zum lustigen Lied von den «zehn kleinen Zappelchen» munter in der Luft herumwackeln. Dann soll Jürgen das A schreiben, aber eine Katze vor dem Fenster lenkt ihn ab.

Den ersten Schulstunden folgen Tage, Wochen, Monate des Lernens. So kommt der Herbst, und es geht in Gummistiefeln über die Dorfstraße auf den Heimweg. Jürgen und vier seiner Klassenkameraden winken uns zu, während die Kamera sie hinter sich zurücklässt, am Ortsschild vorbei, sich von Golzow verabschiedet.

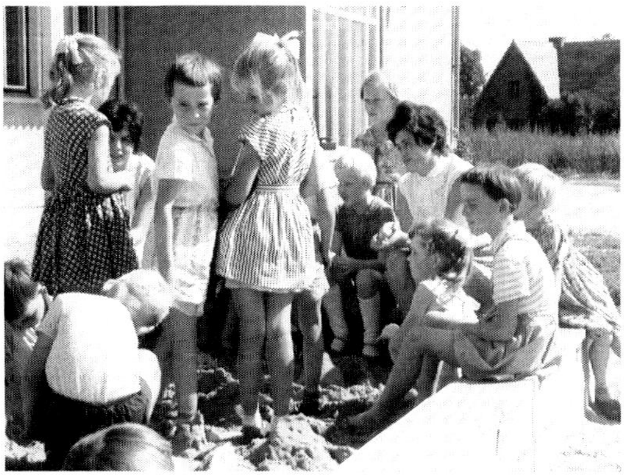

Sie sagen der künftigen Lehrerin ihre Namen

1962 NACH EINEM JAHR – BEOBACHTUNGEN IN EINER 1. KLASSE
(14 Min.)

Jürgen, der Blonde aus dem Buddelkasten, trainiert in der großen Turnhalle mit dem Ball. Zwei Riegen wettteifern um Tempo und Geschicklichkeit. Dann fliegen die Hände in die Luft. Wir sind mitten in einer Mathematik-Stunde. Welche Bankreihe hat die besten und schnellsten Rechner an der Tafel? Lehrerin und Schüler kontrollieren die Ergebnisse und siehe da, diesmal gibt es keinen Sieger und keinen Verlierer. Nur Elke brauchte etwas länger und wird getröstet. Sie kann schon wieder lächeln.

Wandertag. Ein Agrarflugzeug landet auf dem Feld, die ganze Klasse stürmt ihm entgegen und begrüßt den Piloten. Bestaunt wird die Kanzel mit ihren Instrumenten, die sie schon selbst entziffern können. Dann startet der Flieger wieder, von allen winkend verabschiedet. Begeistert laufen sie der weißen Düngerwolke nach.

Eine Lese-Übung aus dem Schulbuch handelt von den klugen Genossenschaftsbauern. Dann malen sie ihr Bild vom großen Erlebnis und kommentieren es. Wir schauen ihnen dabei über die Schulter, bis Jürgen sein Werk signiert.

Die nächste Schulstunde findet wieder in der Genossenschaft statt. Da werden Enten gefüttert, und der zweite Jürgen versucht vergebens, über dem Wassertrog ein Huhn zu tränken. Die Kinder dürfen Entenküken in die Hand nehmen und ertasten, wie sich die Winzlinge aus dem Ei befreien.

Wir beobachten die Anstrengungen, die eine Mathematik-Arbeit erfordert. Die Kamera entdeckt den ratsuchenden heimlichen Blick zum Banknachbarn, und wie Jochen noch immer die Finger zu Hilfe nimmt.

Jürgen II darf die Hefte einsammeln. Manchem kommt er zu früh, ein Mädchen ist noch nicht fertig und kämpft um ihr Heft und muss es ihm schließlich doch überlassen. Tags darauf verkündet die Lehrerin die Ergebnisse. Zweimal die Eins, neunmal die Zwei und Drei, eine Vier. «Brigitte, du hast mich enttäuscht, acht Fehler, noch eine Drei.» Die quittiert es mit verschämtem Lächeln. Elkes Beispiel wird vorgeführt: «Alles richtig, schön sauber geschrieben, nichts durchgestrichen». Die einzige «Fünf» hat sinnigerweise Jürgen, der Jochen wegen seiner «Vier» den Zettel schrieb: «Jochen ist dof».

Ein Halstuch wird umgebunden, Blumen kommen in eine Vase, ein Text wird memoriert, die Tafel mit eigenen Zeichnungen geschmückt. Für die Gäste werden Stühle ins Klassenzimmer getragen. «Lernen macht Spaß» steht nun in Schülerschrift an der Tafel. Eltern und Pateneltern der LPG kommen zur Feier des Tages, die mit dem Pioniergruß eröffnet wird: *Seid bereit! Immer bereit!*

Die Lehrerin gibt die ersten Jahreszeugnisse aus, und nach jedem Namensaufruf kann sie sagen: «Versetzt in Klasse 2.» Da gibt es schon mal einen glücklichen und stolzen Blickwechsel zwischen Eltern und Schülern.

Mit dem Lied «Wie lacht uns die liebe Sonne ...» ziehen die Kinder der 10-klassigen Oberschule Golzow, einem Dorf nahe der Oder, durch die Felder, den großen Ferien entgegen.

1966 ELF JAHRE ALT
(29 Min.)

Ein Schrifttitel informiert über den Anfang der Chronik und die Absicht, die «Entwicklung einer Generation vom Eintritt in die 1. Klasse bis ins 25. Lebensjahr dokumentarisch festzuhalten. Es ist Januar 1966».

Die Schule im Morgenlicht eines trüben Wintertages. Schüler nähern sich zu Fuß, manche mit Fahrrad oder Moped. Unsere Elfjährigen kommen in die Klasse, entledigen sich der Winterkluft und besetzen auf die eine oder andere Art ihre Plätze, Gewusel und Stimmengewirr, als wäre da keine Kamera und kein Mikro.

Sie nehmen es in die Hand und sagen uns, was wir einmal drehen sollten – eine Schneeballschlacht oder wie die Mädchen die Jungen immer necken. Ilona schlägt vor, in Winfrieds Ranzen zu gucken: «Der hat immer Kopfhörer drin und wat nicht alles für Zeugs». Dieter: «Brigitte, die spielt immer und melden tut sie sich kaum.» Petra rechtfertigt sich, weil es sie langweilt: «Da wiederholen sie immer und immer dit Gleiche». Willy erklärt, warum sie sich mitprügeln müssen, wenn sich welche prügeln. Und Ilona beschwert sich: «Und dann sind wir die Schuldigsten.» Sie sind eben ELF JAHRE ALT.

Das winterliche Oderbruch, weite Felder, die Weiden am Weg, ein Krähenschwarm am hohen Himmel. Impressionen vom angespannten Lernen in der Klasse wechseln mit Blicken ins praktische Leben: das imposante Gurken-Gewächshaus, die Werkstatt des Schweißers, die schulärztliche Untersuchung, das feuchte Vergnügen in der Schwimmhalle. In der Freizeit lockt das Eis zum Schlittern, die Schneeballschlacht.

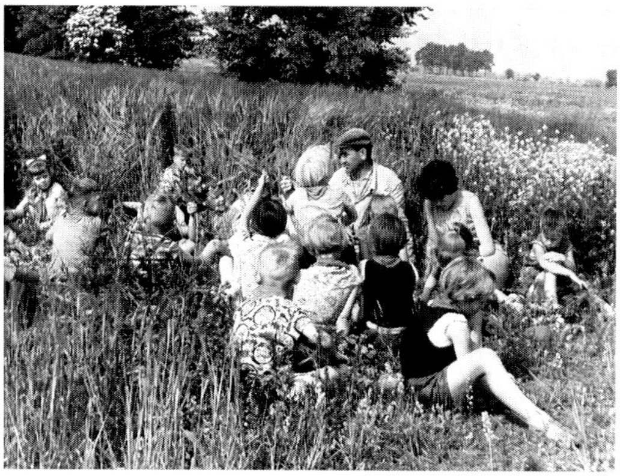

Da nimmt sich einer Zeit für Kinder: Wandertag mit dem Leiter des Feldbaus

Die übliche Pausen-Kabbelei in der Klasse wird begleitet von pfiffigen Ratschlägen für die Filmleute: Das Leben in der Fünften zeigen, «wie es wirklich richtig ist, nicht immer nur das Gute [...] ob wir uns frech verhalten oder artig sind, [...] das sind dann so Verhältnisse.»

«Herrschaften!» Der energische Direktor verschafft sich Ruhe, bis ihm gemeldet wird: «Klasse 5a zum Unterricht bereit». Die Sage von Prometheus regt zum Nachdenken an, wozu der Mensch auf der Erde nötig und fähig ist. Winfried bringt ein Lexikon mit. Sein Hobby ist die Technik. Unter dem großen Ölbild mit röhrendem Hirsch vor Alpenpanorama lötet er daheim an einem Mini-Motor und demonstriert seinem Vater die Kraft der Magnetwellen.

Der Fachunterricht hat begonnen. Biologie macht Willy Spaß, «wie die Karnickel und alles so entstanden sind». In Erdkunde, sagt Winfried, lernt man, «wie die Ozeane heißen und wo sein Heimatort liegt. Der liegt im Kreis Seelow, im Bezirk Frankfurt (Oder), in der DDR. Und die DDR liegt in Europa».

Ilona spielt gern Schule. Zu Hause ist sie die Lehrerin, Regina ihre Schülerin. «Ick und meine Freundin, wir wollten mal Schauspielerin werden. Und nun spielen wir schon immer so 'ne Komödie.»

Die Oder ist zugefroren, am Ufer der Grenzpfahl mit dem Staatswappen. In der Klasse liest Bernd den Text von Brechts schöner Kinderhymne: «... und nicht über und nicht unter / Andern Völkern woll'n wir sein / Von der See bis zu den Alpen, / Von der Oder bis zum Rhein». Das lernen sie auch singen, und bei diesem Musiklehrer wird selbst Dieter zum Solisten.

Schulranzen fliegen in den Schnee, die Eiszapfen am Dach werden zur Zielscheibe der Schneebälle. Bernd stapft mit seinem Vater nach Hause. Elke und ihre Mutter verstauen ein großes Brot auf dem Schlitten für den Heimweg über die verschneiten Felder. Marieluise kommt mit ihrem Vater unter dem

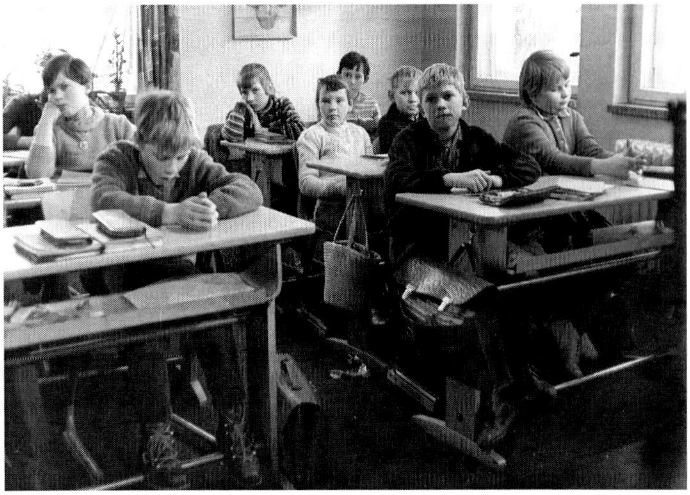

Inzwischen an die Kamera gewöhnt - die «Stars» der 5A

Die Kamera fliegt über das Dorf, die weite karge Oderlandschaft mit den großen genossenschaftlichen Feldern, ihren von Weiden gesäumten Wegen und kleinen glitzernden Tümpeln, schwenkt in den hellen unendlichen Himmel.

Läuten der Glocken, die frei im gemauerten Torbogen schwingen, vom Gottesdienst.

Im alten Bauernhaus, dessen Anbau noch die Spuren des Krieges zeigt, sehen wir Elke, Dieter und Jutta vor dem kleinen Fernsehapparat. Die Bilder vom Bombenkrieg der Amerikaner in Vietnam malen Entsetzen in Dieters Gesicht.

Wir fahren durch das friedliche Golzow und hören von Ilona, was auch sie gesehen hat. Dann erzählen die Kinder, was der Mensch alles kann – mit dem Feuer arbeiten, kochen, schweißen, Raketen bauen – und eben Bomben bauen, «die können ganz schrecklich sein».

Marieluise spielt die Kinderhymne auf dem Klavier, während Mutter die Schwester frisiert und die Jüngste auf dem Topf sitzt.

Auf der Elternversammlung sagt Winfrieds Vater, dass er im Krieg nur zwei Stunden am Tag Unterricht hatte. Winfried weiß, dass ihm Vater deshalb nicht mehr helfen kann.

Auf einem Fahrrad nähert sich auf dem noch immer verschneiten Feldweg Elke. In der Klasse denken alle über den Spruch des griechischen Philosophen nach, den die Lehrerin für die Elfjährigen so formuliert hat: «Alles fließt, man kann nicht zweimal in ein und demselben Fluß baden.» Neue Erkenntnisse führen zu neuen Fragen:

Die Schüler möchten wissen, wie die ersten Tiere entstanden sind und die ersten Menschen, warum andere eine andere Hautfarbe haben, warum die USA gegen Vietnam Krieg machen, wie man Raketen auf den Mond schießen kann, «wieso wir überhaupt heiraten müssen?» Und – «warum kann nicht immer Frieden sein?»

Der Winter ist vergangen, die erstarrte Oder in Bewegung gekommen. Die Kinder folgen einer Kettenraupe, die einen schweren Pflug zieht: Anpflügen.

1969 WENN MAN VIERZEHN IST (36 Min.)

Begleitet vom Kommentar, nähern wir uns Golzow auf der alten deutschen Straße 1. Die Frühjahrsbestellung hat begonnen, der Winter verabschiedet sich mit einem letzten Schneetreiben, Willy kommt geradelt, weißbeflockt: WENN MAN VIERZEHN IST.

Schüler und Lehrerin bereiten die Jugendweihe vor. Der Saal wird geschmückt. Am Tag selbst: schwarzglänzende Schuhe, dunkle Anzüge, weißes Hemd und Schlips die Jungen, in weißen Kleidern auch die meisten Mädchen. Feierlicher Einzug in den Saal. Dann hören sie mit ernsten Gesichtern die Rede, die vor großem Auditorium auf sie gehalten wird. Was man alles von ihnen erwartet: Der Klasse zu dienen und ihrer Partei, zu kämpfen, bis Frieden ist – im Licht des Sozialismus. Das alles versprechen sie im gemeinsamen Gelöbnis.

Wir sehen, was diesem Tag vorausging: Sie werden durch das Erdölverarbeitungswerk Schwedt geführt.

Sie wandern an der Ilm, vorbei an Goethes Gartenhaus, stehen am Denkmal von Schiller und Goethe. Ein alter Genosse geleitet sie in der Gedenkstätte Sachsenhausen zur Kranzniederlegung am Mahnmal für die KZ-Opfer.

Die Jugendweihe bei Petra mit Kaffeetafel und Tanz. Doch das Schuljahr ist noch nicht zu Ende. Wir sehen den Chemie-Lehrer im weißen Kittel, die alte Englisch-Lehrerin, Unterricht in Physik, Russisch und Biologie. Marieluise zitiert aus Goethes «Zauberlehrling».

Unsere Golzower pflegen Kontakt zu ihrer LPG. Da ist Bernds Vater, Leiter des Feldbaus auf 1500 Hektar, auf dem Acker, wo die Aussaat beginnt. Eine Drillmaschine wird verfüllt. Auf unbestellter Fläche darf Bernd am Steuer des Jeeps das Anfahren üben und die erste Kurve ziehen.

Ilona hat ihre Hausaufgaben vergessen, als Älteste muss sie ihren vier jüngeren Geschwistern oft die kranke Mutter ersetzen, Stullen schmieren oder den Jüngsten baden. Sie selbst möchte später nicht so viele Kinder haben, «höchstens drei!»

Die Filmleute fragen nach den Berufszielen. Geld sei nicht das Wichtigste, wenn man nicht «froh und glücklich» ist. Winfried interessiert sich fürs röhrenbestückte Innenleben des Fernsehers. Elektroingenieur will er werden.

Im Kombinat Schwedt erhalten die jungen Besucher Schutzhelme. Hier erwartet sie bereits ein Berufsangebot. Respektvoll betrachten sie die Bedienpulte und Armaturen in der Steuerungszentrale.

Der Schulrat, einst der erste Direktor der Golzower, ist zu Gast in der Klasse. Mit dem Lernverhalten mancher Schüler ist er nicht zufrieden. Auch im FDJ-Aktiv meint man, das Bild der Klasse könnte besser sein.

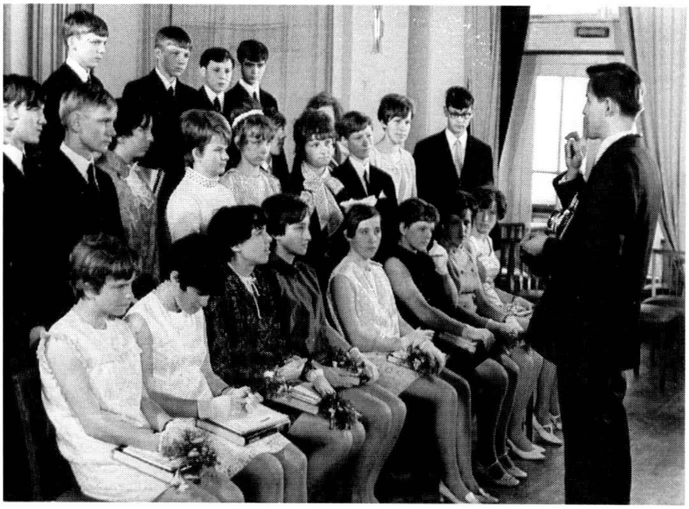

Zur Jugendweihe geht es auch um ein Foto als Erinnerung fürs Leben

Es wird Sommer. Unsere Schüler baden schon in einem alten Oder-Arm.

«Zeichnet euch selbst» heißt eine Aufgabe. Einer bemüht den Spiegel, der andere das Passbild im Personalausweis. Die Lehrerin spricht über die Geheimnisse dieses Alters und wem man sie anvertraut. Möchtest du heiraten, wird gefragt. Der Charakter sei wichtig, «aber ein bisschen auch das Aussehen». Da wird an den großen Goethe erinnert, was der alles geleistet hat. Auf die Nutzanwendung komme es an, nicht nur auf Erkenntnis und Wissen. Noch einmal Bilder aus Weimar und im Kontrast Sachsenhausen, Zeugnisse der Verbrechen und Vernichtungsanlagen.

Bernd will Offizier werden und weiß auch, warum. Die *Paten* der Klasse laden ihn und andere Jungen zum Besuch einer Einheit der Luftstreitkräfte ein. Er bestaunt in der Kanzel eines Düsenjägers Instrumente und Armaturen.

Wenn sein Beruf einmal überflüssig wäre, würde er gern Förster werden.

Der LPG-Vorsitzende, begleitet von einem Agrarwissenschaftler aus dem Irak, informiert die Klasse über Stand und Perspektiven des Feldbaus. Ein Bagger zieht einen langen Graben für die künstliche Be- und Entwässerung. Man melioriert. Wir sehen die Weite der Felder und das Dorf, das nach fast völliger Zerstörung im Krieg neu erstanden ist.

Die Jungen lernen und machen sich in der Werkstatt nützlich, die Mädchen helfen im Kuhstall, wo schon maschinell gemolken wird, *Unterrichtstag in der Produktion* heißt das. Mähdrescher bringen im Verbund die Ernte ein, im Scheinwerferlicht bis in die Nacht. Unsere Schüler tüfteln in den letzten Unterrichtstagen über ihren Aufgaben.

Dann wird das Schuljahresende gefeiert, auch wenn es mit dem Tanzen bei manchem noch nicht so richtig klappt. Endlich ist es so weit. Auf dem Schulhof verabschiedet der Direktor die Abgänger aus der 8. Klasse. Jürgen will den Zehn-Klassen-Abschluss neben seiner Lehre schaffen. Vorgerufen werden auch die Schüler, die zur Erweiterten Oberschule in Seelow gehen werden, um das Abitur zu machen und später zu studieren. Der Pionierchor singt ein letztes Lied.

Die Schüler gehen in die ersehnten Ferien. Jungen radeln mit dicken Traktorschläuchen über der Schulter dem nahen Badespaß entgegen, während einige Mädchen mit dem Jeep von Bernds Vater durch die sommerliche Flur zur Oder kutschiert werden, von der wir uns mit den letzten Bildern verabschieden.

1971 DIE PRÜFUNG – CHRONIK EINER SCHULKLASSE

(20 Min.)

Die Schule an einem Morgen im Mai. Schüler kommen mit Moped und Fahrrad, zu Fuß die Freundinnen Elke und Marieluise, gleich gekleidet und frisiert. Sie wollen das Prüfungsergebnis hören und werden durch den Lehrereingang eingelassen, während sich die große Masse vor der Hauptpforte drängelt.

Der Direktor lockert in der Aula die Hochspannung mit einem Scherz. Durchgefallen ist ... keiner. «Sie haben uns ja manchmal mehr geprüft, als wir Sie.»

Abends feiert die Klasse. Bowle wird ausgeschenkt. Es ist die Zeit der Mini-Röcke und der Beat-Rhythmen.

Rückblende auf die Tage der Prüfung: Im *Wartezimmer* herrscht nervende Stille. Elke wird zur Staatsbürgerkunde-Prüfung abgeholt, bestand insgesamt mit «gut». Bernhard wird Schlosser in der LPG wie Eckhard. Er wird mit «befriedigend» verabschiedet. So auch Ilona, der die Schule nie leicht fiel. Sie wollte aber den Zehn-Klassen-Abschluss unbedingt schaffen und kann nun im Halbleiterwerk Frankfurt (Oder) den modernen Beruf eines Elektronikfacharbeiters erlernen.

Über den Impressionen vom Examensgeschehen hören wir die Gedanken der Schüler über die Prüfung und wozu sie gut ist. Marieluise glänzt in der Chemieprüfung an der Tafel und am Labortisch mit einem Knallgas-Experiment.

Ilona aber scheitert an einer Mathematikaufgabe. Weinend lässt sie die Kommission hinter sich, die sie trösten möchte, auch die Mitschüler versuchen es. Nur Reiner kann nicht begreifen, was an Mathe so schwer ist und bekommt doch nur eine «2». Edith aus der 10b, die langhaarige Blondine im kürzesten aller Minis, ist auch in Mathe dran. Da gibt es was zu gucken.

Im Vorbereitungszimmer lenken sich Jungen mit Skatspiel ab. Edith kommt erleichtert aus der Aula zurück und wird von ihrem Freund mit einem Kuss belohnt.

Und wieder ein Examen in Staatsbürgerkunde: Hans Jürgen aus der 10 b in Großaufnahme. Er soll dem Direktor erklären, wie er sein künftiges Leben meistern will – «als Mitbesitzer der Produktionsmittel und Machtausübender hier in unserer Republik». Schwer zu sagen. Er versucht's, will «in allen Lagen für den Staat einstehen», «ich bin hier großgeworden, das ist meine Heimat». Als der Stress vorbei ist, ärgert er sich, weil er jetzt weiß, was er hätte sagen können.

Hier endet der Rückblick. Wir sind wieder beim Klassenfest. Getanzt wird nach einer jungen Band, eng umschlungen, skeptisch beäugt vom Hausmeister, der gern Schluss machen würde. Letzte Gedanken einiger Schüler über das Ende der Schulzeit. Dann werden Mopeds bestiegen oder Fahrräder, und raus geht's aus dem Schulhoftor, einem neuen Lebensabschnitt entgegen.

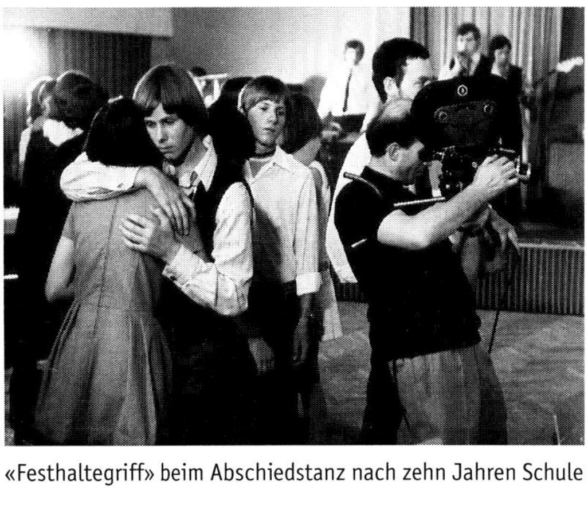

«Festhaltegriff» beim Abschiedstanz nach zehn Jahren Schule

1975 ICH SPRACH MIT EINEM MÄDCHEN (30 Min.)

Der Regisseur erinnert an die lange Bekanntschaft mit Marieluise und begleitet sie, zunächst mit ihrem Freund Georg, auf einem Bummel durch Berlin, Hauptstadt der DDR, und abends zum Tanz in Seelow. Danach an den Arbeitsplatz der Chemielaborantin, ins Halbleiterwerk Frankfurt (Oder), ins Ledigenwohnheim, zu den ehemaligen Schulkameraden Willy und Ilona, die schon Familie haben, und schließlich, wieder mit Georg, zu einem Klassentreffen in der Schule. Der Film schließt mit den Bildern einer Schiffsfahrt der Gruppe auf der Oder.

Bei all diesen Gelegenheiten befragt Winfried Junge die Zwanzigjährige weitgehend im Off über ihre gegenwärtige Situation und ihre Wünsche und Erwartungen an ihr weiteres Leben. Freimütig gibt die junge, selbstbewusste Frau Auskunft über ihre Ansprüche an den Partner und ihre Ansichten zur viel zu frühen Heirat der meisten ihrer Altersgefährtinnen, und weshalb sie noch nicht an Kinder denkt.

Marieluise spricht über ihre berufliche Tätigkeit, die sie nicht ausfüllt und bekennt ihre Hoffnung auf Veränderung. Sie ist *Gewerkschaftsvertrauensfrau*. Sie träumt davon, Krankenschwester zu sein oder Stewardess, weil sie die Abwechslung liebt, den Kontakt zu Menschen und mehr von der Welt sehen möchte. Sie ist noch auf der Suche nach sich selbst.

«Gut, du machst deine Arbeit, du machst sie nicht schlecht, bist öfter Qualitätsarbeiter. Aber ist es denn das Eigentliche, was in dir drinsteckt? [...] Ich bin der Meinung, dass ich der Gesellschaft viel mehr geben könnte, wenn ich eine andere Arbeit hätte, die ich viel mehr mit Lust und Liebe machen würde und höhere Leistungen bringen würde [...]»

Marieluise stellt hohe Ansprüche an sich und ist ihrem Vorsatz und ihrer Haltung aus der Schule treu geblieben, zu sagen, was man denkt. Für sie ist es besser, «dem Herzen Luft zu machen», seine Gedanken zu äußern, auch wenn sie «nicht allen in den Kram passen», ohne zu fragen, ob das Nachteile bringt. Sie findet es «krank», danach zu gehen, wie man «am besten ankommt» oder Vorteile hat, und dass jeder nur an Seins denkt. «Ja, mit dem Materiellen ist es so eine Sache, ich weiß nicht. Besteht da nicht die Gefahr, dass dann jeder so hübsch zufrieden wird und sich nur um seinen Kram kümmert – bis zur Türschwelle – und dann die Dinge so laufen lässt, wie sie laufen? Hauptsache, ich lebe meinen Stil so weiter wie bisher – lass mal die anderen machen ...»

Obwohl sie noch jung ist, hat sie Angst, das Leben könnte rasch an ihr «vorbeirauschen», und sie nimmt sich vor, aus jeder Situation das Beste zu ma-

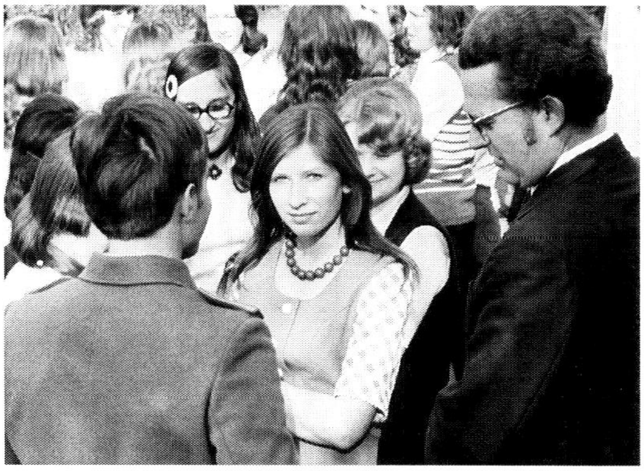

Klassentreffen mit Marieluise im Zentrum von Film – und Foto

chen. Der Regisseur wünscht ihr dazu: «Mach's gut, Mary, mach's richtig!»

1979 ANMUT SPARET NICHT NOCH MÜHE – DIE GESCHICHTE DER KINDER VON GOLZOW. EINE CHRONIK

(105 Min.)

Die Wasser der Oder. Mit Filmaufnahmen und Fotos erinnert der Erzähler an den Krieg, der am 16.4.1945 hierher zurückkam. Er hinterließ zerstörte Brücken und Häuser, 30.000 gefallene Sowjetsoldaten im Oderbruch und zerrüttete Deiche, die 1947 beim ersten Hochwasser brachen.

Elke als Baby. Mit Fotos aus Familienalben beginnt die Chronik der Golzower und schlägt den Bogen bis 1979, da ist die DDR dreißig Jahre alt, die LPG wird es bald. Die Helden des Films – Jürgen, Ilona, dreizehn an der Zahl – und all die anderen, eben noch Schulanfänger am Zuckertütenbaum und in der Klasse mit ihrer ersten Lehrerin, sind nun um die 25. Aus sechs kurzen Filmen, bisher unveröffentlichtem Material und ersten Farbaufnahmen entsteht ein neues, aktuelles Bild der Chronik.

In NACH EINEM JAHR tragen sie das Pionierhalstuch, bekommen ihr erstes Versetzungszeugnis.

Im Januar '66 sind sie ELF JAHRE ALT. Impressionen aus Schule und Freizeit wechseln mit Blicken in die Arbeitswelt der Eltern, die LPG-Werkstatt, die Schmiede, das Gewächshaus.

Die Kinder, inzwischen mit Kamera und Mikrofon vertraut, haben ihre eigenen Ideen, wen und was man filmen sollte. Sie hören von Prometheus und bestaunen den großen neuen Pflug. Bernds Vater leitet den Feldbau. Der Vater von Marieluise folgt sonntags dem Klang der Glocken. Die hängen in Golzow frei und tiefer, weil seine Verteidiger 1945 den Kirchturm sprengten. Doch der Krieg ist wieder nahe, wenn das Fernsehen Vietnam auch nach Golzow bringt. Im Deutsch- und Musikunterricht lernen die Schüler Brechts Kinderhymne. Mit diesem Lehrer macht das Spaß.

Petra, der Jungen-Schreck, feiert Geburtstag erstmals mit Tanz. In der Elternversammlung erinnert sich Winfrieds Vater an die eigene, kürzere Schulzeit im Krieg. Sein Sohn, so hören wir, wird Diplomingenieur für Informationstechnik.

WENN MAN VIERZEHN IST, da lockt der Sommer '69 zum Baden, die Jungen zeigen Muskeln, die Mädchen ihre engen Badeanzüge. Mit dem Tanzen ist es jetzt schwieriger als früher. Der Dorfpolizist nimmt die Anträge auf den Personalausweis entgegen und der Direktor überreicht ihn mit Handschlag und einem Blumenstrauß. Der Vorsitzende der Kooperativen Abteilung Pflanzenproduktion, Arthur Klitzke, informiert über die staunenswerte Entwicklung der Hektarerträge. Als Einzelbauer hatte er nach dem Krieg 12 ha, heute herrscht er über 2000 und treibt die Melioration voran. Der neue *Unterrichtstag in der Produktion* ist auch ein Berufsangebot, doch die Melkertochter Marieluise wird später lieber von Golzow fortgehen. Schlossersohn Eckhardt hingegen wäre am liebsten gleich in der Werkstatt geblieben.

Das Jugendweihejahr führt unsere Klasse ins Erdölverarbeitungskombinat Schwedt, nach Weimar, zur KZ-Gedenkstätte Sachsenhausen und zu den *Paten*

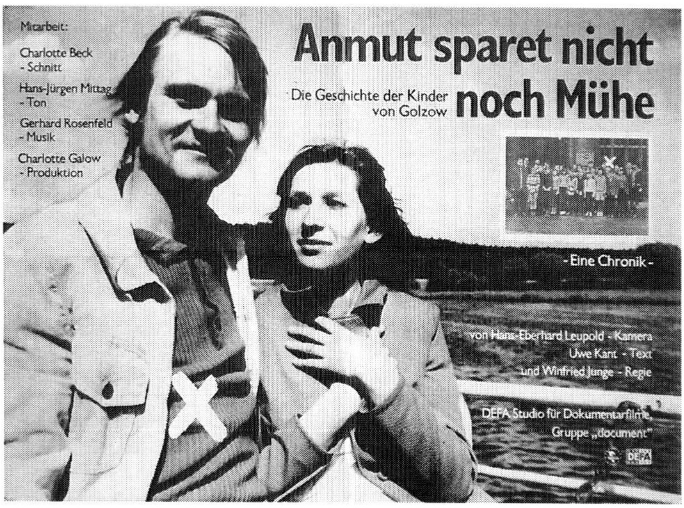

Kinoplakat, unter das noch zwei weitere Kreuze gehörten

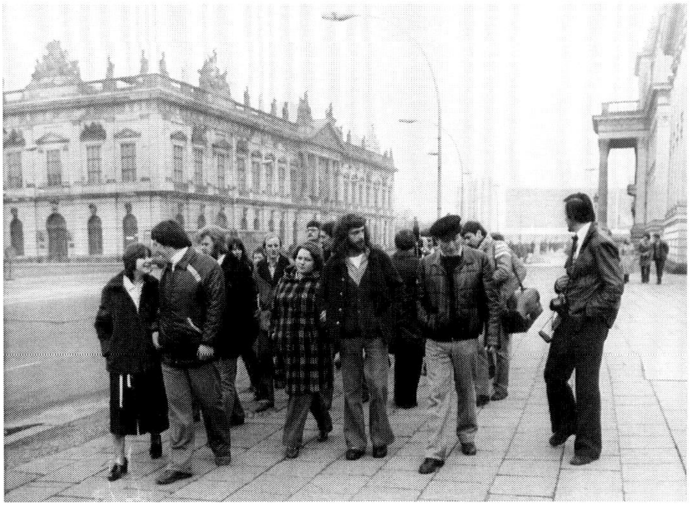

Meist zu zweit Unter den Linden auf dem Wege zu einer Vorführung ihres Films in Berlin

können, gibt hochschwanger ein Interview: «Wenn ich mich nicht darüber freuen würde, hätte ich es mir auch ebenso gut abnehmen lassen können, aber so was macht man einfach nicht.» Christians Liebe zog ihn nach Mecklenburg, doch auf den langen Wegen zwischen dort und Golzow ist sie irgendwann abhanden gekommen. Elkes Hochzeit war ein gesellschaftliches, ein katholisches Ereignis, mit Blumenkindern und Glockenläuten, und sollte doch nicht lange halten. «Auch hier war das Kind schon da.»

Und die DEFA ist weiter dabei – auch wenn Dieter Soldat wird. Er bleibt, wenn schon, denn schon, drei Jahre, freiwillig, wird Gefreiter. Wir sehen ihn wieder, in Uniform mit Marieluise zur Kranzniederlegung bei der Einweihung der neuen Gedenkstätte auf den Seelower Höhen. Zur gleichen Zeit fallen US-amerikanische Bomben auf Hanoi.

im nahen Fliegerhorst. Dann wird der feierliche Eintritt in den Kreis der Erwachsenen geprobt, das ganze Dorf und der Filmstab sind zur Jugendweihe dabei.

Doch die Schule geht danach weiter, auch auf dem Lande, mit vielen Fächern und noch mehr guten Ratschlägen. Gudrun und Annegret arbeiten an der Aktivierung des FDJ-Aktivs. Die gestern noch *Hausherren von morgen* genannt wurden, wird man bald *Revolutionäre von heute* titulieren. Mit dem Appell zum Schuljahresende wird Jürgen aus der 8. Klasse in die Lehre entlassen, Abschied auch von Petra, Bernd und Winfried, die zur Erweiterten Oberschule gehen werden.

DIE PRÜFUNG kommt zwei Jahre später für unsere Golzower, ein Test auch für die Lehrer. Ilona grübelt an der Übersetzung aus dem Russischen und Marieluise weiß im Chemie-Versuch zu bestehen.

«Der letzte Beat in der Aula, dann schließt der Hausmeister die Schule zu.»

Nun beginnt die Bewährung in Lehre und Beruf. Keiner ist ohne Lehrvertrag. «Die Schauplätze vervielfachen sich, die Auftritte werden solistisch.» Christian, Bernhard und Eckhardt bleiben in Golzow. Ilona wird Elektronik-Facharbeiterin im Halbleiterwerk Frankfurt, Bernd aber wollte dann doch lieber nach Schwedt als zur Militärhochschule. Gudrun Klitzke lernt in der neuen Genossenschaftsküche, doch Köchin wird sie wohl nicht lange bleiben. Dieter will Zimmermann werden, mauert, wenn es wieder mal an Holz mangelt. Der blonde Jürgen wurde Maler und Tapezierer, streicht gerade das Trockenwerk an, aber Spaß macht es ihm nicht. Willy und Eckhard haben in der Ernte eine Menge Arbeit und danach eine Menge Geld.

Brigitte wurde mit 17 1/2 Mutter, doch ihren Sohn Marcel muss sie allein erziehen. Auch Ilona ist noch nicht 18, wird ihren Wolfgang erst dann heiraten

Zwei Jahre danach wird Gudrun Genossin, zum 30. Jahrestag der Befreiung vom Faschismus erhält sie das Parteidokument. Zimmermann Dieter ist nun *Haupt-Froschmann* einer Pionier-Tauchergruppe, und Bernd schwitzt als chemischer Aufklärer unter der Schutzmaske. Endlich kommt der Tag der Heimkehr, geschmückt mit dem Halstuch der *Ausberufenen*. Darauf wird mit Funker Winfried erstmal kräftig angestoßen.

Willy wird zum zweiten Mal Vater, kommt zur Mittagspause heim. Doch nicht viele sind im Oderbruch geblieben, eine Liebe, eine Wohnung, die Arbeit lockten fort.

Zum Klassentreffen, 1975 vom Filmteam initiiert, kamen alle. Sie wollten nicht in die Kneipe und feiern das Wiedersehen in der Aula. Lehrer werden beglückwünscht, heitere Erinnerungen ausgetauscht, ein Schiffsausflug auf der Oder beschließt die Begegnung. «Keiner von ihnen ist arbeitslos, obdachlos, aussichtslos.»

Wieder in Farbe – Gegenwart, 1979: Die da im *historischen* Sand buddeln, könnten schon die Kinder *unserer* Golzower sein, kurz vor der Einschulung. Fotos mit der Zuckertüte erinnern an den 1. Schultag der Kinder von einst. Die Kamera löst sich mit Flugaufnahmen vom Kindergarten und von Golzow. Unterschnitten sind sie mit Gesichtern unserer Helden damals und jetzt:

Ilona ist nun Elektronikfacharbeiterin, Jochen Melker, Bernd Anlagenfahrer in Schwedt, die Köchin Gudrun Kreistagsabgeordnete und Studentin der Staatswissenschaften in Weimar, Petra Bauingenieurin, Marieluise Chemielaborantin. Dieter ist Zimmermann, Willy Agrotechniker, Bernhard, Eckhard und Christian sind Landmaschinenschloser, Elke ist Bauzeichnerin, Brigitte Geflügelzüchterin, Jürgen Maler, z.Zt. Mot.-Schütze, und Winfried studiert Informationstechnik an der TH Karl-Marx-Stadt.

Die Chronik endet mit Blicken auf die Oder und Worten von Uwe Kant, mit denen der Film begann: «Es war einmal ein Krieg, der setzte zweimal über den Fluß. Erst kam er Moskau nahe, dann kam er, ein anderer nun, zurück, brachte die Befreiung, den Frieden mit.»

1980/81 LEBENSLÄUFE – DIE GESCHICHTE DER KINDER VON GOLZOW IN EINZELNEN PORTRÄTS. EINE DOKUMENTATION

(257 Min.)

Prolog

Die vereiste Oder, der Winter 1978/79 im Oderbruch, die Gedenkstätte auf den Seelower Höhen. Was haben die Kinder von Golzow, die leben durften, aus diesem ihrem Leben machen können? Als sie elf Jahre alt waren, wurden ihre Gesichter in Beziehung gesetzt zum Eis auf der Oder, das im Wechsel vom Winter zum Frühling in Bewegung gekommen war. Und sie suchten Heraklit zu verstehen: Alles fließt, das Bleibende ist der Wandel.

1. Jürgen W.

Das erste Gesicht des ersten Films. Er geht acht Jahre zur Schule, wird Maler und Tapezierer, was er schon als Elfjähriger wollte, ihn lockt die Selbstständigkeit und das frühe Geld. Er arbeitet gern, nur die Feierabendarbeit wird ihm zuweilen zu viel. Das Schlüsselkind, viel sich selbst überlassen, suchte Anschluss an Freunde, Fußballkameraden, Kollegen, seinen Meister. Mit 20 findet er die spätere Frau, spart für die Ehe, heiratet, wird Vater eines Matthias, beginnt mit dem Ausbau einer Tagelöhnerkate und muss mit 24 zu den Mot.-Schützen, keine leichte Zeit für die junge Familie, die mit seiner Vereidigung in Brandenburg beginnt.

2. Gudrun K.

Die Tochter des bezirksbekannten LPG-Vorsitzenden absolviert als gute Schülerin die 10. Klasse, lernt Koch, wird Genossin, Kreistagsabgeordnete, studiert Staatswissenschaften in Weimar, macht ihr erstes Praktikum beim Rat des Kreises Seelow. Bisher unverheiratet, wie wenige ihres Alters, wohnt sie noch bei den Eltern, tritt aber allmählich aus dem Schatten des Vaters. Gudrun – die Köchin, die, nach einem Lenin-Wort, helfen sollte, den Staat zu regieren…

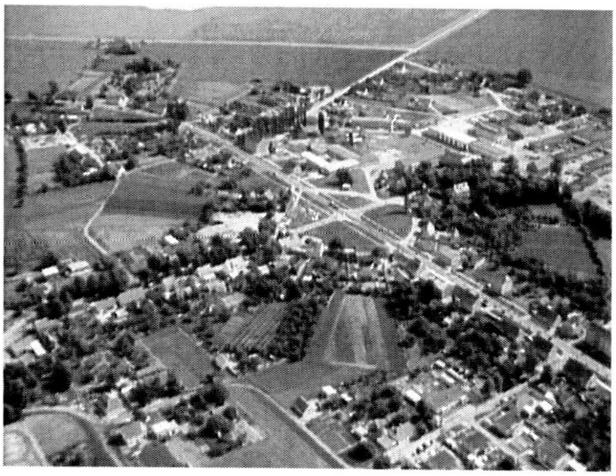

Von oben ist Golzow schön übersichtlich, unten ist es schön konkret

3. Bernd Oe.

Der gute Schüler, Sohn des Feldbau-Leiters, wollte mal Offizier werden, verlässt die Erweiterte Oberschule nach der 10. Klasse und Golzow, wird Chemiefacharbeiter im Petrolchemischen Kombinat Schwedt, das er auf der Jugendweihefahrt kennenlernte. Er fühlt sich wohl in seiner Brigade und kehrt nach der Armeezeit als chemischer Aufklärer auch hierher zurück, wird Meister und Schichtleiter. Er verliebt sich im Werk in eine junge Kollegin und erlebt mit ihr das DDR-Jugendfestival 1979 in Berlin. Sie wollen heiraten und werden eine Wohnung brauchen.

4. Brigitte H.

Der «lustigen Dicken mit den blonden Zöpfen» fiel die Schule nicht leicht. Früh zeichnete sich eine Herzkrankheit ab. Figur und Leistungen erschwerten ihren Stand in der Klasse. Nach der 8. wird sie Facharbeiterin für Geflügelzucht im *Kombinat Industrielle Mast* Spreenhagen, mit 17 1/2 ist sie alleinerziehende Mutter. Nur der Verdienst und das späte Glück einer Neubauwohnung halten sie trotz beklagter Monotonie und gesundheitlicher Belastung im Beruf in Spreenhagen. Hier kommt ihr Marcel in die Schule. Auf sich allein gestellt, entwickelt sie sich mehr und mehr zu einer selbstbewussten und couragierten Frau und lernt mit dem strapazierten Herzen, vielfach falsch verarztet, dank eines Schonplatzes im Betrieb, zu leben.

5. Dieter F.

Der Älteste von sechs Kindern, die Eltern Melker, kommt 1961 als Sitzenbleiber in die Klasse. Er nimmt die Schule nicht so ernst, hält aber den Leistungsdurchschnitt. Der Klassenkasper kann Lehrer zur Verzweiflung bringen. Er geht nach der 8. Klasse in die Zimmermannslehre, längerdienend zur Armee und wird Pioniertaucher. Er möchte nach Vietnam zum Minenräumen oder als Matrose zur See, doch die

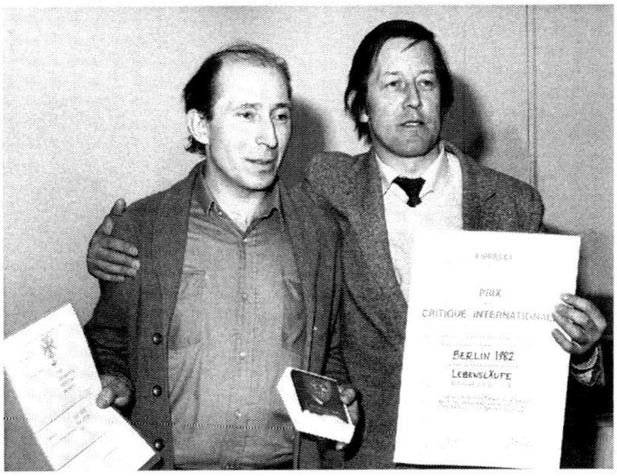

Berlinale 1982 – nicht nur der Film, sondern auch seine Schöpfer dürfen dabei sein und kommen sogar mit zwei Preisen und dem Preisgeld wieder heim

Seereederei lehnt ab. Dieter liebt die Abwechslung, passt sich aber auch schnell an. Er nimmt sich eine Kinderkrankenschwester zur Frau, wird Vater einer Tochter, zieht in eine Genossenschaftswohnung nach Frankfurt (Oder), wo er als Zimmermann im Baukombinat gebraucht wird. In seinem neuen Zuhause besuchen ihn an seinem 25. Geburtstag die Eltern, und er zieht vor der Kamera erste Bilanz.

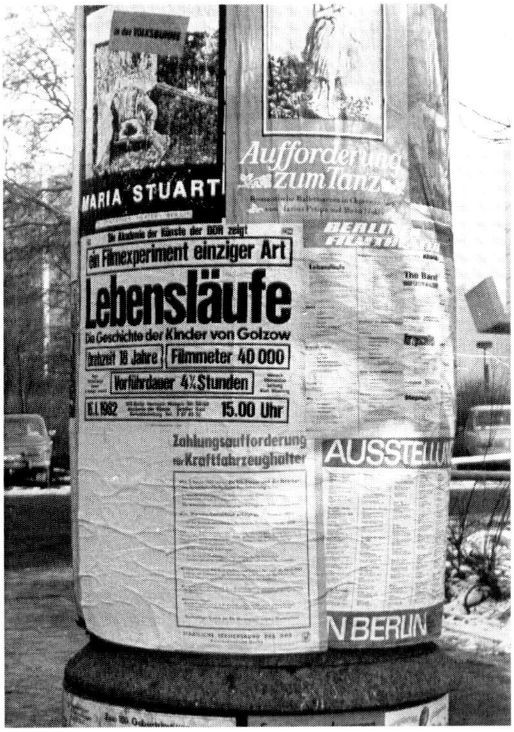

Mit LEBENSLÄUFE werben die Kinder von Golzow erst- und letztmals sogar von der Litfaßsäule

6. Elke G.

Die zielbewusste, gute Schülerin, eines von fünf Kindern eines Traktoristen und einer Hausfrau, absolviert die 10. Klasse, wird Bauzeichnerin in einem Spezialbaubetrieb in Frankfurt (Oder) mit Aufträgen der Sowjetarmee aus dem Bezirk. Konfliktreicher als ihre berufliche Entwicklung verläuft ihr Lebensweg in der Liebe und in der Lösung vom Elternhaus. Streng und katholisch erzogen, wird sie in großer kirchlicher Hochzeit mit dem Vater ihrer Tochter Doreen getraut, trennt sich aber bald von dem zu jungen Mann. Nun wohnt sie mit einem Kollegen zusammen, will aber aus formalen Gründen nicht wieder heiraten. Und schon gar nicht müssen. Sie verdient ihr Geld, ist weiter auf ihre Unabhängigkeit bedacht und hält sich sozusagen alle Optionen offen.

7. Marieluise S.

Elkes langjährige Freundin kommt auch aus christlichem, aber evangelischem Elternhaus. Ihr Vater, kirchlich aktiv, einst Neubauer, trat der LPG nicht gerade aus Überzeugung bei. Er arbeitet hier als Melker wie die Mutter. Die Älteste von vier Töchtern und zwei Söhnen geht 10 Jahre zur Schule, würde gern Krankenschwester werden, wird Chemielaborantin im Halbleiterwerk Frankfurt. Der Berufsalltag macht ihr wenig Freude, doch Verdienst und Gemeinsamkeit, auch mit polnischen Kolleginnen, halten sie dort. Sie lernt polnisch und freundet sich mit einer Mutter zweier Kinder an. Mary, als Marieluise getauft und konfirmiert, heiratet nach manchem Hoch und Tief in der Liebe nur standesamtlich, nicht kirchlich. Steffen ist Genosse und Hauptmann der Luftstreitkräfte, und die Eltern tolerieren diese Entscheidung. Mit einem Kind wollen sie sich noch Zeit lassen. Erst einmal geht es um die gemeinsame Zukunft.

8. Winfried J.

Wir lernen Winfried bei einem studentischen Erfahrungsaustausch in Kiew kennen. Der Jüngste der Klasse, leistungsstark, Hobbybastler, mit früher Neigung zur Technik, kommt auch aus einer Umsiedler- und Neubauernfamilie, die jedoch frühzeitig der LPG beitrat. Er kann als Ältester von vier KIndern 12 Jahre zur Schule gehen. Vor dem Studium der Informationstechnik an der TH Karl-Marx-Stadt absolviert er seinen Wehrdienst als Funker. Er will erst nach dem Studium heiraten, wenn er endgültig sesshaft ist. Auch möchte er erstmal was verdienen. Im Interview an der TH erklärt er, was ihn an seinem künftigen Beruf reizt, beklagt aber auch die unzureichende Bezahlung nach fünfjährigem Studium. Er wird sich darum nach dem Diplom als Programmierer ins Stahlwerk Gröditz vermitteln lassen, dort aber zunächst als Gießer im Schichtbetrieb arbeiten, dort gibt's mehr Geld. «Ingenieur kann ich danach ja immer noch sein.»

9. Ilona M.
Die Älteste von fünf Geschwistern, die Mutter Kindergärtnerin, der Vater einer der ersten Nachkriegs-Polizisten und danach Traktorist, ist wie Gudrun Genossin und arbeitet in der FDJ-Kreisleitung Frankfurt. Sie wurde Elektronikfacharbeiterin im Halbleiterwerk und gab ihren Beruf auf, als sie heiratete und keinen Krippenplatz für Tochter Jacqueline bekam. So wird sie selbst Kinderkrippenerzieherin, früh als Mutters Stellvertreterin darin geübt. Trotz häuslicher Pflichten schafft sie den 10-Klassen-Abschluss mit dem Wunsch, einen modernen Beruf im entstehenden Industriebezirk zu ergreifen, den sie später auch wieder ausüben will. Auf der Bezirksparteischule bereitet sie sich auf neue Anforderungen vor, denn «man entwickelt sich ja immer weiter». Förderung ist ihr sicher für die Arbeit im Staatsapparat. Ilona und der Berufskraftfahrer Wolfgang erwarten ein zweites Kind.

Epilog
Golzow, die Landschaft und Landwirtschaft im Oderbruch zwischen Frühling und Herbst. Das Leben in ständiger Veränderung, in gefährdetem und bewahrtem Frieden, ist in verschiedenartigen Schicksalen an uns vorbeigezogen. Ein neues Schuljahr beginnt. Und schon ist wieder Vergangenheit, was eben noch Gegenwart war – «Alles fließt...»

1984 DIESE GOLZOWER – UMSTANDSBESTIMMUNG EINES ORTES
(103 Min.)

Petra und Brigitte als Kinder und als Erwachsene in ihren späteren Berufen. Als sie elf Jahre alt waren, übten sie die *Umstandsbestimmung des Ortes*, es beginnt der Versuch, sie filmisch zu fassen.

Es gibt übrigens drei Golzows, aus denen der Film zunächst ein besonders schönes zusammensetzt. *Unser* Golzow im Oderbruch ist natürlich das schönste, besonders aus der Vogelperspektive mit dem nahen Strom. Eine Titelmontage aus Zeitungsberichten über die Golzow-Filme erinnert an Stationen der Chronik bis in die Gegenwart.

Wer sind diese Golzower? Für die Kamera posieren bisher nicht Gefilmte: Postfrau, Schornsteinfeger, Bauleute, Konsumverkäuferinnen, Traktoristen, Erntefrauen im Rotkohlfeld, Lehrer und Leiter der LPG. Im *sozialistischen Jagdkollektiv* werden die jüngsten Trophäen vermessen. Die Dorffeuerwehr, voran Vater Hoppe und Sohn Eckhard, veranstaltet eine Alarmübung eigens für den Film, doch das Spritzenauto streikt. Jürgen, der gelernte Maler, ist nun Anlernling in der Baubrigade der LPG und übt erst einmal das Verputzen. Sein Sohn spielt im Buddelkasten des Kindergartens, wo wir Jürgen 1961 kennenlernten. Tochter Steffanie liegt noch im Kinderwagen. Vor einer alten Bauernkate vier Generationen: Ur-Opa Emil, Opa Gerhard, Vater Jürgen und Sohn Matthias. Auch Landmaschinenschlosser Eckhard blieb Golzow treu, lernte das Handwerk beim Vater, wohnt im Neubau und steuert große Erntemaschinen.

Die Ortsgeschichte ist auch Kriegsgeschichte, mit 45 Toten im ersten Weltkrieg und 200 im zweiten. Die Tafel am Gedenkstein allerdings fehlt. Frau Kurzweg erinnert sich an die fast totale Zerstörung des Ortes. Bis dahin gab es auch in diesem Dorf vor allem Herren oder Knechte. Genossin ist sie seit 1956, denn «je größer der Haufen, desto mehr kann geschaffen werden».

Viel wurde geschaffen: Wir sehen die Türme der Trockensilos, die Entwässerungskanäle, die Pumpstation, große Gewächshäuser. Willys Vater, Jahrgang 1910, war Landarbeiter, an seinem Schlafplatz neben den Pferden tummelten sich die Ratten. Die *LPG Einheit* entstand schon 1952, seit 1975 heißt sie *30. Jahrestag des Sieges* und ist Teil eines Kooperationsverbandes.

Mittelbauer Arthur Klitzke, nun an die 60 und Diplom-Agrar-Ökonom, wurde erst im zweiten Anlauf zum Vorsitzenden gewählt. Davon berichtet er den Bezirksparteischülern, unter ihnen Tochter Gudrun. Die studierte Staatswissenschaftlerin wird Bürgermeisterin der Nachbargemeinde. Ihr Vorgänger im Amt rät: «Kontakt zu den Menschen, Verständnis und Liebe, alles andere ergibt sich.» Inzwischen kennt man ihren Vater als Gastgeber für Staatsbesucher wie Yassir Arafat und Indira Gandhi, als Autor auch eines Leitartikels auf der Titelseite der Parteizeitung *Neues Deutschland*:

Es bleibt viel zu tun in Golzow, im gesellschaftlichen und privaten Wohnungsbau. Die Verschönerung der Bushaltestelle wartet wie die Vollendung des Schwarzbaus der künftigen Kaufhalle. Der Beton-Rohbau ist ein umstrittener Fremdkörper in der Dorfmitte. So sieht es Elkes Mutter, die wir im Winter 1966 mit der Tochter aus der Bäckerei kommen sahen, und die dort nun selbst Verkäuferin ist. Und Elke, die Bauzeichnerin, erwartet ihr zweites Kind.

Winfried Jerchels Vater zeigt den Lehrlingen, wie man's auf der Pflanzmaschine richtig macht. Sohn Winfried aber, den Diplomingenieur im Stahlwerk Gröditz, sieht er nur noch dreimal im Jahr. Anders Vater und Sohn Oestreich. Der parteilose Ökonom der LPG ist sogar in der Kampfgruppe, ebenso wie der Landmaschinenschlosser Bernhard aus der Golzower Klasse.

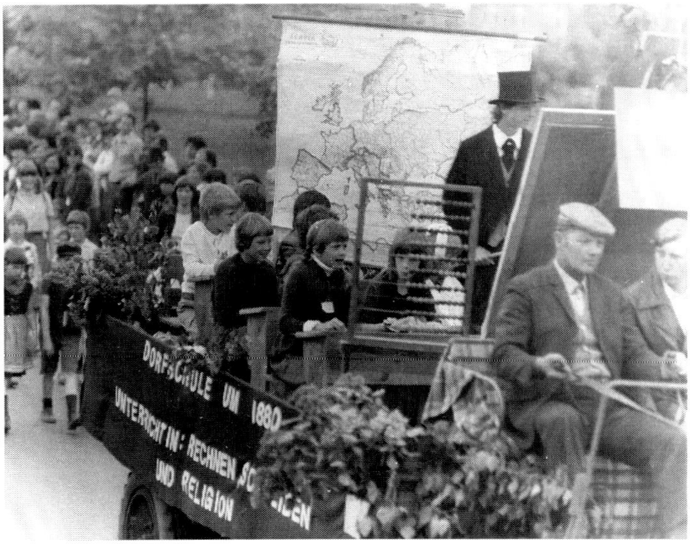

Historische Schulszene auf Rädern: «Rechnen, Schreiben, Religion»

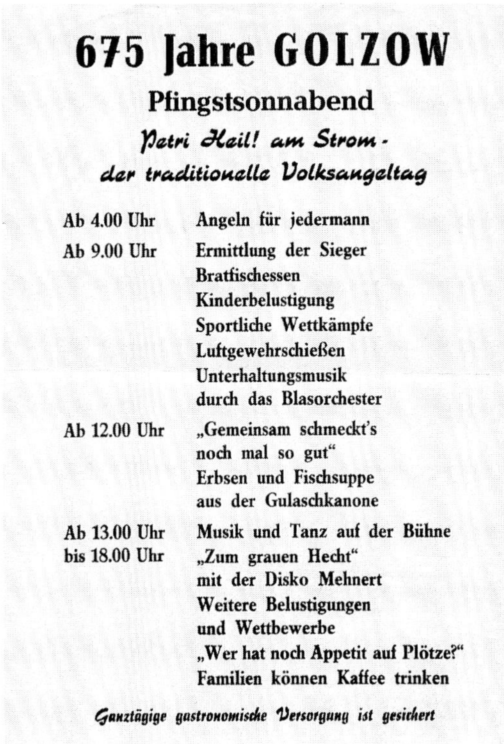

675 Jahre GOLZOW

Pfingstsonnabend

Petri Heil! am Strom - der traditionelle Volksangeltag

Ab 4.00 Uhr	**Angeln für jedermann**
Ab 9.00 Uhr	**Ermittlung der Sieger** **Bratfischessen** **Kinderbelustigung** **Sportliche Wettkämpfe** **Luftgewehrschießen** **Unterhaltungsmusik durch das Blasorchester**
Ab 12.00 Uhr	**„Gemeinsam schmeckt's noch mal so gut"** **Erbsen und Fischsuppe aus der Gulaschkanone**
Ab 13.00 Uhr bis 18.00 Uhr	**Musik und Tanz auf der Bühne „Zum grauen Hecht" mit der Disko Mehnert** **Weitere Belustigungen und Wettbewerbe** **„Wer hat noch Appetit auf Plötze?"** **Familien können Kaffee trinken**

Ganztägige gastronomische Versorgung ist gesichert

Pfingsten nimmt Golzow diesmal Eintritt: «Das wird ein Theater! Das wird auch Film!» (Kommentar)

Am 1. Mai zieht das ganze Dorf, Blasmusik voran, zur Kundgebung zum neuen Kulturhaus. Nur die Eltern von Dieter und Marieluise, Melker-Ehepaare, sind im Stall unabkömmlich. Tochter Marieluise, Chemielaborantin und jetzt in Königs Wusterhausen, erwartet ihr zweites Kind.

Auch der Friedhof gehört zu Golzow: Hier wurde Brigitte mit 29 Jahren beerdigt. Die jüngste Mutter aus der ehemaligen Klasse hinterlässt zwei Söhne, Marcel und aus einer späteren Ehe Kai.

Hobby-Maler Wagner zeigt uns seine Galerie wechselnder Oderbruch-Landschaften und eine grafische Erinnerung an das schreckliche Hochwasser im März 1947.

Der 675. Jahrestag Golzows wird im Sommer 1983 angemessen gefeiert, mit Festsitzung im neuen Kulturhaus, großem Umzug in historischen Kostümen, mit ideenreich gestalteten Wagen-Bildern vom Fischerdorf des Mittelalters zur sozialistischen Gegenwart. Da dürfen die Verdienste Friedrich des Großen nicht fehlen und im *Marschblock der Jugend* nicht die aktuelle Losung «Frieden schaffen gegen NATO-Waffen».

Das Volksfest lockt viele Besucher an. Da gibt's die Versteigerung von Aalen aus dem Wettangeln, eine Hochseil-Attraktion, die Tanz-Gymnastik-Schau der Jugend für die Alten und vieles mehr. Die Kamera trifft im Gewimmel immer wieder bekannte Gesichter, so auch am Tisch von Willys Eltern.

Der nüchterne Alltag aber geht mit Leiterberatung und Wochen-Rapport weiter: Planerfüllung gesichert, Gemüse bleibt das Problem. Die schlechte Arbeitsmoral einiger verdirbt Bild und Arbeitsergebnis der vielen Fleißigen. Da ist Konsequenz gefordert, zuerst von den Leitern. Der Kooperationsverband umfasst mittlerweile Bodenflächen von sieben Gemeinden, das sind 7300 Hektar.

Das Dorf nebenan, Genschmar, nur ein Kilometer bis zur Grenze, hat mit Bürgermeisterin Gudrun nur 399 Einwohner. Hier wird sie für alles zuständig sein: Volksbildung, Gesundheit, Wohnungswesen, Ordnung und Sicherheit. Einstimmig, wie üblich, beschließt der Gemeinderat ihre Wahl.

Die Jahreshauptversammlung der LPG, 546 Mitglieder, 87 Genossen, wird mit Blasmusik begrüßt. Arthur Klitzkes Rechenschaft fällt gut aus, aber: «Der Schludrian ist unser größter Feind.»

Der Film endet mit geborgten Bildern aus einem Film der DDR-Auslandsinformation: Erich Honecker begleitet eine Partei- und Regierungsdelegation der Koreanischen Volksdemokratischen Republik unter Kim Il Sung nach Golzow.

1991/92 DREHBUCH: DIE ZEITEN DREI JAHRZEHNTE MIT DEN KINDERN VON GOLZOW UND DER DEFA – EIN FILM ÜBER EINEN FILM

(284 Min.)

Wie die Untertitel erkennen lassen, ist der 10. Film dem eigenen Jubiläum gewidmet. Dennoch waren der Fall der Mauer und die deutsche Wiedervereinigung die entscheidenden Anlässe für den Rückblick auf die Geschichte der *Kinder von Golzow* an einem so historischen Wendepunkt in der jüngeren deutschen Geschichte. Sie konnten die große Länge des Dreiteilers rechtfertigen und zugleich Auftakt sein für eine Fortführung der Langzeitchronik.

Den Rahmen für die Vielfalt der Aspekte dieses Gegenstandes im Wandel der Zeiten setzt der *Tag der deutschen Einheit*, den 1991 Hamburg ausrichtete. Und weil diese Stadt und ihr Filmbüro das Golzow-Projekt nicht mehr nur als eine Geschichte aus dem Oderbruch, sondern nun auch als eine deutsche Geschichte betrachteten, förderten sie es spontan.

So konnten und wollten elf der ehemaligen Filmkinder nach einem Wiedersehen in Golzow mit ihren Chronisten von der Oder zur Elbe aufbrechen, um dabei zu sein, wenn gefeiert wird.

Eine Montage kurzer Interviews aus der Wendezeit reflektiert, mit welch unterschiedlichen Gedanken und widersprüchlichen Gefühlen diese Golzower das Ende ihres Staates erlebten und wie sie ihre Zukunft sehen, ein Vorgriff auf Besuche, die der Film den Einzelnen, wo immer sie inzwischen lebten, machen wird. Den Anfang macht der Elektronikingenieur, Genosse und Kampfgruppenkommandeur Winfried, der am Potsdamer Platz in Berlin über die Grenze geht und hinterm Brandenburger Tor seine Zweifel äußert, ob die DDR noch Bestand habe.

Im Kollegenkreise oder an ihrem Arbeitsplatz sagen auch die anderen dazu ihre Meinung: Jochen, der Melker, Dieter, der Zimmermann, Jürgen, der Maler, Gudrun, die Bürgermeisterin im Nachbarort, Bernhard und Eckhard, die Landmaschinenschlosser, Willy, der Schweißer, Marieluise, die Chemielaborantin, Bernd, der Meister der Petrolchemie, und Elke, die Bauzeichnerin.

Niemand von ihnen hätte bei aller Kritik an der DDR je daran gedacht, dass es derart um sie stand und sie nun mit der Mauer fallen konnte. So teilen sich eine allgemeine Verunsicherung, Trauer, Wut und eine Mischung von Ratlosigkeit und erster neuer Hoffnung mit.

Der erste Teil des Films führt dann nach Golzow ins Oderbruch zurück und erzählt für ein nunmehr gesamtdeutsches Publikum und eine jüngere Zuschauergeneration von den Anfängen und dem Werden einer Chronik, die es wegen des 13. August 1961 beinahe nicht gegeben hätte und die nun über 28 Jahre Mauer hinaus Zeitgeschichte dokumentiert. Dieser erste Teil ist auch eine Plauderei aus der Werkstatt, die an so manche eindrucksvolle Szene aus der Kindheit der Protagonisten erinnert und schildert, wie sie zustande kam.

Mit solchen Szenen machten sich einzelne Kinder frühzeitig bekannt, und es wird zum Konzept des Films, sie auch künftig mit ihren charakteristischen Neigungen und Ansprüchen in die Zeiten ihres Aufwachsens in der DDR und danach zu stellen, die sie mit den Realitäten des Lebens konfrontieren.

Da ist z. B. Jürgen, der erste *Held* der ABC-Schützen, der 1985 nun schon seinen Sohn einschult und an einem schmucken Eigenheim baut. Er lebt ganz für sein Besitztum und die Familie. Mit der Wende wird er arbeitslos und versteht die Politik nicht, die daran schuld ist. So sucht er im Alkohol Trost.

Da ist auch Jochen, der unter den Schulanfängern Jürgens Rolle spielen sollte. Aber der Kameramann entschied anders. Jochen nimmt sich am Vater, einem Landwirtschaftsfunktionär der *ersten Stunde*, kein Beispiel. Die Familie zieht bald nach Bernau, und Jochen wird Melker, obwohl er eigentlich Schäfer werden wollte. Mit seinem Beruf verbindet ihn eine *Hassliebe*. Aber er hält den «Knochenjob» durch, bis er das «Ballett an der Kuh» aufgibt, um Kohlenfahrer zu werden, als auch ihm die Arbeitslosigkeit droht.

DREHBUCH: DIE ZEITEN ordnet die Porträtskizzen auch konkreten Zeitereignissen zu und den Problemen, die sich mit ihnen offenbaren.

Nach der Wende, die sich in fast allen Porträts in ihren verschiedenen Facetten spiegelt, ist es vor allem

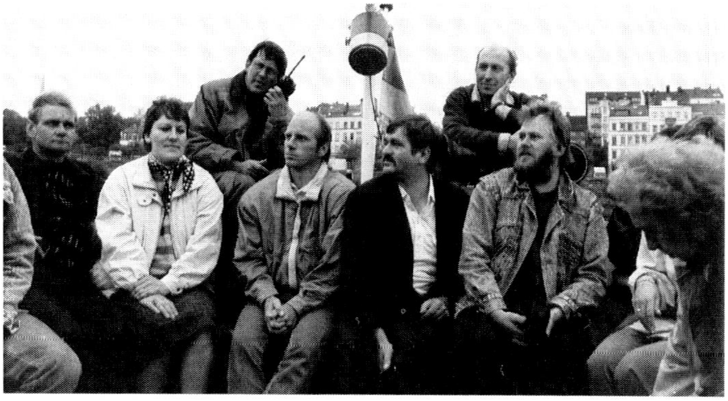

Klassentreffen – diesmal mit Fahrt am 1. Jahrestag der Deutschen Einheit zum Mitfeiern nach Hamburg, das den Jubiläumsfilm fördert

die kollektive Landwirtschaft, die nach erfolgreichen Jahrzehnten mit dem Ende der DDR in die Turbulenzen gerät. So begleitet der Film unsere Golzower zur Massendemonstration der Bauern, die um ihre Betriebe und Arbeitsplätze fürchten, auf den Berliner Alexanderplatz. Es sind nur noch sieben Wochen bis zum Beitritt der DDR zur Bundesrepublik. Auch vor ihnen steht die Frage, ob sie ihre Genossenschaft erhalten können, die sich über die Jahrzehnte zu einem Musterbetrieb entwickelte und deshalb auch immer wieder gern vorgezeigt wurde. So hatten sie Besuch von Indira Gandhi, Jassir Arafat und Kim Il Sung.

Bernhard und Eckhard, die Landmaschinenschlosser, haben hier noch ihre Arbeit, aber Willy wartet schon im Arbeitsamt Gräfenhainichen auf den Aufruf seiner Nummer. Auch Gudrun, die Tochter des Golzower LPG-Vorsitzenden, ist nicht länger Bürgermeisterin von Genschmar im Oderbruch. Als Genossin war sie die «Köchin, die helfen sollte, den Staat zu regieren», wie es mal hieß, und muss jetzt froh sein, dass sie immerhin Köchin ist.

Der Film thematisiert in einem großen Panorama der Zeitenwende auch eines der Probleme, die wesentlich dazu beitrugen, dass die Menschen im Herbst '89 auf die Straße gingen.

Das Kapitel «Reisen und reisen lassen» berichtet mit Sarkasmus von vier Möglichkeiten, als DDR-Bürger ins westliche Ausland zu gelangen. Zuerst das seltene «verdiente Reisen». So fährt Ilona mit einer Gruppe der Jugendtouristik zu Marx nach Trier, «der leider in der BRD geboren wurde». Jürgen hingegen, der zum Geburtstag der Tante nach *drüben* fahren darf, genießt nur «gewährtes Reisen». Bei Dieter, dem Zimmermann, geht es um «verfügtes Reisen», weil ihn die DDR als Facharbeiter zum Bau eines Getreidesilos nach Libyen delegierte. Und für Winfried gibt es nur «erwogenes Reisen», weil er sich Libyen auch gern mal angeschaut hätte, aber nur mit dem Finger auf der Landkarte dorthin gelangen kann.

Für den neuen Bundesbürger Dieter ist die spätere Reise, erstmals mit Frau, nach Österreich, also keine große mehr und doch eine besondere. Er ist dort einer von 2000 ehemaligen DDR-Bürgern, die der US-Vertriebskonzern *Amway* in Massenlektionen zu Unternehmern auszubilden verspricht. «It's alright» kann er schon mitsingen.

Bernd vom Petrolchemischen Kombinat Schwedt, das als Aktiengesellschaft die DDR überlebte, macht die Reise im neuen *Westauto* in dieses Österreich zu einem normaleren Urlauber neuer Art. Und so beginnt der Regisseur sein Interview mit dem Satz. «Ich wollte dich ja längst mal am Großglockner fragen: Fährt man jetzt Toyota?»

Und da ist Marieluise, die Älteste von sechs Kindern einer Neubauernfamilie, Tochter eines Melkers und Christen, der Zeit seines Lebens in Opposition zur Parteipolitik der DDR stand und daher mit Solidarnosc und Perestroika sympathisierte. Sie empfindet den Mauerfall als Erlösung aus Zwängen. Die Laborantin in einem militärischen Forschungsinstitut war Geheimnisträgerin wie ihr Mann, Major der Regierungsstaffel. Nach sieben Jahren kann sich die Mutter zweier Töchter im Herbst '89 endlich wieder mit ihrem Steffen filmen lassen, und beide können sich frei äußern. Aber Marieluise ist nun auf Suche nach neuer Arbeit, während Steffen erst einmal von der Bundeswehr übernommen wird, in der Hoffnung, dass man ihn auch dort als technischen Offizier brauchen kann. Immerhin hat auch die Bundesrepublik eine Regierungsstaffel, nur *Flugbereitschaft* genannt.

So erzählt DREHBUCH: DIE ZEITEN viele Geschichten, die fast alle in die Gegenwart der Jahre 1991/92 münden. Eine endet schon 1984 und reicht dennoch über das Ende der DDR hinaus: Die von Brigitte, der «lustigen Dicken mit den blonden Zöpfen», der späteren Geflügelzüchterin im Kombinat für Industrielle Mast in Spreenhagen bei Berlin. Sie starb bereits mit 29 Jahren an Herzversagen. Ihr Sohn Marcel war das erste Kind eines der *Kinder von Golzow*, dessen Leben die Kamera danach weiter auf schwierigem Weg begleitete. Er spricht zwei Gelöbnisse: Zur Jugendweihe in der DDR und als Soldat der Bundeswehr. Dem einen wie dem anderen Staat gelobt er, treu zu dienen...

Solcherart sind die Mitteilungen über die Zeiten, die das Drehbuch schrieben.

Wenn der Film nach 4 3/4 Stunden seinen Schluss findet, hat sich der Zuschauer in den deutschen Dingen wiedererkannt.

Elf der dreizehn Kinder, von denen er erzählte, treffen sich zuletzt am Buddelkasten des Kindergartens in Golzow als gestandene Frauen und Männer nach drei Jahrzehnten zu ihrem Klassentreffen wieder. Vor ihnen im Sande liegt vergessenes Spielzeug. Elf von einmal 24, als auch sie hier die Welt spielten, die auf sie wartete, ehe sie in diese eintraten, sie mitgestalteten und von ihr geprägt wurden.

Die *Kinder von Golzow* gehen auf die Mitte ihres Lebens zu und sind zugleich an einem neuen Anfang. Wird die Kamera ihr Wegbegleiter bleiben können?

1993/94 DAS LEBEN DES JÜRGEN VON GOLZOW
(192 Min.)

Mit dem Anglerfest 1993 in Golzow erinnert Winfried Junge an die über drei Jahrzehnte währende Bekanntschaft und Freundschaft mit Jürgen, der sich dem Zuschauer als Blondschopf aus der 1. Klasse eingeprägt

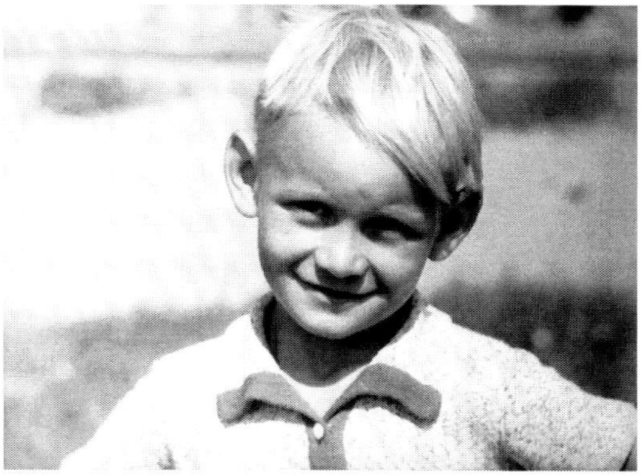

Jürgen – das erste Gesicht des ersten Films

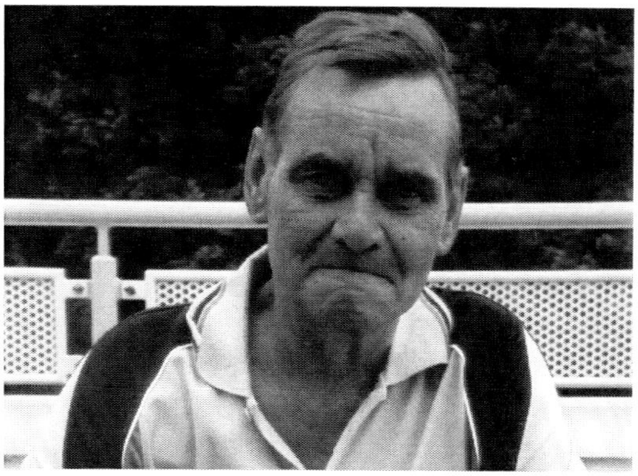

Er wurde nur 52 Jahre alt

hat. Nun ist er Bundesbürger, und der Film erzählt von einem wechselhaften Leben mit Höhen und Tiefen, vom Schüler, Lehrling, Maler und Tapezierer, vom NVA-Soldaten und Maurer-Anlernling, vom Arbeitslosen bis zur «vielseitig einsetzbaren» ABM-Kraft mit der Perspektive der Festanstellung durch das neue Amt, dem Golzow nun zugehört. Jungverheiratet, hat er mit Frau Anita, der gelernten Gärtnerin und späteren Raumpflegerin, einen inzwischen halbwüchsigen Sohn, der sich für einen Beruf entscheiden muss, und eine zwei Jahre jüngere Tochter. Als Mitglied der LPG brachte er es zu einem Reihenhäuschen, dessen Kreditschulden ihn nach der Währungsunion beunruhigen, denn mit Nebeneinkünften aus der privaten Gemüsewirtschaft ist es jetzt vorbei. Die Familie weiß zu sparen und leistet sich erst einmal nur einen Trabi, bis es endlich zum gebrauchten alten Wartburg reicht und mit ihm zum ersten richtigen Urlaub – an die nahe Ostsee, von dem man bisher immer nur geträumt hat.

Jürgen war ein ruhiges Kind, ein stiller Knabe, ein eher verschlossener junger Mann, der dem Regisseur nur auf drängende Fragen Rede und Antwort stand. Kritische Beobachtungen und seine Unzufriedenheit mit manchen Lebensumständen behielt er gewöhnlich für sich. Lange Zeit suchte er Trost im Alkohol. Jetzt endlich hat er sich davon befreit, und nun spricht er auch freier über sich und die Welt um ihn herum. Sein kritisches Urteil über die Umstände und die Zeitläufte hat er sich bewahrt.

1995 DIE GESCHICHTE VOM ONKEL WILLY AUS GOLZOW

(146 Min.)

Schon die frühen Aufnahmen zeigen: Willy war nichts ferner als die Wissenschaft. Dem Golzower Schüler stand die Langeweile buchstäblich ins Gesicht geschrieben, wenn der Unterricht Abstraktionsvermögen forderte. So schaffte er in acht Jahren nur sieben Klassen.

Willy vertraute seinen Händen und bewies in Lehre und Praxis Ehrgeiz und Geschick, wurde ein verlässlicher Agrotechniker, Traktorist, Reparaturschlosser und Schweißer.

Einst Klassen-Kleinster, mühte sich der Heranwachsende, nicht übersehen zu werden. Schon mit vierzehn

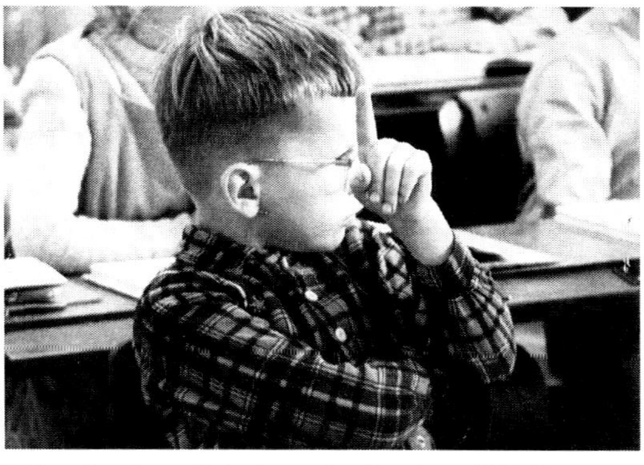

Willy – der Klassenkleinste: noch mit artigem Meldefinger

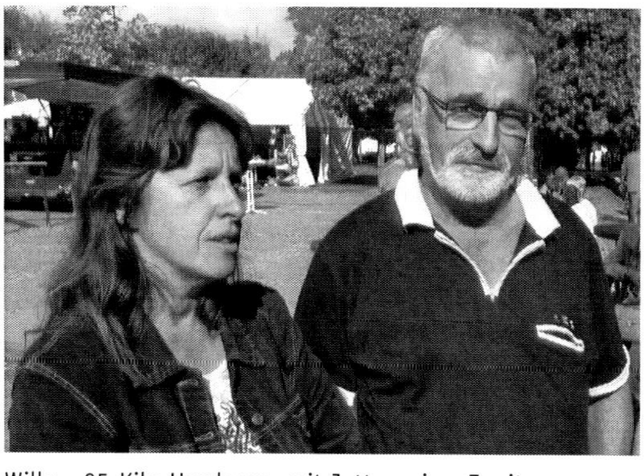

Willy – 95-Kilo-Haudegen, mit Jutta, seiner Zweiten

wollte er «anderen Menschen nützlich sein». Bereits mit zwanzig verdiente er gut, war verheiratet, hatte zwei Söhne, eine eigene Wohnung und ein Auto. In die Ehe mit Ingeborg, der Melkerin, aber schlich sich unversehens Gleichförmigkeit und Langeweile. Sie lebten sich auseinander und trennten sich im 7. Jahr.

Im Erntepraktikum lernte Willy die Landwirtschaftsstudentin Jutta kennen und folgte der Diplom-Agraringenieurin in ihre LPG in Gräfenhainichen nördlich von Bitterfeld. 1988 wurde ihr gemeinsamer Sohn Kevin geboren, doch heiraten wollte Willy nicht wieder. 1995 ließ er sich endlich mit seiner Lebensgefährtin *zusammenschreiben*, und seitdem sagt der Sohn auch nicht mehr «Onkel» zu seinem Vater. Inzwischen hat sich auch die Beziehung zu einem der nun schon großen Söhne aus erster Ehe normalisiert und man sieht sich hin und wieder, mit einer gewissen Distanz, die nicht nur der anwesenden Kamera geschuldet war.

Die Einschulung von Sohn Kevin 1994 ist Anlass für selbstkritischen Rückblick auf die Höhen und Tiefen der Zeit nach 1989 mit ihren politischen Veränderungen und der Sorge um den Arbeitsplatz. Freimütig bekennt der gereifte Mann, «bisschen faul jewesen. Was man nicht gelernt hatte, musste man nachholen. Aber jetzt haben wir janz andere Zeiten [...] wenn de heute nich lernen tust, [...] liegste morgen uff de Straße».

1996 WAS GEHT EUCH MEIN LEBEN AN – ELKE, KIND VON GOLZOW

(125 Min.)

Elke kommt aus katholischem Elternhaus mit strengem Regiment der Mutter über die fünf Kinder. So wird ihre Geschichte auch die einer zielstrebigen Emanzipation.

Die gute Schülerin ist auch ein Junger Pionier, nimmt aber nicht an der Jugendweihe teil. Sie geht in Golzow zehn Jahre zur Schule, tritt eine Lehre in der Bezirksstadt an und wird Bauzeichnerin, nicht gerade ihr «Traumberuf». Mit achtzehn wird sie Mutter, *muss* heiraten, doch die Ehe endet schon kurze Zeit nach der von den Eltern groß ausgerichteten kirchlichen Hochzeit, kein Problem für die alleinstehende Mutter unter DDR-Verhältnissen. Sie liebt die wieder gewonnene Freiheit in der eigenen Wohnung und schaut sich nach einem neuen Vater für Tochter Doreen um. Der Erste ist nicht der Beste, doch bald gewinnt sie in einem geschiedenen Kollegen einen *Lebensabschnittsgefährten*, wie sie es nennt. Wolfgang, der Elektroingenieur, wird Vater ihrer zweiten Tochter Ulrike. Sie legen sich einen Kleingarten zu, verreisen mit seinem Trabant. Elke qualifiziert sich zur Teilkonstrukteurin, er an ihrer Seite zeitweilig zum Hausmann. Doch eines Tages ist die Gemeinsamkeit auf Zeit zu Ende.

Elke findet in Klaus, Hauptmann in einem Pionierregiment, bald einen neuen Partner und liebevollen Vater für ihre Töchter, dreizehn und vier Jahre alt. Doch auch sie trennen sich wieder, bleiben aber über das Ende der DDR hinaus im Kontakt, auch der Kinder und gemeinsamer Urlaube wegen. Inzwischen ist Klaus Kommissar beim Bundesgrenzschutz.

Der Herbst '89 bringt auch für Elke zunächst mehr Verlust als Gewinn. Ihren Schreibtisch ziert ein Aufkleber von *Bündnis 90*. Der Betrieb «Spezialbau Potsdam» hat sich zur GmbH gewandelt, doch sind ihm die wichtigsten Auftraggeber abhanden gekommen, die im Bezirk stationierten sowjetischen Streitkräfte und die Partei- und Staatsorgane der DDR.

So geht auch Elke in die Kurzarbeit. Tochter Doreen, ohne Lehrstellenhoffnung in Frankfurt, kommt bei Elkes jüngerer Schwester in Mülheim an der Ruhr unter und wird dort Azubi in einer Fleischerei. Nach kurzer Zeit kehrt sie zur Mutter zurück und kann die Lehre in einem Supermarkt fortsetzen. Als Elke gekündigt wird, müht sie sich in einem Computerkurs im Frankfurter Halbleiterwerk, der ihr schwerer fällt

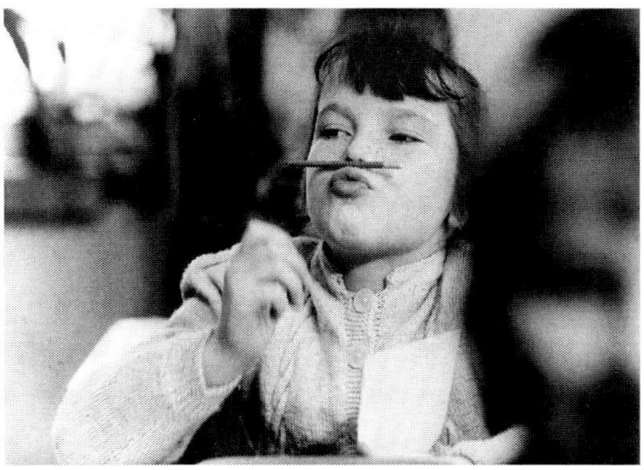

Elke – mit elf, als sie sich unbeobachtet glaubt

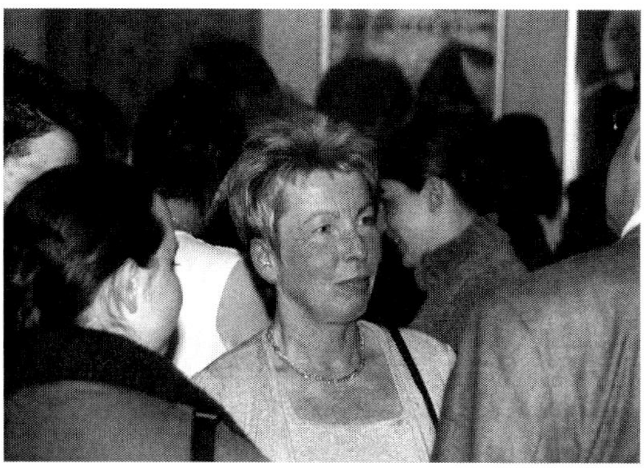

Und als Premierengast, nur nicht beim eigenen Film

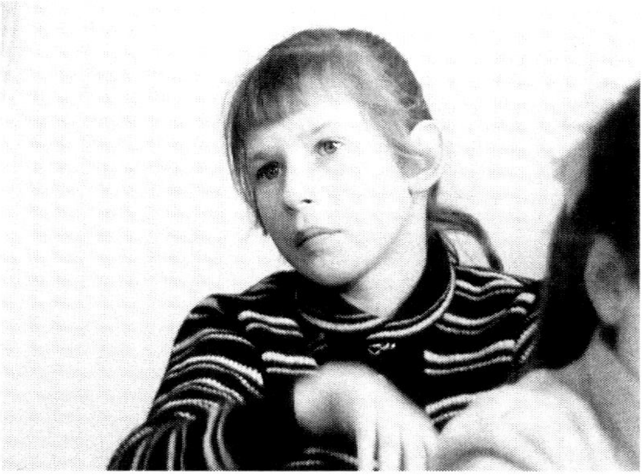

Marieluise – mit elf in der Fünften noch Hinterbänklerin …

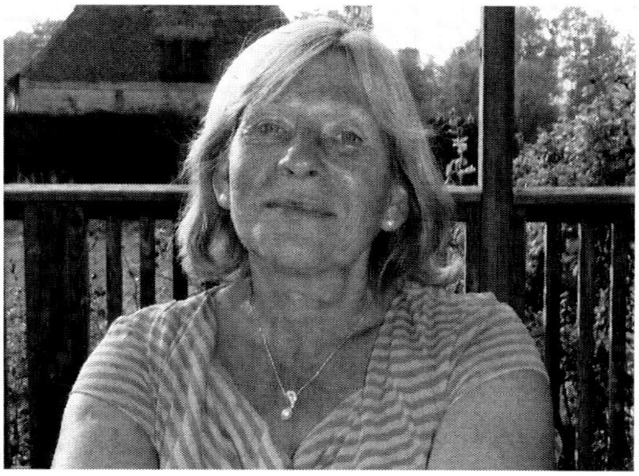

… wird von Film zu Film mehr zur Bekanntesten unter den Mädchen und ist nun sechzig

als erwartet. Schließlich findet sie Arbeit in einem Betrieb für Bausanierung. Tochter Doreen, 21, ist schon ausgezogen und macht, selbst unverheiratet, Elke im Frühjahr '94 zur jüngsten Oma unter den *Kindern von Golzow*. Sie will es wie die Mutter auch alleine schaffen. Nur vor die Kamera will sie nun nicht mehr.

Der Film schließt mit einer Familienfeier zu Elkes 41. Geburtstag in einem schönen Eigenheim. Die Frankfurterin von der Oder lebt jetzt unweit von Golzow mit einem Frankfurter vom Main zusammen. Friedel ist ein erfolgreicher Geschäftsmann, der es mit Humor nimmt, der Vierte in Elkes Leben zu sein.

1997 DA HABT IHR MEIN LEBEN – MARIELUISE, KIND VON GOLZOW

(141 Min.)

Marieluise, evangelisch, nimmt auch nicht an der Jugendweihe teil und beendet die Golzower Schule mit dem Zeugnis der 10. Klasse. Sie wollte schon immer in die Stadt, wäre gern Krankenschwester geworden, wurde aber Chemielaborantin im Halbleiterwerk Frankfurt (Oder). Doch die Arbeit fordert sie zu wenig und macht ihr schon bald keinen Spaß. Für die mögliche Meister-Qualifikation fehlt ihr die Motivation. Dank ihrer Offenherzigkeit am Arbeitsplatz wird sie Gewerkschaftsvertrauensfrau ihrer Brigade. Befreundet ist sie mit einer Kollegin aus der polnischen Nachbarstadt. Sie träumte mal vom Beruf einer Krankenschwester oder Stewardess, dem Umgang mit immer neuen Menschen und dem Blick in die weite Welt, immer auf der Suche nach der ihr gemäßen Aufgabe.

Das hübsche, intelligente Mädchen hatte sich mit zwanzig in einen Berliner Musikstudenten verliebt, heiratet aber später den Hauptmann und künftigen Major der NVA Hanns-Steffen, allerdings nur standesamtlich, nicht kirchlich. Ihr protestantischer Vater gibt dem jungen Paar mahnende Worte aus der Bergpredigt mit auf den gemeinsamen Weg, denen der Schwiegervater, Parteisekretär, die seinen folgen lässt.

Das junge Paar zieht nach Königs Wusterhausen. Dort und später in Berlin findet Marieluise Arbeit im Chemie-Labor eines militärtechnischen Instituts, nach der Wende kurzzeitig dem bundesdeutschen Zivilschutz zugeordnet. Bis dahin war sie, ebenso wie Steffen, Geheimnisträgerin.

Dessen Funktion in der Regierungsstaffel mit ihren Zwängen bringt bald auch Spannungen in die Beziehung. Die Staatssicherheit beobachtet misstrauisch jeden Kontakt mit den oppositionellen Schwiegereltern und dem Filmteam. Sieben lange Jahre wird es deshalb keine Aufnahmen von Steffen geben, weder in Uniform noch privat.

Marieluise lässt sich mit ihren beiden Töchtern demonstrativ weiter filmen, auch wenn sie wie eine Geschiedene wirkt. Sie war schon immer mit eigenem Urteil zur Stelle und begrüßt nun den Fall der Mauer, obwohl ihre Arbeit und die ihres Mannes plötzlich zur Disposition stehen. Doch selbstbewusst und optimistisch vertraut sie den Chancen der neuen Zeit, versucht sich als Visagistin, wird aber Zahnarzthelferin. Steffen wird als technischer Offizier von der Bundeswehr übernommen, umgeschult und avanciert mit Aussicht auf den früheren Dienstgrad zum Leiter der Instandhaltung der Flugbereitschaft der Bundeswehr in Köln/Bonn. Mit der Übersiedlung der Familie, der ersten aus dem Kreis unserer Golzower, in ein schönes Einfamilienhaus *im Westen* endet der Film.

Den Rahmen für die biografische Studie setzt Marieluise selbst, indem sie ihr Leben in der DDR, aber auch die neue gesellschaftliche Situation mit ihren Vorzügen und ihren Gefahren ebenso kritisch reflektiert, wie das ihr Vater auch zu DDR-Zeiten immer getan hat und weiterhin tut.

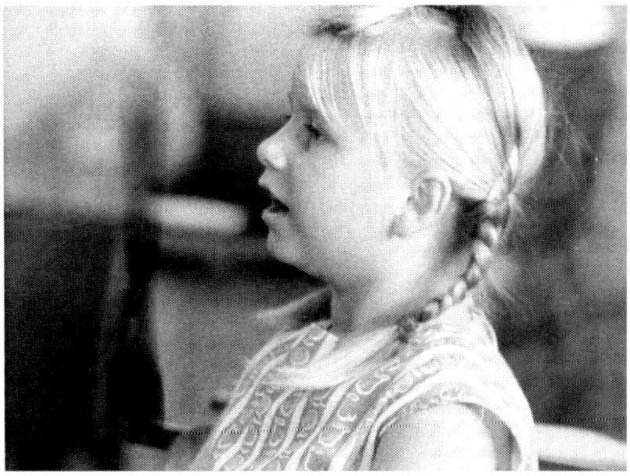

Brigitte und der erste Buchstabe des Alphabets

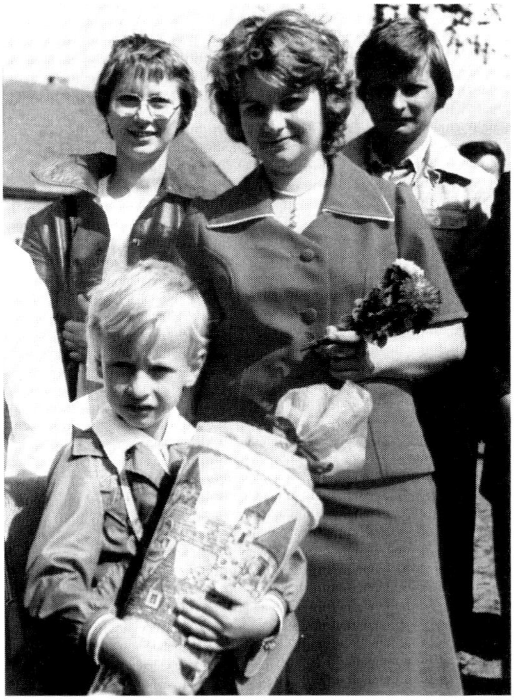

17 Jahre später schult sie bereits Sohn Marcel ein, stirbt mit 29

1998 BRIGITTE UND MARCEL – GOLZOWER LEBENSWEGE
(110 Min.)

Brigitte, wie alle diese *Kinder von Golzow* 1961 eingeschult, war die «lustige Dicke mit den blonden Zöpfen». Doch bald schnitt man sie ihr ab. So lustig, wie die Schule begann, ging sie nicht weiter, denn das Lernen fiel ihr schwer. Bereits nach acht Jahren verließ die durchschnittliche Schülerin die Schule und ergriff den ungeliebten Beruf einer Geflügelzüchterin.

Als erstes Mädchen ihrer Klasse wurde sie mit 17 1/2 Mutter und nannte ihren Sohn Marcel. Acht Jahre musste sie ihn allein erziehen, dann heiratete sie den Maurer Norbert und bekam ein zweites Kind. Der Ausbau des gemeinsamen Hauses in Spreenhagen bei Berlin kostete viel Zeit und Kraft. Noch bevor es fertig war, wurde die Ehe geschieden. Auch konnte sich die lange Alleinstehende nicht mehr so recht auf den Mann im Hause einstellen.

Die Arbeit in einem der neuen *Kombinate für industrielle Mast* mit den staubigen lauten Hallen machte ihr zu schaffen, geschuldet auch einer bereits im 11. Lebensjahr diagnostizierten inoperablen Herzschwäche, die lange Zeit nicht richtig behandelt wurde. So bekam sie schließlich einen Schonplatz und wurde frühzeitig invalidisiert.

Brigitte stirbt, 29 Jahre alt, 1984, von ihrem Vater nur um wenige Wochen überlebt. Der zwölfjährige Marcel wächst nun bei der Oma auf, verlässt die Schule ebenfalls nach der 8. Klasse, lernt Betriebsschlosser, bekommt aber nach dem Ende der DDR keine Arbeit mehr. Er wird Soldat bei der Bundeswehr und findet schließlich einen Job als Schweißer in einer Entsorgungsfirma.

Inzwischen ist Marcel selbst Vater. Sohn Florian kommt mit verformtem Kopf zur Welt und muss operiert werden. Seine Entwicklung verzögert sich. Marcel und Ines, die nach ihrer Gartenbaulehre ebenfalls arbeitslos wurde, wollen erst heiraten, wenn sie sich eine Hochzeit «leisten können».

Brigittes Grab auf dem Golzower Friedhof hat keinen Stein, so wie es ihre Mutter wünschte. Nun aber erinnert der Film an sie.

1999 EIN MENSCH WIE DIETER – GOLZOWER
(122 Min.)

Als die *Kinder von Golzow* 1961 in die Schule kamen, war Dieter schon da, um mit ihnen die 1. Klasse zu wiederholen. Er war der heitere, zeitweilige Banknachbar von Brigitte. Das Leben schenkte dem Jungen mit dem offenen Gesicht nichts, doch er trug nie schwer daran. Als Frohnatur und Tatmensch suchte er aus den wechselnden Lagen das Beste zu machen.

Dieter wächst als Ältester von sechs Geschwistern in einem Oderbruchgehöft «in freier Wildbahn» auf, wie er sagt. So einer hatte nach acht Klassen in die Lehre zu gehen. Er wird Zimmermann, danach Soldat, freiwillig gleich für drei Jahre. Da gibt es mehr Sold und er kann Ausbildung und Hobby verbinden – er wird Pioniertaucher und bringt es bis zum Unterfeldwebel.

Nach dem Vietnam-Krieg will er in Haiphong nach Minen tauchen oder gleich ganz zur See, als Matrose der Handelsschifffahrt. Doch beides klappt nicht.

Er heiratet, wird Vater einer Tochter, zieht nach Frankfurt (Oder), wo seine Anita als Pflegeschwester arbeitet. Nach einigen Jahren packt den inzwischen zweifachen Familienvater wiederum das Fernweh. Er bewirbt sich als Baufacharbeiter für den Auslandseinsatz im NSW, dem *Nichtsozialistischen Wirtschaftsgebiet*. Lohn in DDR-Mark, Tagegeld in West. Nachdem er die Überprüfung zum *Reisekader* bestanden hat, arbeitet er zunächst in Frankfurt (Main) an der Startbahn West mit, wo er aber nicht gefilmt werden darf. 1987 sehen wir ihn beim Bau eines Getreidesilos in Libyen. Unter einer Palme am Mittelmeer beklagt er sich wie zu Hause über allerlei Arbeitsumstände und hat Heimweh nach der Familie.

Als die Mauer fällt, zählt er nicht mehr zu den Privilegierten mit Dauervisum, arbeitet nun auf einer Baustelle nahe dem Kurfürstendamm. Nach der «Vereinigung mit der D-Mark» sieht er für die Wahl vom 2. Dezember 1990 den Sieger voraus: «Der Kanzler wird Kanzler bleiben.» Und den wollte er nicht wählen.

1992 versuchen sich Dieter und Anita als Unternehmer-Paar, angeworben als *Geschäftsfreunde* für einen US-amerikanischen Vertriebskonzern. Trotz einiger Investitionen werden sie das Experiment bald wieder aufgeben. Dieter legt sein Geld in einem Eigenheim an, die Familie, nun mit einem dritten Kind, will zurück aufs Land, nach Reitwein im Oderbruch, in die Nachbarschaft der Schwiegereltern.

Von hier aus befehligte die sowjetische Generalität den Sturm auf die Seelower Höhen, die letzte große, verlustreiche Schlacht vor dem Fall von Berlin. Das Hochwasser von 1997 verschont Dieter und die Seinen, doch dafür trifft ihn die Arbeitslosigkeit, und das mit hohen Kreditschulden für das Haus. Er verdingt sich auf Zeit als Koch, dann stellt ihn seine alte Firma wieder ein, wenngleich für weniger Geld. Nun aber wird Anita arbeitslos. Froh macht den inzwischen 46jährigen allein der Blick zurück ...

2001 JOCHEN – EIN GOLZOWER AUS PHILADELPHIA
(119 Min.)

Himmelfahrt 1985, *Herrentag*. Hans-Joachim Teich, 40 Jahre alt, trifft am Ufer des Alten Stroms, einem Oderarm, mit anderen Golzowern zusammen und stellt sich einem Team des WDR Köln, das über die Chronik berichtet. Er gibt was zum Besten, erzählt vom Aufsehen, das er erregte, wenn er zu DDR-Zeiten preisgab, dass er aus Philadelphia stammt, ohne zu erklären, dass es um ein kleines Dorf gleichen Namens im Bezirk Potsdam ging, heute Land Brandenburg, Landkreis Oder/Spree.

Hier in Golzow wurde er eingeschult. Das war für einige Kinderjahre seine Heimat, einst Bezirk Frank-

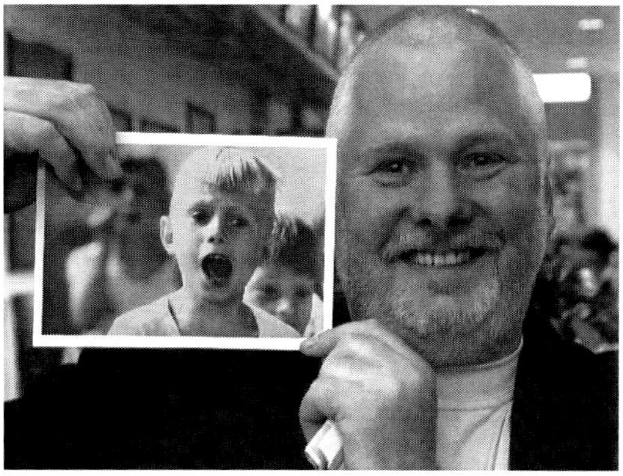

Dieter – Klassenkasper von einst, aber Frohnatur noch jenseits der Mitte seines Lebens?

furt (Oder), Kreis Seelow, heute Märkisch-Oderland, Amt auch für die umliegenden Gemeinden. Die frühere LPG, heute Landwirtschafts-GmbH, ist mit noch immer 7.300 ha einer der größten Agrarbetriebe Europas. Die ehemalige Maschinen-Traktoren-Station wurde von Jochens Vater geleitet. Als Jochen 1961/62 hier zur Schule ging, war die noch ganz neu.

Am 12.9.1998 sehen sich Jochen und Frau Manuela ein Video mit den Aufnahmen an, aus denen der Film über ihr Leben gestaltet werden soll. Das ist daheim in Lindow bei Bernau, in einem ausgebauten Gartenhäuschen, wo sie mit drei Kindern leben.

Das Video zeigt Episoden aus Jochens erstem Schuljahr. Weil er danach mit der Familie fortzog, wurde er 10 Jahre lang nicht gefilmt und von der Kamera erst wieder entdeckt, als er in die Lehre ging. Eigentlich wollte er Schäfer werden, doch es wurden gerade mehr Melker als Schäfer gebraucht. Vom Sohn eines *verdienten* Genossen und Landwirtschaftsfunktionärs hätte man etwas anderes erwarten können, aber Jochen wollte immer nur mit seiner Hände Arbeit Geld verdienen.

Am 15. Oktober '83 wird geheiratet. Da sind schon zwei Kinder da, *unehelich* also, denn als Sohn Marko kam, war Manuela gerade mal 16 und hatte die Schule eben erst hinter sich. Als sie endlich das Ja-Wort sprechen durfte, war ihnen aber nicht mehr danach. Nun aber soll alles seine Ordnung kriegen. Und so kommt Jochen im Bernauer Rathaus ganz in Schwarz, mit weißer Fliege und Myrtensträußchen. Hier war er sogar mal Stadtverordneter für die Bauernpartei, aber nicht auf lange Sitzungen versessen.

Im Februar '84 ist in der Milchviehanlage Lindow der *Tag des Leistungsmelkens* angesagt, DDR-weiter Arbeitswettbewerb. Da muss sich Jochen ranhalten. Später nennt er es «Kunst- und Figurenmelken».

Im Dezember '87 haben Jochen und Manuela ein drittes Kind und erwarten das vierte, das aber nicht

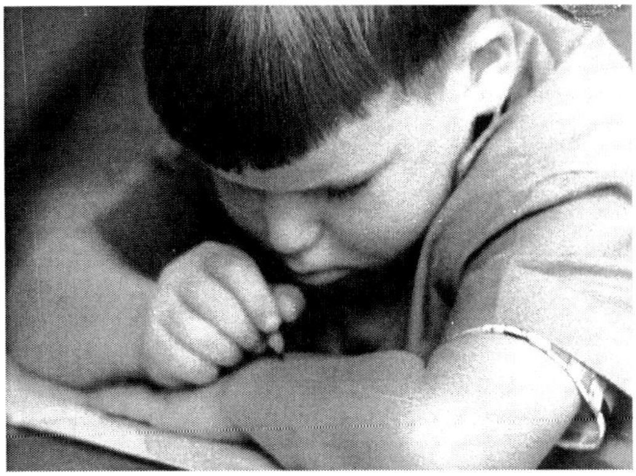

Jochen probiert, wie sich das «A» auf seinem Arm schreibt…

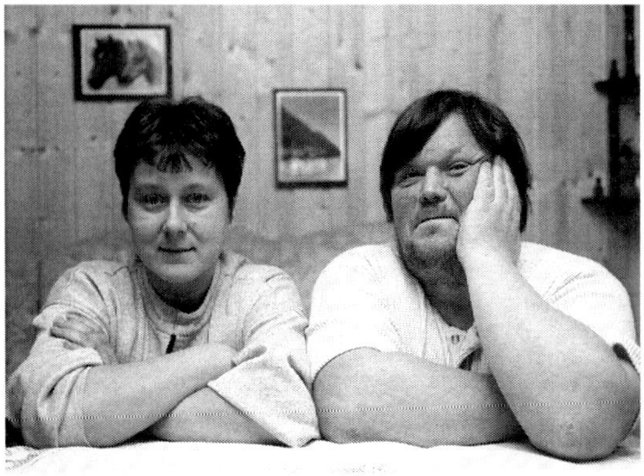

…der würde sich heute auch fürs Tätowieren eignen, aber das tut sich der Melker nicht an

lebend zur Welt kommt. Ihr Ältester ist nun schon Junger Pionier.

Am 1. September '89, 50 Jahre nach Beginn des II. Weltkriegs, gibt es wieder eine Einschulung, Jochens jüngerer Sohn Steffen bekommt die Zuckertüte. Da ahnt noch niemand, dass es mit der DDR bald zu Ende geht. Trotz Gorbatschows Perestroika lässt das anhaltende Wettrüsten beider Weltsysteme Jochen daran zweifeln, ob seinen Kindern der Frieden erhalten bleibt.

Am 4. Dezember erscheint die Kamera bei den Melkern zur Mittagspause, da sind die Massenmedien mehr mit der Mauer und der Kader-Siedlung Wandlitz beschäftigt. Von der Politik der Vergangenheit enttäuscht, schwankt die Stimmung zwischen Ratlosigkeit und Wut. Jochen ärgert sich aber auch über die Mitbürger, die «wie das Vieh nach drüben rennen», um sich nach dem «Begrüßungsgeld» anzustellen.

Acht Monate später erscheinen Jochen und Manuela auf dem Berliner Alexanderplatz zur Protest-Demo der Bauern aus der DDR, sieben Wochen vor deren Ende. «Dann wandern wir eben nach Kanada aus», meint Jochen, «was willste noch hier, hier ist doch alles kaputt». Bedroht von Kurzarbeit und Arbeitslosigkeit, flüchtet Jochen im Winter 1990/91 erst einmal in die Schwerstarbeit eines Kohlenträgers. Doch dabei will er sich nicht filmen lassen.

Am 31. Juli '91 erleben wir ihn im Spreebogen am Reichstag, Ort und Zeit für Erinnerungen an seinen Dienst an der Grenze, der nicht gefilmt werden durfte. Seinerzeit gab es dafür Jochens Auftritt im *Traditionskabinett* der Einheit mit seiner Belehrung über den *Ehrendienst an der Waffe* für den nächsten Grenzer-Jahrgang.

Zum 1. Jahrestag der Einheit und dem 30. der Filmchronik sind die Kinder von der Oder auf der Elbe, die auch mal eine Grenze war, unterwegs. Sie fahren nach Hamburg, das den neuen Feiertag ausrichtet.

Im Juni '92 ist Manuela auf dem Weg zu einem Weiterbildungszentrum. Sie wollte Wirtschaftskauffrau werden, doch vor dem Abschluss in der Abendschule im Herbst '89 war dort Schluss. So ging sie wieder saubermachen, half in Gaststätten, Lagern und Läden aus. Lieber wäre ihr ein Schreibtisch, doch da geht nichts mehr ohne Computer. Den will sie nun meistern lernen.

Seit Jochen vom Kohlehandel gekündigt wurde, macht er wie eh und je seine Arbeit im Stall. Das *Volkseigene Gut* heißt nun *Stadtgüter Berlin mbH, Gut Albertshof*, und er fürchtet, dass es vom Senat als «Tafelsilber» bald verkauft wird. Nach der zu erwartenden Rationalisierung werden zwei Melker für 650 Tiere reichen. Wird Jochen bleiben können? Noch hält ihn «das Ballett an der Kuh» trotz seiner Zentner fit. Manuela hat den Computerkurs wegen langer Krankheit nicht durchgehalten und verkauft nun Gemüse.

Fünf Jahre lang, zwischen 1993 und '98 fehlt danach das Geld für weitere Aufnahmen mit beiden, und Jochen verliert den Glauben an den eigenen Film.

Hier schließt der Erzählbogen. Sein Leben und das seiner Familie 1998 am Bildschirm vor laufender Kamera wiederzusehen, ist für Jochen ein Erlebnis voller Widersprüche. Er steht zu dem, was dokumentiert werden konnte, sagt aber auch, dass nun Schluss sein muss mit der Filmerei. «Wenn du davon gar keenen Film zusammenkriegst, isset bitte dein Problem, nicht meins. Ihr könnt mich besuchen kommen, alle könnt ihr kommen, wir trinken eine Tasse Kaffe zusammen, aber Film – gar nicht mehr!»

2002 EIGENTLICH WOLLTE ICH FÖRSTER WERDEN – BERND AUS GOLZOW
(142 Min.)

Landschaft am Großglockner im Juli 1991, dem ersten Sommer der deutschen Einheit. Bernd Oestreich in Österreich. Er schwärmt von seinem *Toyota* und

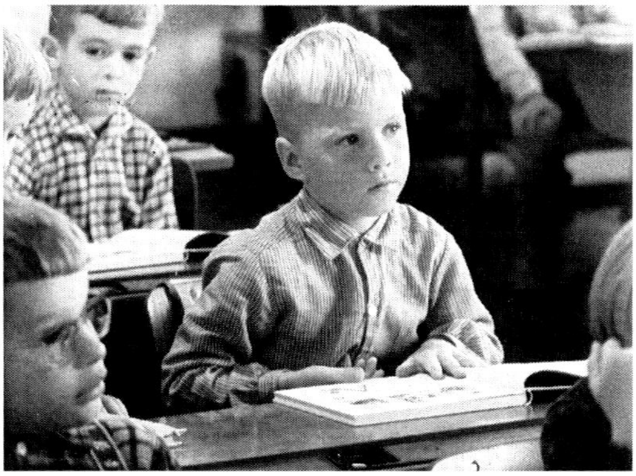

Bernd - schon als ABC-Schütze strebsam, aber kein Streber

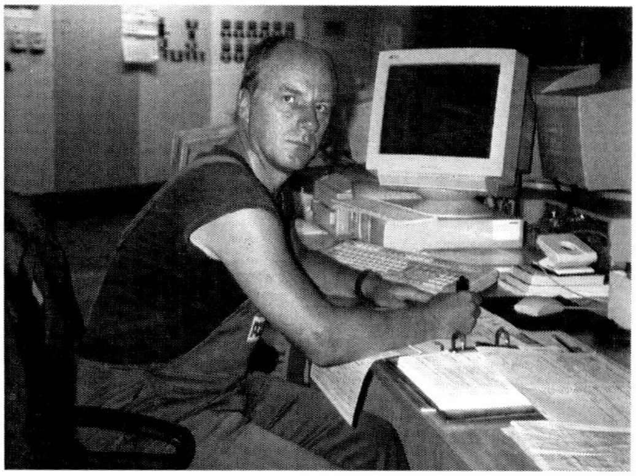

Erarbeitete sich eine Kommandohöhe in der Schwedter Raffinerie und hält sie bis heute

der herrlichen Gegend, die er nun nicht erst im Rentenalter bereisen kann, zusammen mit Frau Petra und Töchtern Dana und Susanne.

Seit seiner Einschulung 1961 in Golzow hat die Kamera auch ihn immer mal wieder begleitet. Der Elfjährige liest und singt Brecht/Eislers Kinderhymne *Anmut sparet nicht noch Mühe, Leidenschaft nicht noch Verstand, dass ein gutes Deutschland blühe, wie ein ein andres gutes Land* ... Im Winter 1965/66 sehen wir ihn mit Schulkameraden unterwegs im Oderbruch und an der Seite des Vaters, dem Bereichsleiter des Feldbaus der Golzower Genossenschaft.

1995 sind beide mit der Fähre auf dem Weg nach Norwegen zum Angeln. Im Ferienhaus ist Gelegenheit zum Gespräch über das Leben und die Zeiten. Erinnerungen: Mit 14 darf Bernd schon mal auf dem Acker ans Steuer von Vaters Jeep. Im Frühjahr 1983 sät die LPG bereits aus der Luft, ist die Kamera Zeuge eines Leitungsrapports und von *Stress im sozialistischen Management*. Im Jugendweihejahr ist Rübenverziehen angesagt, für Bernd ein Grund mehr, später nicht auf dem Land zu bleiben. Interessant hingegen der *Unterrichtstag in der Produktion* (UTP) in der LPG-Werkstatt. Ein Besuch bei den *Paten* der Fliegereinheit Marxwalde wirbt für die Offiziersschule. Bernds Verabschiedung zur *Erweiterten Oberschule* (EOS) in Seelow, wo er das Abitur machen soll, um Offizier werden zu können, folgt im Film 1982 ein Gespräch mit der Mutter, der Apothekerin im Dorf. Da ist Bernd Facharbeiter für chemische Produktion und hat schon Frau und Kind. Die Rückblende auf die Jugendweihefahrt zum neuen *Erdölverarbeitungswerk* in Schwedt erklärt, wie es dazu kam – Chemie hat Zukunft, und Arbeit gibt es hier für 30.000 Menschen. Bernd verzichtet auf das Abitur, geht in die Lehre und beginnt mit 18 den Dreischichtdienst. Er besucht die Meisterschule und wird Schichtleiter in der Abwasseraufbereitung.

Im Sommer '69, an der Badestelle in Golzow, hatte der Vierzehnjährige erstmals die Mädchen im Blick, wagte den ersten Tanz. Petra, seine spätere Frau, lernt er über die Arbeit kennen, gemeinsam sehen wir beide erstmals im Blauhemd während des Jugendfestivals am Berliner Alex 1979.

Zu Polterabend und Hochzeit filmt Bernd selbst mit Vaters Kamera. Im Wohnheim des Betriebs warten Oestreichs mit Tochter Dana in einer Vierraumwohnung zusammen mit zwei anderen Familien auf das eigene Zuhause. Das wird 1981 zunächst eine Zweiraumwohnung. Die reicht nur so lange, wie Bernd mal wieder als Reservist einberufen ist.

Endlich, 1982, Umzug in die 3-Raum-Wohnung mit der Einheitstapete. An einem Hausgemeinschaftsfest nehmen Oestreichs schon mit Susanne, ihrer zweiten Tochter, teil.

Im Klärwerk des Kombinats geht es um Probleme der Schichtarbeit und biologischen Reinigung. Die Brigade ist mit ihrem jungen Chef zufrieden. Der war an einem Jugendobjekt zum Bau eines Verbrennungsofens für den Klärschlamm beteiligt, inzwischen durch einen modernen ersetzt. Seine Petra lernt dort als Frau unter lauter Männern die Arbeit zu meistern.

Derweil muss der alte Verbrennungsofen wieder her, weil es mit dem neuen nicht hinhaut. Petra aber ist gegangen, qualifiziert sich im Bau- und Montagekombinat nebenan zur Wirtschaftskauffrau und lernt den Computer beherrschen. Für den Rückzug ins Private sorgt neuerdings ein Wochenendgrundstück mit genormter Finnhütte.

Im Herbst '89 kommt die *Wende* mit der Maueröffnung, mit ihren Ängsten und Hoffnungen. Für Bernd «ziemlich unfassbar», was er da über «Korruption», «Privilegien», «Bereicherung der Antifaschisten» hört. Nun kann man die Mauer plötzlich auch von der «bunten Seite» sehen. In Golzow allerdings

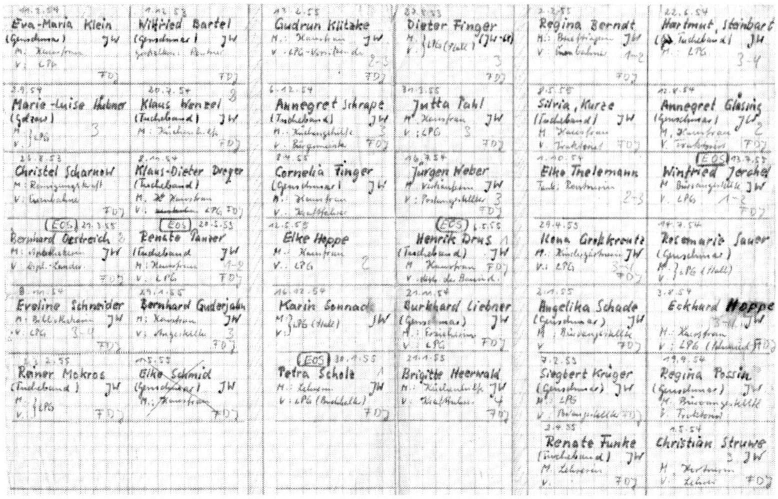

Bernd (Bernhard) Oestreich – 1969 auf dem Sitzplan der 8. Klasse (Mitte 1. Reihe links), der extra für die DEFA gefertigt wurde. Die setzte dann alle um

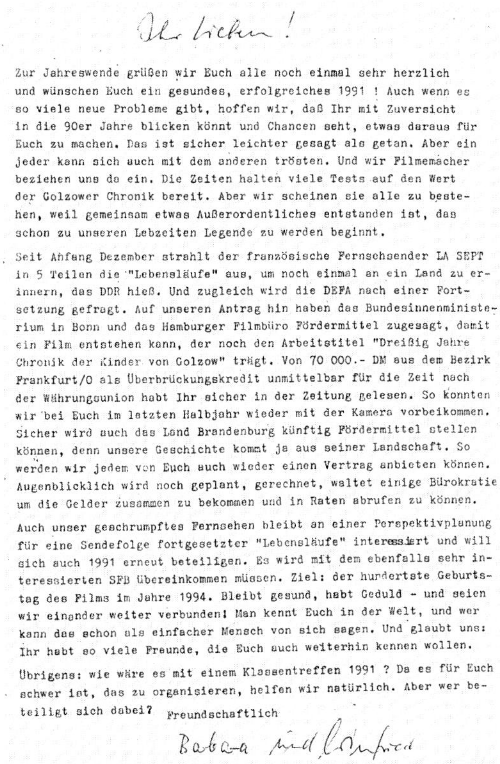

Ihr Lieben!

Zur Jahreswende grüßen wir Euch alle noch einmal sehr herzlich und wünschen Euch ein gesundes, erfolgreiches 1991 ! Auch wenn es so viele neue Probleme gibt, hoffen wir, daß Ihr mit Zuversicht in die 90er Jahre blicken könnt und Chancen seht, etwas daraus für Euch zu machen. Das ist sicher leichter gesagt als getan. Aber ein jeder kann sich auch mit dem anderen trösten. Und wir Filmemacher beziehen uns da ein. Die Zeiten halten viele Tests auf den Wert der Golzower Chronik bereit. Aber wir scheinen sie alle zu bestehen, weil gemeinsam etwas Außerordentliches entstanden ist, das schon zu unseren Lebzeiten Legende zu werden beginnt.

Seit Anfang Dezember strahlt der französische Fernsehsender LA SEPT in 5 Teilen die "Lebensläufe" aus, um noch einmal an ein Land zu erinnern, das DDR hieß. Und zugleich wird die DEFA nach einer Fortsetzung gefragt. Auf unseren Antrag hin haben das Bundesinnenministerium in Bonn und das Hamburger Filmbüro Fördermittel zugesagt, damit ein Film entstehen kann, der noch den Arbeitstitel "Dreißig Jahre Chronik der Kinder von Golzow" trägt. Von 70 000.- DM aus dem Bezirk Frankfurt/O als Überbrückungskredit unmittelbar für die Zeit nach der Währungsunion habt Ihr sicher in der Zeitung gelesen. So konnten wir bei Euch im letzten Halbjahr wieder mit der Kamera vorbeikommen. Sicher wird auch das Land Brandenburg künftig Fördermittel stellen können, denn unsere Geschichte kommt ja aus seiner Landschaft. So werden wir jedem von Euch auch wieder einen Vertrag anbieten können. Augenblicklich wird noch geplant, gerechnet, waltet einige Bürokratie, um die Gelder zusammen zu bekommen und in Raten abrufen zu können.

Auch unser geschrumpftes Fernsehen bleibt an einer Perspektivplanung für eine Sendefolge fortgesetzter "Lebensläufe" interessiert und will sich auch 1991 erneut beteiligen. Es wird mit dem ebenfalls sehr interessierten SFB übereinkommen müssen. Ziel: der hundertste Geburtstag des Films im Jahre 1994. Bleibt gesund, habt Geduld – und seid wir einander weiter verbunden! Man kennt Euch in der Welt, und wer kann das schon als einfacher Mensch von sich sagen. Und glaubt uns: Ihr habt so viele Freunde, die Euch auch weiterhin kennen wollen.

Übrigens: wie wäre es mit einem Klassentreffen 1991 ? Da es für Euch schwer ist, das zu organisieren, helfen wir natürlich. Aber wer beteiligt sich dabei? Freundschaftlich

Barbara und Winfried

Erster Brief der Chronisten an Bernd und all die anderen *Kinder von Golzow* nach Ende der DDR

erwartet Vater Oestreich nach 30 Jahren harter Arbeit für die LPG der vorzeitige Ruhestand, und Petra droht die Arbeitslosigkeit. Der VEB Petrolchemisches Kombinat ist nun eine AG, und die Brigade weiß, dass Marktwirtschaft erst einmal mit Rationalisierung und Arbeitsplatzabbau beginnt.

Auf andere Weise wird die DDR-Losung wahr: «Weniger produzieren mehr.» Bernds modernisierter Arbeitsplatz, für den er sich kontinuierlich qualifizierte, ist mit größerer Verantwortung und «einem deutlich höheren Verdienst» verbunden. Der scheint ihm unter dem neuen Eigentümer, einem internationalen Konsortium, sicher. Also kann er sich auch den jährlichen Angel-Urlaub mit dem Vater in Norwegen leisten. Und mit oder ohne Kinder waren Bernd und Petra Oestreich seither auch einmal jährlich im Ausland. Am liebsten in Österreich.

Petra hofft vergeblich, mit Weiterbildungskursen aus der Arbeitslosigkeit herauszukommen.

In Schwedt beginnt 1999 der *Rückbau,* schonende Umschreibung für den Abriss ganzer Blöcke des einst so bejubelten Wohnungsbauprogramms. Aber wo die Arbeit fehlt, gehen die Leute. Zur Jahrhundertwende besucht die Familie die Hauptstadt und das Reichstagsgebäude, Tochter Dana erwartet ein sicherer Arbeitsplatz als Beamtin. An der Polzeischule empfängt sie stolz die Urkunde ihrer Berufung zur Polizeikommissaranwärterin. Die Eltern versprechen ihr das passende Weihnachtsgeschenk – eine schusssichere Weste. In der Schießausbildung macht sie bereits gute Fortschritte. Ihre Schwester Susanne will Anwaltsgehilfin werden.

Mutter Petra spricht wieder mal im Arbeitsamt vor, eine von 2500 arbeitslosen Schwedter Frauen. Man kann ihr nur die Betreuung von Jugendlichen in einer befristeten *Arbeitsbeschaffungsmaßnahme* anbieten. Opa Oestreich dagegen hat sich an den vorzeitigen Ruhestand gewöhnt. 1990 hätte er erstmals in seinem Arbeitsleben dafür sorgen müssen, weniger zu ernten, um Fördermittel zu erhalten, das war nicht sein Ding.

Bernd und sein Vater noch einmal in Norwegen. Nun schon jenseits der Mitte des Lebens, zieht Bernd ein erstes Resümee, während wir ihn tags und nachts, damals wie heute zur Schicht radeln sehen: Wo Arbeit ist, ist Heimat. Ob er sich noch an jene *Kinderhymne* erinnert? Und tatsächlich, Bernd hat ihren Text nicht vergessen und kann sie sogar noch singen …

Barbara und Winfried Junge

Über zwei ungefilmte Leben, über uns und – überhaupt

Ich hatte viel Glück im Leben. Aber natürlich nicht nur Glück, wie ich gleich zugeben will und noch zu lesen sein wird. Und Barbara sagt das von sich auch. Und weil wir beide uns nun einmal mit anderer Leute Leben befassten, ist zu erwarten, dass wir mit den eigenen nicht hinterm Berg halten.

Ich bin Jahrgang 1935, Berliner und *Krebs*. Barbara Jahrgang 1943, Thüringerin und *Skorpion*. Ob das zueinander passt, frage man die Astrologen. Wir haben's passend gemacht.

Dass ich überhaupt auf die Welt kam, ist zwar ein Glück, das ich mit allen Lebenden teile, denen das Leben gewogen blieb. Dennoch rede ich in meinem Falle von einem besonderen Glück und sehe das so:

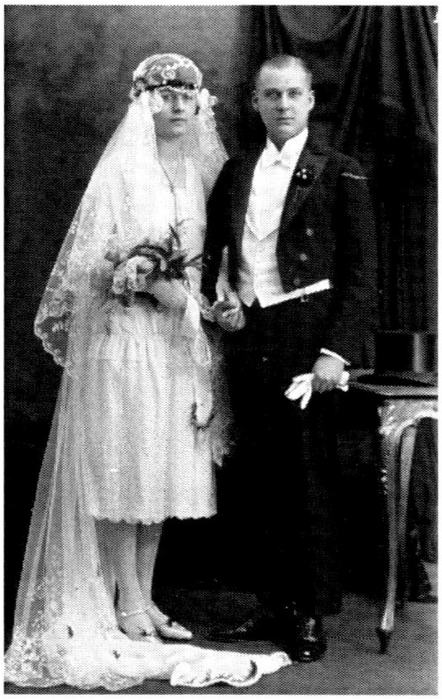

Margarete und Werner Junge am 26. Februar 1927 in Oranienburg bei Berlin

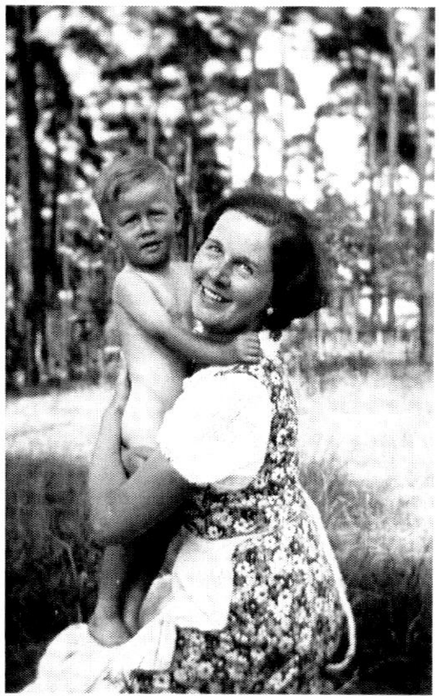

Mutter und Winfried 1938 in Waldesruh bei Dahlwitz-Hoppegarten

Da meine Eltern schon 1927 heirateten, ist anzunehmen, dass sie entweder nicht gleich ein Kind haben wollten, weil Krisenzeiten einen Hitler an die Macht spülten und abzuwarten geboten schien, wie es mit Deutschland weitergeht. Oder es ist ihnen einfach nicht gleich gelungen, sich den Kinderwunsch zu erfüllen. Auf alle Fälle wollten sie mich und hatten damit auch im achten Jahr ihrer Ehe Erfolg.

So trifft schon mal das Glück der «Gnade der späten Geburt» zu, wie das heute modisch heißt. Wäre ich nämlich Baujahr 1927 gewesen, hätte ich sehr wahrscheinlich 1945 zum letzten Aufgebot des *Gröfaz* (Größten Führers aller Zeiten) gehört und wäre mit 16 noch willkommen gewesen, um als *Flakhelfer* (Fliegerabwehrkanonenhelfer) für den *Endsieg* zu sorgen, was immer darunter zu verstehen war. Jedenfalls überlebte nicht jeder das Ende dieses *Siegens*.

Mein Vater hatte im zeitigen Frühjahr 1945 wahrscheinlich an der Oder südlich von Stettin, den *Heldentod* gefunden. Mutter und ich wussten es da bloß noch nicht, wollten es nicht einmal annehmen, als keine Feldpost mehr kam und uns jemand einen Zeitungsausschnitt zuschickte. Da stand, dass ein Unteroffizier Junge mit seiner *Pak* (Panzerabwehrkanone) so und so viele *bolschewistische* T 34 erledigt habe, ehe er sein Leben «für Führer, Volk und Vaterland» gab.

Der Dienstgrad stimmte, aber der Vorname Werner war nicht genannt worden, und das war der Strohhalm für eine letzte Hoffnung, mit der mich meine Mutter zu trösten versuchte. Sie meinte, Vater könne es doch gar nicht gewesen sein, der hätte zuvor nie etwas mit einer *Pak* zu tun gehabt.

So wartete Margarete Junge mit mir weiter Wochen, Monate, Jahre auf seine Rückkehr. Und wir standen in der ersten Zeit nach dem Kriege noch oft in Berlin-Friedrichshagen, wo wir Zuflucht gefunden hatten und ich seitdem aufwuchs, an der Straße, wenn Heimkehrerkolonnen ins Zentrum zogen. Bis Mutter sich 1950 schweren Herzens entschloss, Vater für tot erklären zu lassen. Noch heute steht Werner Junge mit dem Vermerk «vermisst» in den langen Listen der Deutschen Kriegsgräberfürsorge.

Vater war Jahrgang 1900, wegen der zwei Nullen am Ende unter Landsern *Pisshausjahrgang* genannt, weil man da Soldat gleich zweier Weltkriege war. Mit 18 musste er noch in den ersten marschieren, mit 39 in den zweiten. Er wurde wohl nur 44 Jahre alt. Ich bin nun schon in meinem 80. Jahr.

Als ich neuneinhalb war, habe ich Vater zum letzten Male gesehen. Er hatte 1944 die Westlichen Alliierten aufhalten sollen, die von der Normandie

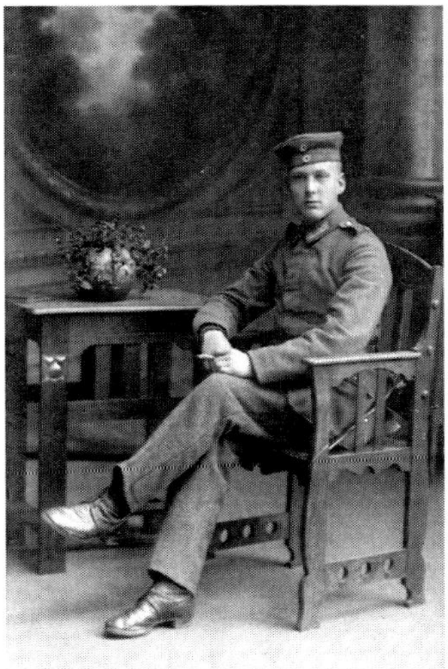

Vater – 1918 noch einmal davongekommen …

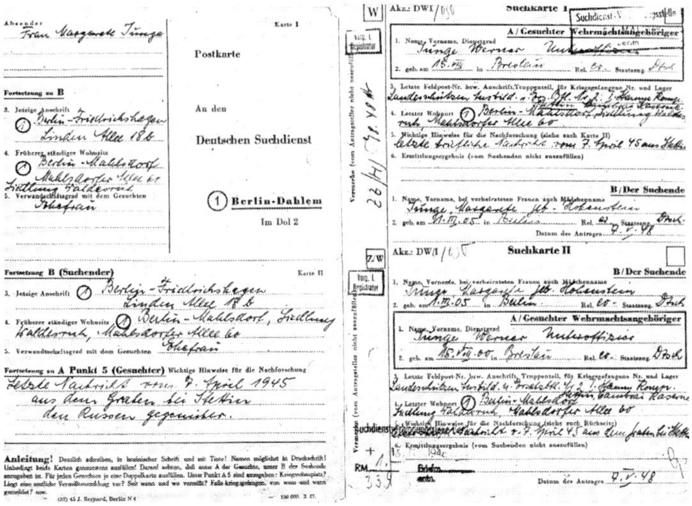

Absender
Frau Margarete Junge

Karte I

Postkarte

An den

Deutschen Suchdienst

(1) Berlin-Dahlem

Im Dol 2

Fortsetzung zu B (Suchender)

3. Jetzige Anschrift (1) Berlin-Friedrichshagen Linden Allee 18 b

4. Früherer ständiger Wohnsitz (1) Berlin-Mahlsdorf, Siedlung Waldesruh, Mahlsdorfer Allee 60

5. Verwandtschaftsgrad mit dem Gesuchten Ehefrau

Fortsetzung zu A Punkt 5 (Gesuchter) Wichtige Hinweise für die Nachforschung

Letzte Nachricht vom 7. April 1945 aus dem Graben bei Stettin den Russen gegenüber.

Anleitung!

Suchkarte I

A / Gesuchter Wehrmachtsangehöriger

1. Name, Vorname, Dienstgrad Junge Werner

2. geb. am 15. VII. in Breslau

B / Der Suchende

1. Name, Vorname Junge, Margarete

Suchkarte II

B / Der Suchende

1. Name, Vorname Junge Margarete geb. Hohenstein

A / Gesuchter Wehrmachtsangehöriger

1. Name, Vorname, Dienstgrad Junge Werner Unteroffizier

2. geb. am 15. VII. 00 in Breslau

3. Letzte Feldpost-Nr. bzw. Anschrift, Truppenteil, für Kriegsgefangene Nr. und Lager

4. Letzter Wohnort (1) Berlin-Mahlsdorf, Siedlung Waldesruh, Mahlsdorfer Allee 60

5. Wichtige Hinweise für die Nachforschung

6. Ermittlungsergebnis (vom Suchenden nicht auszufüllen)

Datum des Antrages

… 1945 nicht mehr: Mutter meldet Werner Junge dem Deutschen Suchdienst als vermisst

nach Deutschland vorstießen, war aber durch die Eilmärsche rückwärts krank geworden, kam ins Lazarett und wurde nach einem kurzen Genesungsurlaub in Berlin im Februar 1945 an die Ostfront abkommandiert, wo der *Feind* schon die Oder erreicht hatte.

Ich weiß nicht viel über ihn, aber ich erinnere mich, dass ich auf der abendlichen Terrasse unseres Hauses in Waldesruh bei Mahlsdorf-Süd auf seinem Schoß sitzend, von ihm den Polarstern gezeigt bekam und er mir erklärte, wie man den am Himmel auf dem Wege über den Großen Wagen findet. Alle Menschen könnten ihn sehen, wo auch immer sie auf der nördlichen Halbkugel wären. Er sähe ihn also auch über seinem Schützengraben, so wie Mutti und ich hier über unserem Haus. Und darum blieben wir uns nahe und könnten einander grüßen.

Erhalten geblieben sind mir von Vater ein eichener Schreibtischstuhl, auf dem ich sitze, während ich das hier zu Papier bringe, ein paar Fotos von ihm

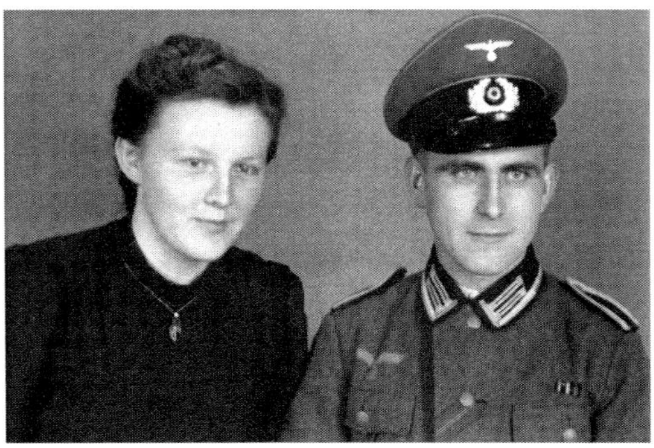

Marianne und Paul Becher, Barbaras Eltern, werden sich 1947 wiedersehen

vor meiner Zeit, mit seiner kleinen Familie, als Soldat und ein letzter Feldpostbrief vom 7. April 1945: «Wir liegen den Russen im Graben gegenüber.»

Barbaras Vater, Jahrgang 1916, hat mehr Glück gehabt. Er kam 1947 aus der Gefangenschaft nach Neunhofen (Ostthüringen) unversehrt zurück, sieht man davon ab, dass er sich noch lange Asbestfasern aus der Hand zog, die er von der Arbeit in einer Grube im Ural mitgebracht hatte. Und dass ihn der Krieg traumatisiert haben dürfte, denn er schwieg darüber zeitlebens.

Barbara verdankt ihr Leben einem Fronturlaub. Paul Becher hatte ihn im Februar 1943 bekommen, damit er seinen Kraftfahrzeugmeister machen konnte. So etwas gab es da noch. Da sie im November des Jahres geboren wurde, konnte sie später natürlich schlussfolgern, dass es in jenen Tagen nicht bloß um diesen Meister gegangen war, sondern auch um sie, sein anderes Meisterstück.

Ihrer ansichtig wurde er erst im August 1947, da war Barbara schon im 4. Lebensjahr und befreundete sich mit einem Onkel, der ihr Vater sein sollte.

Da hatte ich den meinen schon lange verloren.

Auch um mich groß zu kriegen, war es Mutter später möglicherweise um einen Ersatzvater gegangen, aber der «Onkel Georg», der sie da eine Zeitlang beschmuste, war verheiratet und ließ nach seinem Seitensprung überdies Mutters Schmuck mitgehen. Die verbündete sich klug mit dessen *besserer Hälfte* und gemeinsam erreichten die Frauen, dass der Buhle Reue zeigte, die Armseligkeiten zurückgab und seinen Hut nahm. Von wegen neuer Vater! In Erinnerung bleibt mir Mutters Scham.

Barbara bekam 1949 noch eine Schwester, und so wuchs sie in einer Familie auf.

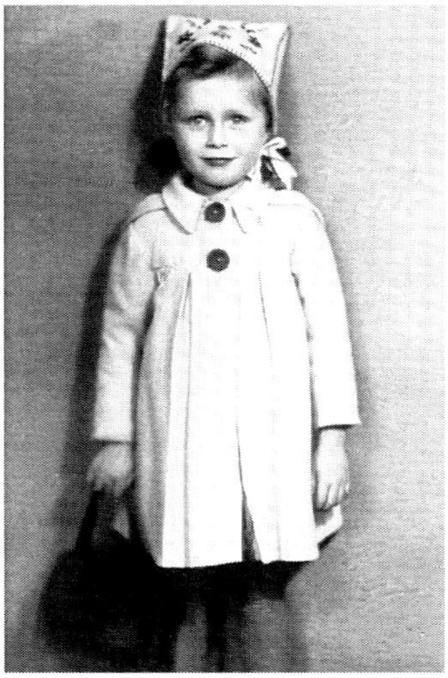

Barbara 1946

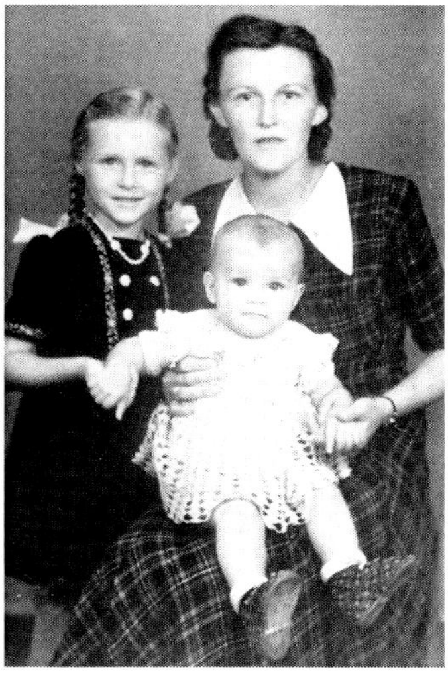

Mit Mutter und Schwester Monika 1949

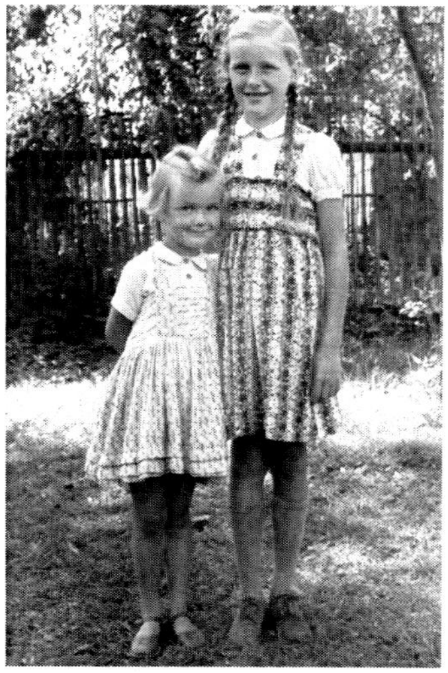

Als große Schwester im Garten des Thüringer Elternhauses 1953

Ich aber war mit Mutter allein. Die versuchte nun, uns beide in der Nachkriegszeit über Wasser zu halten. Sie hatte mal Telefonistin gelernt, aber da sie nach meiner Geburt nicht mehr berufstätig war, traute sie sich diese Arbeit nicht mehr zu. Glücklicherweise wurde sie von Geschäftspartnern und Freunden meines Vaters, der gelernter Goldschmied war, als Ungelernte angestellt.

Das aber war im tiefsten Westen Berlins, und mit den stundenlangen Wegen aus dem Osten dahin kam ein über zehnstündiger Arbeitstag dabei heraus.

Es bedeutete, dass ich schon mit 10 Jahren nach der Schule für allerlei zu sorgen hatte und mit Lebensmittelkarten Mutters Anweisungen abarbeitete. Da blieb nicht viel Zeit zum Spielen. Schlange stehen bei all und jedem war angesagt. Und auch die Schularbeiten standen hintan.

Barbara wurde auf dem Dorf groß. Auch die Mutter arbeitete. Als Tagelöhnerin beim Bauern, später als Stanzerin. Die Familie war nicht nur auf die Lebensmittelkarten angewiesen, musste auch keine *Hamsterfahrten* wie die Großstädter unternehmen, ging dafür *stoppeln,* ernährte sich aus dem Garten, hielt Schwein, Ziegen, Gänse, Hühner und Karnickel in Stall und Hof.

Bärbel ging in den Kindergarten und wurde 1950 eingeschult.

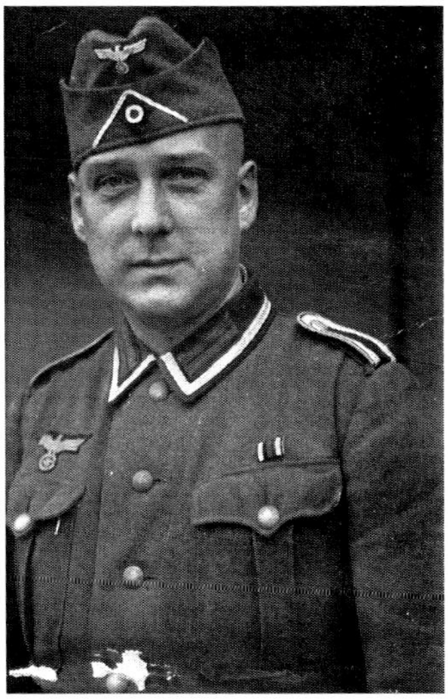

Werner Junge – 1950 für tot erklärt

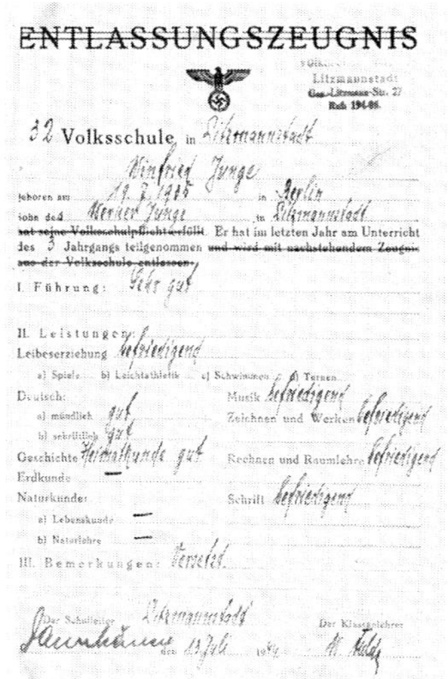

ENTLASSUNGSZEUGNIS

Litzmannstadt

32 Volksschule in Litzmannstadt

Winfried Junge

geboren am 19. 7. 1935 in Berlin

Sohn des Werner Junge in Litzmannstadt

hat seine Volksschulpflicht erfüllt. Er hat im letzten Jahr am Unterricht des 3 Jahrgangs teilgenommen und wird mit nachstehendem Zeugnis aus der Volksschule entlassen.

I. Führung: Sehr gut

II. Leistungen:

Leibeserziehung befriedigend

a) Spiele b) Leichtathletik c) Schwimmen d) Turnen

Deutsch: a) mündlich gut b) schriftlich gut

Musik befriedigend

Zeichnen und Werken befriedigend

Geschichte Heimatkunde gut

Rechnen und Raumlehre befriedigend

Erdkunde —

Naturkunde: a) Lebenskunde — b) Naturlehre —

Schrift befriedigend

III. Bemerkungen: Versetzt.

Der Schulleiter

Litzmannstadt, den 13. Juli 1942

Der Klassenlehrer

Winfrieds Zeugnis nach 3 Kriegswintern Schule in Polen bei Vater in der Etappe

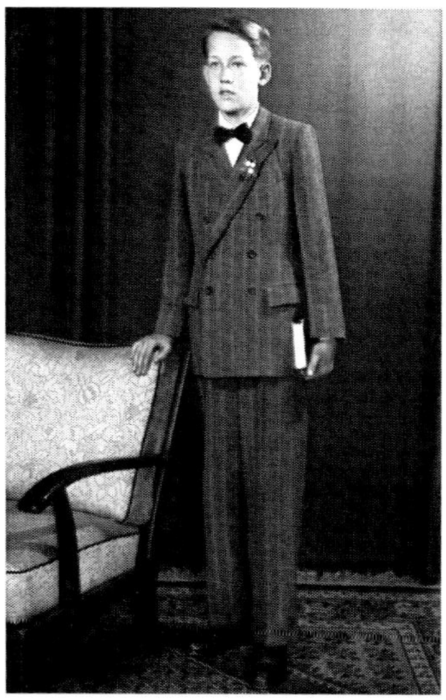

1950 als Konfirmand Halbwaise

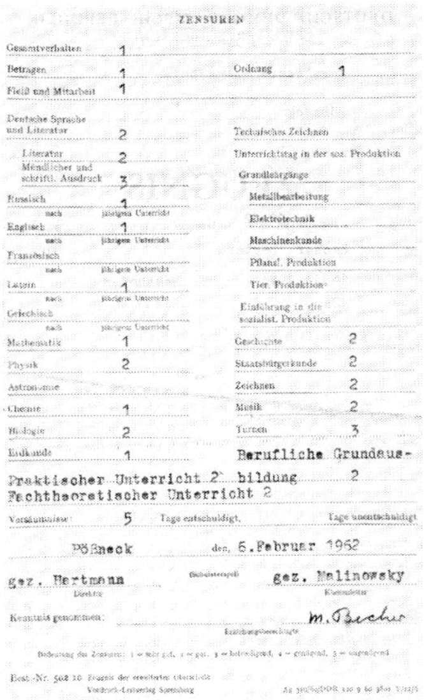
ZENSUREN

Fach	Note	Fach	Note
Gesamtverhalten	1		
Betragen	1	Ordnung	1
Fleiß und Mitarbeit	1		
Deutsche Sprache und Literatur	2	Technisches Zeichnen	
Literatur	2	Unterrichtstag in der soz. Produktion	
Mündlicher und schriftl. Ausdruck	3	Grundlehrgänge	
Russisch	1	Metallbearbeitung	
Englisch	1	Elektrotechnik	
Französisch		Maschinenkunde	
Latein	1	Pflanzl. Produktion	
Griechisch		Tier. Produktion	
		Einführung in die sozialist. Produktion	
Mathematik	1	Geschichte	2
Physik	2	Staatsbürgerkunde	2
Astronomie		Zeichnen	2
Chemie	1	Musik	2
Biologie	2	Turnen	3
Erdkunde	1	Berufliche Grundausbildung	2

Praktischer Unterricht 2
Fachtheoretischer Unterricht 2

Versäumnisse: 5 Tage entschuldigt, Tage unentschuldigt

Pößneck den, 6. Februar 1962

gez. Hartmann (Direktor) gez. Malinowsky (Klassenleiter)

Kenntnis genommen: m. Becher (Erziehungsberechtigte)

Barbara – zum Abitur meistens Einsen

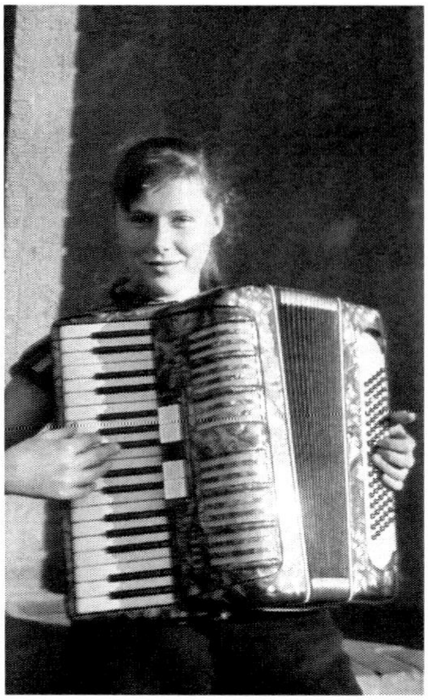
Ausgerechnet in Musik nur «gut»

Da hatte ich schon die Konfirmation hinter mir. Und Mutter war stolz, mich in einem maßgeschneiderten Anzug zu sehen, aus dem ich schon wieder herausgewachsen war, weil er zu früh in Auftrag gegeben worden war. Noch dazu krönte mich *Hungerleiste* in Hochwasserhosen eine *Fliege* und vermieste mir den großen Tag endgültig. Nie wieder habe ich eine getragen.

Barbara war von Anfang an eine Bestschülerin. Im Unterschied zu mir, der ich mich über jede 2 oder gar 1 freute. Mein Mittelwert lag bei 3+ oder 2–3. Die Zensuren in Mathe und Naturwissenschaften verunzierten die Zeugnisse.

Wie lange konnte das gut gehen? Das Abitur stand durchaus in Frage, und Mutter war verständlicherweise in Ängsten. Die Ersten verließen die Klasse bereits nach 9 Jahren. Waren für mich 10 Jahre da nicht genug?

Was ich werden wollte, wusste ich natürlich noch nicht, aber was ich alles nicht werden konnte, ziemlich genau. Vom Physiker bis zum Pfarrer, wie einer meiner besten Freunde, war diese Liste lang.

Merkwürdigerweise beneidete ich andere mit ihren Einsen nicht. Wieviel schwerer musste es da sein, sich überhaupt für irgendetwas und dann auch noch richtig zu entscheiden, um nicht gleich die erste Weichenstellung für das Leben zu vermasseln.

Ich habe schon im ersten Buch bekannt, dass ich ziemlich verängstigt und verschüchtert den Krieg überlebt hatte. In meinen ersten vier Lebensjahren muss die Welt für mich noch heil gewesen sein. Hitler war an der Macht, die Wirren der Krisenjahre und der Machtergreifung der «nationalen Sozialisten» waren vorbei. Die Verhältnisse stabilisierten sich, Deutschland schien voranzukommen. Wir wohnten zunächst in der Prenzlauer Allee 144. Vater hatte bei Juwelier Schröder, Leipziger – Ecke Friedrichstraße, als «1. Verkäufer», wie Mutter gern sagte, eine gesicherte, gut bezahlte Anstellung mit 700 bis 800 Reichsmark. Und es ging den Eltern um ein eigenes Haus im Grünen, vor allem des Kindes wegen. Den Baugrund hätten sie gern in Zehlendorf oder Frohnau gefunden, womit ich später Westberliner geworden wäre, aber bezahlbar war dann doch nur dieses Flurstück in Waldesruh. Darauf setzten sie eine Laube, und Vater baute mit an einem bestenfalls 10 x 10 m großen/kleinen Würfelbau, voll unterkellert und mit ausbaufähigem Boden, das spätere Zimmer für mich.

Als die Errungenschaft in der Mahlsdorfer Allee 60 im Sommer 1939 bezogen werden konnte, musste der Bauherr in den Krieg. Für die kämpfende Truppe war er erst einmal zu alt, aber als kaufmännischer Angestellter konnte man ihn in der Etappe für die Verwaltung gebrauchen.

Er war zunächst in Wongrowitz bei Posen, später in Litzmannstadt (Łódz) stationiert, arbeitete in der Verwaltung, wo der Unteroffizier Werner Junge die Stelle eines Unterleutnants bekleidete, der deshalb seine Familie nachkommen lassen konnte.

Von Haus und Garten hat Vater nur noch im Urlaub etwas gehabt. Das war für Mutter auch der Grund, mit mir in der kalten Jahreszeit bei ihm in Polen zu sein. So bin ich dort zwei oder drei Winter zur Schule gegangen und hatte aufzupassen, dass ich nicht für einen Polen oder gar Juden gehalten wurde. Da half aber schon, dass mir der polnische Friseur den Scheitel so gezogen hatte, wie ihn Hitler auf dem Bild über dem Spiegel trug.

In Łódz war ein Ghetto, südlich der Stadt ein Sammellager für Kinder, die liquidiert werden sollten. Von letzterem wusste ich aber nicht.

Einmal wäre ich beinahe in einen Treck dorthin geraten, der durch unsere Straße geführt wurde, wenn mich nicht jemand auf den Bürgersteig zurückgerissen hätte.

Wieder so ein Glück im Leben.

Heute weiß ich, dass der Schriftsteller Jurek Becker und jünger als ich, zwei Jahre in diesem Ghetto lebte. Weil Barbara und ich mit Kazimierz Karabasz, einem der Begründer des neuen polnischen Dokumentarfilms und 5 Jahre älter als ich, befreundet sind, habe ich die Stadt inzwischen wiedergesehen.

Wir sind durch das einstige Areal gegangen und ich habe mich so manch bösen Eindrucks erinnert.

Eingeschult hatte man mich in Dahlwitz-Hoppegarten Ende des Sommers 1941. Da war Hitler bereits in die Sowjetunion eingefallen. Ich entsinne mich nicht, dass die Eltern davon begeistert waren, auch wenn der *Volksempfänger* oder *Goebbels-Schnauze* Hochstimmung verbreitete. Eher könnte ich mir vorstellen, dass sie ihre Zweifel mir gegenüber nicht offenbarten, damit ich mich nicht mal verplapperte. So hielten sie es sicher auch weiterhin.

Ich wurde in diesem Sommer 6 Jahre alt, hatte bis dahin alle Kinderkrankheiten außer Scharlach gehabt und war gerade einigermaßen von einer Diphtherie genesen.

Da kam die Einschulung zu früh, denn für meinen zwei bis drei km langen Schulweg hatte ich dieses Fahrrad erhalten, auf dem ich mich natürlich verausgabte, wenn ich in Zeitnot kam und es bis zum Klingeln schaffen wollte, oder heimwärts, wenn die Sirenen *Terrorbomber* ankündigten.

So erradelte ich mir eine Herzschwäche, die ich erst in den späten Jugendjahren wunderbarer Weise überwinden konnte. Immer schon bei schwächlicher Kondition, fiel ich in Ohnmacht, wenn ich mich übernahm. Aber auch, wenn mich Unbekanntes, von mir nicht zu Beherrschendes, Gewalttätiges ängstigte und die Phantasie mir malte, was alles passieren könnte. Natürlich, wenn der Arzt mit der Spritze nahte oder selbst, wenn ich in der Wochenschau sah, wie ein Boxer dem anderen die Visage blutig schlug.

Ist es vor allem Veranlagung, war es mehr das Erleben von Krieg und Nachkrieg mit der ständigen Angst um den Vater, der eigenen Bedrohung durch die Bomben, die auf Berlin fielen und auch einmal unser Dach abdeckten? Das Elend in Polen, die vielen Unwägbarkeiten auf den Fahrten dorthin und zurück, die *Kinderlandverschickung*, die Flucht aus Berlin in die Altmark, die Tiefflieger über den Zügen? Später die *Hamsterfahrten* in überfüllten Waggons zu Verwandten bei Merseburg? Jedenfalls dürfte es dem abrupten Ende einer behüteten Kindheit und der Konfrontation mit soviel Gewalt und Unabänderlichem wesentlich geschuldet sein, dass mir Ängste nie fremd waren, dass ich bis heute schreckhaft, zögerlich, bedachtsam und vorsichtig bin und deshalb Barbaras zupackende Art, ihr Selbstvertrauen nur bestaunen kann.

Ich bin mir erst spät im Leben bewusst geworden, welche Umstände und Erlebnisse in der Kindheit und Jugend mich geprägt haben könnten.

Der wiederholte Schulwechsel zwischen Dahlwitz-Hoppegarten im Sommer und Łódz im Winter ließ mich in den ersten vier *Volksschuljahren* nie in einer Klasse heimisch werden und Freunde gewinnen. Und Freude machte das Lernen auch nicht, schon weil ich

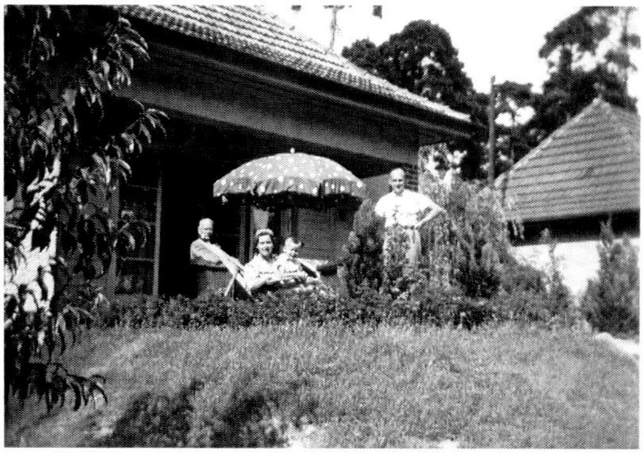

1939 – letzter Friedenssommer im ersten Jahr des Hauses im Grünen

von der lateinischen Schrift immer wieder auf die altdeutsche *umschalten* musste. Überhaupt lernte ich Vieles gleich zweimal – nur zeitversetzt – und anderes dafür gar nicht. Es war, als hätte ich meinen Schulweg irgendwie mit dem falschen Fuß zuerst angetreten. Aber da ich ja mit dem Rad fuhr, stimmt das Bild schon mal nicht.

Die Zensuren, die ich bis zum Kriegsende auf diese Weise zusammenbekam, waren immerhin «befriedigend», und so kam ich bei Wiederbeginn der Schule 1945 in die 5. Klasse der Gerhart-Hauptmann-Oberschule in Friedrichshagen. Wir wohnten hier bei der Familie von Mutters Schwester mit ein, denn in unser Haus waren Übersiedler eingewiesen worden. Zwischen dem Jüngsten und Ältesten der Klasse gab es einen Unterschied von 4 Jahren, weil manche kaum Schule im Krieg hatten. Und da war ich auch nicht die einzige Halbwaise.

Die Kinder einer Generation, deren Familien der Krieg zerrüttete und dezimierte, aber die überlebt hatten, warteten in einer neuen Zeit nun auf das erste Läuten.

Es war Frieden und die gemeinsamen Nöte ließen uns schnell eine feste Gemeinschaft werden, die dem Einzelnen Halt und Lebensmut gab.

Der Zusammenhalt blieb sogar über die Teilung Berlins und Deutschlands hinaus bestehen. Zu den Klassentreffen kamen auch jene, die im Westen studiert hatten. Und nach dem Fall der Mauer auch die *Fortgegangenen*. Nicht alle leben mehr, denn wir sind um die 80 Jahre alt, aber wer lebt, der kommt, wenn jetzt schon jährlich eingeladen wird. Und so mancher war auch dabei, als unsere Filme Berlinale-Premiere hatten.

In dieser Klassengemeinschaft fand ich ohne größere Konflikte meinen Platz. Und Mutter musste in der beginnenden Pubertät erleben, wie mir die Freunde so wichtig wurden, dass ich sie darüber oft vergaß und sie abends mit sich und ihren Grübeleien allein ließ. Daran zu denken, ist für mich heute schrecklich.

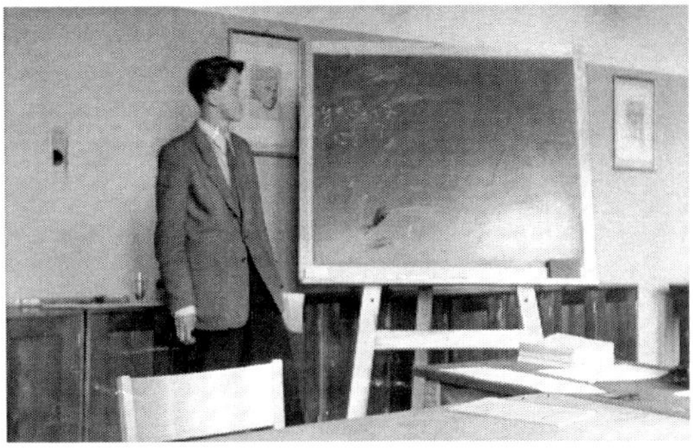

Eine leichte Aufgabe hilft Winfried durchs Mathe-Abi

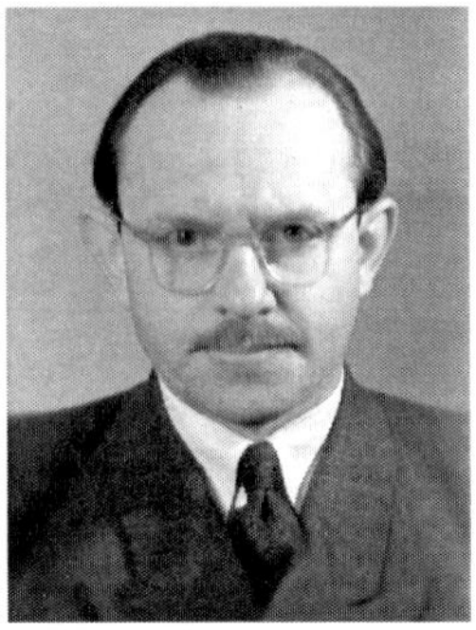

Strenge Pose, goldenes Herz: Lehrer («Mäcky») Sack

Im Unterschied zu Barbara lief es ja bei mir noch automatisch auf das Abitur zu, wenn ich es schaffen wollte, sollte oder konnte. Mit der 5. Klasse war ich ja gleich in eine Oberschule gekommen.

Später – nach meiner Zeit – wurde daraus die «Erweiterte Oberschule». Dort waren die Plätze von vornherein rar. Nur wer beste Zensuren aus der 8. oder später 10. Klasse mitbrachte und wessen Eltern Arbeiter, Bauern oder *Intelligenzler* waren, hatte eine Chance.

An den Zensuren lag es bei Barbara natürlich nicht, und Gleiches galt auch für ihre Schwester. Aber als Vater sich anschickte, eine Kraftfahrzeugwerkstatt einzurichten, um damit selbstständiger Handwerker zu werden, wäre er «Sonstiger» geworden – eine Kategorie, die es wirklich auf Formularen gab. Und Kinder eines, der sich *privat machte*, hatten da kaum Anspruch auf einen höheren Bildungsweg.

Deshalb ließ Vater sein Vorhaben fallen und blieb so Angehöriger der Arbeiterklasse.

Eine Zeitlang war Barbara das sogar auch, denn nach dem Abi und vor dem Studium hatte sie Walter Ulbricht ein praktisches Jahr zu verdanken, in dem der Studienbewerber erst einmal Facharbeiter werden sollte.

So bekam sie in Pößneck an der «Betriebsberufsschule Heinz Kapelle», nachdem sie dort bereits 2 Jahre den *Unterrichtstag in der Produktion* gehabt hatte, den Facharbeiterbrief für Handsatz, den es damals noch gab.

In dem *Gastjahr in der Arbeitswelt* folgte sie dem Beispiel des Vaters und ließ sich für die SED werben. Mit 18 wurde sie Genossin und brachte zusammen mit dem Einser-Abitur und dem Facharbeiterbrief Bestvoraussetzungen für ein Studium am Dolmetscher-Institut der Leipziger Karl-Marx-Universität mit. Aussuchen konnte sie sich die Sprachen nicht. Es wurden Englisch und Russisch. Statt Russisch hätte sie lieber Französisch genommen, aber mit Englisch ins *nichtsozialistische Wirtschaftsgebiet* – sprich: westliche Ausland – zu kommen, war für Barbara auch aussichtslos, seit ihr Onkel mit Frau und Kindern *republikflüchtig* geworden war und sie damit *Westverwandtschaft* hatte. Das war schon zu Studienbeginn 1963 klar.

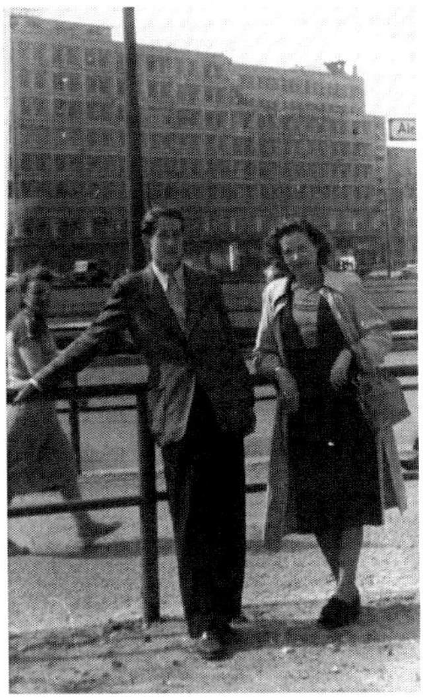

Mit 17 zu selten an Mutters Seite wie hier am Alex

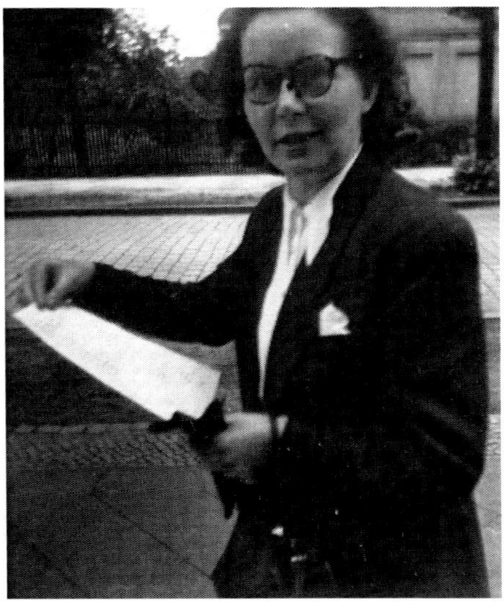

Mit «gut» bestanden! Mutter und das Abi-Zeugnis

Ein Jahrzehnt früher, rund um den 17. Juni 1953, hatte ich in Berlin mein Abitur gemacht. Seit Stalins Tod im März war ja nicht mehr alles so festgezurrt. Die Turbulenzen auf den Straßen bewirkten nun, dass die Prüfer nicht weniger unsicher waren als die Prüflinge.

Ich hatte mich von Mathe 5 auf dem Halbjahreszeugnis der 11. Klasse zu einem Kandidaten für eine 3–4 emporgearbeitet, was ich ausgerechnet diesem Freund, dem späteren Pfarrer als zwischendurch Geige übendem Nachhilfelehrer verdankte. Aber auch jenem Doktor für Mathe/Physik, der offenkundig vor allem für seine Asse in den ersten Reihen Unterricht machte. Dem hatte ich an meinem mathematischen Tiefpunkt unter Wut und Tränen geschworen, ich beabsichtigte, nie und nimmer etwas über die Grundrechenarten hinaus mit seiner Mathe zu tun haben zu wollen. Er solle also von mir ab- und mich laufen lassen.

Vor dem mündlichen Abi verriet er mir und einigen anderen Pappenheimern dann, dass die leichtesten Fragen vorn links auf dem Tisch liegen würden. Das stimmte zum Glück, und so holte ich mir gerade noch das ersehnte «Befriedigend».

Als *Sonstiger*, zu dem ich also durch meine Eltern geworden war, brauchte ich aber insgesamt ein «Gut», wenn ich studieren und dann auch noch ein Stipendium kriegen wollte.

Lernwillen sprachen mir ja die Lehrer nicht ab, und da sollte ich das Abi nicht umsonst gemacht haben. So handelten sie nach dem Goethe-Wort: «Wer immer strebend sich bemüht, den können wir erlösen.»

Sie schickten mich als Einzigen durch 6 (sechs) mündliche Prüfungen, genausoviel, wie ich noch brauchte, um aus guten Dreien und wackligen Zweien eindeutigere und bessere Noten zu machen, um damit insgesamt auf dieses «Gut» zu kommen.

Die Rechnung ging auf und Mutter strahlte.

Es war wieder einmal mein Glück, dass die Lehrer weitsichtig handelten. Sie erkannten meine völlig einseitige Orientierung auf nichtnaturwissenschaftliche Fächer. Sie bedachten, dass ich Halbwaise war, meine Mutter inzwischen an Krebs erkrankt und nicht mehr arbeitsfähig war. Und sie gaben mir das Gefühl, dass ich zu etwas tauge und wollten mir helfen, meinen Weg zu finden.

Ich hatte mich für Germanistik entschieden, ohne schon zu wissen, was ich daraus beruflich machen könnte. Die Humboldt-Universität wusste es. Sie gab mir einen Studienplatz nicht für die Philosophische, sondern die Pädagogische Fakultät. Und das hieß einzig und allein: Deutschlehrer werden.

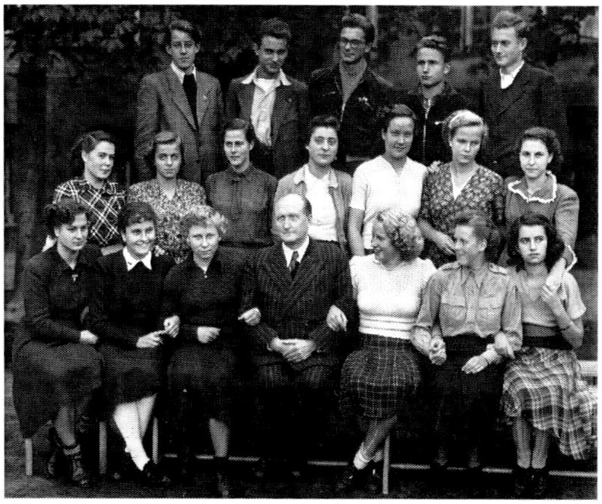

Berliner Abiturienten 1953 (W. J. links oben). Nicht wenige gehen in den Westen

Ich biss in den sauren Apfel, in der Hoffnung, dass ich das erste Studienjahr nutzen könnte, mich an der Uni doch noch zu etwas Anderem durcharbeiten zu können. Eben noch Schüler, traute ich mir den Lehrer einfach nicht zu. Lehrer haben ja von Berufs wegen die Pflicht, Vorbild zu sein, in der DDR betraf das auch die weltanschaulich-politische Haltung. Da ich nun das Abi gemacht hatte, ohne in der Freien Deutschen Jugend zu sein, aber immerhin auch nicht bei meinem Freund in der Jungen Gemeinde, was das eigentliche Problem gewesen wäre, ließ mich eines Tages die Dozentin für Gesellschaftswissenschaften kommen, um mich kennen zu lernen. Da hatte ich mir schon vorgenommen, in die FDJ einzutreten. Mit dem für mich wichtigsten Argument: aus Dankbarkeit, dass ich studieren durfte.

Das konnte aber in den Augen meines Gegenübers nicht zählen. Und so eröffnete sie mir, dass es ihr nicht um eine «Gegenleistung» gehe, sondern dass es auf eine wirkliche innere Bereitschaft ankäme. So wie sie mich im Seminar erlebe, spüre sie Widerstände, Ressentiments gegenüber dem Weg, den die DDR ginge. Und sie bat mich um Verständnis, dass nach dem

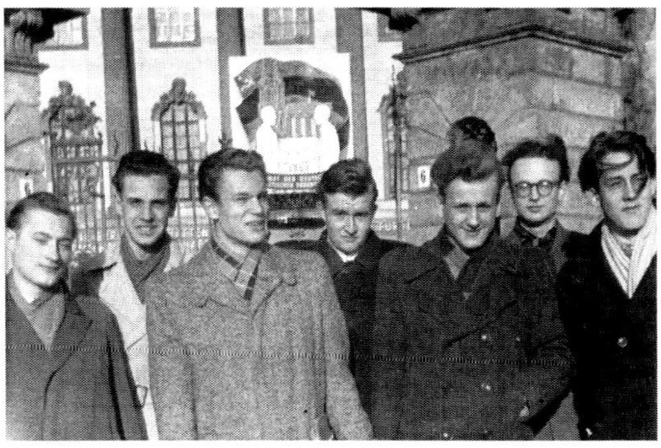

1954 vor der Humboldt-Uni. Nicht jeder wird Lehrer, z. B. der rechts

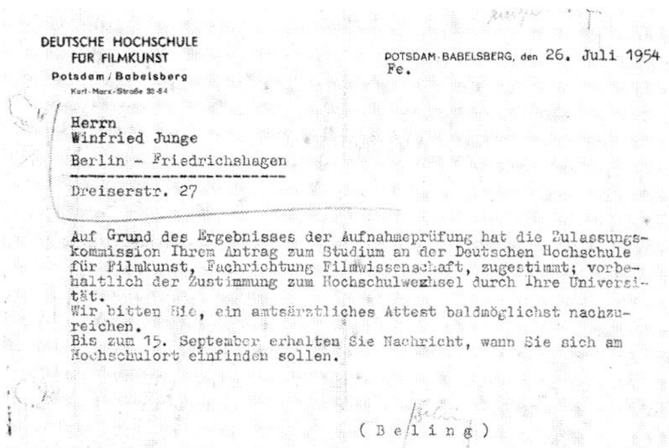

DEUTSCHE HOCHSCHULE
FÜR FILMKUNST
Potsdam / Babelsberg
Karl-Marx-Straße 33-34

POTSDAM-BABELSBERG, den 26. Juli 1954
Fe.

Herrn
Winfried Junge
Berlin - Friedrichshagen
Dreiserstr. 27

Auf Grund des Ergebnisses der Aufnahmeprüfung hat die Zulassungskommission Ihrem Antrag zum Studium an der Deutschen Hochschule für Filmkunst, Fachrichtung Filmwissenschaft, zugestimmt; vorbehaltlich der Zustimmung zum Hochschulwechsel durch Ihre Universität.
Wir bitten Sie, ein amtsärztliches Attest baldmöglichst nachzureichen.
Bis zum 15. September erhalten Sie Nachricht, wann Sie sich am Hochschulort einfinden sollen.

(Beling)

Junge wird einer der ersten Studenten der ersten deutschen Filmhochschule in Babelsberg

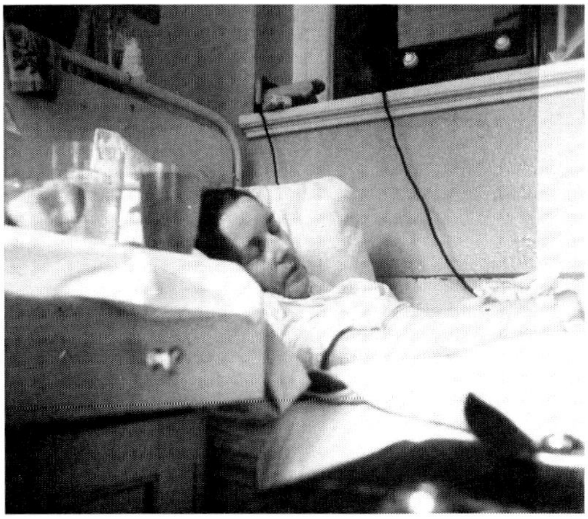

Margarete Junge wird am 17. Juni 1954 in Berlin-Buch an Krebs sterben. Der Sohn macht ein letztes Foto

letzten Krieg nun einmal klar sei, dass wir in diesem Teil Deutschlands den Sozialismus aufbauten. Aber – dann kam der Satz – «Den wollen wir jedoch nicht gegen Sie, sondern natürlich mit Ihnen aufbauen. Dafür brauchen wir jeden – auch Sie, junger Freund!»

So hatte bisher nie jemand zu mir gesprochen. Und wenn man in seinen jungen Jahren noch nicht unbedingt davon überzeugt ist, zu etwas nutze zu sein, entsprechend wenig von sich hält und sich eben noch zu den *sonstigen* kleinbürgerlichen Elementen zählen musste, merkt man sich das erst einmal. Ausreichend Motivation, um in *die* Partei einzutreten, war es allerdings später nie. Damit das hier gleich klar ist.

Das Studium an der H.U. hat mir einiges gegeben: Neue deutsche Literatur bei Alfred Kantorowicz, mit Seminaren bei Gerhard Wolf, dem Mann von Christa Wolf, klassische Philosophie bei Wolfgang Harich, Theaterwissenschaft bei Leopold Magon, Pädagogik bei Heinrich Deiters und andere Namen mit Klang.

Dazu kamen die Berliner Bühnen, die ich im *Abonnement der Volksbühne* (Ost) und der *Freien Volksbühne* (West) erlebte. Das aufkommende Brecht-Theater, mit dem sich für mich die damals noch ernsthaft diskutierte Frage schnell beantwortete, ob Brecht oder Becher der Größere sei.

Ich wäre gern an der Humboldt-Universität geblieben, wenn der Wechsel von der Pädagogischen zur Philosophischen Fakultät geklappt hätte. Aber die Lösung war anderer Art.

Mit meinem Schritt zum Film ist dann doch ein Lehrer an mir verloren gegangen. Wie ich überzeugt bin, allerdings kein guter, um den es deshalb auch nicht schade sein muss.

Die Lösung brachte der glückliche Zufall, dass 1954 in Babelsberg die Deutsche Hochschule für Filmkunst gegründet wurde, die erste Lehranstalt ihrer Art in Ost und West. Und ich wiederum war einer der Ersten, die sich dort für ein Studium interessierten. Würde man mich aufnehmen, musste ich an der H.U. freikommen, denn wenn eine künstlerische Lehranstalt Eignung konstatierte, war die Gesetzeslage auf meiner Seite.

Noch bevor die Aufnahmeprüfung stattfand, versuchte ich meiner unheilbar kranken Mutter schonend beizubringen, dass ich nicht Lehrer werden wollte und mich für ein Filmstudium beworben hätte.

Sie erschrak, und ich verstand sie ja auch. Hatte mich Mutti nicht unter unendlichen Mühen großgekriegt, war auf mein Abi stolz und froh, dass ich auf gesichertem eigenem Weg in den Beruf war? Lehrer, das war doch was!

Nun also zog es mich ausgerechnet zum Film? Der war zwar nicht wie Zirkus, aber doch die große Glamour-Szene mit fragwürdigen Liebesgeschichten nicht bloß auf der Leinwand. Da konnte man sich doch den Charakter verderben, und dort wollte ihr Sohn hin?

Ich argumentierte, dass ich ja «bloß» Dramaturg, Drehbuchschreiber oder so etwas werden wollte und gar nicht der Typ für ein Lotterleben mit irgendwelchen Mädchen wäre. Das glaubte Mutter mir. Ich hatte ja noch nicht einmal eine feste Freundin. So hörte sie mich weiter an, dämmerte aber auch immer mal kurz weg, weil sie unter Morphium stand.

Nach über einem Jahr in der Charité mit Brustoperation und Bestrahlungen hatte der Krebs die Wirbelsäule befallen, aber die Ärzte hielten Mutter in Absprache mit mir in der Hoffnung, dass der Heilungsprozess zwar schmerzhaft sei, aber voranschreite. Nur lag sie inzwischen im Ludwig-Hoffmann-Hospital in Berlin-Buch, in einem Einzelzimmer und war sich nicht bewusst, wie es wirklich um sie stand – oder doch?

Das Gespräch, das eigentlich schon kein Gespräch mehr war, sollte eines der letzten sein, das ich im Frühjahr 1954 mit ihr führte.

Daraus ist mir ein Satz so gut wie wörtlich in Erinnerung:

«Na, Winfriedchen, wenn du das unbedingt willst, da zum Film zu gehen, musst du das machen.»

In der Nacht zum 17. Juni 1954 sagte mir der Arzt vom Dienst, Mutter werde den nächsten Morgen nicht mehr erleben. Ich saß an ihrem Bett und sah, wie das Morphium wirkte, bis sie den letzten Atemzug tat.

Sie wurde nur 49 Jahre alt.

Als der Morgen graute und ich auf menschenleerer Straße zum ersten Zug ging, der auf dem S-Bahnhof wartete, entledigte ich mich eines wahnsinnigen Drucks und sang George Gershwin, den ich gerade für mich entdeckt hatte.

In meinem 19. Jahr verlor ich nun auch die Mutter. Von jetzt an war ich für das, was ich tat oder ließ, ganz allein verantwortlich. Ich begriff, ich würde mich kümmern müssen, wenn aus mir etwas werden sollte. Und der kraftvolle, spannungsreiche Gershwin kam da aus tiefster Seele, spendete Trost und war zugleich Impuls für Zukünftiges.

Ich hätte mir gewünscht, Mutter würde noch miterleben können, dass ich mich mit dem Berufswechsel nicht geirrt hatte. Aber ich bin froh, dass sie wenigstens von meinem Schritt wusste und mir vertraute.

Und wenn ich es so sehen will, hat sie mir sogar postum durch die Aufnahmeprüfung geholfen:

Die schwarze Binde an meinem Arm mag dazu beigetragen haben, dass die Kommission pietätvoll mit mir umging und mich nicht lange befragte. Und das war auch so ein Glück, nur diesmal eines im Unglück.

Unter denen, die sich an der Filmhochschule bewarben, konnte ich wahrscheinlich die wenigsten Belege für eine *Neigung zur Kunst* vorweisen. Mehr noch als eine Reihe von Zeichnungen, Porträts und Situationsskizzen aus der Nachkriegszeit sprach vielleicht Geschriebenes für eine gewisse Beobachtungsgabe, das Vermögen, Erlebtes zu erzählen und dafür Worte zu finden.

Ich legte beispielsweise Artikel vor, die ich als Redakteur der Klassenwandzeitung geschrieben hatte. Und da war auch eine über 100-seitige Reportage über die Radtour unserer *Geographischen Arbeitsgemeinschaft* durch Thüringen 1950, die ich als 15-jähriger auf ausgeborgter Schreibmaschine in wochenlanger Arbeit tippte. Sprach auch sie nicht unbedingt für Talent, so doch zumindest für Spaß an der Sache und Ausdauer.

Offenkundiges Talent habe ich bei anderen immer bewundert, aber für mich darin keine verlässliche Größe gesehen. Ich setze mehr auf den Ehrgeiz und Willen, etwas zu lernen, sich etwas zu erarbeiten, auf *Lernen als Lebenshaltung*. Und einige meiner frühen Filme kreisten auch immer wieder um diesen Gedanken und bestimmten ihre Thematik.

Da nenne ich VOM LERNENDEN MENSCHEN, ein Kompilationsfilm aus internationalem Archivmaterial über das Lernen in aller Welt aus dem Jahre 1964.

Oder STUDENTINNEN (1965) – über jene wenigen jungen Frauen, die sich für die technischen Wissenschaften entscheiden.

Oder MIT BEIDEN BEINEN IM HIMMEL (1968) – über den Ältesten einer kinderreichen Arbeiterfamilie aus dem Vogtland, der vom Schlosser für Dampflokomotiven zu einem der ersten Flugkapitäne der *DDR-Lufthansa* aufstieg, was Jahre des Lernens zur Voraussetzung hatte.

Oder EINBERUFEN (1971) – lernen, Soldat zu werden.

Oder WENN JEDER TANZEN WÜRDE, WIE ER WOLLTE – NA! (1972) – tanzen lernen.

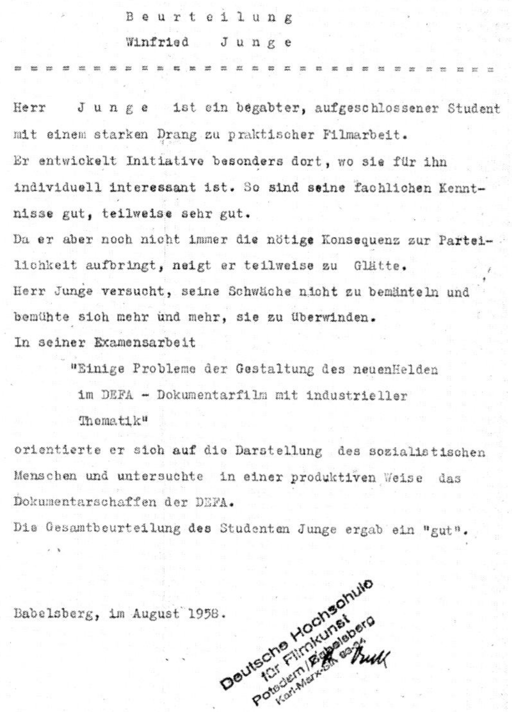

B e u r t e i l u n g

Winfried J u n g e

= =

Herr J u n g e ist ein begabter, aufgeschlossener Student mit einem starken Drang zu praktischer Filmarbeit.
Er entwickelt Initiative besonders dort, wo sie für ihn individuell interessant ist. So sind seine fachlichen Kenntnisse gut, teilweise sehr gut.
Da er aber noch nicht immer die nötige Konsequenz zur Parteilichkeit aufbringt, neigt er teilweise zu Glätte.
Herr Junge versucht, seine Schwäche nicht zu bemänteln und bemühte sich mehr und mehr, sie zu überwinden.
In seiner Examensarbeit
"Einige Probleme der Gestaltung des neuenHelden im DEFA - Dokumentarfilm mit industrieller Thematik"
orientierte er sich auf die Darstellung des sozialistischen Menschen und untersuchte in einer produktiven Weise das Dokumentarschaffen der DEFA.
Die Gesamtbeurteilung des Studenten Junge ergab ein "gut".

Babelsberg, im August 1958.

Deutsche Hochschule für Filmkunst Potsdam/Babelsberg

Abschlussbeurteilung der Filmhochschule. Wie sie auch ausfiel – ein Arbeitsplatz bei der DEFA wird gesetzlich vermittelt

Oder IN SYRIEN AUF MONTAGE (1970) – voneinander lernen; DDR-Entwicklungshelfer.

Oder SOMALIA – DIE GROSSE ANSTRENGUNG (1976) – ein Volk lernt, seine Sprache auch zu schreiben, denn Somali als Schrift war neu.

Das Lernen fiel und fällt Barbara ungleich leichter als mir. Und so entwickelte sie dieses schwer zu erschütternde Selbstbewusstsein. Meines ist dagegen vergleichsweise umstandsabhängig. Sie kann sich auf ihr Wissen und ihre Talente verlassen, und so sind Erfolge für sie etwas Selbstverständlicheres als für mich. Ich brauche meine Zeit, um etwas ganz zu begreifen, mich für oder gegen etwas zu entscheiden. Wo sie schnell übermütig wird, bin ich eher demütig und dankbar für jeden kleinen Erfolg. Ein guter Kompromiss ist übrigens manchmal besser als ein ganzer Sieg. Ihn zu erringen bedingt Geduld und Hartnäckigkeit, da punkte ich nun wieder.

So sind wir in gewisser Weise ein Gegensatzpaar, das sich aber nicht nur angezogen hat, sondern auch lernte, sich zu ergänzen und aufeinander zu verlassen. In 46 Jahren Ehe ist uns das inzwischen wie auch immer gelungen.

Als ich 1954 mein Studium begann, hatte Barbara gerade die Grundschule in Neunhofen bei Neustadt an der Orla, Ostthüringen, beendet, war auch Junger

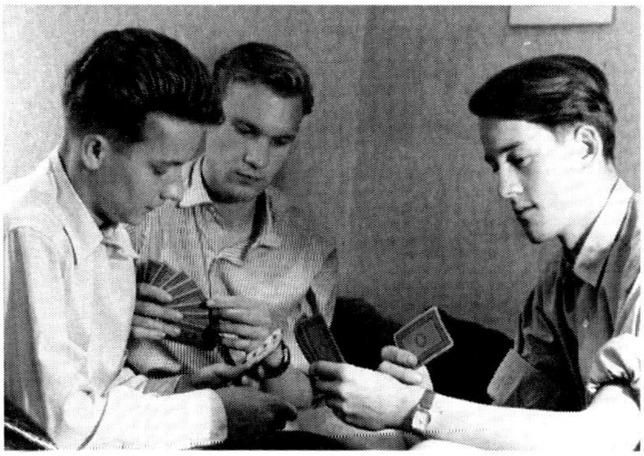

Zwei Cousins ersetzen der Vollwaise einen Bruder und nicht nur für den Skat

Pionier, sah 1955 zum DDR-Pioniertreffen in Dresden erstmals eine große Stadt und immer noch die Trümmerberge als Folgen des Krieges.

Später sollte sich in ihr der Wunsch regen, das Dorf zu verlassen, zu studieren, Städterin zu werden, dort einen Beruf zu finden.

Die Eltern hatten früh Fernsehen, und das offerierte verlockende Lebensmöglichkeiten. Und sie hielten Barbara und ihre jüngere Schwester Monika auch nicht zurück, sondern dazu an, zwölf Jahre zur Schule zu gehen und weitere Jahre zu studieren. Sie fanden sich damit ab, dass die Töchter am Ende wohl nicht mehr ins Dorf zurückkehrten, denn die Chance war neu für diese Generation und bedeutete ihnen auch etwas. Der Kfz-Schlossermeister und die jetzige Näherin, brachten damit durchaus auch ein finanzielles Opfer.

Ich hätte ebenfalls gern einen Bruder oder eine Schwester gehabt, aber ich war damals noch zu jung, um Mutter fragen zu können, warum ich 1944 mal ein paar Tage bei der Familie meiner Tante schlafen sollte, weil sie ins Krankenhaus musste. Auch die Tante ist lange tot, und so ist es natürlich pure Spekulation, ob da ein Geschwisterchen im Kommen war, es aber nicht schaffen konnte oder sollte. Margarete Junge war damals schon 39, und es konnte befürchtet werden, dass der Krieg verloren geht.

Ich will nicht sagen, dass ich nach dem Tod meiner Mutter wirklich allein war. Und das nenne ich auch ein Glück. Ihre Schwester Ruthilt Arndt, diese Tante, hatte zwei Söhne, der eine älter, der andere jünger als ich. Kuno, ihr Mann und Lehrer, war aus dem Krieg zurückgekehrt, Oma Anna lebte auch noch, und ich wurde, auch wenn ich über Mutters Wohnung nun allein verfügte, in Friedrichshagen bei allen Gelegenheiten mit zu Tisch gebeten und wie ein dritter Sohn angenommen. Zu einem Manfred und einem Gerfried kam da ein Winfried, und so spreche ich von zwei *Halbbrüdern*, die ich habe, oder einer Skatrunde, die wir waren.

Als Barbara bereits die Oberschule besuchte, war ich Schlossbewohner geworden. Die Filmhochschule hatte im Babelsberger Schloss begonnen, das zugleich als Internat diente. Später standen in der Karl-Marx-Straße ein zentrales Gebäude und ringsum einige Villen für den Unterricht und die Unterbringung der Studenten zur Verfügung. Die Grenze zu Westberlin war am Griebnitzsee noch offen und begünstigte dadurch gleich mal den Selbstmordversuch einer Kommilitonin nach einer Prüfung.

Ich war für die Dramaturgie immatrikuliert worden, und die hatte im sogenannten «Stalinhaus» ihren Sitz. Hier hatte der *Generalissimus* zur Potsdamer Konferenz residiert. Die Villa eines jüdischen Teppichhändlers war in der Tat die stattlichste weit und breit. Und wenn unsereiner das Marmor-Klo benutzte, auf das auch Josef Wissarionowitsch gegangen sein musste, konnten einen schon heilige Schauer befallen.

Anderthalb Jahre nach seinem Tode war Stalins Geist ansonsten kaum noch gegenwärtig. In Parteiversammlungen soll allerdings, ob man es glaubt oder nicht, für ihn immer noch ein Platz im Präsidium freigehalten worden sein. Wir jedoch fühlten uns in den Räumen nicht etwa wie seine letzten Jünger, sondern waren allenfalls bemüht, zwischen dem zu differenzieren, wo Stalins Wort noch galt und wo nicht mehr. Hans-Robert Bortfeldt, Chefdramaturg des Spielfilmstudios, und später Helmut Spieß, Dramaturg und Regisseur, unterrichteten uns, und das war auch für sie nicht ganz leicht.

1956, nach zwei Jahren Studium, könnte mir die Neuorientierung vielleicht noch immer nicht so recht gelungen sein, und wahrscheinlich klebten auch noch einige *kleinbürgerliche Eierschalen* an mir.

Wenn die Dramaturgie das *politische Gewissen des Studios* zu sein hatte, war ich begreiflicherweise nicht unbedingt der richtige Kandidat, was schon allein daran zu erkennen war, dass man mich gar nicht erst für die SED werben wollte. Ohne es zu ahnen, war ich – trotz guter Leistungen – so zu einem *Ex-Kandidaten* geworden.

Die Gelegenheit, mich loszuwerden, bot sich, als man zu dem Schluss kam, dass die DEFA von den 13 künftigen Dramaturgen des ersten Jahrgangs nur sieben gebrauchen konnte, also sechs rausgeprüft werden sollten. An das Fernsehen dachte da noch niemand.

Weil der Rektor, Prof. Dr. Kurt Maetzig, diese Prüfung höchstselbst übernahm, klappte es auch bei mir. Nur erhob ich als Einziger Einspruch und wurde daraufhin von dem neuen Dekan der Dramaturgie, Prof. Hans Rodenberg, wieder zur Beobachtung auf meinen alten Stuhl gesetzt, auf dem ich mich ein Semester lang so bewährte, dass ich darauf sitzen bleiben konnte. Womit vermochte ich den Professor nur so günstig zu beeindrucken?

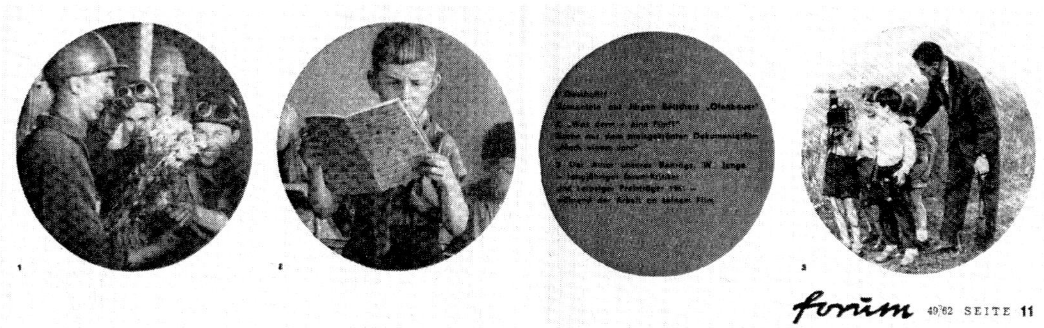

Fotos aus Jürgen Böttchers OFENBAUER und NACH EINEM JAHR von W. Junge illustrieren in der Studentenzeitung *forum* einen Bericht Junges über den ersten Erfolg von Filmhochschulabsolventen zum Leipziger Dok-Festival 1962

Seinerzeit hatte es nun schon den XX. Parteitag der KPdSU gegeben, auf dem Chruschtschow mit Stalin, seinen Dogmen und Verbrechen abrechnete. Mit Filmen wie DIE KRANICHE ZIEHEN (1957) kam auch frischer Wind an die Filmhochschule.

Aus China drang der Ruf «Lasst 100 Blumen blühen!» herüber, aus dem in der DDR gleich «alle Blumen» wurden, und *Tauwetter*, wie es damals hieß, ermöglichte, mit dem *sozialistischen Realismus* kreativer umzugehen.

Ich begann 1956 für das *forum* zu schreiben, die überregionale Zeitung «für Studenten und die junge Intelligenz», in der man nicht viel Mut brauchte, um eine Lippe zu riskieren. Ich schrieb über neue Filme, meist die von der DEFA, glossierte auch mal ihre *zehn (Aber-)Glaubenssätze*, die für Mittelmaß sorgten, überschrieb ein Interview mit Joris Ivens, dem großen holländischen Pionier des Dokumentarfilms, in dem der sich dazu äußerte, was zu drehen der DEFA nottäte, mit dem Titel «Wir können unzufrieden sein». Und ich erarbeitete 1961 mit Dieter Wolf, einst Kommilitone, später langjährig Arbeitsgruppenleiter im DEFA-Spielfilmstudio, Doktor und nun Herausgeber dieses Buches, eine kritische Doppelseite zu Problemen der DDR-Filmlandschaft. Aber da waren wir beide schon keine Studenten mehr.

Später schrieb ich auch für die *Berliner Zeitung*, den *Sonntag*, die *Weltbühne*, jedoch als ich selber Filme machte, mehr und mehr nur noch über mein Metier, wenn auch nicht nur über *Golzow*.

In der Zeit meines Studiums fuhr die S-Bahn noch durch Westberlin, und so waren auch bestimmte Kinos dort *meine Universitäten*. Das duldete die Filmhochschule noch eine Zeit lang als Bildungsmöglichkeit für künftige Filmemacher, weil man wusste, dass wir in Hinblick auf Neues aus aller Welt unterversorgt waren.

Die S-Bahn, die mich quer durch beide Teile der Stadt nach Friedrichshagen brachte, weil ich lieber daheim schlief als im Babelsberger Internat, hielt ja auch noch im Westen. Und in den ersten oder letzten Abteilen trafen sich diejenigen, die bei Verlassen des Zuges schnell die Treppe erreichen und nicht am Zug entlang *schaulaufen* wollten.

Später wurden *Durchläufer* eingesetzt, die zwischen zwei haltenden S-Bahnen ohne Halt in langsamer und vor Westbahnhöfen mit erhöhter Fahrt und erneuter Türverriegelung die Strecke befuhren. Sie waren von Genossen und all jenen zu benutzen, denen jedweder Westkontakt untersagt war und wurden darum auch «Bonzenschleudern» genannt. Wer von denen sich da nicht reinsetzte, machte sich schon mal verdächtig.

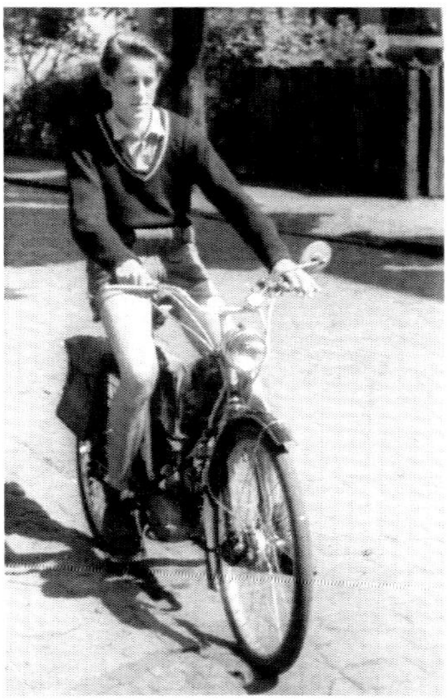
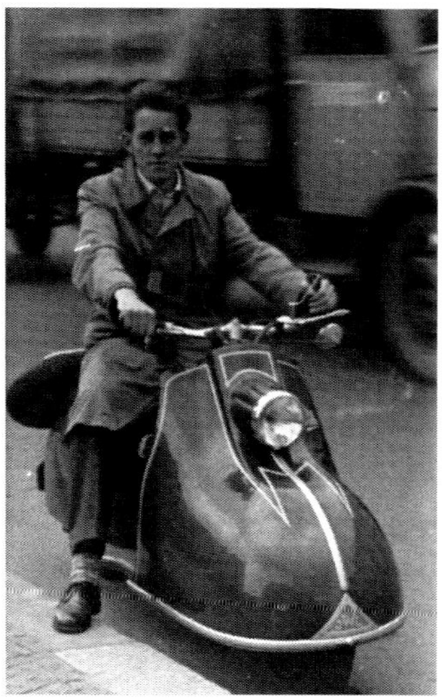

Vorstufen der Motorisierung eines baldigen Trabantfahrers

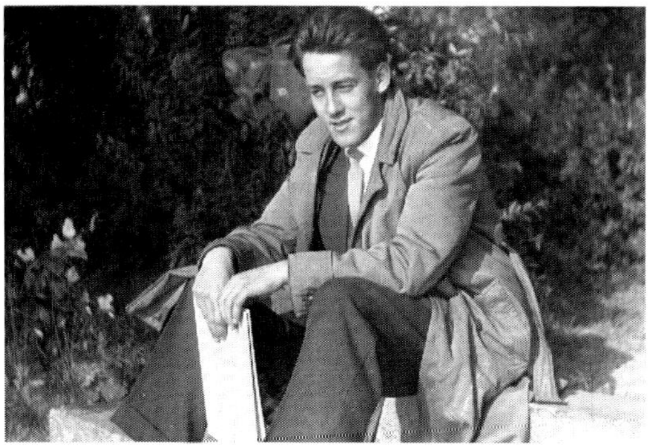

1958 mit dem Diplom: Wenn Mutter davon wüsste …

Vier Kommilitonen, die damit ausgezeichnet worden waren, an der berühmten Moskauer Filmhochschule zu studieren, in den Ferien mal in Westberlin *auftanken* wollten und davon auch noch erzählten, hätten dann in *Freundesland* beinahe ihre Koffer packen können.

1958 machte ich also mein Diplom. Seit ich zwei Jahre zuvor als Student der 1. Matrikel an der 1955 gegründeten Leipziger Dokumentarfilmwoche teilnehmen konnte und darüber im *forum* einen der ersten Artikel geschrieben hatte, stand für mich fest, dass ich nicht zum Spielfilm wollte.

Die Diplomarbeit bestand aus einem Exposé für einen Film über Kraftwerksbauer in der Lausitz, den mein späterer Kollege Harry Hornig unter dem Titel ENERGIE dann sehr anders machte, und aus einer ziemlich überdimensionierten Fleißarbeit zur *Gestaltung des Antlitzes der Arbeiterklasse bei Filmen mit industrieller Thematik*, die ich nie wieder zur Hand nahm.

Der künftige Arbeitsplatz war sicher – bloß in welchem DEFA-Studio? Dass und warum mich das Studio für Dokumentarfilme nicht wollte, hab ich bereits im vorigen Buch geschildert und ist nicht wichtig genug, um hier wiederholt zu werden.

So schickte mich die Absolventenlenkung der Hauptverwaltung Film ins DEFA-Studio für populärwissenschaftliche Filme in Babelsberg. Und das hieß, die weiten Wege von und nach Berlin-Friedrichshagen blieben mir erhalten.

In Babelsberg saß ich ein halbes Jahr in der Dramaturgie, führte bereits einige Stoffe und erarbeitete mir mit anderen das Geld für meinen ersten, bereits angemeldeten Trabant, bis mich Karl Gass 1959 für drei Jahre zum Regieassistenten erkor. Es war die Chance, danach selbst Filme machen zu können: Die Chance meines Lebens!

Sie begann nach dem 13. August 1961 mit der Realisierung seiner Idee, über Schulanfänger eine Langzeitchronik zu beginnen. Wie des Weiteren bekannt …

Barbara ging Anfang der 1960er auf ihr Abitur in Pößneck zu.

Ihr Klassenlehrer hielt es mit Brecht und wollte, dass der Funke auf seine Schüler überspringt. Brecht, der früh Verstorbene, hatte seine großen Inszenierungen am Berliner Ensemble hinterlassen, die Modellcharakter haben sollten, und Helene Weigel setzte die Arbeit mit Manfred Wekwerth, Peter Palitzsch, Benno Besson und anderen in seinem Sinne fort.

Der Lehrer lud sich mit der Klasse bei der Weigel ein, und so kam auch Barbara rund um die Proben zu «Die Tage der Commune» zu dem Glück, das Brecht-Theater zu erleben. Ebenso Ruth Berlau, worum ich sie als Berliner und dann noch als Student alles in allem nur beneiden kann. Ich hatte zwar die Sternstunden des Hauses, von denen man bei den Uraufführungen der klassischen Inszenierungen bis 1956 sprechen könnte, miterlebt, bin aber Brecht und Weigel nie persönlich begegnet.

Wenn Barbara davon erzählt, spricht das für bleibende Eindrücke, auch wenn sich beruflich keine Orientierung daraus ergeben sollte.

Sie hatte sich ja schon entschieden, Dolmetscherin und Übersetzerin zu werden. Mit Russisch mal in die Sowjetunion zu kommen, konnte sie sich immerhin vorstellen.

Nachbar des Dolmetscher-Instituts in Leipzig war das Herder-Institut, in dem Studenten aus aller Herren Länder Deutsch lernten. Da standen neue und ganz andere Fragen, als sie ihren späteren Mann kennenlernte. Nicht mich, sondern

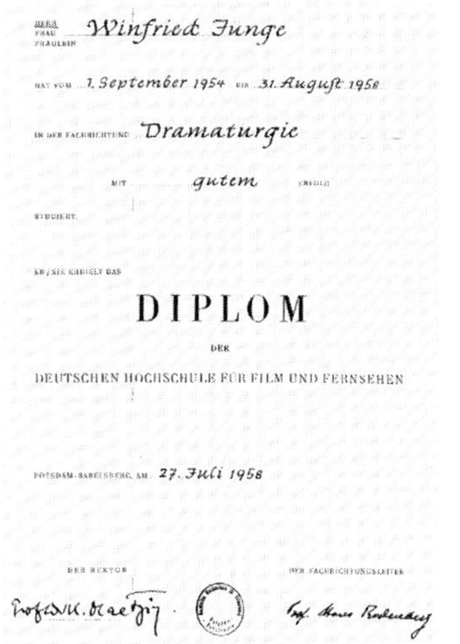

HERR Winfried Junge

HAT VOM 1. September 1954 BIS 31. August 1958

IN DER FACHRICHTUNG Dramaturgie

MIT gutem ERFOLG

STUDIERT.

ER/SIE ERHIELT DAS

DIPLOM

DER

DEUTSCHEN HOCHSCHULE FÜR FILM UND FERNSEHEN

POTSDAM-BABELSBERG, AM 27. Juli 1958

DER REKTOR DER FACHRICHTUNGSLEITER

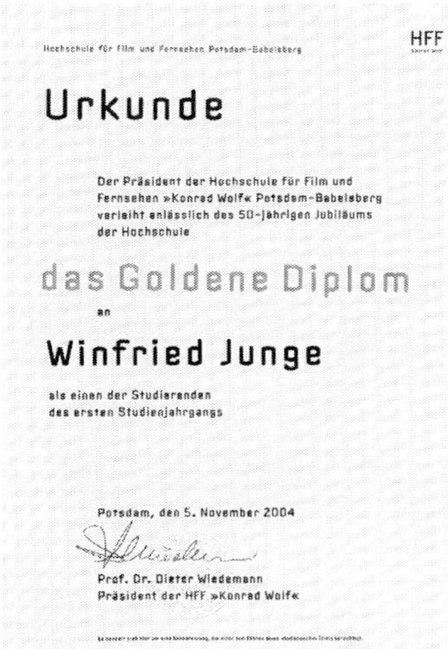

Hochschule für Film und Fernsehen Potsdam-Babelsberg HFF

Urkunde

Der Präsident der Hochschule für Film und Fernsehen »Konrad Wolf« Potsdam-Babelsberg verleiht anlässlich des 50-jährigen Jubiläums der Hochschule

das Goldene Diplom

an

Winfried Junge

als einen der Studierenden des ersten Studienjahrgangs

Potsdam, den 5. November 2004

Prof. Dr. Dieter Wiedemann
Präsident der HFF »Konrad Wolf«

Dem Dramaturgie-Diplom folgt 2004 zum 50-jährigen Jubiläum der Filmhochschule ein «Goldenes Diplom» für die 1. Matrikel 1954. Nicht jeder kann es mehr entgegennehmen

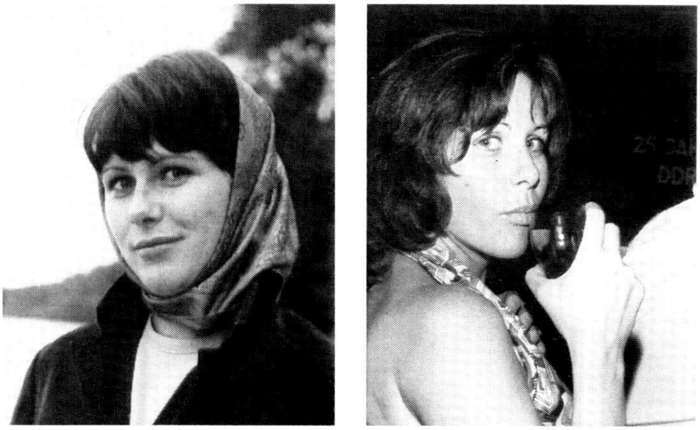

Barbara – seit 1967 Dauerobjekt der Begierde auch Winfrieds als Hobby-Fotograf

einen Studenten aus dem Libanon, der von der dortigen KP zu einem Chemie-Studium delegiert worden war. Dem hätte Barbara in sein Land zurück folgen müssen. Und mit Kind Laila. Da wäre eigentlich Arabisch richtiger gewesen.

Als wir uns 1966 zur Leipziger Dokwoche kennen lernten, und ich annahm, dieses Mädel sei *noch zu haben*, wie es unter Männern heißt, hinderte das natürlich, uns aufeinander einzulassen. Barbara offenbarte die Lage auch gleich unumwunden im ersten Gespräch, als sie erkannte, dass ich mich für sie interessierte.

Ich war damals *schon* 31.

Nach einer heißen ersten großen Liebe zu einem aufreizenden, exzentrischen Blondi in Freiberg, und, im Kontrast dazu, nach fünfjähriger «Belagerung» einer Medizinstudentin in Berlin, die besser zu mir passen mochte, aber nach einem gescheiterten Fluchtversuch mit ihrer Schwester durch Freikauf in den Westen gelangte – dazwischen und in der Folge auch von sehr unterschiedlichen kürzeren Liebeleien, bei denen ich mir nie sicher war oder mich zu spät entschied – nach einem Jahrzehnt also, das darüber vergangen war, wollte ich nun endlich ernsthaft daran denken, meinen Junggesellenstatus zu beenden und dem Beruf nicht länger Vorfahrt zu geben.

Barbara schien mir nach meinem Eindruck nunmehr – mit Verlaub – die erobernswerte «Quersumme früherer Begegnungen» zu sein und damit endlich die Richtige.

Sie erschien mir ebenso attraktiv wie klug, hatte Grazie und Charme und bewegte sich natürlich und souverän auf dem Festivalparkett, auf dem sie als Studentin ein Praktikum als Dolmetscherin absolvierte. Das gefiel mir alles, sie gefiel mir. Dass sie *vom Lande* kam, aus Thüringen stammte, war nicht zu erraten und wäre natürlich auch kein Hinderungsgrund gewesen. Sie sprach keinerlei Dialekt.

Nun aber bremsten mich die Umstände aus.

Ich sprach mit einer verheirateten Frau und Mutter, die allerdings eine Lösung für ihre Situation suchte. Und die konnte nur heißen: Scheidung und in der DDR bleiben.

Sollte ich mich erneut auf Warteposition begeben? Ich musste es wohl, denn ich wollte und konnte ja erst wieder auf Barbara zugehen, nachdem sie geschieden war. Und es durfte dabei keine Rolle spielen, dass ich schon mit *im Spiel* war, auch weil wir beide noch nicht wissen konnten, ob unsere Begegnung wirklich Perspektive hatte.

Barbaras Mann hatte Verständnis für ihren Wunsch, nicht mit ihm und dem gemeinsamen Kind im Libanon zu leben, und so kam es zur einvernehmlichen Trennung. Barbara und ich waren uns einig,

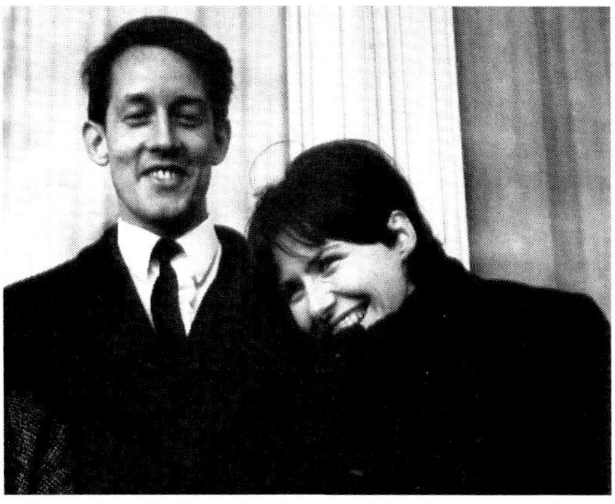

Wie so etwas immer anfängt...

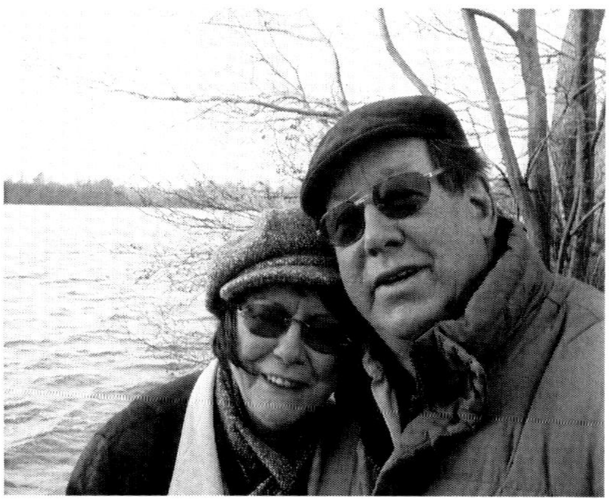

Wie sich so etwas nach über 40 Jahren nicht immer versteht...

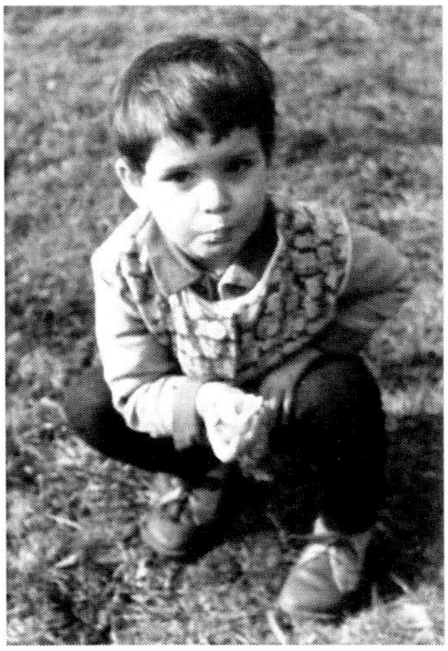

Auch Barbaras Tochter Laila …

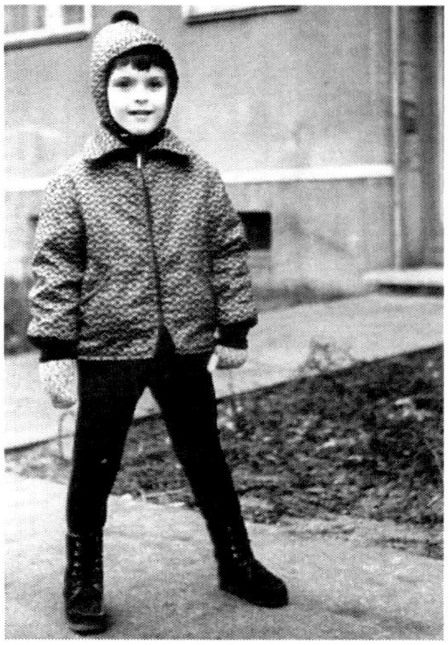

… wird in ihrem 4. Jahr Berlinerin

Als ich gelegentlich darauf zu sprechen kam, machte es Laila kurz: «Mein Vater bist du, Daddy – Schluss!» Und so stellt sie mich auch anderen vor. Kenne ich die aber schon länger als sie, ist man überrascht, das nicht gewusst zu haben, und guckt nach Ähnlichkeiten.

Laila wuchs die ersten drei Jahre bei Barbaras Eltern in Neunhofen auf. Auch hier bedurfte es einer Lösung. Es wurde Zeit, dass die Mutter und dieser Daddy kein Wochenenderlebnis blieben und die Tochter sich nicht zum Oma- und Opa-Kind entwickelte.

Nach Barbaras Studienende in Leipzig 1967 ging es ihr um einen Arbeitsplatz in Berlin. Ich hatte dort schon eine 2 1/2-Zimmer-Genossenschaftswohnung, und sie zog mit ein. Bei *Intertext*, dem zentralen Übersetzerdienst der DDR, wurde ihr ein Arbeitsplatz vermittelt. Mangels Kindergartenplatz setzte Barbara durch, dass sie die Übersetzungsarbeiten daheim erledigen konnte, und Laila bezog das halbe Zimmer, von dem damals wegen eines gewaltigen Kachelofens noch etwa 8 Quadratmeter Lebensraum blieben. Sie hat später nur noch Wohnungen mit großen, alten *Berliner Zimmern* haben wollen.

Nach Barbaras erster Ehe war inzwischen auch ihr Beruf zum Irrtum geworden. Sie hatte englische Fachtexte ins Deutsche zu bringen, für die es ihr an jeglicher Kenntnis der Materie mangeln musste, dementsprechend auch das Vorstellungsvermögen von dem, was sie da übersetzte.

Ich erinnere mich an ihr Fluchen, als es um Neuerungen bei der Produktion bestimmter Reifen ging und warum wie was in technischen Zeichnungen und Erklärungen exemplifiziert wurde.

Als Dolmetscherin zu arbeiten und dadurch unterwegs zu sein, ging andererseits wegen der Tochter kaum noch. Ich konnte ebenso selten als *Laila-Sitter* einspringen, denn ich drehte 1967 im DEFA-Studio für Spielfilme den Kinderfilm DER TAPFERE SCHULSCHWÄNZER und parallel schon für den Dokfilm MIT BEIDEN BEINEN IM HIMMEL.

Ohne Zutun zu einem Kind gekommen, hatte ich plötzlich Familie. Vater zu werden, war auch in meinem speziellen Falle nicht schwer gewesen, Vater zu sein hingegen nun sehr.

ihm keine Alimente abzuverlangen, und vielleicht wurde ihm der Schritt auch dadurch erleichtert, dass er mit Laila keinen Stammhalter verlor.

Wir haben Lailas Vater übrigens nicht verwehrt, seine Tochter wiederzusehen, aber er ging darauf nie ein.

Laila haben wir indes nie verheimlicht, wer ihr Vater ist und warum sie von klein auf «Daddy» zu mir sagt, seit sie in ihrem zweiten Lebensjahr in mein Leben trat. Als wir ihr später erklärten, dass ich sie *mit der Mami zusammen geheiratet* hätte und ihr Adoptivvater sei, machte sie daraus das, was sie sich gerade noch vorstellen konnte: einen «Adop-Tiervater». Aber erst als es auf die Mitte ihres Lebens zuging und es nur noch eines Flugtickets bedurfte, reiste sie mal mit ihrer schon halbwüchsigen Tochter Nina in den Libanon, um sich mit dem Vater zu treffen. Die Adresse hatte sie von ihrer Halbschwester, die ebenfalls in der DDR geblieben war. Es schienen gute Stunden gewesen zu sein, aber sie fanden keine Fortsetzung.

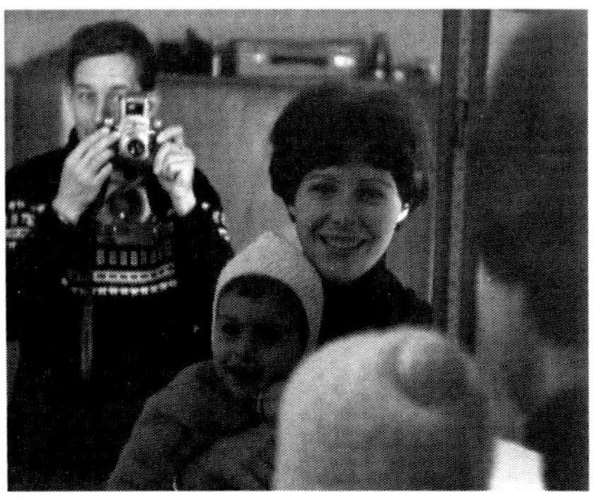

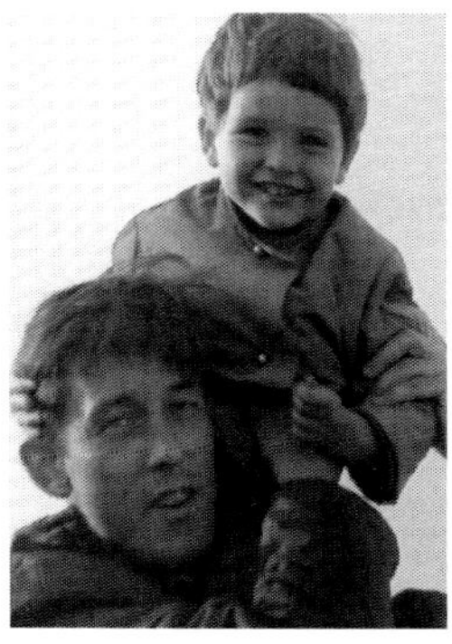

Der Menschenfilmer hat plötzlich selbst Familie. Ein Urlaub hilft, sich aneinander zu gewöhnen

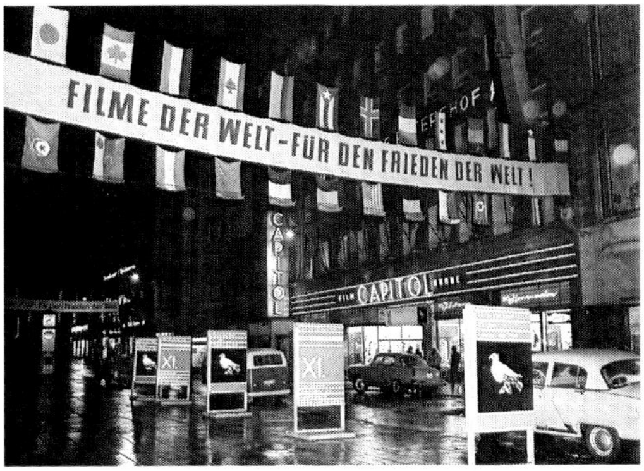

Leipzig 1968: «Silberne Taube» erstmals für einen Nicht-Golzow-Film!

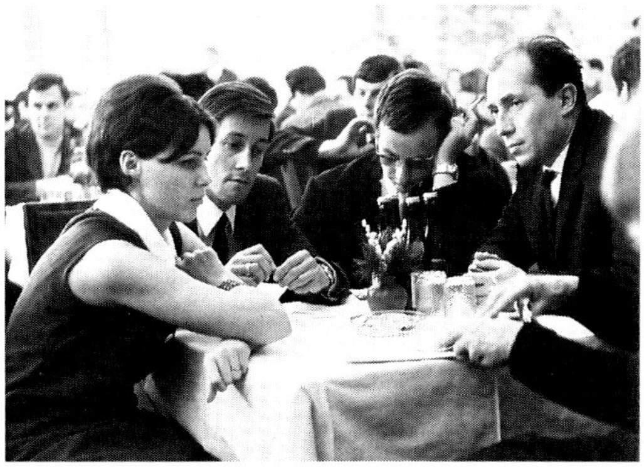

Die Junges, Komponist und Kameramann vernehmen's, allein ihnen fehlt der Glaube: MIT BEIDEN BEINEN IM HIMMEL lief noch gar nicht

Ich erinnere mich, dass ich nach anstrengenden Drehtagen an einer Weißenseeer Schule mit dem Trabi erst mal am Treptower Park hielt, um bei einem kurzen Spaziergang den Stress abklingen zu lassen, ehe ich weiterfuhr, um mich mit Öffnen der Plänterwalder Wohnungstür einer von meinem Erscheinen begeisterten Laila *zum Fraße vorzuwerfen*.

Es war hohe Zeit, dass ich mich in meinem 33. Jahr endlich auf Familienpflichten besann und darin einübte.

So daneben kann ich mit meiner neuen Rolle allerdings nicht gelegen haben, denn Barbara fragte schon bald, ob wir nicht endlich heiraten sollten. Das war da schon keine Grundsatzfrage mehr, sondern eher eine der Zeit. Ich schaute in den Terminkalender und fand den 1. April 1968 frei und geeignet. Der passte aber dem Standesamt aus nachvollziehbaren Gründen nicht, und so ließen wir uns für den 30. März 1968 einschreiben.

Auch wenn ich bei Formsachen kaum letzten Ernst aufzubringen vermag, wurde es eine feine, kleine, erinnernswerte Trauung und Feier. Mit Barbaras Eltern, der Schwester, ihrer Oma und mit feuchten Augen bei Tante und Onkel als Ersatz für Mutter und Vater. Nach ihren beiden Söhnen war nun auch *Winne unter der Haube*, wenn man das so sagen kann. Und Kameramann Hans Leupold ersparte uns den Weg zum Fotografen.

Eine Ohrfeige, wie sie mir Bärbel schon einmal verpasst hatte und die zeigte, wozu so eine Braut fähig sein konnte, wiederholte sich auch am späteren Abend nicht, denn so hoch ging es dann doch nicht her. Einer Neuauflage dennoch immer gewärtig, lernte ich stattdessen mit der Zeit noch andere von Barbaras vielen Talenten schätzen, die sie als *Kollegin Frau* entfaltete. Besonders froh bin ich darüber, dass sie schon zweimal so dahin sagte, ihr hätte nichts Besseres passieren können, als dass sie mir und dass wir uns begegnet sind.

Mit Barbara kehrte ich 1968 nach Leipzig zur Dokwoche zurück, wo wir uns 1966 zur Pressekonferenz mit dem Eröffnungsfilm ELF JAHRE ALT kennengelernt hatten.

Diesmal war MIT BEIDEN BEINEN IM HIMMEL im Programm, und es ging bereits um die Preise. Da wurde der Presse verkündet, dass unser Film eine der «Silbernen Tauben» gewonnen habe. Ein Foto, das uns beide mit Kameramann Leupold und Komponist Gotthardt zeigt, macht eher den Eindruck, als wären wir leer ausgegangen. Dabei glaubten wir nur, nicht recht gehört zu haben, denn der Film war ja noch gar nicht gelaufen. Als dann Flugkapitän Schneider mit Frau zur letzten Filmveranstaltung vor der Preisverleihung eintraf, in der *sein* Film endlich mit dabei war, brauchte er sich also vor keinem Reinfall mehr zu fürchten. Und auch wir waren entspannt wie später nie wieder, wenn wir im Wettbewerb vertreten waren.

Drei Preise – 1962, 1966 in Leipzig und 1968 nun auch für einen *Nicht-Golzow-Film* – ließen die Presse schon von einer «Karriere» sprechen, die *dieser Junge* da machte.

Umso dringlicher wurde es deshalb, auch für Barbara eine Perspektive zu finden. Nur alles an meiner Seite mitzuerleben, konnte auf Dauer nicht darüber hinwegtrösten, dass sie beruflich das Ihre noch nicht gefunden hatte. Da konnte einem Brecht einfallen:

> «Denn die einen sind im Dunkeln.
> Und die andern sind im Licht.
> Und man siehet die im Lichte.
> Die im Dunkeln sieht man nicht.»

Ende 1968 bahnte sich eine Lösung für Barbara, gleich auch für Laila und damit für uns als Familie an. Sie kam aus unerwarteter Richtung. Im DEFA-Studio für Dokumentarfilme wurde die «Künstlerische Arbeitsgruppe Auslandsinformation» umstrukturiert und erweitert – zu einer «KAG Camera DDR». Nicht nur geeignete Filme sollten fremdsprachige Fassungen erhalten, sondern es sollte auch verstärkt zielgerichtet für den Auslandseinsatz der Botschaften und Kulturzentren der DDR gedreht werden. Auftraggeber war das Außenministerium der DDR.

Ich war dazu bereits dreimal ausgeborgt worden und hatte zwischen 1963 und 1968 mit DER KINDER WEGEN, FERIENTAGE und JUBILÄUM EINER STADT – 750 JAHRE ROSTOCK versucht, mir die erteilten Aufträge zu eigen zu machen.

In Leipzig war Barbara mit dem Leitenden Redakteur Torsten Leonhardt bekannt gemacht worden, und der konnte sich vorstellen, dass sie eingestellt und zur Synchronregisseurin herangebildet wird. Für den Studiodirektor Rolf Schnabel, der lange Jahre den «Augenzeugen» leitete, nun Chef von «Camera DDR» und später Parteisekretär wurde, war sicher auch nicht unwichtig, dass er mit Barbara eine Genossin gewann.

Und weil alles daran scheitern konnte, dass Laila noch keinen Kindergartenplatz hatte, setzte sich Schnabel dafür beim Außenministerium ein. Mit Erfolg. Die Sorge waren wir also glücklicherweise los.

Hinfort nahmen wir Laila im zweiten von vier Trabis, die ich im Leben fuhr, früh zum Marx-Engels-Platz mit und stopften sie in einen V.I.P.-Bus des Außenministeriums, der die muntere Schar zum Kindergarten in Karlshorst hinausfuhr. Zu Feierabend gab's die Rolle rückwärts.

Für die Unsere war die Umstellung von Oma und Opa und Dorf auf Mami und Daddy und Hauptstadt sicher eine «mächtig gewaltige», die sie noch lange vom Hintersitz aus mit dem Kommentar bedachte: «Will aber nicht ind'n Kindergarten!»

Barbara und ich waren also Kollegen geworden, hätten aber seinerzeit nie gedacht, dass wir mal am gleichen Stück arbeiten würden. Ich hatte in Charlotte Beck seit 1962 meine Schnittmeisterin, und Barbara hatte die ihren im Wechsel, wenn sie die Sprache – übersetzte Kommentare und Interviews – anlegte.

Übersetzer und Sprecher waren meist Muttersprachler, aber nie die gleichen Personen, weil es ja um Kontrollmöglichkeiten für den Text ging. Selbst kontrollieren konnte Barbara nur Englisch und Russisch. Aber es wurde ja insgesamt in 17 bis maximal 23 Sprachen übersetzt. Und da war es mir schon ein Rätsel, wie sie die jeweilige Schnittmeisterin durch die Texte lotste und später auch ganz allein die Töne zum Bild anlegte.

So lernte sie nicht nur, am Schneidetisch zu arbeiten, sondern auch mit Texten umzugehen, was sie mir später zur *ersten Kritikerin* machte, die empfindlich auf Weitschweifigkeit reagierte und auf dem Papier, am Mikro und an der laufenden Rolle für Lakonie focht.

Barbaras Arbeit war ein *Stoßgeschäft*. Wenn ein Film endlich seine *Fremdfassung* erhalten konnte, musste es schnell gehen. Da drückten die Termine. Aber es gab auch Saure-Gurken-Zeiten, insbesondere in den Sommermonaten, wenn meist auch deshalb gedreht wurde, weil die DDR da ein schönes Bild abgab.

Die Arbeit gefiel Barbara, forderte sie, lastete sie jedoch ungleich aus. Für Laila war das manchmal gut, denn von mir hatte sie nicht viel und machte später daraus auch kein Hehl.

Die 1970er-Jahre hätten eigentlich die Zeit sein sollen, um sich ein gemeinsames Kind zu schenken. Aber ich wollte eben erst ein Vater geworden sein, ehe es zu werden. Und Barbara war froh, dass sie mit Laila aus dem Gröbsten heraus war und sich zeigte, dass der Kompromiss zu schaffen war, berufstätige Mutter zu sein.

Da noch einmal *von vorn* anfangen? So wollte ich sie nicht bedrängen, legten wir es beide nicht darauf an, ein Kind in die Welt zu setzen. Aber wäre es gekommen, sollte es uns auch willkommen sein.

Mitte unseres Lebens vergingen so die entscheidenden Jahre, und *aufgeschoben* bedeutete hier *aufgehoben*. Längst kann ich nicht mehr verstehen, dass die Vernunft damals derart Oberhand gewinnen konnte und spreche von einem Fehler, für den ich mir die Hauptschuld zumesse. Es ist müßig, darüber nachzusinnen, wie unser Leben mit einem zweiten Kind weitergegangen wäre. Auch gut? Weniger gut und erfolgreich? Auf jeden Fall anders! Von Roda Roda stammt der schöne Satz: «Einmal sollte man nur so zur Probe leben dürfen. Und dann noch einmal richtig.»

Um mich zu trösten, kann ich mir allenfalls sagen: Außer Laila, mit der mir Barbara und ein arabischer Klassenbruder ein wunderbares Geschenk machten, für das ich Verantwortung übernehmen konnte und bei dem ich Anteil habe, dass unsere Tochter ihren Weg ins Leben fand, bescherte mir/uns der Beruf ja noch die 18 *Kinder von Golzow* mit 36 ihrer Kinder und geschätzten 25 Kindeskindern. Und wenn Adoptieren – von lateinisch – adoptare kommt, was *erwählen, als etwas annehmen, sich aneignen* heißt, sei erlaubt, so zu zählen. Darum hat Laila eigentlich viele Geschwister.

Aus heutiger Sicht verstehe ich ebenfalls nicht mehr, warum wir fast ein Jahrzehnt brauchten, um den Versuch zu unternehmen, im Studio gemeinsame Sache zu machen. Und wie es Barbara so lange ausgehalten hat, nur die Ehefrau eines Regisseurs zu sein, der in dieser Zeit außer drei Golzow-Filmen noch 16 andere, darunter zwei in Syrien (1970/71) und vier in Somalia (1976) machte.

Da war sie Wochen oder gar Monate mit Laila allein, ohne zu wissen, wie es um mich stand.

Hinzu kamen meine Reisen zu ausländischen Festivals oder zu Filmpräsentationen in Recklinghausen,

Oberhausen, Algier und London, aber auch für die Auswahlkommission der Leipziger Dokwoche, die mich nach Cork (Irland) und Tampere (Finnland) führten.

Im Studio war natürlich alles dazu angetan, gar nicht erst auf die Idee zu kommen, als Ehepaar gemeinsam Filme zu machen. Annelie und Andrew Thorndike waren da die etablierte Ausnahme.

Auch Karl Gass und Gitta Nickel arbeiteten zwar in einer Gruppe zusammen, machten aber ihre eigenen Filme. Und es wäre auch gar nicht so gern gesehen worden, denn wenn sich die Partner dabei zerstritten, hätte sich die Schuldfrage nur schwer klären lassen.

Am besten war es, wenn Ehepaare – und die gab es ja im Studio – in verschiedenen Arbeitsgruppen, Berufen und Bereichen tätig waren. Und die Strukturen in einem so großen Hause mit ca. 350 Mitarbeitern ermöglichten das auch.

So war Barbara in *Camera DDR*. Ich in der Gruppe *Profil, später document* und hatte es mit wenigen Ausnahmen geschafft, Charlotte Beck zugeteilt zu werden. Die hatte viele Jahre den «Augenzeugen» geschnitten, verstand ihr Handwerk, bildete so manche Assistentin heran. Und ich habe eine Menge bei ihr gelernt, auch weil sie mich, wenn wir für etwas Schwieriges eine Lösung suchten, nach Feierabend allein weitermachen ließ. Bei der Wochenschau musste ja der erste Schnitt oft genug der beste sein, weil keine Zeit zum Probieren war. Dafür hatte Charlotte eine sichere Hand, aber sie verstand auch, dass ich, wenn es um mehr als nur Information ging, andersgeartete Lösungen finden wollte.

Zu diesem Zwecke mussten dann ausgemusterte Einstellungen oder auch *Verschnitt* wiedergefunden, am sogenannten *Galgen* (Gestell mit Nagelleisten zum Aufhängen einer kürzeren Einstellung) in eine neue Schnittfolge gehängt bzw. als Röllchen für den nächsten Schnitttag bereitgelegt werden.

Manchmal klebte ich das neu Geordnete schon mal zusammen, wenn ich hoffen konnte, dass der Schnittvorschlag Charlottes Einverständnis finden würde. Wenn dem so war, quittierte sie es mit «kdw» (kann dargestellt werden). Oft nahm ich die Rolle aber wieder auseinander, auch um der Meisterin nicht vorzugreifen oder eher, weil ich mit dem Versuchen am Ende meines Lateins war.

Laila ging ja nun schon zur Schule, und statt dass ich zu Hause war, wenn sie heimkam und Barbara eine Spätschicht begann, erlebte mich meine Frau bei Arbeitsantritt nicht selten noch immer im benachbarten Schneideraum.

Ihr Mann kam inzwischen ganz nach seiner Meisterin: Der beherrschte das Chaos in einem viel zu engen Raum. Buchstäblich im Material stehend und etwas Bestimmtes suchend, bildete ich unter Umständen eine Art Laokoon-Gruppe. Charlotte nahm es mit Humor und

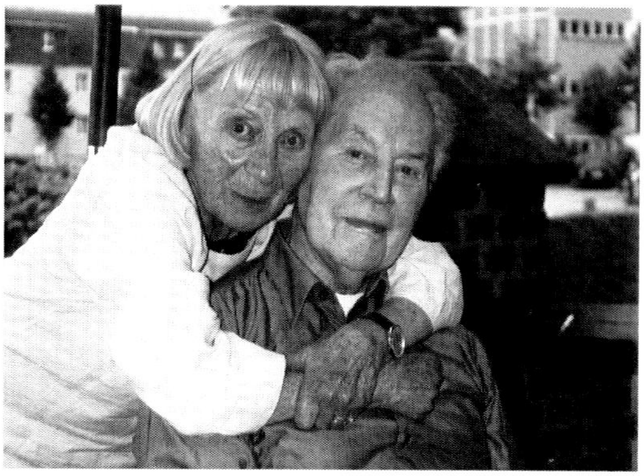

Erinnerung an Annelie Thorndike und Karl Gass: In ihnen hatten die *Kinder von Golzow* Freunde

mich in Schutz, wenn ihre Kolleginnen vom 4. Stock in mir den «Ausbeuter der Beck'n» vom Dienst sahen.

Ab 1978 entstand eine andere Situation um *Golzow*. Zum 30. Jahrestag der DDR 1979 kam durch Vermittlung von Annelie Thorndike als Präsidentin der Internationalen Leipziger Dokumentarfilmwoche und dank Horst Pehnert als dem vom Fernsehen kommenden neuen Leiter der Hauptverwaltung Film unser Vorschlag in den Plan, aus den bisher entstandenen sechs kurzen Golzow-Filmen einen zusammenfassenden zu machen, der die Chronik noch einmal neu aus der Sicht von drei Jahrzehnten DDR erzählt.

Die Idee war an mich herangetragen worden, als ich 1976 mit diesen Filmen in Algier, Oran und London war. Und sie kam auch von Kurt Maetzig, der in der «Cinémathèque Algérienne» gleichfalls seine Arbeit vorstellte. Im selben Jahr riet ebenso Stanley Forman dazu – britischer Kommunist, Produzent und Verleiher – der unsere Chronik schon seit NACH EINEM JAHR beobachtete und mich mit dem Golzow-Projekt ins «National Film Theatre» nach London geholt hatte.

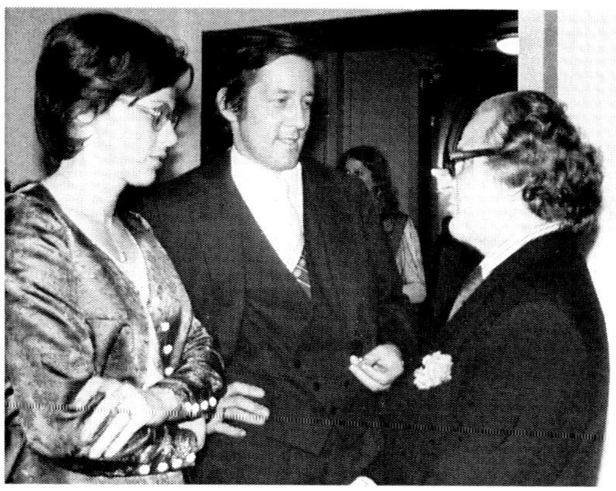

Mit Stanley Forman, London, der ein früher »Lobbyist« für das Langzeitprojekt war

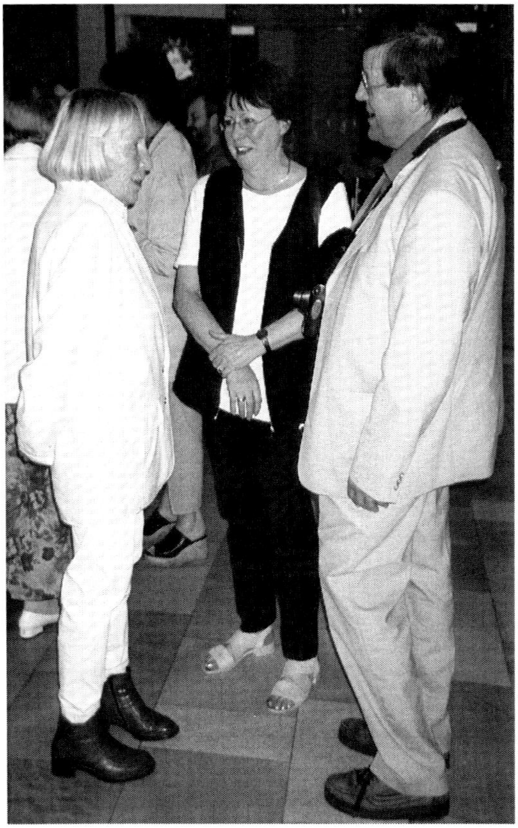

Annelie und Andrew Thorndike machten einst die längsten DEFA-Filme. Bis Barbara und Winfried Junge kamen

Mit solchen Befürwortungen und der Zielstellung, einen programmtragenden Film zum 30. Jahrestag der DDR zu erhalten und zur Leipziger Dokwoche 1979 zu zeigen, erreichte unser Projekt erstmals eine neue Größenordnung, Aufmerksamkeit und Bedeutung.

Wie schon bei der *Hauptplanposition* WENN MAN VIERZEHN IST zum 20.Jahrestag der DDR standen nun

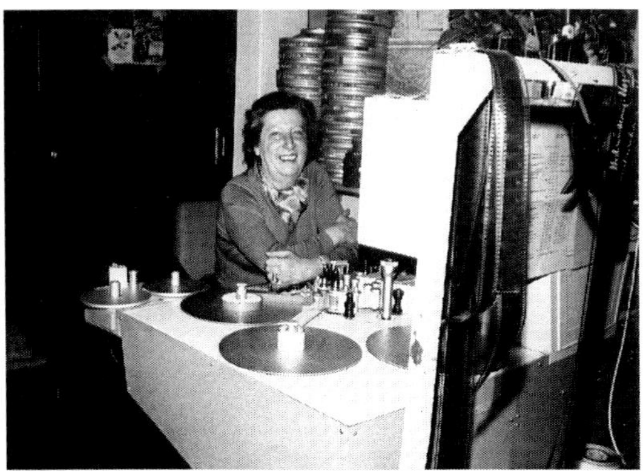

Charlotte Beck – 18 Jahre auch Junges Schnitt- und Lehrmeisterin

ungeahnte Mittel zur Verfügung. Denn wenn wir von den Golzowern in der Gegenwart ausgehen wollten, musste es viele neue Dreharbeiten geben. Und allein schon, um die Aufnahmen von der Vergangenheit, der Geschichte des Werdens des Langzeitprojekts abzusetzen, wollten wir ab 1978 mit Farbe arbeiten. Mehr Filmmaterial als es Norm war, sollte also bald den Schneideraum Beck fluten.

Die ersten kurzen Filme hatten bereits zusammen eine Länge von 2 1/2 Stunden. Dazu kamen die archivierten Reste dieser Filme, die gesichtet werden mussten, um noch Brauchbares nutzen zu können.

Schätzungen ergaben, dass wir alles in allem, also mit dem Neugedrehten, 40.000 m für den Schnitt zur Verfügung hatten, was etwa 22 Stunden Laufzeit entspricht.

Mehr denn je war es jetzt gut, dass Barbara in ihrer Gruppe nicht immer ausgelastet war und dass sie den Schneidetisch beherrschte.

Obwohl sie für die Arbeit, ob sie in ihre Arbeitszeit fiel oder nicht, kaum nennenswert zusätzlich bezahlt wurde, stieg sie also zeitweise voll in das Golzow-Projekt ein. Charlotte Beck konnte das nur recht sein. Denn da begann eine Such-, Ordnungs-, Erfassungs- und Rekonstruktionsaktion, die systematisch betrieben werden musste und Zeit brauchte. Zusammen mit einer Mitarbeiterin des Studioarchivs, die parallel das eingebunkerte Negativ sichtete, gelang es in monatelanger Arbeit, Übersicht über das Vorhandene zu gewinnen und Gesichtetes bereitzustellen. Leider hatte man nach 1962 schon Einiges davon entsorgt, da suchte man also ärgerlicherweise umsonst.

Erstmals erschien dann auch Barbaras Name unter «Archivdokumentation» im Abspann von ANMUT SPARET NICHT NOCH MÜHE. Das wiederholte sich natürlich bei dem nachfolgenden Zweiteiler LEBENSLÄUFE – DIE GESCHICHTE DER KINDER VON GOLZOW IN EINZELNEN PORTRÄTS, mit dem noch mehr Arbeit verbunden war. Längst hatte sich da jedoch schon das ständige Gespräch mit Barbara über Gestaltungsfragen ergeben. So eines konnte zu allen Gelegenheiten und Tageszeiten ausbrechen und endete meist abrupt mit einem «Jetzt ist aber Feierabend!» von Bärbel oder mir.

Unser erstes Buch hat auch über die Probleme, diesen erfolgreichsten Golzow-Film im Studio zu realisieren, berichtet. Eigentlich war der nie geplant und sollte nur eine «Werkstattfassung» fürs Archiv werden. Wegen der Negativsuche hatte er dann noch ein Jahr Verspätung. Laut einer internationalen Umfrage der Stiftung Deutsche Kinemathek zählt er nun seit 1995 zu den hundert wichtigsten deutschen Filmen in den ersten hundert Jahren Weltkino.

Als LEBENSLÄUFE in Leipzig 1981 die «Goldene Taube ehrenhalber» erhielt und Leupold und ich den Preis auf der Bühne entgegennahmen, saßen Barbara und Laila im klatschenden Publikum. Aber als der Film zur Berlinale 1982 den FIPRESCI- sowie den Otto-Dibelius-Preis der Inernationalen Protestantischen Filmjury (INTERFILM) erhielt, konnten die beiden natürlich nicht dabei sein.

Außer mir war immerhin Hans Leupold delegiert, und wir beide sogar für die ganze Zeit der Berlinale.

Hans und ich genossen das unerhörte Privileg, wenn wir wollten, täglich nach Westberlin zu fahren, denn wir hatten den Stempel «zur mehrfachen Aus- und Wiedereinreise in die Deutsche Demokratische Republik» im Pass. Um uns ein solches Hin- und Herfahren zu ersparen, hatten uns Erika und Ulrich Gregor ein Zimmer im Hotel Savoy gegenüber dem Delphi, dem Hauptkino des Internationalen Forums, gebucht. Da lag ich nun mit Leupold im Ehebett, so wie er mit mir, und es waren sicher die glücklichsten Stunden unserer Filmehe. Bei aller Einsicht in das Unabänderliche fanden wir es dennoch irgendwie pervers, dass wir unser Glück nicht mit unseren Ehepartnern teilen konnten. Wo doch – nach Albert Schweitzer – «das Glück das Einzige ist, das sich verdoppelt, wenn man es teilt».

Noch hatte Barbara natürlich keinen entscheidenden Anteil an der Erarbeitung der Filme, aber groß war er schon. Auch wenn sich die Ehefrau nicht Assistentin nennen lassen musste, war sie es doch, die sich mehr und mehr aller anfallenden Arbeiten annahm und sich dabei Selbstständigkeit erarbeitete. Ich war ja auch durch die praktische Arbeit in den Beruf hineingewachsen. Warum sollte das nicht auch Barbara schaffen?

Nicht erreichbar im Studio schien jedoch, dass meine Position auch einmal ihre Position werden könnte.

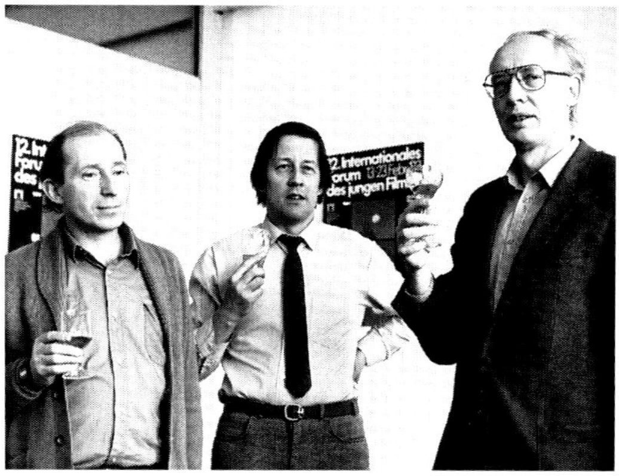

Leupold und Junge bedanken sich bei Ulrich Gregor und dem *Forum*-Team mit einem Liter Wodka für die Einladung der LEBENSLÄUFE zur Berlinale '82

Barbara war bis 1982 noch nie, also auch nicht privat, im Westen gewesen. Was mich an einen Witz erinnert, den Laila damals aus der Schule mitbrachte:

> «Stehn zwei an der Mauer. Sagt der Eine: ‹Was, du warst noch nicht drüben?›
> Sagt der andere: ‹Nee.›
> ‹Dann musst du ja meine Tante kennen.›
> ‹Wieso deine Tante? ›
> ‹Die war auch noch nicht drüben›.»

Überraschenderweise öffnete sich die Tür für Bärbel dann doch schon im Frühjahr nach der Berlinale. Da lud UNIDOC, der Filmverleih der DKP, der LEBENSLÄUFE übernahm, zu einer Premierentournee durch die Bundesrepublik ein. Das waren sieben Städte von Hamburg bis München. Wegen des Transports der 63 kg schweren Kopie riet der Veranstalter zu

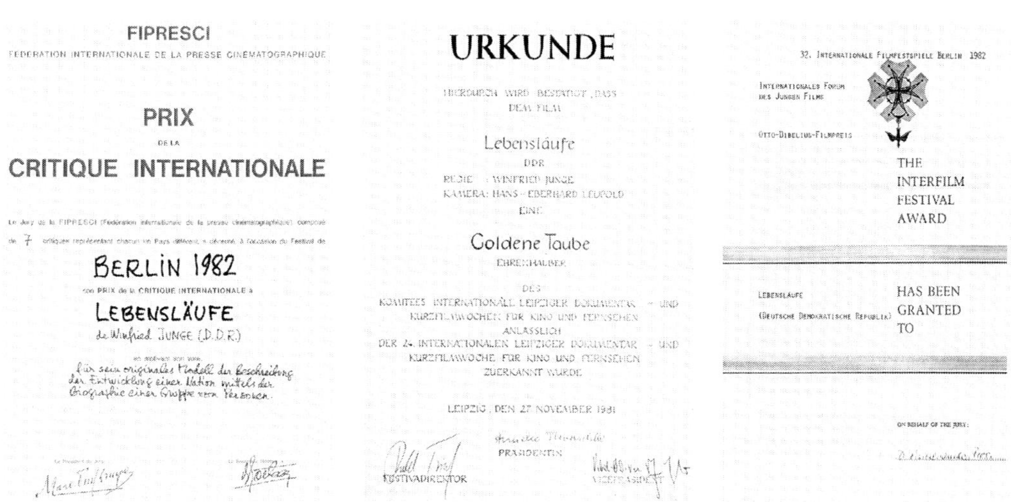

Zur »Goldenen Taube« von Leipzig '81 (Mitte) sind nun zwei weitere renommierte Filmpreise gekommen. Es sollten in Deutschland aber auch die letzten sein

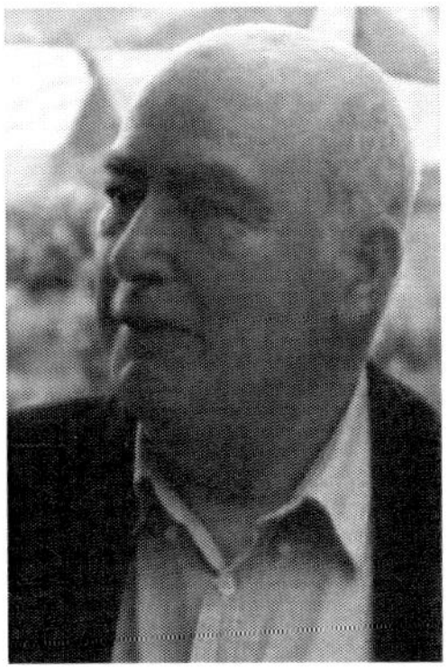

«Filmminister» Horst Pehnert

einem Auto. Eingeladen waren wieder nur Leupold und ich. Aber da ich mit den Vertretern von UNIDOC über die Leipziger Dokwoche und den Filmverband schon lange freundschaftlich verbunden war, schien mir das diesmal korrigierbar. Erwin Jedamus als Einlader war es ein Leichtes, meiner Bitte zu entsprechen, da sich zusätzliche Kosten in Grenzen hielten und beispielsweise auch keine Fahrkarten anfielen.

Nach den Erfolgen mit LEBENSLÄUFE in Leipzig und zur Berlinale war es nicht so schwer, dem uns sehr gewogenen Filmminister Horst Pehnert das Einverständnis abzuringen, auch vertraute er uns dankenswerterweise.

Dennoch bedurfte es unterstützender Argumente. Da zählte schon mal, dass der Veranstalter für alles aufkommen wollte – Quartier, Spesen, Benzin. Aber auch, dass unser neuer Mazda Bärbels Wagen – und sie Genossin war. Seit Somalia 1976 wusste ich, dass keine *parteilosen* Teams ins NSW geschickt werden sollten, weshalb mir damals ein vierter Mann zugeordnet wurde: Genosse Kurt Kasper – Dramaturg, Botschaftsgänger, Kofferträger und wenigstens eine sympathische Ulknudel.

Am Abreisetag war erwartungsgemäß Barbaras Pass noch nicht zu haben. Und die Reiseabteilung der HV Film riet Leupold und mir, trotzdem loszufahren. Barbara könne ja gegebenenfalls immer noch mit der Bahn nachkommen. Den Braten riechend, hielt ich mich wieder an Horst Pehnert und ließ ausrichten, dass wir warten wollten, bis auch bei Barbara der Stempel drin wäre. Und weil in Frankfurt am Main die erste Vorstellung bereits am Anreisetag anstand und dem Veranstalter nicht recht zu erklären war, warum wir nicht kämen, lenkten jene ein, die offenbar wegen des gemeinsam reisenden Ehepaares kalte Füße bekommen hatten, und rückten auch Barbaras Pass heraus. Er hatte natürlich dasselbe Ausstellungsdatum wie das von Leupold und mir.

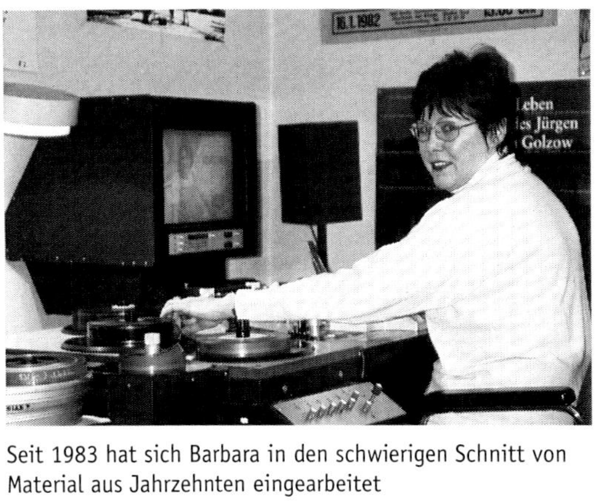

Seit 1983 hat sich Barbara in den schwierigen Schnitt von Material aus Jahrzehnten eingearbeitet

Seit wir alle drei nach knapp zwei Wochen von dieser legendären Tour planmäßig zurück kamen, war auch für Barbara der Bann gebrochen. Der Präzedenzfall öffnete ihr weitere Möglichkeiten, mit mir dorthin zu reisen, wohin nur wenige Jahre später Tausende von Menschen über Ungarn und die Vertretungen der Bundesrepublik zu gelangen hofften.

Wären jene, in deren Macht es stand, wesentlich früher so klug gewesen, die Mauer kontrolliert *durchlässiger* zu machen, hätten zwar immer noch Viele der DDR den Rücken gekehrt, aber nach meiner festen Überzeugung wären die meisten wieder gekommen, hätten sich erneut an ihre Arbeit gemacht und mit ihrem Land wieder stärker identifiziert. Aber weil ihnen der Staat nicht vertraute, vertrauten sie diesem auch nicht mehr – und gaben ihn auf.

Doch zurück zu uns:

Nach LEBENSLÄUFE hatten wir in Horst Pehnert keinen Ansprechpartner mehr für eine Fortsetzung der Golzower Chronik. Sollte der Film von augenblicklich 4 Stunden und 17 Minuten weiter wie der Hirsebrei auf das Doppelte und Dreifache anwachsen? Für das Kino war das Langzeitprojekt nicht mehr handhabbar, und so verwies uns der Filmminister an das Fernsehen.

Immerhin gab es ja noch die Vision, mit den *Kindern von Golzow* das Jahr 2000 zu erreichen.

Also gingen wir den Gang nach Adlershof. Und tatsächlich biss das DDR-Fernsehen an. Allerdings nicht vor allem dieses fernen Zieles wegen, sondern um für ein neues Jubiläumsjahr der Gründung der DDR 1984 etwas Vorzeigbares zu gewinnen.

Natürlich waren wir nicht wie das DDR-Fernsehen daran interessiert, vor allem die Genossen unter unseren Golzowern zu präsentieren, sondern bestanden auf: «Alle oder keinen!»

Der ausgehandelte Kompromiss hieß DIESE GOLZOWER – UMSTANDSBESTIMMUNG EINES ORTES und zielte auf alles, was an Golzow fortschrittlich war.

Für uns markiert er den wichtigen Zeitpunkt, an dem Barbara endlich verantwortlich schöpferisch bei den *Kindern von Golzow* tätig werden konnte.

Und das erklärt sich so: Mit neuen Dreharbeiten stiegen die Materialmengen weiter beträchtlich an, und so wurde uns in der Abteilung Medizinfilm des Studios in der Neuen Grünstraße 17, Nähe Spittelmarkt, eine geeignetere Produktionsstätte zugewiesen. Charlotte Beck verstand den Grund der Auslagerung, wollte aber ihren Schneideraum im Hauptsitz des Studios in der Otto-Nuschke-Str. 32 und damit den Kontakt mit ihren Kolleginnen unseretwegen nicht verlieren.

Unter diesen Umständen erklärte ich mich bereit, mit einer selbstständig arbeitenden Schnittassistentin vorliebzunehmen, um auch Barbara in die Schnittarbeit einbeziehen zu können. Sie eignete sich an deren Seite schnell an, was ihr an Handwerklichem noch fehlte, stand aber von Anfang an im Stoff, wozu ja allein schon ihre Tätigkeit für die Archivdokumentation beigetragen hatte, die auch weiterhin ihr Bereich war. So arbeitete sie eigentlich schon als *Co-Regisseurin* bei der Endfertigung, und es gelang dadurch auch, sie von *Camera DDR* zur Gruppe *document* wechseln zu lassen. Der Vorgang erregte Aufmerksamkeit, da Barbara Schnittmeisterin wurde, ohne es zu sein. Hätten wir noch in diesem 4. Stock des Studios gearbeitet, wäre die *Seiteneinsteigerin* wahrscheinlich Spießruten gelaufen. So fühlte sie es jedenfalls.

1987 starb Charlotte Beck – mit 57 Jahren. Sie hatte sich wohl richtig entschieden, als sie sich nach LEBENSLÄUFE nicht weiter mit der Mammut-Aufgabe einer Fortsetzung belastete, im Kreise ihrer Kolleginnen blieb und sich auf das für sie Beherrschbare beschränkte. Nur musste sie eben auch verkraften, dass Barbara ihren Beruf meistern lernte. Als es dazu kam, dachte ich manchmal schon, Charlotte – die Kluge, Tolerante und sich selbst richtig Einschätzende – wollte den Weg für eine engere Zusammenarbeit von Barbara und mir freimachen, als sie, eine günstige Gelegenheit nutzend, ihren Abschied nahm.

Ich bin mir aber auch mit Bärbel einig: Arbeit an nur einer bestimmten Art von Filmen, wie schwierig auch immer sie sein mögen, macht noch keine perfekte Schnittmeisterin. Eher war es jemand wie Charlotte Beck, die sich auf die verschiedensten Regisseure, Handschriften, Themen, Formexperimente etc. einzustellen vermochte, und das ist schon seltener. Barbara war also nur für unsere Filme die bestmögliche Cutterin.

Hatten Leupold und auch Uwe Kant die Metamorphose Golzows von der kleinen Momentaufnahme zum großen zusammenfassenden Film anfangs noch mit ihrem Wort gegenüber dem Studio unterstützt, so fochten wir den Kampf um eine Perspektive des Langzeitprojekts nach 1981 allein aus. Hans drehte aber noch für DIESE GOLZOWER und Uwe Kant schrieb den Kommentar.

Unsere Mühen waren von Erfolg gekrönt, als Egon Krenz 1986 die Weiterführung der Dokumentation bis zum 50. Jahrestag der DDR 1999 empfahl und sich dafür einen abschließenden Film wünschte, ganz so, wie wir es angeregt hatten. Und so ein Wunsch war für den Filmminister nun einmal Befehl.

Von Vorteil an dieser Weisung war, dass wir über mehr als ein Jahrzehnt lang unser ständiges Geld für Dreharbeiten hatten, aber keine Zwischenergebnisse unserer Dokumentation vorzuweisen brauchten. Dass also niemand wissen wollte, was wir da eigentlich wo filmten und wen wir was fragten. In einer Zeit, in der sich die SED weigerte, dem Beispiel der *Perestroika* im Bruderland zu folgen, wäre auch schwerlich gelungen, sich mit etwas Wesentlichem kritisch zu Wort zu melden.

Nachdem geklärt war, wie es mit *Golzow* weitergehen sollte, war ich bereit, auch wieder andere Filme zu machen. Das Einzige, was dabei feststand, war natürlich, dass Barbara den Schnitt übernahm und sukzessive Co-Regisseurin wurde.

Ich hatte auch einfach wieder Lust auf einen Themenwechsel, auf die Realisierung alter Ideen und auch auf Filmarbeit im Ausland. Rückblickend spricht die DEFA-Stiftung da nun von «Non-Golzow-Filmen». 25 solcher Filme waren ja schon zwischen denen über die Golzower zusammengekommen. Am Ende sollten noch fünf weitere gemeinsam mit Barbara möglich werden.

Die Ehefrau als Kollegin!

Das hieß, die *Probe aufs Exempel* ging in Serie. Und da zeigte sich natürlich auch, dass die Warnungen davor, ein Ehepaar am selben Stück arbeiten zu lassen, nicht aus der Luft gegriffen waren und man auf der sicheren Seite ist, wenn man's lässt.

Tucholskys «Ein Ehepaar erzählt einen Witz» ist da nur die harmlos-heitere Variante eines Kampfes, wie er täglich im Schneideraum stattfinden konnte, denn – das ist auch Tucholsky – der ging «in voller Rüstung».

Wenn ein Ehepaar einen Film macht, sollte jedoch ein *höheres Prinzip* gelten. Wir wollten uns ja nicht nur als Lebenspartner, sondern auch als Berufskollegen auf gleicher Augenhöhe begegnen. Und das bedeutete, dass Barbara eben nicht nur Ausführende, sondern auch Mitbestimmende sein musste. Was das rein Handwerkliche angeht, hatte sie ja mit DIESE GOLZOWER – UMSTANDSBESTIMMUNG EINES ORTES bereits ihr Gesellenstück abgeliefert, aber damit war eben nur ein Anfang gemacht.

Das Besondere an Dokumentarfilmen ist vielleicht, dass sie dreimal entstehen. Zuerst auf dem Papier – als Recherche- und Konzeptskizze, Exposé, Treatment oder gar Szenarium. So oder so handelt es sich nur um eine Absichtserklärung.

Wenn der Film dann gedreht wird, empfiehlt es sich, dem Leben vor der Kamera seinen Lauf zu lassen, orientiert auf das, was ist. Und da werden Absichtserklärungen oft schnell zu Makulatur.

Und schließlich am Schneidetisch. Wenn aus dem, was geplant war, und dem, was realisiert werden

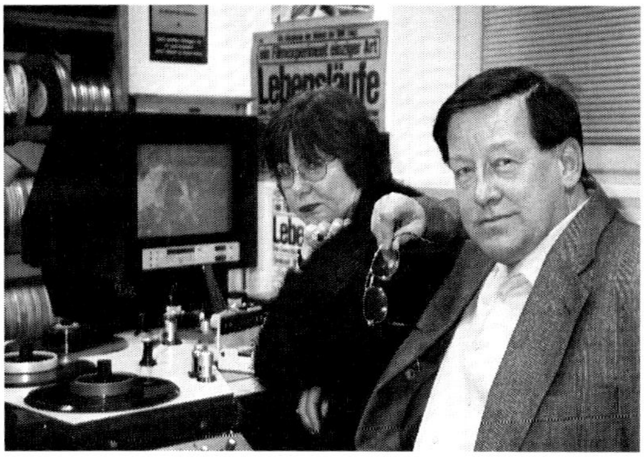

Seit 1992 hat Golzow zwei Regisseure. 2001 fragt es sich allerdings, wie lange noch? – Der Mann hat Krebs

konnte, etwas Drittes wird – der hoffentlich gute Kompromiss eines von vielen möglichen Filmen. Dabei wird die Schnittmeisterin zur Pflichtverteidigerin dessen, was die Bilder mitteilen und dem, was der Regisseur daraus machen würde.

Barbara ging immer von dem aus, was das Material diktierte. Wenn die Muster kamen, liebte sie die Überraschung, sagte einmal: «Es ist wie Paketauspacken.» Da sie anfangs selten mit am Drehort war, nahm sie den Ausschnitt für das Ganze und wollte nun ihrerseits damit überraschen, was sich durch den Schnitt erzählen ließ.

Dennoch fand ich es bald richtiger, dass sie den Gestaltungsprozess von Anfang an mitmachte, damit wir beide für die zu treffenden Entscheidungen den gleichen Kenntnisstand hatten.

Nachdem Barbara den Schritt zum Filmschnitt geschafft hatte, schien mir der Schritt zur Co-Regie vergleichsweise klein zu sein. Für mein Verständnis musste er sich jetzt einfach ergeben. Sie konnte ihn jedoch erst ab 1987/88 gehen. Gelegenheiten boten dafür die Co-Produktionen mit dem englischen Workshop «Amber» in Newcastle (DIESE BRITEN – DIESE DEUTSCHEN) und der Nationalen Filmorganisation der SAR (NICHT JEDER FINDET SEIN TROJA), sowie die ebenfalls in Syrien gedrehte Fernsehreportage DER VATER BLIEB IM KRIEG. Barbara war überall mit vor Ort. In England «verkörperte» sie die Rolle der Partei noch allein, in Syrien zusammen mit Kameramann Harald Klix, der nun – statt Leupold – engagiert und gut mit uns arbeitete. Dienlich waren hier wie dort vor allem Barbaras Sprachkenntnisse. Außerdem hatte ich, wie sich herausstellte, eine sehr gute Beobachterin an meiner Seite.

Noch immer hatte sie bei der DEFA nur ihren Vertrag als Synchronregisseurin. So blieb ich der Alleinverantwortliche für den jeweiligen Film. Im Ernstfalle hätte ich also auch das *letzte Wort* beanspruchen können, was einzusehen Barbara wohl nicht ganz leicht gefallen wäre, wenn sie gerade «auch mal recht haben» wollte. Da half manchmal nur, daran zu erinnern, dass ich ihr einige Jahre Erfahrungen voraus hatte. Erst nach dem Ende der DEFA hielten wir beide die gleichen Regieverträge in Händen, ohne dass sich natürlich dadurch viel an unserem spannungsreichen Miteinander änderte. Aber schon bei den genannten Produktionen davor war im Nachspann zu lesen «Ein Film von Barbara und Winfried Junge». Wir hatten das Angestrebte geschafft.

In den 1980er-Jahren schloss Tochter Laila die Schule ab und hatte sich für einen Beruf zu entscheiden. Weil wir alles in allem leider zu wenig Zeit für sie gehabt hatten oder uns nahmen, war auch sie, ganz wie ich, früh selbstständig geworden. Trotz guter Leistungen bekam sie jedoch nach der 8. Klasse keinen Platz an der Erweiterten Oberschule in Berlin-Treptow, wo wir damals noch wohnten. Bei etwa gleichem Zensurendurchschnitt vergab man die letzte der wenigen Delegierungen an einen Jungen.

Ich werde nicht vergessen, wie ich die Vierzehnjährige, daheim auf dem Bette sitzend, in ihrer ganzen Verzweiflung antraf. Das war 1980.

Sie brauchte und erwartete endlich mal Hilfe von uns. Und wir hatten ihr ja auch gesagt, dass wir ihr immer dann helfen, wenn sie das wollte oder wenn Probleme drohten, derer sie sich nicht bewusst sein konnte. Das Abitur nicht auf direktem Wege machen zu können, sondern immerhin noch alternativ nach der Zehnten im Rahmen einer Berufsausbildung mit zusätzlichem Jahr abzugehen, wäre ihr allerdings nie in den Sinn gekommen.

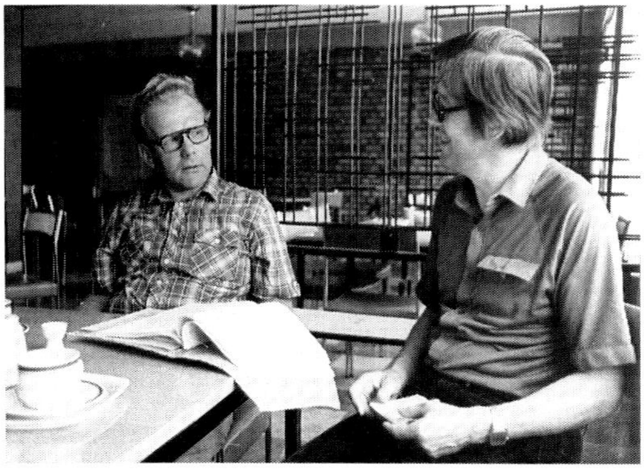

Mit Dr. Rudolf Ramm, dessen Rat den Weg wies, Laila doch noch in Berlin das Abi machen zu lassen

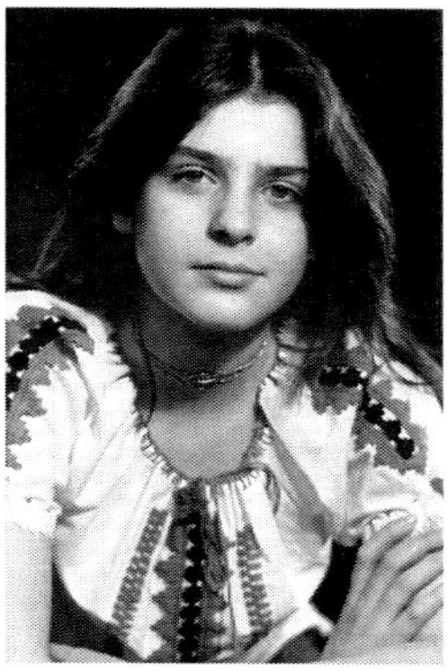

Laila, als sie schon/erst 14 ist

Was konnten wir tun? Uns kam die Idee, den Gründungsdirektor der Golzower Schule zu konsultieren. Dr. Rudolf Ramm, «Verdienter Lehrer des Volkes», wurde später Kreisschulrat in Seelow und war inzwischen Schulinspektor des Bezirks Frankfurt (Oder).

Ramm hörte sich alles in der von ihm gewohnten fabelhaften Ruhe an. Und als Barbara ihm erzählte, dass Laila die ersten Lebensjahre bei ihren Eltern in Thüringen aufgewachsen sei, riet er, sich dort an der Erweiterten Oberschule des Kreises zu bewerben. Und zwar mit dem Argument, dass die Tochter in der Zeit, in der wir immer wieder für Filmarbeit im Ausland sein würden – was ja sein konnte – oder? – bei den Großeltern unterkommen müsste, da sie unbedingt das Abitur machen wollte und von ihren Leistungen her auch dazu befähigt wäre. Die EOS Pößneck hätte dann aus dem genannten Grunde eine Zulassung auszusprechen. Nur auf diese käme es an, denn mit ihr könnten wir wieder in Berlin vorstellig werden um zu erklären, dass die *Ausweichlösung* Pößneck nicht mehr in Anspruch genommen zu werden brauchte, weil sich – was ja auch wieder sein konnte – oder? – unsere Auslandsaufenthalte zerschlagen hätten.

Eine Zulassung sei nun einmal eine Zulassung, und ein Kind müsste da zur Schule gehen können, wo die Eltern lebten.

Laila bekam die Zulassung für Pößneck, wo schon Bärbel zur Schule gegangen war, und damit sollten wir uns an Ramms Kollegen, den Bezirksschulinspektor von Berlin wenden. Der würde dann die Treptower Schule anweisen können, den Platz für die Tochter zu stellen. Und so geschah es auch. Persönlich haben wir dem hilfreichen Berliner Genossen zwar danken können, aber leider nie kennengelernt. Ramm schilderte ihn uns als einen Mann, der in der Volksrepublik Jemen Schule auch für die Mädchen – symbolisch gesprochen – mit der Kalaschnikow durchgesetzt hätte, also schon ganz andere Probleme löste.

So also ist Laila zu ihrem Abitur gekommen und hat 1984 dem Lehrerkollegium in der Kongresshalle am Alexanderplatz als eine der Besten im Namen zweier 12. Klassen gedankt.

Hatte *Golzow* bereits dazu geführt, dass Barbara und ich uns zur Pressekonferenz der Leipziger Dokwoche mit Elf Jahre alt kennenlernten, so bewirkte *Golzow* nun auch, dass Laila die Chance erhielt, ihren beruflichen Weg zu finden. Das aber weiterhin ohne unser Zutun, wie ich betone, weil man mutmaßen könnte, daran hätten wir auch eine Aktie. Immerhin studierte sie an der Babelsberger Filmhochschule Dramaturgie, ebenso wie ich drei Jahrzehnte zuvor.

Dass es Laila zu den Medien drängte, hätte uns eigentlich nicht überraschen sollen. Allerdings erklärt sich das nur zum Teil daraus, dass ihr die Eltern von dieser Arbeit unabsichtlich eine Vorstellung vermittelt hatten.

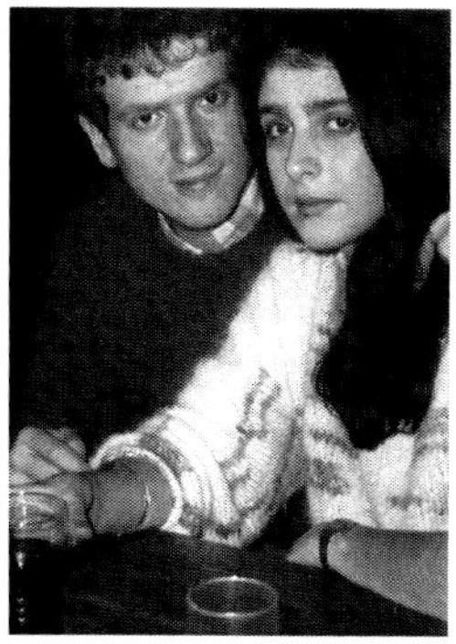

Laila mit Ulrich Stieler: Nur sieben Jahre Gemeinsamkeit

Laila bewarb sich zunächst an der Leipziger Karl-Marx-Uni für ein Journalistik-Studium, und nach einem Volontariat beim Fernsehen klappte das auch.

Wir waren inzwischen von Treptow nach Friedrichsfelde umgezogen, und zu unseren neuen Nachbarn gehörte auch eine liebe alte Bekanntschaft von mir. Die hatte inzwischen zwei Söhne, und der Ältere verguckte sich in Laila. Es war ihr künftiger Mann.

Warum erzähle ich das? Weil der in Babelsberg Regie studieren wollte und deshalb mit mir Kontakt suchte. Seine Mutter bat mich inständig, ihm davon abzuraten, und so malte ich ihm natürlich vorrangig die Probleme und Schattenseiten des Berufs.

Wie ich daraufhin von Mutter hörte, habe ihn das erst recht bestärkt, Regisseur werden zu wollen. Und er wurde auch angenommen.

Das wiederum war für Laila Grund, die Journalistik in Leipzig sein zu lassen, um mit ihrem Ulli zusammen in Babelsberg studieren zu können. Nur eben Dramaturgie/Filmwissenschaft.

Bei der Aufnahmeprüfung hatte man übrigens ein bisschen daran gezweifelt, ob sie ausreichend *Fabuliertalent* habe, aber weil die Frage für die Filmwissenschaft nicht relevant war, wurde sie genommen.

Wenn ihr Mann es dann zwar bis zum Diplom brachte, aber dennoch nicht Regisseur wurde, so würde ich das nicht mit mangelndem Talent begründen, sondern eher mit unglücklichen Umständen, Pech und Fehlern. Der größte war wohl, dass er wahr-

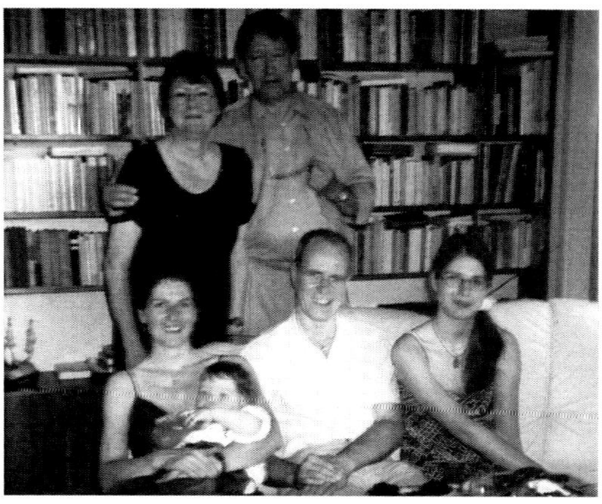

Neue Familie, neues Glück

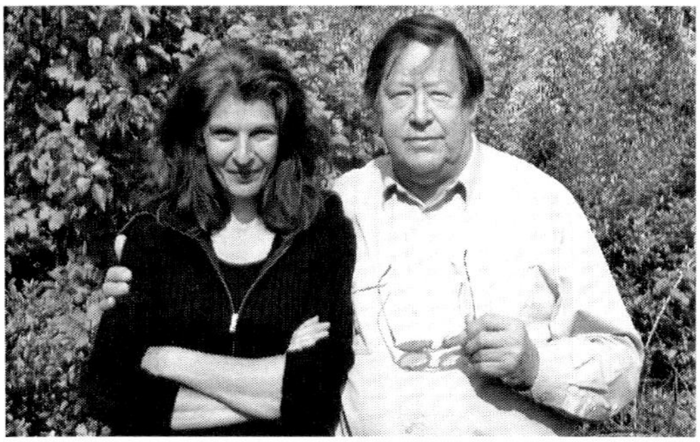

2014 mit der Tochter als erfolgreicher Kollegin. Auch scheint Krebs heilbar

scheinlich nicht mehr so recht an sich glaubte, als er mit einem Film in die Probleme kam.

Später entdeckte er für sich auch das Schreiben, was ihm ermöglichte, daheim mehr für die gemeinsame Tochter da zu sein, als es Laila möglich gewesen wäre, die ja nicht nur Autorin, sondern als Dramaturgin und bald auch Producerin viel auf Reisen war. Leider scheinen auch die Diskussionen des vom Ehemann Geschriebenen der Ehe nicht gut getan zu haben. Jedenfalls überstand sie das 7. Jahr nicht.

Die Abwicklung des DDR-Fernsehens und der Aufbau des Öffentlich-Rechtlichen in den neuen Bundesländern war für Laila eine chancenreiche Zeit, denn sie war ein unbeschriebenes Blatt, und nun gab es dort so manchen freigewordenen Stuhl, so wie das bei mir nach dem Bau der Mauer 1961 gewesen war, als Westberliner Kollegen ausschieden.

Inzwischen ist sie als Autorin und Producerin ihrer und fremder Stoffe freischaffend. Und dazu gehört in der heutigen Medienlandschaft schon Mut. Aber sie hat sich ja einen guten Stand bei Auftraggebern erarbeitet.

Laila ist die Autorin des Spielfilmdebüts von Andreas Dresen UNSER STILLES LAND, schrieb für ihn unter anderem den TV-Film MEIN UNGEKANNTER EHEMANN, fürs Kino DIE POLIZISTIN und WILLENBROCK nach dem Roman von Christoph Hein. Mit Dresen arbeitet sie seit längerem an einem Film, der den Sänger Gundermann zum Anlass für eine Auseinandersetzung mit der Zeit der wachsenden Stagnation in der späten DDR nehmen soll. Und sie ist an einem Film über den «Nationalsozialistischen Untergrund» (NSU) beteiligt.

In gut zwei Jahrzehnten hat Laila Stieler im Schnitt jährlich mindestens ein bis zwei Filme geschrieben, mitgeschrieben oder herausgebracht. Zu den jüngsten und erfolgreichsten zählen DIE FRISEUSE (Regie: Doris Dörrie) und DIE LEHRERIN (Regie: Tim Traveser). Undenkbar, dass jemand ein solches Arbeitspensum bei der DEFA hätte schaffen können.

Der soziale Bezug ihrer Geschichten, die Sicht und Gestaltung zeittypischer Ereignisse und Verhaltensweisen, vor allem hierzulande nach dem Ende der DDR, war ihr dabei immer ein besonderes Anliegen. Über diesen Anspruch freuen wir uns und wünschen ihr, dass sie ihn gegen den Mainstream behaupten kann.

Zum dokumentaren Film hat es unsere Tochter nun einmal nicht gezogen, und so konnten wir schon bald nicht mehr erwarten, dass sie unser Erbe antritt und die Chronik der *Kinder von Golzow* fortführt.

Statt etwas zu übernehmen, was immer mit unserem Namen verbunden bleiben wird, sollte sie auch besser dem Ihren treu bleiben. Und ebenso wichtig sollte ihr weiter sein, zusammen mit ihrem Lebenspartner Andreas Leusink, der mit Autorenrechten zu tun hat, ihr nun schon über ein Jahrzehnt zur Seite und Vater ihres zweiten Kindes ist, nicht nur für die Familie das Geld zu verdienen, sondern für sie auch ausreichend da zu sein, um es besser zu machen als ihre Eltern. Was die Altvordern eben so raten. Und damit zurück zu uns.

Ich stehe vor meinem neunten Lebensjahrzehnt und sehe darin ein «Geschenk der Natur». Als Kurt Maetzig, der letzte der DEFA-Gründerväter, den wir persönlich noch gut kannten, es so sagte, war er allerdings bereits 100.

Barbara hat 2013 auch schon die Wegmarke 70 passiert. Und weil ich es hier nicht besser ausdrücken kann als zu ihrem Geburtstag in der *Berliner Zeitung*, bediene ich mich einfach und gekürzt des Folgenden, das da unter «Kollegin Frau» zu lesen stand:

> «Und Kollege Mann gratuliert in aller Öffentlichkeit. [...]Dieser Mann will damit gleich auch danken. Und zwar für genau drei Jahrzehnte mit den ‹Kindern von Golzow›, die zu Filmhelden zu machen, nicht zuletzt am Schneidetisch ein Stück Arbeit war. Womit sich zeigt, dass ein Ehepaar [...] einen gemeinsamen Film hinkriegen kann, ohne die Ehe aufs Spiel zu setzen, wenn da auf Biegen und Brechen gestalterische Kompromisse gefunden werden müssen, denen man selbige nicht ansehen darf. Da konnte es bei elf überlangen ‹Golzow-Filmen› und noch dazu fünf ‹Nicht-Golzow-Filmen› mit der Frau als Co-Regisseurin kaum mehr darum gehen, wer wie oft recht hatte. Eine Idee musste sich da erst einmal als die unbestritten bessere erweisen, was sich bei ihrer Verwirklichung zeigt, aber auch dann noch Ansichtssache bleibt.
>
> Und von der Idee bis zur Premiere ist es ja überdies bekanntlich ein langer Weg. Insbesondere beim 35-mm-Filmschnitt: Barbara hat sich dieser umständlichen, zeitaufwändigen Technologie bis zuletzt aussetzen müssen, weil wir nun einmal seit 1961 für das Kino drehten und es immer wieder mit Rückgriffen aufs archivierte Material zu tun bekamen. Im Unterschied zu den Dampflokomotiven, die sich neben den neuen noch lange auf den Schienen hielten, ist

die 35-mm-Technologie in den letzten Jahren rasend schnell veraltet. [...]

Wenn Barbara im Golzower ‹Filmmuseum› noch einmal am Schneidetisch Platz nimmt, tut sie's kaum aus Nostalgie. Besuchern lässt sich alles am besten erklären, wenn man es einfach vormacht. Und wer sich als angehender Filmemacher vorstellen würde, er müsste auf seine HD-Kamera nebst elektronischem Schnittplatz verzichten und das Gezeigte nachmachen, der dürfte sich fragen, ob der gewählte Beruf für ihn der richtige sei. [...]

2007 hat sich Barbara mit dem abschließenden Vierteiler ‹Und wenn sie nicht gestorben sind, dann leben sie noch heute...› aus dem Beruf verabschiedet. Als Mitglied der Akademie der Künste, als Trägerin dreier Auszeichnungen für ihr/unser Lebenswerk.

Und weil sie von ganzem Herzen Schnittmeisterin war und ihr dieses Herz soviel Einsatzbereitschaft verübelte, kommt es leider immer mal wieder ein bisschen aus dem Takt. Da hat sie also ein Souvenir mit in die Rente genommen, das daran erinnert, wie es zuging, wenn die Berlinale einen gemeldeten und angenommenen Film auch zum Termin haben wollte, wie das zehn Male so war.

Glückwunsch für's einundsiebzigste Jahr...!»

Um es noch einmal zu sagen: Ich habe viel Glück im Leben gehabt. Und in diesem Leben haben auch Barbara und ich Glück miteinander gehabt.

Auf einen solchen Nenner brachte es aber noch ein Dritter – Arthur Klitzke, Gudruns Vater, der Golzower LPG-Vorsitzende – wenn er sagen wollte, dass sich unser Film an einem Ort ansiedelte, der sich über die Jahrzehnte gut entwickelte. Und der, weil er ein treuer Chronist blieb, für künftige Zeiten im Gedächtnis zu bewahren hilft, wofür die DDR angetreten war, was erreicht wurde, was misslang und was verloren ging:

«Wir haben einfach Glück miteinander gehabt.»

Wenn das auch stimmt, es ändert nichts an der Tatsache, dass die Golzower, ebenso wie wir mit unserer Arbeit, ein einst gestecktes, großes Ziel verfehlten. Weil unser Staat – wir alle – es verfehlte: dass eine sozialistische Gesellschaft in einem Teil Deutschlands gelingt.

Der Film, der als Hymne gedacht war, sich als Protokoll alltäglichen Lebens im realen Sozialismus erwies, ist am Ende zu einem Requiem auf die DDR geworden.

Allmählich senkt sich der Vorhang auch über unser Leben. Gibt es eine Solidarität mit den Golzower Weggefährten über den Film hinaus?

Als sie das 50. Jahr des Beginns unserer Chronik feierten, schloss ich meine Rede mit den Worten:

«Von bestimmten Gegenden – Dörfern meist – sagt man oft leichthin und locker: Hier möchtest du aber nicht begraben sein. Über Golzow im Oderbruch sage ich das inzwischen schon lange nicht mehr...»

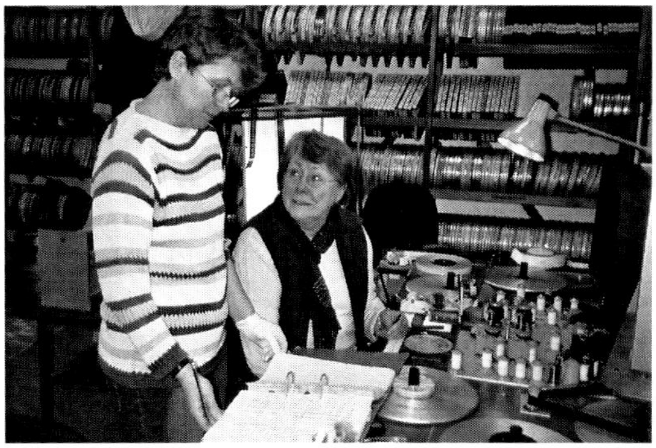

Mit Dagmar Bingel als Assistentin für alles, was «negativ» an Filmen ist

Berlin, den 17. 3. 09

Überstellung an das Bundesarchiv (Filmarchiv) laut Absprache vom 9. 5. 08:

Unveröffentlichtes Positiv-Material der Langzeitchronik über die „Kinder von Golzow im Rohschnitt (35 mm Bild, 17,5 Magnetton in 300 m-Büchsen)

1.	Dieter	12 Büchsen
2.	Elke	3 Büchsen
3.	Brigitte und Marcel	1 Büchse
4.	Winfried	5 Büchsen
5.	Marieluise	8 Büchsen
6.	Bernhard	6 Büchsen
7.	Gudrun	1 Büchse
8.	Willy	1 Büchse
9.	Jürgen	1 Büchse
10.	Bernd	6 Büchsen
11.	Klassentreffen	1 Büchse
12.	DEFA-Studio für Dokumentarfilme 1992 letzte Aufnahme nach Verkauf	1 Büchse
13.	Grenzübergang Marienborn 1995	1 Büchse

Die Materialien sind chronologisch geordnet. Die Angaben, aus welchen Ursprungsbüchsen die Materialien entnommen wurden, entsprechen den Ablichtungen der Karteien, die dem Bundesarchiv übergeben wurden.
Die Negative finden sich über die Randnummernlisten des Gesamtbestandes.

1. Dieter

Büchse 1

aus 1981/Rolle 1 und 2	Interview mit Dieter und Anita mit den Kindern in der Wohnung: Wohnungs- und Eheprobleme - zu viert nach 2. Kind in 2-Raum-Wohnung Anita als Pflegeschwester im Heim:Macht ihr Freude, aber häusliche Sorgen muss sie auf Arbeit zurückstellen
aus 1982/Rolle 1	Anita und Dieter kommen nach Haus ins Frankfurter Neubaugebiet Dieter handwerkelt im Flur (kein Ton)

Außer allen restlichen Negativen übernimmt das Bundesarchiv auch Töne und unveröffentlichte Rohschnitte

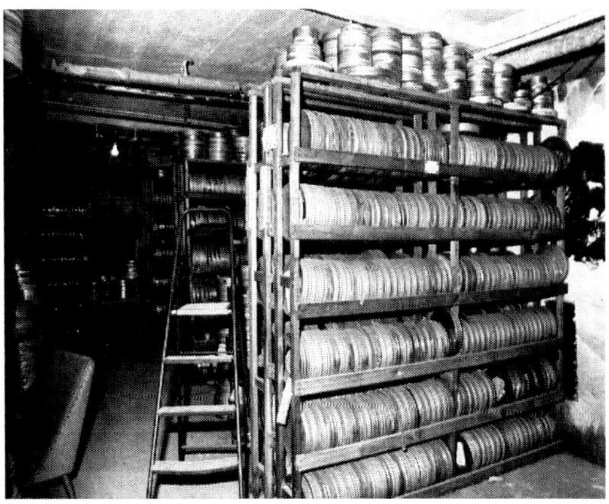

Filmerbe aus DDR-Zeiten, hier noch bei der DEFA gelagert

Achtzehn von einst vierundzwanzig

Die «Kinder von Golzow» und ihre Familien in alphabetischer Reihenfolge

BERND (Bernhard Oestreich) 1955
Facharbeiter für chemische Produktion, Schichtmeister
Lebt in Schwedt (Oder)
Ehefrau: Petra – Facharbeiterin für chemische Produktion, Wirtschaftskauffrau, langzeitarbeitslos
Kinder: Dana und Susanne, beide verheiratet
2 Enkel
Vater: Dipl.Landwirt, LPG-Hauptökonom, Rentner
Mutter: Dipl.-Pharmazeutin †
1 Schwester

BERNHARD (Bernhard Guderjahn) 1955
Landmaschinenschlosser
Lebt in Golzow (Oderbruch)
Ehefrau: Edeltraut – Reinigungskraft
Vier Kinder
ehemalige Freundin: Ines Bartelt – Dipl.-Gartenbauingenieurin, Behindertenpädagogin
beider Sohn: Martin, verheiratet
2 Enkel
Vater: Verwaltungsangestellter, Rentner
Mutter: Verkäuferin †
1 Bruder, 1 Schwester

BRIGITTE (Brigitte Gliesche, geb. Heerwald) 1955–1984
Facharbeiterin für Geflügelzucht, Invalidenrentnerin
Lebte in Spreenhagen b. Berlin
Ehemann: Norbert – Maurer, geschieden
Kinder: Marcel Heerwald, Kai Gliesche
2 Enkel
Vater: Kraftfahrer †
Mutter: Küchenhilfe †
1 Bruder, 1 Schwester

MARCEL (Marcel Heerwald) 1972
Betriebsschlosser
Lebt in Frankfurt (Oder)
Ehefrau: Ines – Facharbeiterin für Gartenbau, Restaurantfachfrau
Kinder: Florian, Antonia-Brigitte

CHRISTIAN (Christian Struwe) 1954
Landmaschinenschlosser, Haustechniker, Vorruheständler
Lebt in Müncheberg
1. Ehefrau: Silvia – Kindergärtnerin, geschieden
Tochter: Yvonne
2 Enkel
2. Ehefrau: Monika – selbst. Handelsvertreterin, geschieden
1 Sohn: Kevin
Lebensgefährtin: Gabriele Winkler
Vater: Lehrer, Rentner
Mutter: Hortnerin †
3 Brüder, 1 Schwester

DIETER (Dieter Finger) 1953
Zimmermann, Baufacharbeiter, Zeitarbeiter
Lebt in Schloss Holte-Stukenbrock bei Bielefeld
Ehefrau: Anita – Kinderkrankenschwester, Altenpflegerin, Frührentnerin (Berufsunfähigkeit)
Kinder: Dana und Thomas, beide verheiratet, Isabell
3 Enkel
Vater: Melker †
Mutter: Melkerin †
5 Geschwister

ECKHARD (Eckhard Hoppe) 1954
Landmaschinenschlosser, Betriebshandwerker, langzeitarbeitslos, Frührentner (Berufsunfähigkeit)
Lebt in Golzow (Oderbruch)
Ehefrau: Rita – Wirtschaftskauffrau, Verkäuferin, Verwaltungsangestellte
Kinder: Doreen, Dirk, Constanze, Christopher
1 Enkel
Vater: Schmied, Landmaschinenschlosser †
Mutter: Hausfrau †
1 Schwester

ELKE (Elke Buscher, geb. Hoppe) 1955
Bauzeichnerin, Hausfrau
Lebt in Lebus
Ehemann: Friedel – Bauunternehmer
1. Ehemann: Dietmar Glante – Metteur, geschieden
1 Kind: Doreen, verheiratet
1 Enkel
Lebensgefährte: Wolfgang Scharf
1 Kind: Ulrike
Lebensgefährte: Klaus Müller

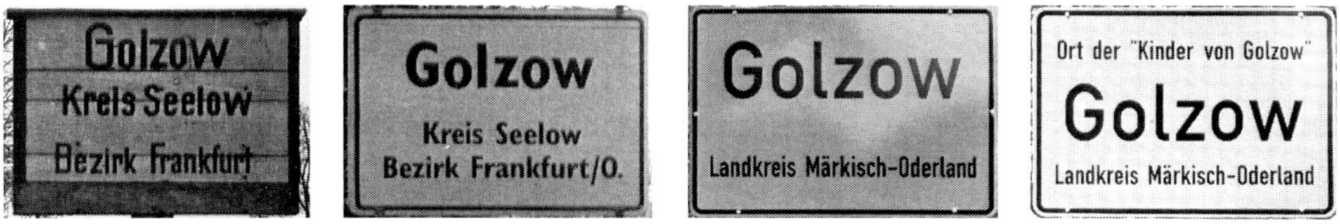

Ort - nicht nur im Wandel der Zeiten, sondern nicht zuletzt auch der *Kinder von Golzow*

Vater: Schweinezuchtmeister, Traktorist †
Mutter: Verkäuferin, Hausfrau
4 Geschwister

ELKE (Elke Hinkelmann, geb. Thelemann) 1954
Wirtschaftskauffrau, Museumsangestellte, zeitweise arbeitslos
Lebt in Alt-Tucheband (Oderbruch)
Ehemann: Reinhard Hinkelmann – Landwirt, geschieden
Kinder: Kati und Kai
1 Enkel
Lebensgefährte: Gerd – Schlosser, Kraftfahrer, zeitweise arbeitslos †

GUDRUN (Gudrun Klitzke) 1955
Köchin, Staatswissenschaftlerin, Bürgermeisterin, Steuerfachgehilfin
Lebt in Seelow
Vater: Vorsitzender der LPG Pflanzenproduktion, Rentner †
Mutter: Milchkontrolleurin, Hausfrau, Rentnerin †
1 Bruder †

ILONA (Ilona Müller, geb. Großkreutz) 1955
Elektronikfacharbeiterin, FDJ-Funktionärin, Verwaltungsangestellte
Lebt in Frankfurt (Oder)
Ehemann: Wolfgang – Kraftfahrer †
Kinder: Jacqueline, Andreas
Vater: Volkspolizist, Traktorist †
Mutter: Kindergärtnerin †
4 Geschwister

JOCHEN (Hans-Joachim Teich) 1955
Melker, Kranken- und Schulbusfahrer in Teilzeit, Berufsunfähigkeitsrentner
Lebt in Bernau b. Berlin
Ehefrau: Manuela – Büroangestellte, Gebäudereinigerin, Altenpflegerin, Berufsunfähigkeitsrentnerin
Kinder: Marko, Steffen, Maria
2 Enkel
Vater: MTS-Direktor, Landwirtschaftsfunktionär †
Mutter: Hausfrau, Näherin, Rentnerin †
2 Brüder, 1 Schwester

JÜRGEN (Jürgen Fröhlich) 1955
Maler und Tapezierer, Gabelstaplerfahrer, Lagerarbeiter, zeitweise arbeitslos
Lebt in Gorgast (Oderbruch)
Ehefrau: Angelika – Bäckerin, Verkäuferin, Altenpflegerin, geschieden
Kinder: Anja, Alexandra, Andreas
2 Enkel
Vater: Landmaschinenschlosser †
Mutter: Kindergärtnerin †
5 Geschwister

JÜRGEN (Hans-Jürgen Weber) 1954–2006
Maler und Tapezierer, Maurer, Gemeindehandwerker, zeitweise arbeitslos
Lebte in Golzow (Oderbruch)
Ehefrau: Anita – Gärtnerin, Raumpflegerin, Museumsangestellte, zeitweise arbeitslos
Kinder: Matthias, Steffanie
3 Enkel
Vater: Postangestellter, Melker †
Mutter: Büroangestellte, Verkäuferin
1 Schwester

KARIN (Karin Howald geb. Sonnack) 1954
Facharbeiterin für Geflügelzucht, Schweinezüchterin, Altenpflegerin
Lebt in Wuppertal
Ehemann: Hans-Joachim Howald – Elektrosignalmechaniker, geschieden
1 Tochter: Doreen, verheiratet
2 Enkel
Vater: Neubauer, Melker †
Mutter: Melkerin †
8 Geschwister

MARIELUISE (Marieluise Seidel geb. Hübner) 1954
Chemielaborantin, Zahnarzthelferin,
Lebt in Kriegsdorf, NRW
Ehemann: Hanns-Steffen, Ingenieur für Elektrotechnik, Offizier der NVA-Luftstreitkräfte/Luftwaffe der Bundeswehr, pensioniert
Kinder: Marja-Steffanie, verheiratet, Katja
3 Enkel
Vater: Neubauer, Melker, Rentner
Mutter: Neubäuerin, Melkerin, Rentnerin †
5 Geschwister

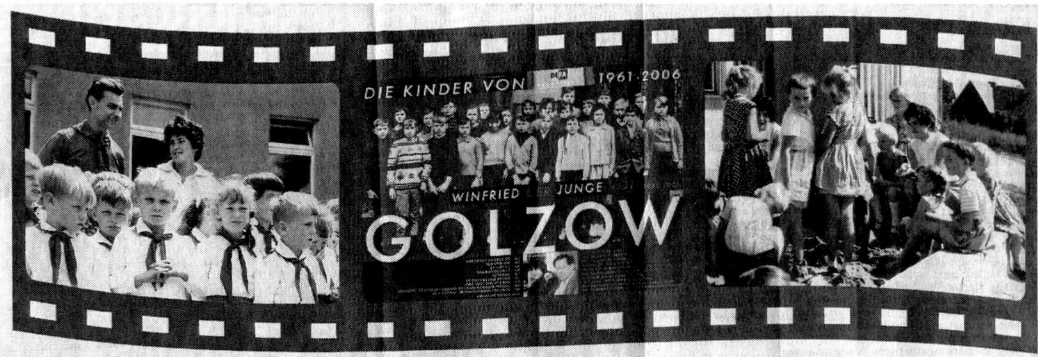

„Ort der Kinder von Golzow" kommt aufs Dorfschild

Gemeinde im Oderbruch erinnert mit zusätzlicher Bezeichnung an die Langzeit-Dokumentation

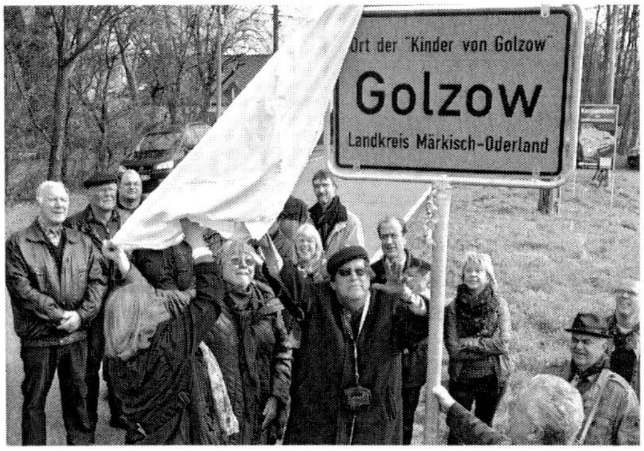

Am 28. Februar 2014 enthüllen die Junges ein neues Ortsschild,das sich die Gemeinde wünschte. Schließlich gibt es drei Golzows in Brandenburg

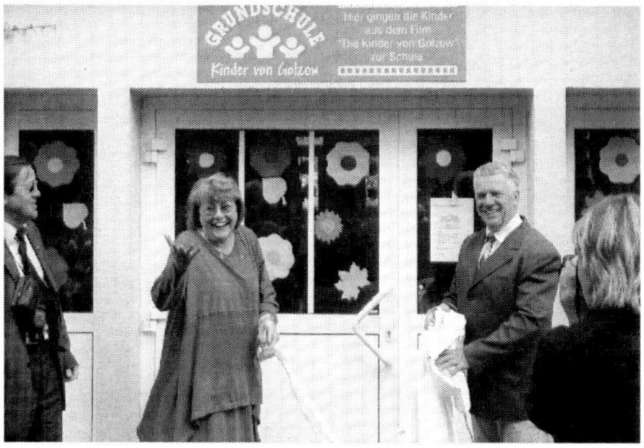

Schon am 15. Juli 2008 hatten sie das bei der Namensgebung der Schule getan. Mangels Kindern ist die *Schule der Kinder von Golzow* leider nur noch eine Grundschule

PETRA (Petra Hadlich geb. Scholz) 1955
Dipl.-Bauingenieurin
Lebt in Jörnsdorf, Mecklenburg-Vorpommern
Ehemann: Bauingenieur
1 Sohn
Vater: Kommunalfunktionär †
Mutter: Lehrerin/Schuldirektorin †

WILLY (Willy Sommerfeld) 1954
Agrotechniker, Schweißer, Kraftfahrer
Lebt in Wittenberg
Ehefrau: Jutta – Dipl.-Agraringenieurin, Leiterin eines Gartencenters
1 Sohn: Kevin
1. Ehefrau: Ingeborg – Melkerin, geschieden
Kinder: Swen und Steve, beide verheiratet
3 Enkel
Vater: Landarbeiter, Rentner †
Mutter: Raumpflegerin, Rentnerin †
2 Schwestern

WINFRIED (Winfried Jerchel) 1955
Dipl.-Ingenieur für elektronischen Gerätebau, Zeitarbeiter, zeitweise arbeitslos
Lebt in Augsburg
Ehefrau: Inga – Bürokauffrau, Hausfrau
1. Ehefrau: Sabine – Ingenieurökonomin, Standesbeamtin
KInder: Uta, Thomas, Christoph
Vater: Neubauer, LPG-Abteilungsleiter Feldbau, Rentner †
Mutter: Kontoristin
3 Geschwister

Die *Kinder von Golzow* in Deutschland und in der Welt…

auf Internationalen Filmfestivals (IFF) im Wettbewerb (W) oder der Information (I), in Retrospektiven (R), Teilretrospektiven (TR), als Hommage (H) oder anderen Präsentationen

(Auswahl ohne Veranstaltungen in der DDR, reguläres Kinoprogramm und TV. Angaben nach Kenntnisstand und ohne Bezug auf unsere Teilnahme)

WENN ICH ERST ZUR SCHULE GEH' 1961
Recklinghausen (R) 1970, Algier, Oran (R), London (R) 1976, Augsburg (IFF/R) 1992, Konstanz (TR) 1992, Berlin (R) 1992, 1999, 2008, Stockholm (TR) 1998, Zürich (TR) 1999, Erfurt (TR) 2005, Bologna (IFF/TR) 2005,Leipzig (IFF/H) 2008, Ulm (TR) 2008, Jüterbog, Gotha, Bremerhaven (TR) 2009, Hannover (R), Wien (R), 2009, Potsdam (TR) 2011, 2013

NACH EINEM JAHR 1962
Leipzig (IFF/W) 1962 (Silberne Taube ex aequo), Oberhausen, Belgrad, Sidney/Melbourne, Florenz (IFF/W)1963, London 1963, Recklinghausen (R) 1970, Damaskus 1970, Algier, Oran (R), London (R) 1976, Augsburg (IFF/R) 1992; Berlin (R) 1992, 1999, 2008, Stockholm (TR) 1998, Zürich (TR) 1999, Erfurt (TR) 2005, Ulm (TR) 2008, Leipzig (IFF/H) 2008, Jüterbog, Gotha, Bremerhaven (TR) 2009, Hannover (R), Wien (R) 2009

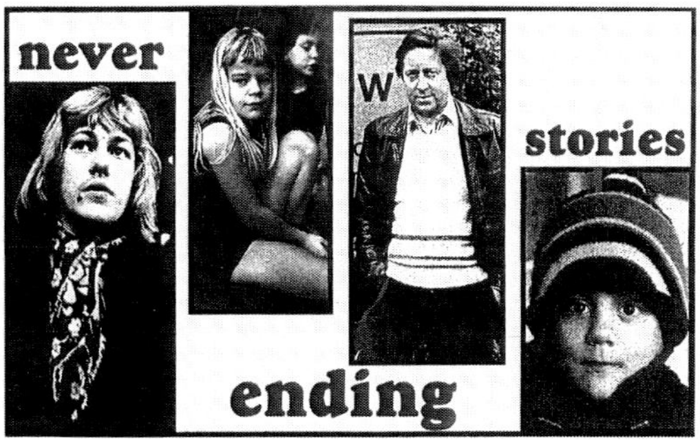

Stockholm, Kulturhauptstadt Europas 1998, eröffnete mit *Golzow* eine Programmreihe internationaler Langzeitproduktionen

ELF JAHRE ALT 1966
Leipzig (IFF/W) 1966,(Silberne Taube), Mannheim (IFF/I) 1966, Recklinghausen (R) 1970, Damaskus 1970, Algier/Oran (R), London (R) 1976, Augsburg (IFF/R) 1992, Berlin (R) 1992, 1999, 2008, Konstanz (TR) 1992, Lissabon (IFF/H) 1996, Oberhausen (R) 1996, Stockholm (TR) 1998, Zürich (TR) 1999, Erfurt (TR) 2005, Göttingen 2007,Leipzig (IFF/H) 2008, Ulm (TR) 2008, Jüterbog, Gotha, Bremerhaven (TR) 2009, Hannover (R), Wien (R) 2009, Jena 2009, Neubrandenburg (IFF/I) 2010, Hamburg 2011, Potsdam (TR) 2011, 2013

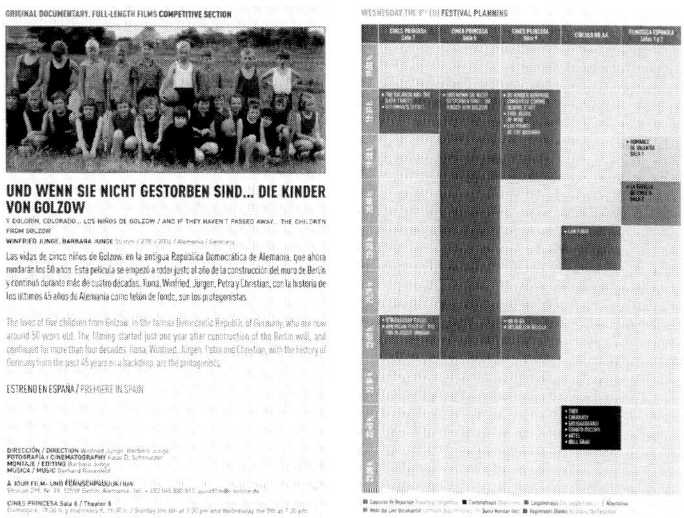

Madrid 2007: Das Dokfilmfestival nimmt die Teile 1 und 2 des abschließenden Vierteilers in den Wettbewerb. Die Grafik rechts veranschaulicht synoptisch, dass Golzow einen halben Festivaltag füllt

WENN MAN VIERZEHN IST 1969
Recklinghausen (R) 1970, Algier, Oran (R), London (R) 1976, Augsburg (IFF/R) 1992, Berlin (R) 1992, 1999, 2008, Erfurt (TR) 2005, Ulm (TR) 2008, Leipzig (IFF/H) 2008, Jüterbog, Bremerhaven (TR) 2009, Hannover (R), Wien (R) 2009

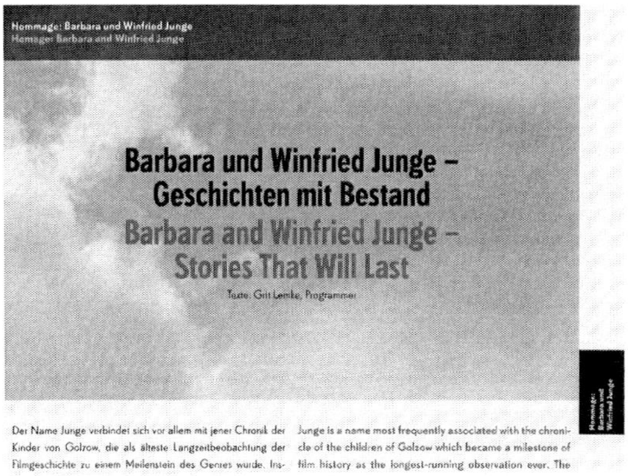

Das Leipziger Festival ehrt die Junges 2008 mit einer Hommage

DIE PRÜFUNG 1971

Leipzig (IFF/I)1971, Oberhausen (IFF/I) 1972, Algier, Oran, London (R) 1976, Augsburg (IFF/R) 1992, Berlin (R) 1992, 1999, 2008, Erfurt (TR) 2005, Bologna (IFF/TR) 2005, Ulm (TR) 2008, Leipzig (IFF/H) 2008, Jüterbog, Bremerhaven (TR) 2009, Hannover (R), Wien (R) 2009

ICH SPRACH MIT EINEM MÄDCHEN 1975

Leipzig (IFF/I) 1975,, Algier, Oran (R), London (R) 1976, Augsburg (IFF/R) 1992, Berlin (R) 1992, 1999, 2008, Erfurt (TR) 2005, Jüterbog (TR) 2009, Hannover (R), Wien (R) 2009

ANMUT SPARET NICHT NOCH MÜHE 1980

Leipzig (IFF/I) 1980, Ludwigshafen 1980, Nyon (IFF/W) 1981, Bukarest, Riga 1981, Sofia 1983, Ho-Chi-Minh-Stadt 1985, Paris 1986, Berlin (R) 1992, 1999, 2008, Augsburg (IFF/R) 1992, Konstanz (TR) 1992, Zürich (TR) 1999, Jüterbog (TR) 2009, Hannover (R), Wien (R) 2009

LEBENSLÄUFE 1980/81

Neubrandenburg 1981, Leipzig (Goldene Taube ehrenh.) IFF/I) 1981, Berlin(West) (FIPRESCI- u. INTERFILM/Otto-Dibelius-Preis (IFF/W) 1982, Frank-

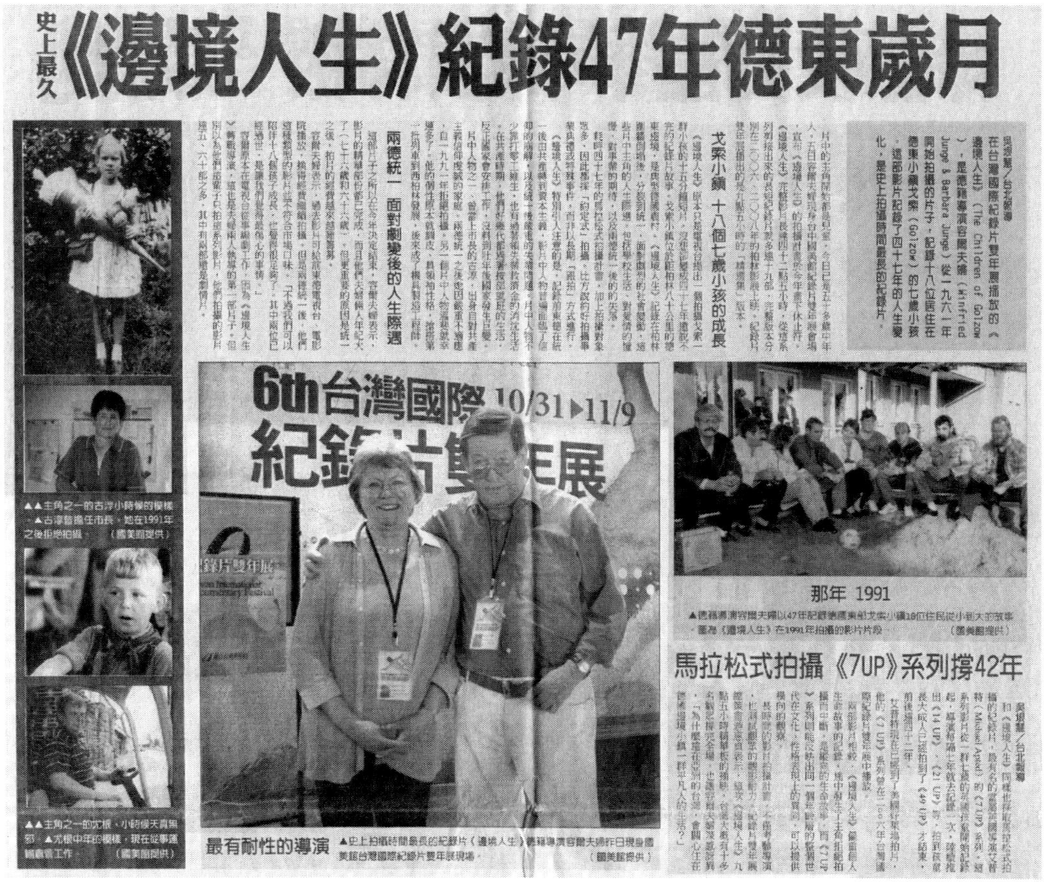

2008 zeigt Taichung, ein großes Dokfestival auf Taiwan, den letzten Vierteiler gleich zweimal. Das sind 19 Stunden Blick auf deutsche Alltagsgeschichte

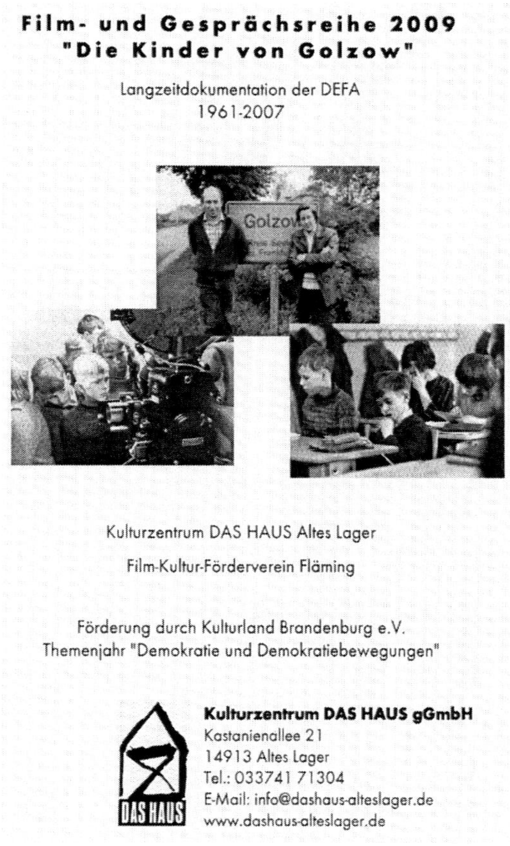

Bei Jüterbog, an einem ehemaligen Standort der sowjetischen Armee, lockt 2009 eine Retrospektive der *Kinder von Golzow* zu Gesprächen mit den Machern

furt/M., Hamburg, Hannover, Dortmund, Köln, Stuttgart, München, Stockholm, Moskau, Leningrad, Tokio 1982, London 1986,1991, Manchester, Newcastle, Edinburgh 1986, Maloja/ Schweiz 1991, Augsburg (IFF(R) 1992, Konstanz (TR) 1992, Berlin (R) 1992, 1999, 2008, Brüssel 1994, Lissabon (IFF/H) 1996, Aachen 1996, Peking, Amherst /USA 1997, Erfurt (TR) 2005, Jüterbog (TR) 2009, Hannover (R), Wien (R) 2009, Potsdam (TR) 2011, Grenoble 2011

Diese Golzower – Umstandsbestimmung eines Ortes 1984 TV/86 Kino

Augsburg (IFF/R) 1992, Berlin (R) 1999, 2008, Erfurt (TR) 2005, Jüterbog (TR) 2009, Hannover (R), Wien (R) 2009

Drehbuch: Die Zeiten 1992

Berlin (IFF/W) 1993, Augsburg (IFF/I) 1993, Taormina/Italien (IFF/I) 1993, Amsterdam (IFF/W) 1993, Leipzig (IFF/I) 1993, Kassel 1993, Brüssel 1994, Sao Paulo/Brasilien 1994; Vancouver/Kanada (IFF/W) 1994, Yamagata/Japan (IFF/W) (2. Hauptpreis u. Preis der Stadt) 1995, Lissabon (IFF/H) 1996, Peking 1997, Zürich (TR) Teil 1 1999, Berlin (R) 1999, 2008, London (TR) 2003, Istanbul 2003, Wien 2009 (R), Hannover (R) 2010, Hamburg (Teil 1) 2011

Das Leben des Jürgen von Golzow 1994

Berlin (IFF/W) 1994, Augsburg (IFF/I) 1994, Freistadt/Ö. (IFF/I) 1994; Leipzig (IFF/I) 1994, Berlin (R) 1999, 2008, London (TR) 2003, Flensburg 2008, Leipzig 2009, Wien (R) 2009, Hannover (R) 2010, Potsdam, 2011

Die Geschichte vom Onkel Willy aus Golzow 1995

Berlin (IFF/W) 1996, Augsburg(IFF/I) 1996, Freistadt/Ö. (IFF/I) 1996, Lissabon (IFF/H) 1996, Peking 1997, Stockholm 1998, Zürich (TR) 1999, Berlin (R) 1999, 2008, London (TR) 2003, Bologna (IFF/TR) 2005, Erfurt 2005, Saarbrücken (IFF/I) 2007, Wien (R) 2009, Hannover (R) 2010

Was geht euch mein Leben an – Elke, Kind von Golzow 1996

Freistadt/Ö. (IFF/I) 1997, Zürich (TR) 1999, Berlin (R) 1999, 2008, London (TR) 2003, Bologna (IFF/

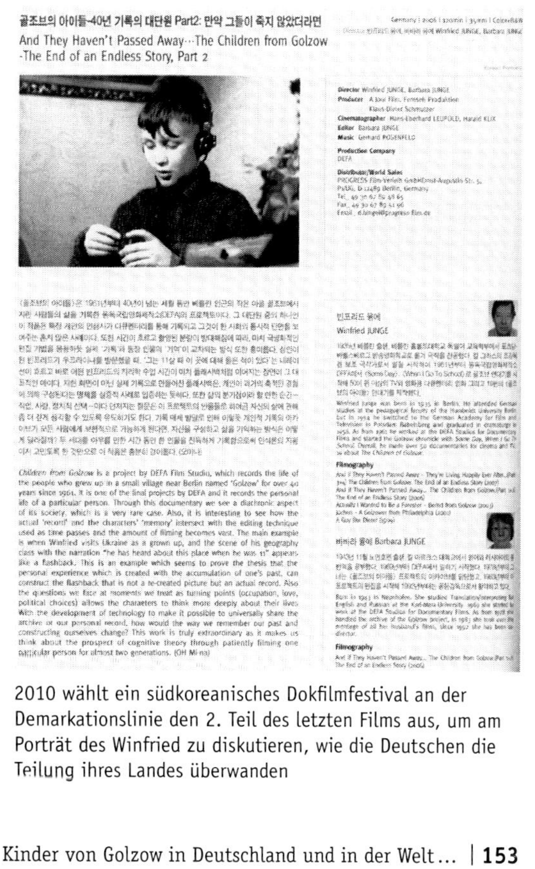

2010 wählt ein südkoreanisches Dokfilmfestival an der Demarkationslinie den 2. Teil des letzten Films aus, um am Porträt des Winfried zu diskutieren, wie die Deutschen die Teilung ihres Landes überwanden

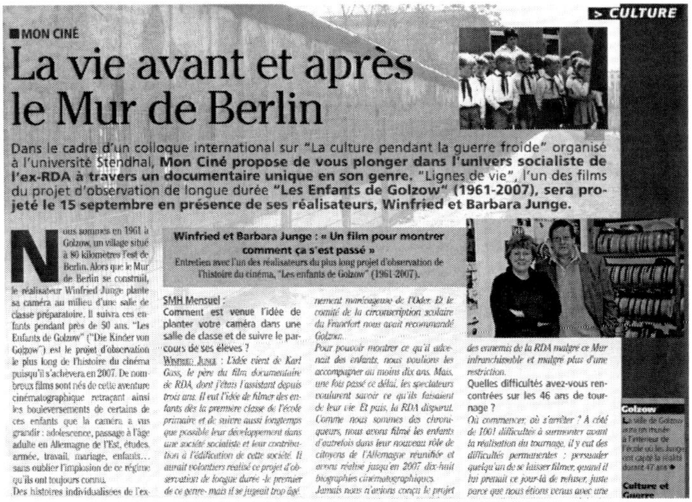
> CULTURE

MON CINÉ

La vie avant et après le Mur de Berlin

Dans le cadre d'un colloque international sur "La culture pendant la guerre froide" organisé à l'université Stendhal, **Mon Ciné propose de vous plonger dans l'univers socialiste de l'ex-RDA à travers un documentaire unique en son genre.** "Lignes de vie", l'un des films du projet d'observation de longue durée **"Les Enfants de Golzow" (1961-2007), sera projeté le 15 septembre en présence de ses réalisateurs, Winfried et Barbara Junge.**

Nous sommes en 1961 à Golzow, un village situé à 80 kilomètres l'est de Berlin. Alors que le Mur de Berlin se construit, le réalisateur Winfried Junge plante sa caméra au milieu d'une salle de classe préparatoire. Il suivra ces enfants pendant près de 50 ans. "Les Enfants de Golzow" ("Die Kinder von Golzow") est le projet d'observation le plus long de l'histoire du cinéma puisqu'il s'achèvera en 2007. De nombreux films sont nés de cette aventure cinématographique retraçant ainsi les bouleversements de certains de ces enfants que la caméra a vus grandir : adolescence, passage à l'âge adulte en Allemagne de l'Est, études, armée, travail, mariage, enfants… sans oublier l'implosion de ce régime qu'ils ont toujours connu.
Des histoires individualisées de l'ex-

Winfried et Barbara Junge : « Un film pour montrer comment ça s'est passé »
Entretien avec l'un des réalisateurs du plus long projet d'observation de l'histoire du cinéma, "Les enfants de Golzow" (1961-2007).

SMH Mensuel : Comment est venue l'idée de planter votre caméra dans une salle de classe et de suivre le parcours de ses élèves ?
Winfried Junge : *L'idée vient de Karl Gass, le père du film documentaire de RDA, dont j'étais l'assistant depuis trois ans. Il eut l'idée de filmer des enfants dès la première classe de l'école primaire et de suivre aussi longtemps que possible leur développement dans une société socialiste et leur contribution à l'édification de cette société. Il aurait volontiers réalisé ce projet d'observation de longue durée -le premier de ce genre- mais il se jugeait trop âgé. […]nement marécageuse de l'Oder. Et le comité de la circonscription scolaire du Francfort nous avait recommandé Golzow.*
Pour pouvoir montrer ce qu'il advenait des enfants, nous voulions les accompagner au moins dix ans. Mais, une fois passé ce délai, les spectateurs voulurent savoir ce qu'ils faisaient de leur vie. Et puis, la RDA disparut. Comme nous sommes des chroniqueurs, nous avons filmé les enfants d'autrefois dans leur nouveau rôle de citoyens de l'Allemagne réunifiée et avons réalisé jusqu'en 2007 dix-huit biographies cinématographiques.
Jamais nous n'avions conçu le projet […] des ennemis de la RDA malgré ce Mur infranchissable et malgré plus d'une restriction.
Quelles difficultés avez-vous rencontrées sur les 46 ans de tournage ?
Où commencer, où s'arrêter ? À côté de 1001 difficultés à surmonter avant la réalisation du tournage, il y eut des difficultés permanentes : persuader quelqu'un de se laisser filmer, quand il lui prenait ce jour-là de refuser, juste parce que nous étions venus avec une

Golzow

Culture et Guerre

Die Universität Grenoble bezieht 2011 die Kinder von Golzow in ein internationales Seminar über »Fortschrittliche Kultur im Kalten Krieg« ein

TR) 2005, Ulm 2008, Wien (R) 2009, Hannover (R) 2010

Da habt ihr mein Leben – Marieluise, Kind von Golzow 1997

Berlin (IFF/W) 1997, Augsburg (IFF/I) 1997, Freistadt/Ö. (IFF/I) 1997, London, Manchester, Glasgow, Edinburgh 1997, Paris (IFF/W) 1998, New York 1998, Berlin (R) 1999, 2008, Zürich 1999, Lille-Tourcoing 2003, London (TR) 2003, Budapest 2004, Bologna (IFF/TR) 2005, Saarbrücken (IFF/I) 2007, Jena, Gotha, Leipzig, Bremerhaven (TR) 2009, Wien (R) 2009, Hannover (R) 2010, Potsdam 2011 (48 Goethe-Institute weltweit konnten untertitelte Fassungen in

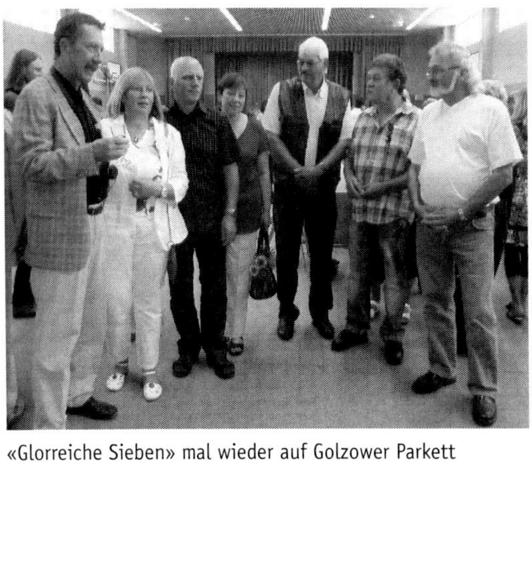
«Glorreiche Sieben» mal wieder auf Golzower Parkett

Englisch, Französisch o. Spanisch einsetzen)

Brigitte und Marcel – Golzower Lebenswege 1999

Berlin (IFF/W) 1999, Augsburg(IFF/I) 1999, Freistadt/Ö. (IFF/I) 1999, London 1999, Berlin (R) 1999, 2008, Zug /Schweiz 2000, London (TR) 2003, Bologna (IFF/TR) 2005, Erfurt 2005, Gotha 2009, Wien (R) 2009, Hannover (R) 2010

Ein Mensch wie Dieter – Golzower 2000

Berlin (IFF/W) 2000, Augsburg(IFF/I) 2000, Freistadt/Ö. (IFF/I) 2000, New York 2000, London (TR) 2003, Berlin (R) 2008, Wien (R) 2009, Hannover (R) 2010

Ein Golzower aus Philadelphia – Jochen 2002

Berlin (IFF/W) 2002, Augsburg (IFF/I) 2002, Freistadt/Ö. (IFF/I) 2002, Ankara 2003, Sheffield (IFF/W) 2003, London (TR) 2003, Berlin (R) 2008, Wien (R) 2009, Hannover (R) 2010

Eigentlich wollte ich Förster werden – Bernd aus Golzow 2002

Berlin (IFF/W) 2003, Augsburg (IFF/I) 2003, Freistadt/Ö. (IFF/I) 2003, Lille-Tourcoing 2003, Bilbao (IFF/W) 2003, London (TR) 2003, Budapest 2004, Erfurt 2005, Bologna (IFF/TR) 2005, Berlin (R) 2008, Wien (R) 2009, Hannover (R) 2010

Und wenn sie nicht gestorben sind … Teil 1 + 2 2005

Berlin (IFF/W) 2006, Augsburg(IFF/I) 2006, Freistadt/Ö. (IFF/I) 2006, Singapore 2006, Madrid (IFF/IW) 2007, Taichung/Taiwan (IFF/I) 2008, Oslo, Schwedt, Neustrelitz 2008, Berlin (R) 2008, Wien (R) 2009, Hannover (R) 2010, Paju Book City/Südkorea (IFF/I) Teil 2 2010, St. Petersburg Teil 2 2011, Potsdam 2011

Und wenn sie nicht gestorben sind – dann leben sie noch heute … 2007

Leipzig (IFF/I) Teil 3 2007, Berlin (IFF/W) 2008, Leipzig (IFF/H) Teil 4 2008, Leipzig 2008, Taichung/Taiwan (IFF/I) 2008, Schwedt, Neustrelitz 2008, Wien (R) 2009, Hannover (R) 2010

rechts: Im Gut Geisendorf (Niederlausitz), bekannt für besondere kulturelle Aktivitäten, findet das durchs Fernsehen bekannte Projekt ungewöhnlich großen Zuspruch

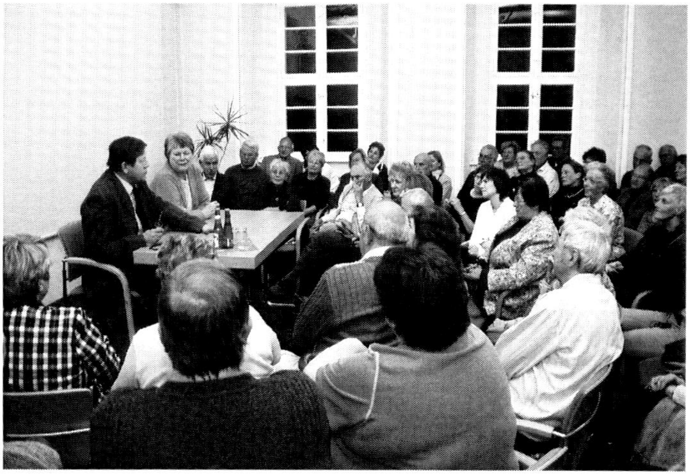

unten: Anlässlich des 70. Geburtstages von Winfried J. stellen sich u. a. Prof. Dr. Lothar Bisky, ehemals Rektor der Filmhochschule Babelsberg, und Dr. Dieter Wolf, langjähriger Gruppenleiter im DEFA-Spielfilmstudio und Herausgeber dieses Buches, in der Berliner Akademie der Künste dem Gespräch über den neuesten Film

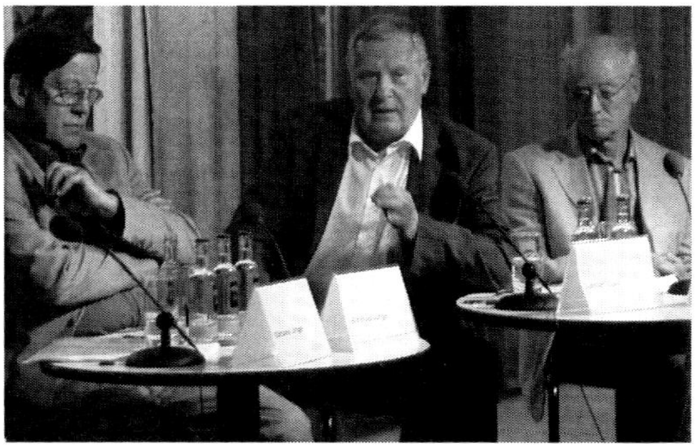

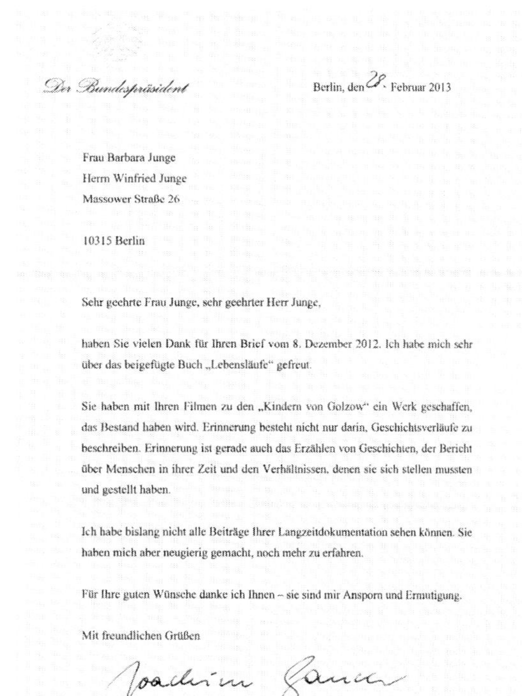

Der Bundespräsident

Berlin, den 28. Februar 2013

Frau Barbara Junge
Herrn Winfried Junge
Massower Straße 26

10315 Berlin

Sehr geehrte Frau Junge, sehr geehrter Herr Junge,

haben Sie vielen Dank für Ihren Brief vom 8. Dezember 2012. Ich habe mich sehr über das beigefügte Buch „Lebensläufe" gefreut.

Sie haben mit Ihren Filmen zu den „Kindern von Golzow" ein Werk geschaffen, das Bestand haben wird. Erinnerung besteht nicht nur darin, Geschichtsverläufe zu beschreiben. Erinnerung ist gerade auch das Erzählen von Geschichten, der Bericht über Menschen in ihrer Zeit und den Verhältnissen, denen sie sich stellen mussten und gestellt haben.

Ich habe bislang nicht alle Beiträge Ihrer Langzeitdokumentation sehen können. Sie haben mich aber neugierig gemacht, noch mehr zu erfahren.

Für Ihre guten Wünsche danke ich Ihnen – sie sind mir Ansporn und Ermutigung.

Mit freundlichen Grüßen

Joachim Gauck

oben: Sogar der Bundespräsident zollt diesem Film-Bild von der DDR als «Unrechtsstaat» Respekt

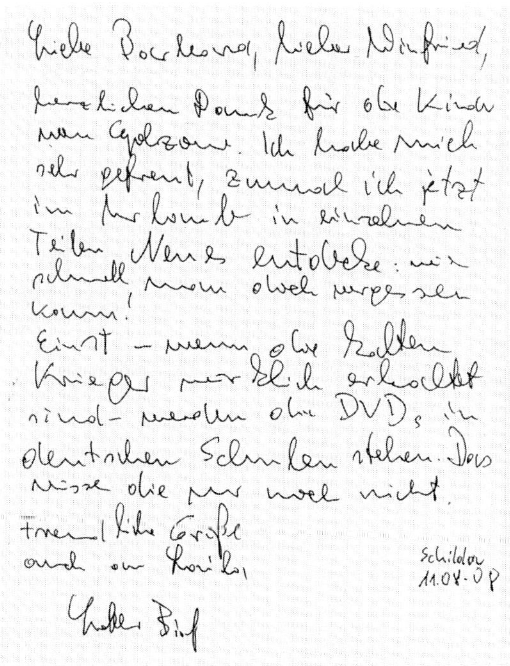

Liebe Barbara, lieber Winfried,
herzlichen Dank für die Kinder von Golzow. Ich habe mich sehr gefreut, zumal ich jetzt im Urlaub in einzelnen Teilen Neues entdecke: wie schnell man doch vergessen kann!
Erst – wenn die kalten Krieger wirklich erkaltet sind – werden die DVD, in deutschen Schulen stehen. Das wissen die nur noch nicht.
Freundliche Grüße
und an [illegible]

Schildow 11.08.08

Lothar Bisky

links: Bisky bedankt sich bei den Junges für die Gesamtedition der Golzower Filme: «Erst wenn die kalten Krieger wirklich erkaltet sind, werden die DVD in deutschen Schulen stehen. Das wissen die nur noch nicht.» (11.8.2008)

Klaus Dieter Schmutzer

Ein Produzent gibt Auskunft

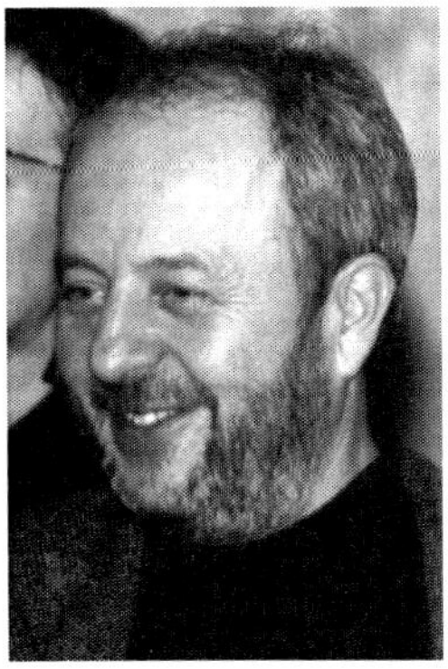

So ein Produzent hat selten gut lachen

Dieter Wolf: **Wir kennen uns seit Filmhochschulzeiten, Mitte der 1970er-Jahre war ich Fachrichtungsleiter Dramaturgie/Filmwissenschaft und du nach dem Studium der Filmproduktion Bürochef des Rektors. Später begegneten wir uns auf dem Internationalen Dokumentarfilmfestival in Leipzig, das du als Stellvertreter des Direktors gemanagt hast. Lange warst du daneben zweiter und in der Wendezeit erster Sekretär des *Verbandes der Film- und Fernsehschaffenden der DDR*. Wie und warum wird man mit dieser Berufs-Vita Produzent?**

Klaus Dieter Schmutzer: Alle diese Tätigkeiten waren eigentlich Umwege zu meiner jetzigen Tätigkeit als Filmproduzent. Ich habe nach einem Volontariat im Bereich *Dramatische Kunst des DDR-Fernsehens* an der *Hochschule für Film und Fernsehen der DDR* 1972–76 Produktion studiert. Die Angebote nach dem Studium sehe ich heute als wichtige Erfahrungen meines Berufslebens, es waren Aufgaben mit Verantwortung, mit Entscheidungskompetenz und es ging immer um Filme aller Genres für Fernsehen oder Kino. In den Jahren 1978 bis 1980 war ich neben der Arbeit für Leipzig auch am Aufbau dreier nationaler Filmfestivals beteiligt: In Neubrandenburg für Dokumentarfilm, in Gera «Goldener Spatz» für Kinderfilm und in Karl-Marx-Stadt für Spielfilm.

In der DDR gab es selbstständige Produzenten nicht, die in eigener Verantwortung Filme produzierten, sondern fest angestellte Produktionsleiter in den DEFA-Studios und im DDR-Fernsehen. Und doch unterschied sich die Arbeit wenig von der, die ich heute als Produzent leiste: Wir planen, organisieren und leiten die Herstellung eines Films von der Idee bis zum fertigen Produkt. Die einzige Ausnahme: Als Produktionsleiter, beispielsweise bei der DEFA, bekam man das Budget für einen Film von der Studioleitung zugewiesen. Heute müssen wir die Finanzierung eines Films selbst auf die Beine stellen, das ist langwierig und schwierig, wie ich es besonders in den ca. 15 Jahren der Golzow-Produktion erlebt habe.

Diese berufliche Erfahrung in der DDR bestimmte auch meine Entscheidung, im Dezember 1991 gemeinsam mit Dr. Artur Wandtke, Professor für Urheberrecht an der Humboldt-Universität, die eigene Produktionsfirma *à jour Film* zu gründen. Ein weiterer Anstoß war der Verlust der DDR-Arbeitgeber DEFA und Fernsehen und die Frage vieler Filmschaffender, wie und mit wem sie ihre Ideen und Projekte realisieren könnten. Der *Verband der Filmemacher* war schließlich kein Produzent.

Dank meiner Erfahrung im Dokumentarfilm, in Kenntnis der finanziellen Möglichkeiten und Risiken, entschieden wir uns für die Produktion von Dokumentarfilmen, zumal es hier auch konkrete Projektangebote gab. Mit den DEFA-Regisseuren Andreas Voigt und Donat Schober begann *à jour* die Produktion von Dokumentarfilmen.

Wann und wie wurden die *Kinder von Golzow* auch deine? Wie kamst du mit Winfried und Barbara «ins Geschäft«?

Beide kenne ich schon aus meiner Tätigkeit für die Festivals und im Film-Verband, auch ihr Projekt *Die Kinder von Golzow*. Unsere Zusammenarbeit begann 1994 mit dem zweiten Porträtfilm DIE GESCHICHTE VOM ONKEL WILLY AUS GOLZOW. Zuvor entstanden bereits zwei Filme mit der Westberliner *Journal Film* von Klaus Volkenborn, der aber das Vertrauen in eine langfristige Weiterführung des Projekts verloren hatte. So schien es uns allen produktiver, die Langzeitdokumentation von einem Produzenten mit neuem Mut fortführen zu lassen, der zudem eine engere Beziehung zum Stoff, zu seinen Protagonisten und den Produktionsabläufen hat. Die Golzow-Dokumentation war ja inzwischen 33 Jahre alt.

Meine Entscheidung für die Fortführung fiel sehr schnell, denn ich wusste um die Besonderheiten dieses einmaligen Vorhabens und wollte dazu beitragen, dass es auch unter den neuen Bedingungen fortgesetzt und zu Ende gebracht wird. Zum damaligen Zeitpunkt gab es auch eine größere Beachtung für *Die Kinder von Golzow*, die Finanzierung schien dank der Filmförderung zunächst leichter realisierbar als in den letzten Jahren.

Wie gelang dir die Weiterführung des Projekts über weitere sechs Einzelporträts bis zum *Ende der unendlichen Geschichte* 2007 in vier überlangen Teilen: UND WENN SIE NICHT GESTORBEN SIND – DANN LEBEN SIE NOCH HEUTE...

Die Finanzierung wurde mit fortschreitender Produktionszeit schwieriger. Zum einen wurden die Filme länger, zum Schluss waren es immerhin 44 Jahre Lebenszeit, die in die Porträts einflossen. Zum anderen aber entsprach unser Projekt schon längst nicht mehr den *Richtlinien der deutschen Filmförderung*, mit Dreharbeiten für einen Film nicht zu beginnen, bevor die Finanzierung incl. Förderung komplett ist. Wir stellten aber unsere Anträge immer mit dem bereits gedrehten Material-Fundus aus 35 und mehr Jahren. Formal gesehen waren wir im Grunde nicht antragsberechtigt, also stets ein Sonderfall des Förderwunsches für weitere Dreharbeiten mit einem jeweils anderen Porträt-Kandidaten, dessen Lebensgeschichte filmisch vollendet werden sollte. Verschiedene Instanzen aber mochten keine wiederholte Förderung immer neuer Golzow-Geschichten.

Dauerhafte Unterstützung bekamen wir nur vom TV-Koproduzenten ORB, später rbb, dank einer über den langen Zeitraum engagierten Redakteurin, Birgit Mehler. Dieser Sender gehört aber zu den eher finanzschwächeren dritten Programmen und die Beteiligung an der Produktion war bis zum Ende in all den Jahren keine Selbstverständlichkeit.

Natürlich suchten wir auch außerhalb der üblichen Filmfinanzierung nach Möglichkeiten der Unterstützung der Langzeitbeobachtung: Kulturstiftung der Länder, Bundeskulturstiftung, Hauptstadt Kulturfonds, Ostdeutsche Sparkassenstiftung gemeinsam mit der Sparkasse Märkisch-Oderland u. a.

Zuspruch bekamen wir viel, aber oft widersprachen die Regularien einer Produktionsförderung. Letztlich waren wir bis auf den Start im Jahre 1994/95 immer wieder ein Sonderfall der Filmfinanzierung, und manchmal staunen Barbara, Winfried und ich noch heute, dass wir es doch bis zum Jahre 2008 geschafft haben.

Großzügig erwies sich die DEFA-Stiftung, die die Rechte an dem zu DEFA-Zeiten gedrehten Material unentgeltlich zur Verfügung stellte und so de facto zum Koproduzenten der Langzeitdokumentation avancierte. Bis auf die deutschen TV-Rechte, die beim Koproduzenten rbb liegen, wurden alle Auswertungsrechte an Progress Film-Verleih GmbH übertragen. Sie liegen inzwischen für das Kino bei der *Stiftung Deutsche Kinemathek*, die DVD-Rechte bei der Firma *absolut MEDIEN*.

Die Erlössituation für den Produzenten war immer schon, freundlich gesagt, sehr überschaubar. Aber das war mir bereits klar, als ich das Projekt übernahm.

VOLLMACHT

Die Bundesanstalt für vereinigungsbedingte Sonderaufgaben, Anstalt des öffentlichen Rechts, Leipziger Str. 5 - 7, 10100 Berlin, vertreten durch

Herrn Dr. P. Breitenstein, Mitglied des Vorstandes
Herrn Dr. L. Holzapfel, Direktor Abwicklung,

bevollmächtigt hiermit

die "PROGRESS Film-Verleih GmbH", Burgstraße 27, 10178 Berlin, vertreten durch

ihren alleinvertretungsberechtigten Geschäftsführer

Herrn Eberhard Wagemann,

den als Anlage im Entwurf beigefügten Vertrag mit

der Firma A-Jour Film- und Fersehproduktions GmbH, vertreten durch

den Geschäftsführer

Klaus Schmutzer, Rosenthaler Str. 29, 10178 Berlin,

über die Einräumung von Rechten an nicht veröffentlichten Filmmaterialien für die Langzeitdokumentation mit dem Titel:

"Die Kinder von Golzow"

abzuschließen.

Berlin, den

i. V. [Unterschrift] [Unterschrift]

Dr. P. Breitenstein
Mitglied des Vorstandes

Dr. L. Holzapfel
Direktor Abwicklung

Schmutzer bekommt 1994 von der Treuhand/BvS über den PROGRESS-Filmverleih die Auswertungsrechte am Golzow-Archivmaterial. Die Gestalter haben nur die Urheberrechte

Ich habe die Produktion der Golzow-Filme vor allem als eine kulturelle Aufgabe betrachtet und bin stolz, gemeinsam mit Barbara und Winfried Junge dieses kulturgeschichtlich einmalige Filmwerk geschaffen zu haben, das in der DDR begann und im vereinten Deutschland fortgesetzt und nun vollendet wurde.

Du arbeitest ohne Herstellungs-, Produktions- und Aufnahmeleiter, ja, sogar ohne Produktionssekretärin, wie man das von anderen Produzenten kennt. Selbstausbeutung?

Für mich gilt das Prinzip, dass sich das Produktionsbudget auf der Leinwand oder dem Bildschirm sichtbar manifestieren sollte. Das gilt für Dokumentar- wie für Spielfilme, die ich inzwischen auch in Koproduktion oder als Auftragnehmer herstelle.

Die Mehrzahl aller Filme in Deutschland ist unterfinanziert. Auch deshalb sind wir Produzenten, bis auf wenige Ausnahmen, gezwungen, die finanziellen Mittel, die uns zur Verfügung stehen, sehr effektiv einzusetzen. Oft bestimmen aber auch die Produktionsbedingungen die Größe des Drehstabes. Beim Dokumentarfilm arbeiten wir generell mit sehr kleinem Team, oft nicht mehr als vier bis fünf Mitarbeiter.

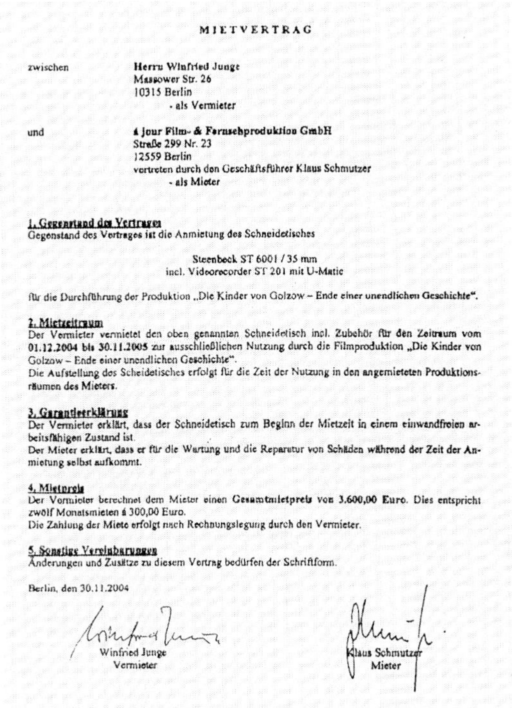

MIETVERTRAG

zwischen Herrn Winfried Junge
Massower Str. 26
10315 Berlin
- als Vermieter

und à Jour Film- & Fernsehproduktion GmbH
Straße 299 Nr. 23
12559 Berlin
vertreten durch den Geschäftsführer Klaus Schmutzer
- als Mieter

1. Gegenstand des Vertrages
Gegenstand des Vertrages ist die Anmietung des Schneidetisches

Steenbeck ST 6001 / 35 mm
incl. Videorecorder ST 201 mit U-Matic

für die Durchführung der Produktion „Die Kinder von Golzow – Ende einer unendlichen Geschichte".

2. Mietzeitraum
Der Vermieter vermietet den oben genannten Schneidetisch incl. Zubehör für den Zeitraum vom 01.12.2004 bis 30.11.2005 zur ausschließlichen Nutzung durch die Filmproduktion „Die Kinder von Golzow – Ende einer unendlichen Geschichte".
Die Aufstellung des Scheidetisches erfolgt für die Zeit der Nutzung in den angemieteten Produktionsräumen des Mieters.

3. Garantieerklärung
Der Vermieter erklärt, dass der Schneidetisch zum Beginn der Mietzeit in einem einwandfreien arbeitsfähigen Zustand ist.
Der Mieter erklärt, dass er für die Wartung und die Reparatur von Schäden während der Zeit der Anmietung selbst aufkommt.

4. Mietpreis
Der Vermieter berechnet dem Mieter einen Gesamtmietpreis von 3.600,00 Euro. Dies entspricht zwölf Monatsmieten á 300,00 Euro.
Die Zahlung der Miete erfolgt nach Rechnungslegung durch den Vermieter.

5. Sonstige Vereinbarungen
Änderungen und Zusätze zu diesem Vertrag bedürfen der Schriftform.

Berlin, den 30.11.2004

Winfried Junge
Vermieter

Klaus Schmutzer
Mieter

Die Junges kaufen ihrem Hausherrn Dr. Englert einen modernen Schneidetisch ab, den sie dann an den Produzenten vermieten, der von Fördergeld keine Anschaffungen tätigen darf. So will es die Bürokratie

Ich habe mir immer vorgenommen, nie den Kontakt zu den Projekten zu verlieren und die Arbeit am Set oder in der Endfertigung des Films persönlich zu begleiten. So haben wir es im Studium gelernt und so verliert man auch nicht die Freude an der Arbeit.

Woran arbeitest du zurzeit?

Derzeit bin ich in zwei Bereichen tätig, als Produzent vor allem eigener Dokumentarfilme und mit Dienstleistungen in der Spielfilmproduktion. In den letzten drei Jahren habe ich für verschiedene Auftraggeber die Produktionsdurchführung von vier Märchenfilmen für ZDF und ARD und den Kinofilm SUSHI IN SUHL übernommen. Dazu kamen einige kleinere Produktionen befreundeter Kolleginnen und Kollegen, die ich unterstützt habe. In diesem Jahr wird noch ein Kinofilm für Kinder dazu kommen. Und dann sind mehrere Dokumentarfilmprojekte in Arbeit. Mit dem Regisseur Andreas Voigt nehmen wir unser Leipzig-Thema wieder auf, erzählen drei Frauengeschichten aus der Wendezeit weiter. Der Film soll im Jahr 2015 zur Aufführung kommen.

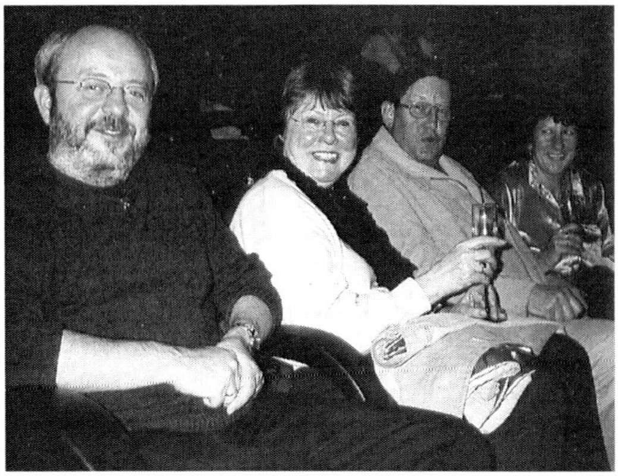

Der Produzent und seine Filmer: mit Sekt gemeinsam der Vorführung von etwas Fertigem beiwohnen – davon müsste es mehr Tage im Beruf geben

Ein anderer Dokumentarfilm reflektiert die erfolgreichste deutsche Frauenfußballmannschaft *Turbine Potsdam*, ihre über 40jährige Geschichte mit ihrem einmaligen Trainer, Bernd Schröder, der diese Mannschaft gegründet und bis heute zu großen Erfolgen geführt hat und führt. Dieser Film liegt mir sehr am Herzen, auch weil er ein wenig der «Golzow-Philosophie» folgt.

... und es gibt natürlich Ideen und Kontakte für neue Projekte, auch wenn es heute schwieriger ist, als unabhängiger Produzent Filme zu realisieren. Aber gerade diese Unabhängigkeit möchte ich mir bewahren.

Dazu wünsche ich dir, lieber Klaus, wie bisher eine glückliche Hand und viel Erfolg.

Daniel Küchenmeister

Das kleinste Filmmuseum der Welt

... in Golzow/Märkisch-Oderland

Die Bilder von Golzow

Der berühmten Langzeitdokumentation ist nun ein Museum gewidmet – natürlich am Ort des Geschehens

VON CLAUS-DIETER STEYER

GOLZOW – Die Grundschüler im kleinen Ort Golzow im Oderbruch üben derzeit ein besonderes Lied ein. „Anmut sparet nicht noch Mühe" aus dem Jahre 1950 steht sonst nicht auf dem Lehrplan. Doch die Kinderhymne von Bertolt Brecht und Hanns Eisler gehört zum großen Festprogramm am kommenden Dienstag, mit dem sich das Dorf zu dem Grund für seine überregionale Bekanntheit bekennt: Die Schule erhält den Namen „Kinder von Golzow", und in einigen ihrer Räume eröffnet ein Museum über die längste Filmdokumentation Europas. Im ersten Teil dieser 1961 begonnenen Reihe sangen die damaligen Abc-Schützen die in jener Zeit populäre Kinderhymne. Nun schlagen die heutigen Schüler den Bogen zu ihren in vielen Ländern bekannten Vorgängern.

40 Jahre lang hatten die Filmleute Barbara und Winfried Junge die wenige Tage nach dem Mauerbau eher zufällig ausgesuchte Klasse mit Kamera und Mikrofon begleitet. „Anfangs sollte es tatsächlich nur ein Film über die Einschulung auf dem Lande werden", erinnert sich Junge, der 1961 als einer der ersten Absolventen der Filmhochschule Babelsberg unbedingt einen Dokumentarstreifen produzieren wollte. „Dann gab mir mein Mentor Karl Gass den Tipp, doch die Geschichte der Kinder zu verfolgen." So liegt heute ein sehr emotional geprägtes Porträt des Lebens in der DDR, des Untergangs der kleinen Republik und des ganz unterschiedlich erlebten Neubeginns in der Bundesre-

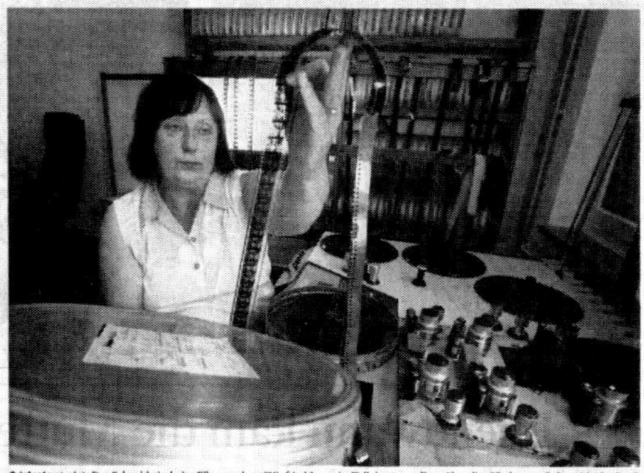

Originalmaterial. *Der Schneidetisch des Filmemachers Winfried Junge ist Teil der Ausstellung über die „Kinder von Golzow" in der Dorfschule. Elke Hinkelmann, die das Museum betreut, gehörte selbst zu den 26 Schülern, die Junge seit 1961 mit der Kamera begleitete.*

„Sehr begabt, aber ein Zyniker"

Der Filmemacher Winfried Junge wird heute 75 / Seine Langzeitdokumentation „Kinder von Golzow" hat er inzwischen beendet

Von Uwe Gemanr

Golzow (MOZ) Der Schriftsteller Uwe Kant, der für etliche Filme Winfried Junges wie „Anmut sparet nicht noch Mühe" oder „Umstandsbestimmungen eines Ortes" die Texte schrieb, gratulierte dem Filmemacher zum 60. noch mit ironisch-respektvollem Staunen, dass der das wundersame Verfahren entwickelt habe, 120 Jahre alt werden zu können. „Nämlich zu keinem kleineren Zwecke als dem, außer der Einschulung aller seiner Kinder von Golzow auch noch das Begräbnis jedes einzelnen persönlich drehen zu können."

Heute wird Winfried Junge 75 und die unendliche Geschichte ist nun doch beendet. Aber nur als Film. Geblieben ist „Winne", wie die Golzower ihren Ehrenbürger liebevoll nennen, die Neugier auf die nächsten Kapitel. Mit der Fotokamera vorm Bauch, mit den analytischen Fragen und geduldigem Hinhören wird sie befriedigt. Natürlich geht die Geschichte weiter. Nicht nur in den Lebensläufen der Protagonisten, sondern auch und zunehmend in der Auseinandersetzung über die Dokumentationen, im Streit um die Deutungshoheit und Kommentierung der Kommentare.

Die Ideen zum Dokumentationsprojekt „Kinder von Golzow" hatte Karl Gass, der als künstlerischer Leiter im DEFA-Studio für populärwissenschaftliche Filme arbeitete. Winfried Junge war sein Regieassistent. Gass' Idee war es,

dem Winfried Junge in Berlin in der Prenzlauer Allee 144 geboren wurde, lief in einem Kino am Kurfürstendamm der schwedische Spielfilm Petterson & Bendel. Das war der erste antisemitisch konzipierte Spielfilm in Deutschland. Das Medium Film wurde von da an zu einem wichtigen Instrument der ideologischen Propaganda.

Für den späteren Filmemacher waren die ersten Erfahrungen mit dem Kino ohnehin eher traumatisch. Als Vierjähriger darf er den Film „Rotkäppchen" sehen und erschreckt sich so vor dem Wolf, dass er schreiend aus dem Kino getragen wird. Zwei Jahre später wird er fast von der Kinoleinwand erschlagen.

Zum Filmemachen kommt Junge nach einem Jahr Germanistik am Pädagogischen Institut eher zufällig, angelockt von den Großbuchstaben DEFA auf einem Hausdach. Er war der erste, der sich direkt für ein Studium an der zu gründenden Filmhochschule bewarb. Der Dichter Paul Wiens, der in der Aufnahmekommission saß, urteilte über ihn: „Sehr begabt, aber ein Zyniker."

Wenn man unter Zynismus in guter philosophiehistorischer Tradition ein gewisses Maß an Respektlosigkeit vor selbsternannten Autoritäten und Souveränität im Denken im Gegensatz zur blinden Parteilichkeit versteht, mag Wiens sicher recht haben. Da hat sich Junge auch mit 75 Jahren nicht geändert. Als die Landesregierung Brandenburgs kürzlich im Kron-

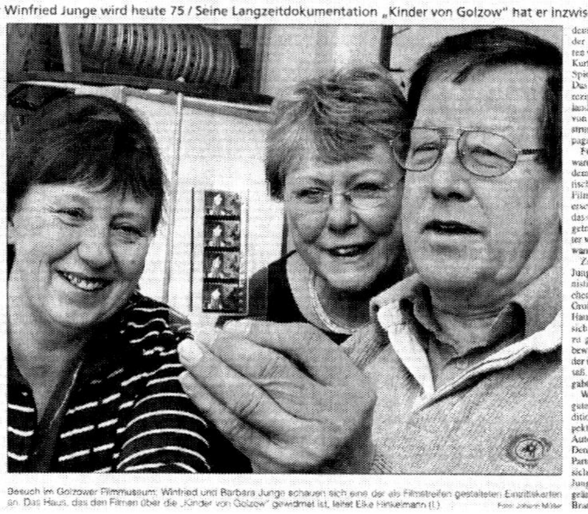

Besuch im Golzower Filmmuseum: Winfried und Barbara Junge schauen sich eine der als Filmstreifen gestalteten Eintrittskarten an. Das Haus, das den Filmen über die „Kinder von Golzow" gewidmet ist, leitet Elke Hinkelmann (l.)

Der moderne Schneidetisch steht nun in Golzow. Wenn keine Besucher da sind, sitzt Elke, selbst Schülerin der Klasse, dran. Und wenn die Junges mal wieder reingucken, kriegt sie was erklärt oder man tut so für die Fotografen, die die Gunst der Stunde nutzen. Dass Junge ein Zyniker sei, hat seit der Aufnahmeprüfung an der Filmhochschule übrigens niemand mehr behauptet. Und sie haben ihn ja trotzdem genommen.

Die Golzower verfolgten von Anbeginn Winfried Junges Dreharbeiten und viele von ihnen entwickelten einen gehörigen Stolz, dass Kinder ihres Dorfes die Porträtierten sind und weit über das märkische Oderland hinaus Bekanntheit erlangen. In den Biografien der «Kinder von Golzow» sehen nicht wenige Bewohner des Ortes eigene Lebenswege gespiegelt und gewürdigt. Diese Sicht auf die Langzeitdokumentation entstand wohl schon bald nach den ersten Filmen, erhielt aber mit dem tiefgreifenden gesellschaftlichen Wandel im Zuge der deutschen Einheit eine neue und größere Bedeutung. Der Umbruch im Land und natürlich auch ganz konkret im Ort stellte manche Frage nach der eigenen Biographie neu.

Die Veränderungen im Ort in den 1990er-Jahren stellten die Golzower vor Herausforderungen, denen sie mit Energie und Einsatz begegneten. Nicht alles gelang, aber im Dorf blühte ein Engagement auf, das in den Jahren der DDR zunehmend zu welken schien. Man besann sich der Eigenverantwortung, die das kulturelle Leben einschloss. So fanden sich Bürger des Ortes auch zum Verein *Golzower für Golzow* zusammen, der Name ist Programm.

Um die Jahrtausendwende, als die Golzower auf dem für sie unbekannten und schwierigen Terrain des größer gewordenen Deutschland sicherer waren, kam Bürgermeister Christian Dorn auf die Idee, dem Filmwerk einen eigenen Ort mit Ausstrahlung auf die Gemeinde zu schaffen. Am 8. September 2000 eröffnete die Gemeinde eine *Ständige Filmausstellung*! Für die nötige Unterstützung hatte man das Filmmuseum Potsdam, die DEFA-Stiftung und die Sparkasse Märkisch-Oderland gewonnen. Den unerlässlichen Materialstock stellten Winfried und Barbara Junge, die trotz lang-

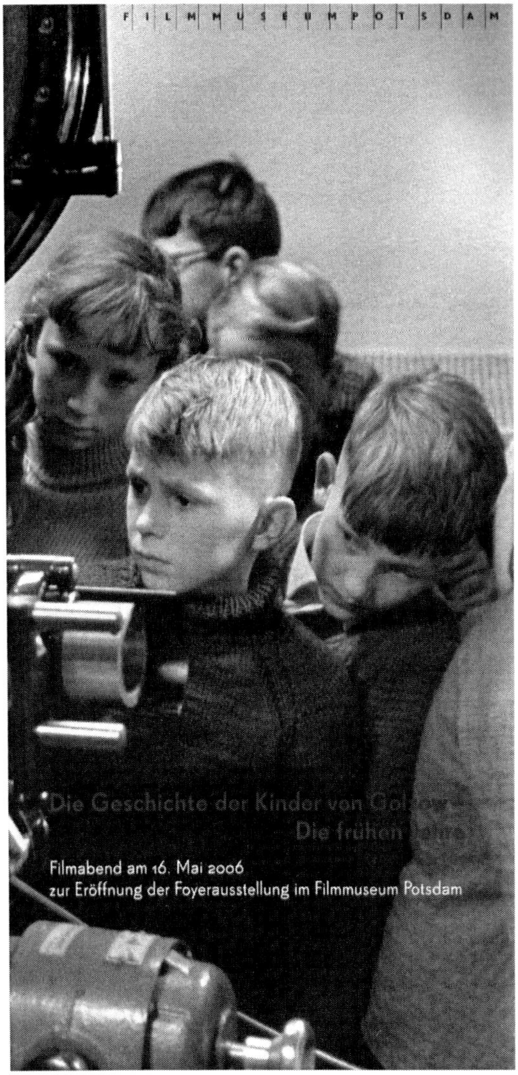

Das größere Filmmuseum in Potsdam stellte die *Kinder von Golzow* 2006 auch schon mal vor

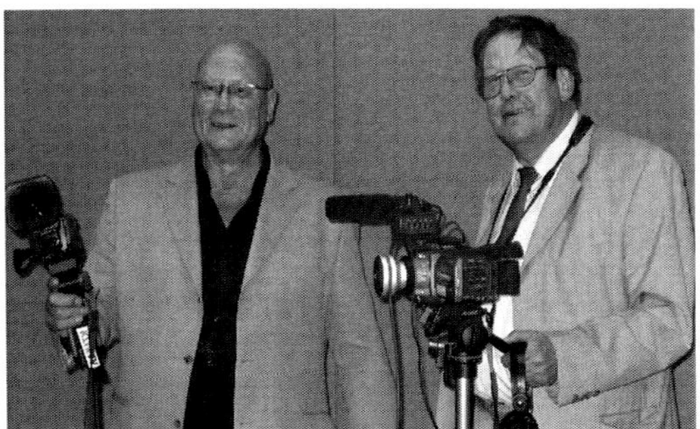

Zur 700-Jahr-Feier Golzows lernt Kameramann Klix auch den Regisseur an. Zu zweit werden sie das Ereignis dokumentieren. Nur so für die Golzower.

Samstag | 16. November | 9-19 Uhr

"Die Kinder von Golzow"

Mit den Regisseuren Winfried & Barbara Junge auf Spurensuche im Oderbruch

Busexkursion

Ablauf

9.00 Uhr Treffen und Abfahrt

11.30 Uhr Kurzer Rundgang Gedenkstätte Seelower Höhen

13.00 Uhr Mittagessen

14.00 Uhr Filmmuseum
Was die Filme den Golzowern bedeuten.
Gespräch mit Ines Mischker,
Vorsitzende des Vereins "Golzower für Golzow"

15.15 Uhr Museumsrundgang und anschließendes Gespräch mit den Regisseuren Winfried Junge und Barbara Junge über die Geschichte des Films und die Geschichten der Kinder von Golzow

17.00 Uhr Abreise nach Berlin

ca. 19.00 Uhr Ankunft

Karten müssen im Vorverkauf erworben werden. Platzreservierungen können telefonisch unter 030-47538724 bzw. per E-Mail info@helle-panke.de vorgenommen werden.

Kosten: 25,00 Euro (incl. Eintrittsgeldern und Mittagessen)

Treffpunkt: Helle Panke | Kopenhagener Str. 9 | 10437 Berlin

www.helle-panke.de

Geschäftsstelle: "Helle Panke" e.V. - Rosa-Luxemburg-Stiftung Berlin
Kopenhagener Straße 76 | 10437 Berlin - Prenzlauer Berg

Nach Golzow kommen wirklich welche. Manchmal einzelne Radwanderer, mitunter ein voller Bus von sonstwo

jähriger Erfahrung mit den zielstrebigen Golzowern über diese Initiative einigermaßen erstaunt waren.

Die Ausstellung zog ständig mehr Besucher an und wurde, als das Golzow-Projekt abgeschlossen war, in Filmmuseum umbenannt. Nun war nicht nur die Langzeitdokumentation weltweit einzigartig, sondern auch die Existenz eines Filmmuseums in einem Dorf.

Die Golzower erhielten für ihre Idee und die Darstellung der Filmreihe viel Lob und Anerkennung von den Gästen aus allen Teilen Deutschlands. Aber auch Kritik am Projekt und der Präsentation wurde laut. Vermisst wurde vor allem die fehlende Einordnung der Filme und der DDR-Geschichte in den zeithistorischen Zusammenhang.

Wieder reagierten die Golzower mit der ihnen eigenen Entschlossenheit und suchten Hilfe, die vor allem die Rosa-Luxemburg-Stiftung ab 2011 großzügig gewährte, denn nur durch ihre Zuwendungen konnte Fachkompetenz gewonnen werden, die über die der Filmprofis hinausgeht. Daran waren auch die Junges interessiert, und so kam der Autor mit ins Spiel.

Mit diesen Mitteln und denen der Landeszentrale für politische Bildung Brandenburg war es möglich, weitere Recherchen anzustellen und Interviews nicht nur zu führen, sondern sogar zu drehen. So begann ab 2012 unter der organisatorischen Leitung von Si-

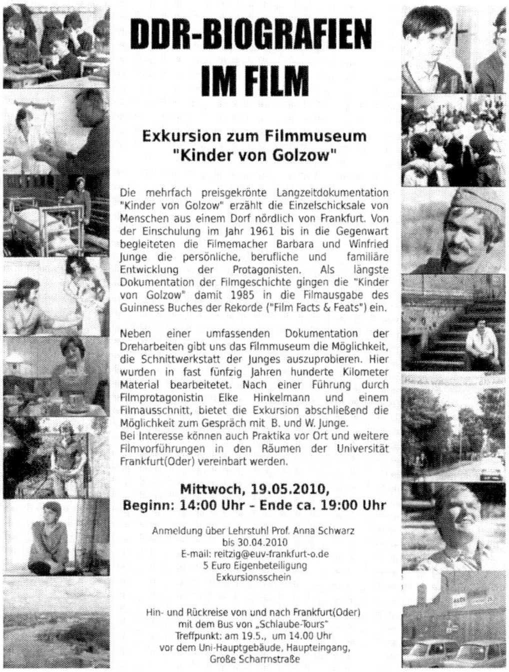

Im Bus der Viadrina Frankfurt (Oder) saßen allerdings nur einige wenige mäßig Interessierte

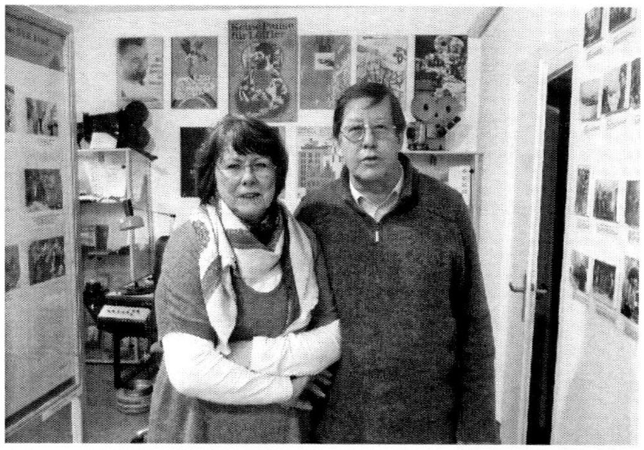

Barbara und Winfried Junge sind froh, dass da etwas über das Berufsleben hinaus von ihrer Arbeit hinterbleibt

mone Grieger eine Überarbeitung und Ergänzung der Dauerausstellung des Filmmuseums.

2014 konnte das Gemeindezentrum saniert und baulich verändert werden, was dem Filmmuseum nicht nur mehr Platz bietet, sondern vor allem die Möglichkeit einer großzügigen Neustrukturierung und Raum für die geforderten und auch aus Sicht der Golzower überfälligen zeithistorischen Kommentare. Es entstand auch eine kleine Wanderausstellung, die werbenden Charakter hat und neben den Filmen die Geschichte der Golzower und ihrer Kinder in die Welt trägt.

Gegenwärtig besuchen jährlich ca. 2500 Gäste das Filmmuseum und damit mehr als die regionalgeschichtliche Sammlung der Region. Das Projekt des Filmmuseums bietet noch viele Potenziale. Anzustreben ist eine stärkere Einbindung in den Kulturbetrieb Brandenburgs, die sinnvolle Verbindung mit dem Kulturzentrum Neuhardenberg und dem nahegelegenen Museum «Seelower Höhen», das die Befreiung Deutschlands vom Hitler-Regime und den Sturm auf Berlin thematisiert.

Aber auch inhaltlich kann das Filmmuseum in Golzow bereichert werden. Ich denke an eine Darstellung des Landfilms in der DDR und eine politische Diskussionsrunde über die aktuelle kulturelle Grundversorgung des ländlichen Raums. Ganz wunderbar wären natürlich – gemeinsam mit den Golzowern – Biografie-Seminare und Zeitzeugengespräche mit Ost- und Westdeutschen sowie ausländischen Gästen. So könnte man die die Anregung der Filme aufnehmen und das herausragende Werk von Barbara und Winfried Junge in der Gegenwart auf andere Weise fortführen.

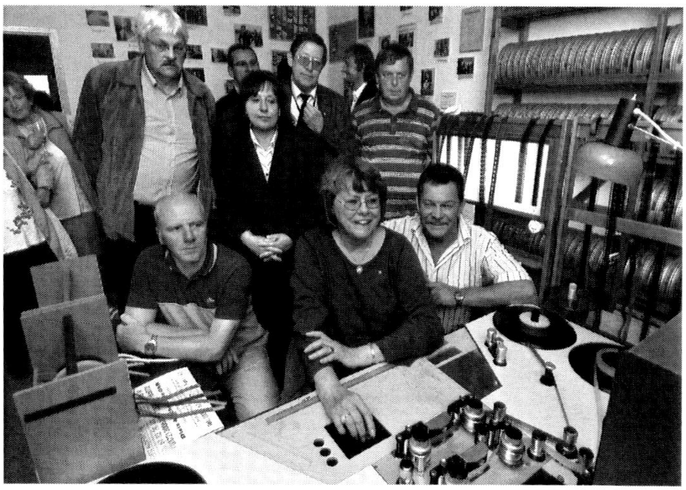

Besonders schön ist es, wenn das Museum mal wieder Treffpunkt mit den *Kindern von Golzow* selbst wird

Der kleinste Filmmuseum der Welt wird größer

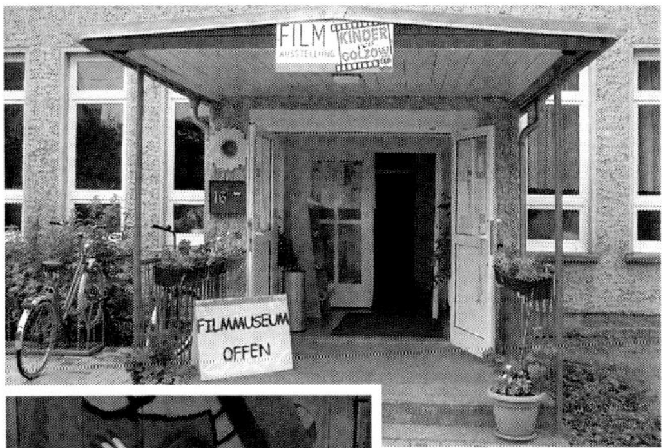

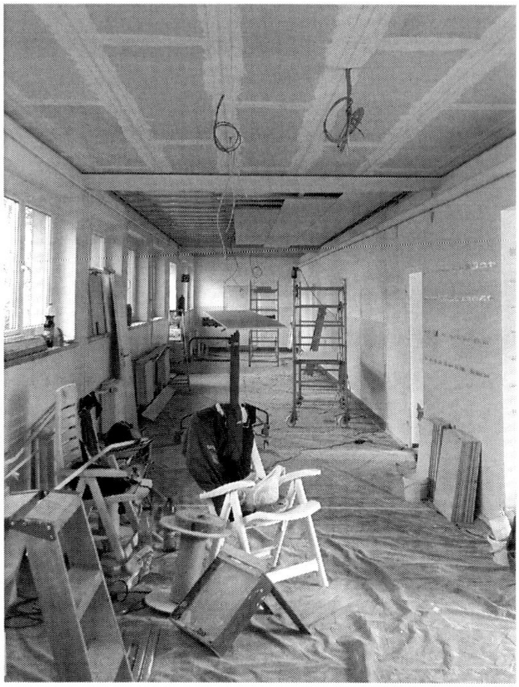

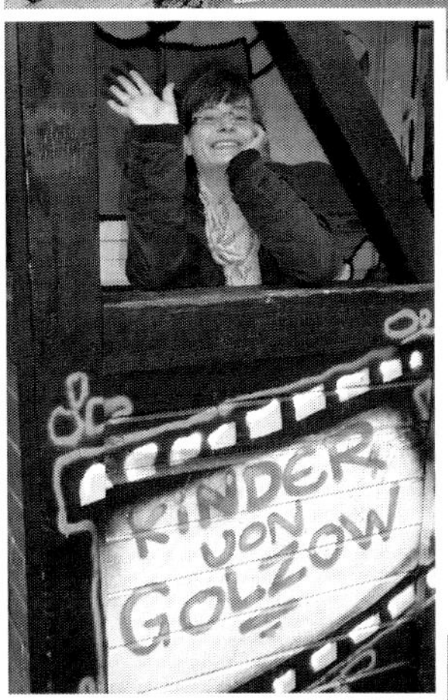

Simone Grieger freut sich für den Verein «Golzower für Golzow» über jeden Besucher, der 2014 trotzdem kommt

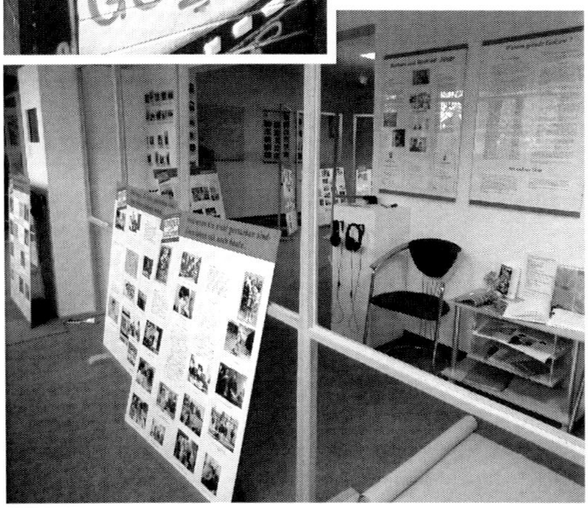

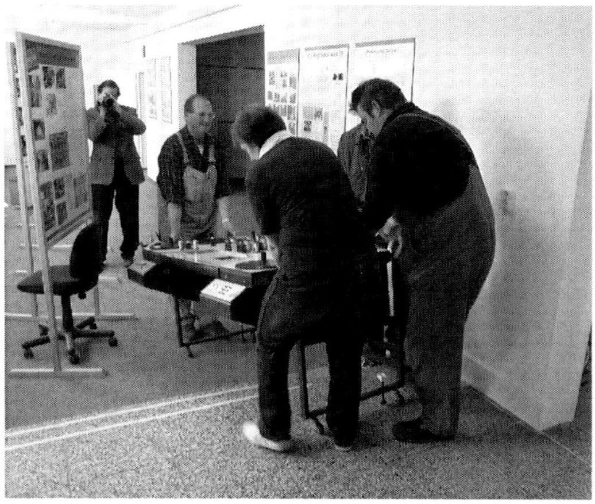

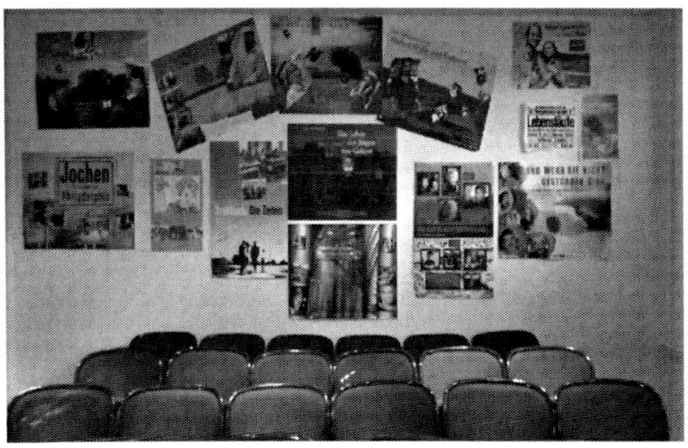

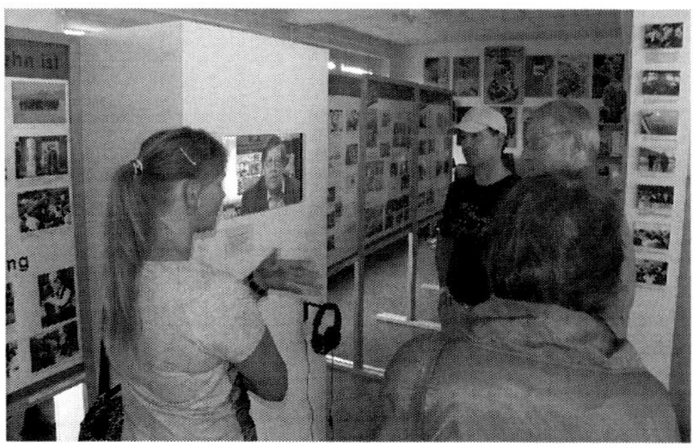

Dieter Wolf

Statt eines Nachworts

Das Golzow-Werk lebt weiter – in den Stimmen seiner Zuschauer

Ein Lebenswerk ist vollendet. Nach acht abendfüllenden Einzelporträts haben Barbara und Winfried Junge aus dem noch immer reichen biografischen Fundus das Ende einer nur im Prinzip unendlichen Geschichte in vier langen Filmen geformt: UND WENN SIE NICHT GESTORBEN SIND – DANN LEBEN SIE NOCH HEUTE... Das starke Echo auf die Wiederaufführung der frühen acht großen Einzelporträts in den dritten Programmen der ARD nach 2004 zeigt, dass die *Kinder von Golzow* zwar älter geworden sein mögen, das Interesse an ihrem Schicksal aber ist unvermindert lebendig, weil die Filme über sie nichts von ihrer Frische, Vitalität und zeitgeschichtlichen Dimension eingebüßt haben.

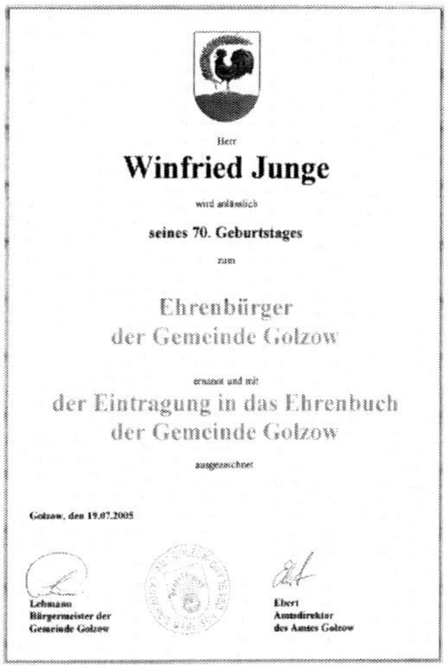
Herr
Winfried Junge
wird anlässlich
seines 70. Geburtstages
zum
Ehrenbürger
der Gemeinde Golzow
ernannt und mit
der Eintragung in das Ehrenbuch
der Gemeinde Golzow
ausgezeichnet
Golzow, den 19.07.2005
Lehmann
Bürgermeister der
Gemeinde Golzow
Ebert
Amtsdirektor
des Amtes Golzow

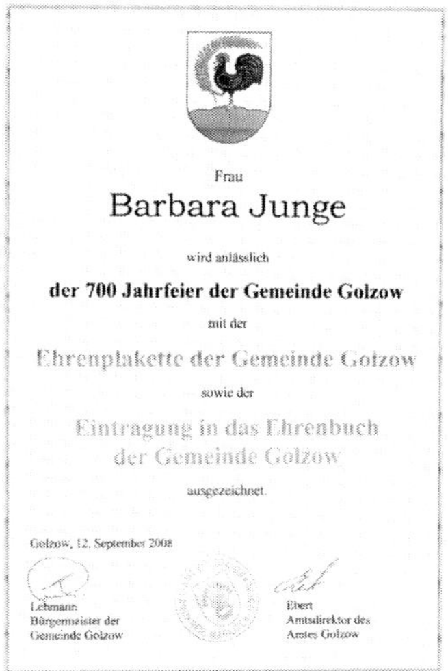
Frau
Barbara Junge
wird anlässlich
der 700 Jahrfeier der Gemeinde Golzow
mit der
Ehrenplakette der Gemeinde Golzow
sowie der
Eintragung in das Ehrenbuch
der Gemeinde Golzow
ausgezeichnet.
Golzow, 12. September 2008
Lehmann
Bürgermeister der
Gemeinde Golzow
Ebert
Amtsdirektor des
Amtes Golzow

Gemeinsam geehrt - wie bereits von der Akademie der Künste, zu deren Mitgliedern die Junges berufen wurden. Das Eine wie das Andere zählt auf seine Weise

Die Computer der Urheberrechtsverwertungsgesellschaften erfassten über 200 Ausstrahlungen von Filmen der *Golzow-Chronik* seit 1993. Und so verdanken ihre Schöpfer es vor allem dem Fernsehen, dass dieses Kino-Projekt von einst heute weithin bekannt ist, was gute Quoten bestätigen.

Die Zuschauerpost allein des letzten Jahrzehnts aus allen Teilen der Bundesrepublik, nicht selten auch aus den deutschsprachigen europäischen Nachbarstaaten, füllt inzwischen mehrere dicke Aktenordner. Und möglichst jede Zuschrift, nicht selten lang und handschriftlich, jede noch so kurze E-Mail, wurde von Barbara und Winfried Junge beantwortet. Auch deshalb sei erlaubt, nur kurze Zitat-Collagen vorzustellen, die das große Spektrum an inhaltlichen und gestalterischen Fragen, aber auch an Wirkungsaspekten umreißen. Wir verzichten hier auf die wiederholte Klage über die stets viel zu späte, im Grunde unzumutbare Sendezeit selbst des Mitproduzenten rbb und die Fragen nach einer DVD-Edition, von der offenbar nicht jedem bekannt ist, dass es sie gibt.

Wie sehr dieses oder jenes dokumentierte Einzelschicksal emotional berührt, zeigt sich nicht zuletzt in sehr persönlichen Zuschriften an die Protagonisten, auch im vielfachen Wunsch, etwas über ihre aktuelle Lebenssituation, ja ihrer Kinder und Kindeskinder zu erfahren. Wo Barbara und Winfried Junge dies aus weiter bestehenden Kontakten wissen und in Übereinstimmung mit den Porträtierten beantworten können und dürfen, haben sie dieses nachvollziehbare Interesse gern befriedigt, und solche Post auch an die Betroffenen weitergeleitet.

Das letzte Premieren-Echo ist verhallt. Barbara Junge steht im Ehrenbuch der Gemeinde und Winfried ist Ehrenbürger Golzows. Die Kritiker haben ihr Urteil gefällt und sogar zu Ende über ihren Verband – wie zuvor schon die DEFA-Stiftung – mit einer Ehrung für das Gesamtwerk gedankt. Die Landesregierung in Potsdam sah sich nach der Kinopremiere des letzten Golzow-Opus im Jahre 2008 angeregt, die Filmschöpfer als *Zeichen der Anerkennung und des Dankes für außerordentliche Verdienste um das Land Brandenburg und seine Bevölkerung* zu ehren. Und so überreichte Ministerpräsident Matthias Platzeck Brandenburgs höchste Auszeichnung, den «Roter-Adler-Orden» samt kleiner Anstecknadel als Ordensminiatur an Barbara und Winfried Junge, kurioserweise am selben Tage auch an Volker Schlöndorff,

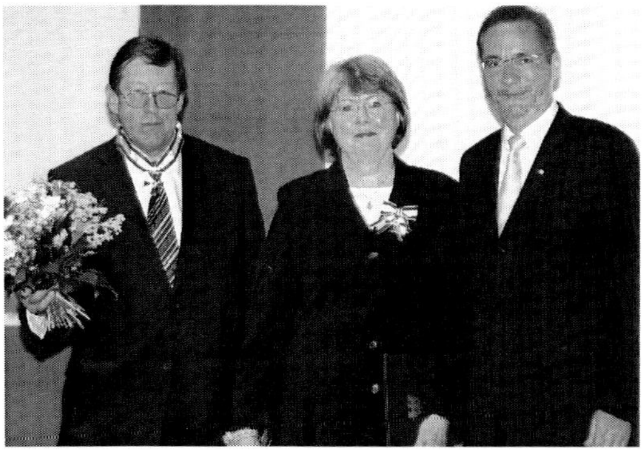

Zum Verdienstorden des Landes Brandenburg noch dieses Foto mit dem Ministerpräsidenten

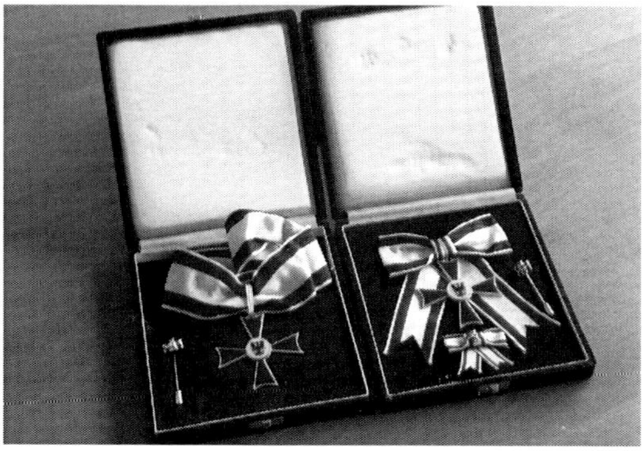

Der »Rote-Adler-Orden« in zweierlei Ausfertigung 2009

der schon mal öffentlich bekundet hatte, «die DEFA-Filme waren furchtbar».

In unzähligen individuellen Zuschriften lebt der tiefe Eindruck fort, den dieses biografische Panorama hinterlassen hat und mit jeder Fernsehausstrahlung oder digitalen Wiederbegegnung erneuert. Deshalb gehört den Zuschauern hier das letzte Wort.

Am Anfang dieses Nachworts steht der inständige, wenn auch unerfüllbare Wunsch des Zuschauers Wolfgang Seibert aus Bremen: «Machen Sie weiter! Nie ist unsere Geschichte besser erzählt worden als durch Sie. Bitte, klinken Sie sich nicht aus, als würde die Geschichte stehen bleiben. Vielleicht gibt es einige wenige, mit denen Sie weitermachen könnten. Was ginge da verloren! Die Kinder meiner Freunde und Bekannten zwischen 15 und 30 Jahren tauschen schon nicht mehr Ihre auf Video oder DVD aufgezeichneten Sendungen aus. Sie schlagen sich die Nächte um die Ohren, um sogar die Wiederholungen ‹live› zu sehen.»

Fünf Jahrzehnte nach der 1. Klappe, nach 18 Geschichten von einst 24 Erstklässlern, nach 42 ½ Stunden veröffentlichter Dokumentation dürfen sich Barbara und Winfried Junge mit vielen guten Gründen von dieser ihrer «unendlichen Geschichte» verabschieden und darauf bauen, dass ihr Lebenswerk noch lange weiterwirkt. So wie der Autor Günther Rücker im Vorwort zum ersten Buch schrieb: «Denn ihr einmaliges Œuvre wird Bestand haben, wenn Vieles, heute Modisches, längst vergessen sein wird.»

DAS LEBEN DES JÜRGEN VON GOLZOW (1994)

Werter Herr Weber! Soeben habe ich den Film über Ihren Lebensweg gesehen. Es war mehr ein Zufall, aber nicht zufällig, daß ich bis zum Schluß dabeiblieb. […] ich danke Ihnen für Ihren Mut, so lange vor die Kamera zu treten. Ihnen und Ihrer Familie für die Zukunft alles Gute und vielleicht klappt es ja einmal mit einem richtig tollen Urlaub für Sie!

Kathrin Reichardt, Riedstadt 3.10.1995

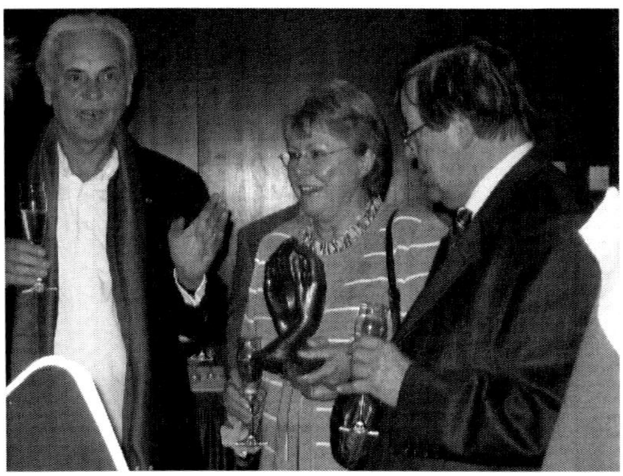

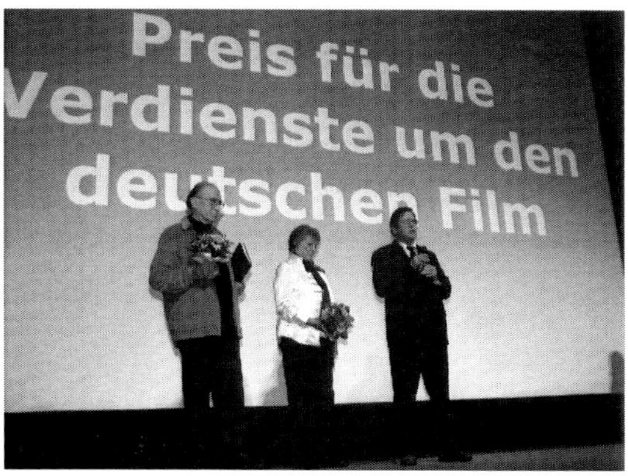

2007 hatte sich bereits die DEFA-Stiftung und 2008 der PROGRESS-Filmverleih mit Ehrungen für das Lebenswerk der Junges bedankt. Und die danken auch hiermit noch einmal

... bin nach einer schlaflosen Nacht noch völlig eingenommen von den Eindrücken. Ich möchte Ihnen herzlich für diese Arbeit danken.

PD Dr. med. Ingo Neumann, Berlin 20.8.2002

Selten habe ich so etwas Interessantes im Fernsehen gesehen. Der Film versetzt den Betrachter in die Lage, richtig Freund mit dieser Familie Weber zu werden. ... so würde ich gerne erfahren, wie es den Webers heute geht, ob sie es geschafft haben – ob sie glücklich und wohlauf sind. *Alfred Weymann, Berlin 8.9.2002*

Leider musste ich lesen, dass Jürgen am 5.10.2006 verstorben ist. Der Film über seinen Lebenslauf und seiner Familie beeindruckte mich sehr. Nun bin ich schockiert über diese Nachricht. Können Sie mir mitteilen, warum es zu diesem viel zu frühen Tod kam?

Marita Hainsch, Schönborn b. Dresden 15.6.2012

DIE GESCHICHTE VOM ONKEL WILLY AUS GOLZOW (1995)

Ihre Sendungen nehmen mich oft tagelang gefangen, weil man immer weiter wissen möchte, wie es dem einen oder anderen weiter ergangen ist. Sie stellen auch die unangenehmen Fragen auf solch eine nette Art, daß auch «Ihre» Kinder Ihnen nicht böse zu sein scheinen. *Martina Seelig, Trier 21.7.2006*

Ich habe willy schon das dritte oder vierte mal gesehen... ich bin ein kind der ddr, zu ddr zeiten interessierte mich die ddr nicht ein bisschen, schon gar nicht das arbeiterprogramm des fernsehens, ja so sind wir mit rias und ard zdf groß geworden. Nun ist alles anders, das zeigen ihre kinder von golzow sehr genau, zu sehen, daß es auch wendeverlierer gibt. Denn eines weiß ich ... das leben der anderen, schon gar nicht good by, lenin ... diese inflationären filmtitel ... das war nicht unser leben, der einfachen kleinen Leute.

carola basner-weide, Rotenburg 26.2.2008

WAS GEHT EUCH MEIN LEBEN AN Elke – Kind von Golzow (1996)

Selbst meine Freundin – Partnerin – Geliebte, die sonst keine Phantasie für Fernsehen hat, hat bis zum Ende ausgehalten und war begeistert, besonders, weil es keine exhibitionistische Freakshow ist. Weil Sie mir Elke und die anderen so nahe gebracht haben, dass ich das Gefühl habe, diese Menschen zu kennen, wollte ich mal schauen, wie es Elke heute so geht. *Michael Kühne, E-Mail 1.8.2006*

... sah ich nachts nach der Spätschicht *Elke* ... Tagelang füllte mich das Gesehene aus. Es liegt nicht an (N)ostalgie, dass der Stoff so unter die Haut geht. Ehrlichkeit und Achtung vor den Menschen in jeder Situation und in jedem Lebensalter bestimmen jede Minute das Geschehen. Unbeugsam seit 25 Jahren arbeite ich in einem großen Krankenhaus auf der Intensivstation und erlebe Menschen in Extremsituationen. Deshalb genieße ich auch die Bilder des gelebten Glücks.

Ulrike Schubert, Dresden 14.9.2007

Ich fand mich in dieser Doku wieder, bin Jahrgang 1954. Besonders hat mir die feine sensible, ja fast familiäre Art der Dokumentation gefallen. Ich habe großen Respekt vor Elke, sie hat sich so natürlich gegeben, als wäre ihr nicht bewußt, daß sie von Fremden belauscht und beobachtet wird. Nix gestellt und nix geschnitten. Zugleich bewundere ich die ruhige Art und Engelsgeduld, mit der sich Elke porträtieren lässt. *Martina Schneider, E-Mail v. 20.2.2008*

DA HABT IHR MEIN LEBEN Marieluise – Kind von Golzow (1997)

Leider endet der Film 1995, was mich sehr nachdenklich stimmt. Zu gerne hätte ich gewusst, wie es den Personen heute geht. Leben die Hübners noch? Leben die Seidels noch bei Köln/Bonn? Was wurde aus den Kindern Marja und Katja?

Markus Grotjans, E-Mail v. 18.8.2005 2:52 Uhr

Per Zufall gerät die Frau eines ehemaligen Militär-Attachés der Deutschen Botschaft in Moskau im Oktober 2006 in die Familiengeschichte der Seidels. Und noch am Morgen dieser Fernsehnacht mailt der Oberst a.D. Manfred Diehl seinem guten Bekannten, dem «sehr geehrten General» Dr. Siegmund Jähn, von einem «unwahrscheinlichen Zufall». Gleich nach dem Frühstück hat er in seinem Moskauer Gästebuch vom Oktober 1992 entdeckt, «dass sich dort ein gewisser H. – Steffen Seidel eingetragen hat. Die weibliche Stimme auf dem Anrufbeantworter war eindeutig die von Marieluise im Fernsehen... Wir jedenfalls freuen uns, die kurze Begegnung in Moskau vor über 14 Jahren demnächst im Großraum Köln-Bonn fortzusetzen.» Und Siegmund Jähn, «der erste Deutsche im Weltall», nennt diesen Zufall «das Aufeinandertreffen mehrerer Gesetzmäßigkeiten» ... ich denke, hier wird mit künstlerischen Mitteln nur das dargestellt, was wir alle mehrfach erlebt haben und erleben…» In der Sammlung B.& W. Junge sind die vom Film gestifteten nun folgenden Begegnungen, auch die Besuche in Golzow bei Marieluises Eltern 2007 in Wort und Bild eindrucksvoll dokumentiert. *Hg. D.W.*

Gestern war ich zur 700-Jahr-Feier und zum Umzug in Golzow, da habe ich endlich auch meine persönliche Favoritin Marie-Luise getroffen. Wir haben uns sehr nett unterhalten…In meiner Wohnung hab ich eine kleine «Golzow-Ecke» eingerichtet. Seit langem suche ich noch das Poster «Anmut sparet nicht noch Mühe», wo Marie-Luise abgebildet ist. Können Sie mir weiterhelfen? *André Härtner, Berlin 14.9.2008*

Ich erinnere mich, in den 1960er-Jahren im DFF die ersten Filme gesehen zu haben, in Ostwestfalen und in schlechter technischer Qualität, denn man musste hier die Antenne sehr fein justieren, um Bild und Ton überhaupt empfangen zu können. Ein Mädchen hatte es mir besonders angetan, das mir nun als Ehefrau eines von der NVA in die Bundeswehr übernommenen Offiziers wiederbegegnete. Ich fand sie immer noch schön und sympathisch… ein einschneidendes Fernseherlebnis und Gegengift, im Alter zu den einfachen Weltbildern der Jugend zurückzukehren. *Koslowski, 26.8.2011*

BRIGITTE UND MARCEL Golzower Lebenswege (1998)

Ich habe Ihre Dokumentation mit Bewunderung gesehen. Was Sie geschaffen haben, ist genial und einmalig und nicht zu übertreffen. Ein Juwel, nicht nur in der Fernsehgeschichte. Ich wurde 1972 in der DDR geboren und mir kamen bei «Brigitte und Marcel» die Tränen, da ich auch so was Ähnliches durchgemacht habe. *Cindy Zabel, Schwerin 25.8.2005*

… ich kann mich einigermaßen in Marcel hineinversetzen, da auch ich ohne Vater groß geworden bin. Meine Fragen: Wie geht es Florian? Hat Marcel Arbeit? Hat Marcel seinen Bruder mal wiedergesehen?
Marcel Nahlik, E-Mail 26.8.2005

Ich war so beeindruckt von diesem DDR-(Mikro) Kosmos, gefilmt ohne voyeuristisch zu wirken, war einfach genial. Durch Parallelmontagen von Mutter und Sohn dachte ich, **mein** Leben läuft irgendwie ab, obwohl nie in der DDR aufgewachsen und gelebt. So sehr hat sich das Familienleben zwischen beiden deutschen Staaten doch nicht unterschieden (von Jugendweihe und Pionieren abgesehen).
Eckhard W. Dorner, Weingarten 20.7.2010

EIN MENSCH WIE DIETER Golzower (1999)

Dieter ist für mich eine sehr starke Persönlichkeit… ein echter Held des Alltags. Er ist einem einfach von Anfang an sympathisch. Sie haben ja wirklich Ausdauer bewiesen! Dadurch können viele an einem anderen Leben teilhaben. Das ist einfach einmalig und je älter die Menschheit wird, desto mehr Wert hat Ihre Dokumentation. Mich hat Ihr Film sehr berührt. Ich und mein Mitbewohner (28 u. 29 Jahre alt) haben echt viel gelacht und waren gefesselt von Dieters Art und Lebenseinstellung.
Bartosz Boron, E-Mail 13.3.2008

… möchte ich mich für Ihre großartige, einzigartige Leistung bedanken und für die Freude, die Sie mir und sicher auch ganz vielen anderen Menschen bereitet haben. Ich bin Jahrgang 1964 und war seit Mitte der 1960er-Jahre immer wieder zu Besuch bei Bekannten und Verwandten in der DDR. Die Diktion der früheren Filme hat mich gelegentlich befremdet, aber insgesamt war ich einfach begeistert, dass hier «echte» Menschen mit ihren Alltäglichkeiten, ihren Schicksalen im Vordergrund standen. Als ich gestern ausschaltete, war ich regelrecht traurig. Es war ein Abschied von einem guten Bekannten.
Winfried Schramm, Wedemark 13.3.2008

Ich hatte bereits 1983 «Lebensläufe» im Kino gesehen und war damals sehr beeindruckt. …ganz toll, wie Sie sich da im Film bewegen, meist so, als gäbe es die Kamera überhaupt nicht. Sie haben so was Fröhliches, Optimistisches an sich auch in Situationen, die keinen Grund dafür bieten. Ich hoffe doch sehr, dass Sie sich nicht jeden Monat das Arbeitsamt von innen besehen müssen. Es wäre schön, wenn der Film noch ein bisschen weiterginge, wenigstens, bis Sie alle 50 wären. Man kann nur hoffen, dass Herr Junge das nötige Kleingeld auftreibt und Sie immer noch bereit wären, mitzumachen. Sollten Sie noch Kontakt zu den anderen «Kindern» haben, grüßen Sie sie herzlich und alle sollen sich auch weiterhin nicht unterkriegen lassen.
Beate Müller, an Dieter F., Frankfurt/O, undat.

JOCHEN – EIN GOLZOWER AUS PHILADELPHIA (2001)

Ein schöner Film, der Euch beide eine enorme Kraft gekostet haben muss! Hattet Ihr schon mal einen störrischeren «Hauptdarsteller»? Schade, dass er selber nicht kam, das Resultat hätte ihm gefallen.
Rita Stetter, Stockholm 3.3.2002

Mit einigen der im Film gezeigten Personen war auch ich zusammen, wie zum Beispiel dem Melker Jochen. Ich finde ihn im Doku-Film ehrlich dargestellt, weil dort ein fleißiger Arbeiter, liebevoller Familienvater, treuer Ehemann, ehrlicher Bürger, kämpferischer Zeitgenosse gezeigt wird, wie er wirklich ist.

Hans Dietrich Busch, 11.2.2003

Guten Tag, verehrtes Ehepaar Junge, schon ein paar mal bin ich zappend zu später Stunde in einen Teil ihrer mich berührenden Dokumentation hineingeraten. Am Ende erfaßte mich jeweils ein sehr unruhiges Gefühl – und nach der Sendung mit Jochen, dem Melker, war es besonders «schlimm». Aber wie es Jochen und seiner Familie heute geht, das wüßte ich wirklich gerne. Ich bin Jahrgang 50, wurde in Thüringen geboren, seit 1955 im Westen aufgewachsen, blieben immer Kontakte und das unterschiedliche Leben hüben und drüben beschäftigte mich, solange ich zurückdenken kann. Den Lobesworten, die ich im Internet fand, kann ich mich nur anschließen. Viele Grüße und vielen Dank!

Almut Veigel, 2. 4. 2008

EIGENTLICH WOLLTE ICH FÖRSTER WERDEN Bernd aus Golzow (2002)

Liebes Doku-Team, als Fan der einmaligen Reihe sah ich gestern den Teil über Bernd. Die fast zweieinhalb Stunden fesselten mich dermaßen, dass ich nicht bemerkte, dass es nach 2 Uhr war. Und das Gesehene ließ mich auch anschließend nicht in Schlaf kommen. Gerade der Lebensweg von Familie Oestreich ist so exemplarisch für viele seines Alters, geboren in der ehemaligen DDR-,»jung genug, um noch Neues aufbauen zu dürfen, aber zum Glück in so einem Alter, wo man gerade genug Sozialpunkte hatte, um nicht entlassen zu werden...» Den Preis des Festhaltens an Schwedt bezahlt seine Frau mit ihrer Arbeitslosigkeit. Und jetzt gebietet es sich, diesen Lebensweg beider weiter zu verfolgen... bis beide ihren endgültigen Rentenbescheid in den Händen halten – und wir alle sehen können, wohin uns diese Gesellschaft gebracht hat, was ein komplettes Arbeitsleben dieser Gesellschaft wert ist.

Michael Jirasek, E-Mail v. 10.4.2008

Ich bin 1961 in Westdeutschland geboren, politisch konservativ (strammer Antikommunist) und hatte keine Ahnung von der DDR. 1990 mit einem Freund aus Pirna ein Unternehmen gegründet, Freunde gefunden und glücklich. Meinte, im Gegensatz zu den meisten Wessis etwas vom Osten zu verstehen... habe zwar viel wahrgenommen, doch nicht viel verstanden. Ihre Längsschnitte haben mir die Augen geöffnet. Dafür bin ich sehr dankbar. Als erfolgreicheres System hatten wir die DDR besiegt, so war es nur ein kleiner Schritt, uns über die Bewohner des Landes zu erheben. Dadurch sind Menschen gedemütigt worden, die es – und das zeigen ihre Filme – nicht verdient hatten. Das ist mir nach ihren Filmen klar geworden...

Stefan Knüppel, Bonn, E-Mail v. 25.7.2010

... bin 47, u.a. Geschichtslehrer. Gymnasium Berlin-Neukölln, lebe seit 2000 hier und stamme ursprünglich aus Westfalen. Kein Geschichtsbuch kann wiedergeben, wie sich die Menschen in der ehem. DDR gefühlt und wie sie dort gelebt haben. Ihre Filmreihe schließt für mich eine Lücke und macht es «Westlern» möglich, den Osten besser zu verstehen. ... so ganz anders als im Westen ist die doch eher scheue Einsilbigkeit, mit der die «Kinder» auf Ihre Fragen geantwortet haben. Umso mehr Respekt verdient Ihre nie aufdringliche und kluge Art der Interviewführung. *Bertram Bleiming, E-Mail v. 15.7.2011*

... innerhalb von drei Wochen alle 18 DVDs angesehen (vereinzelt vorher auch im Fernsehen)! Es ist schon erstaunlich, wie kurioserweise zeitlos ihre Langzeitdokumentation daherkommt. Da haben Sie auf unterhaltsame Weise ein großes Stück ganz spezieller deutscher Zeitgeschichte dokumentiert und dies immer unter ganz unterschiedlichen Bedingungen und immer mit Haltung und Charakter.

Wolfgang Bosse, Dresden, E-Mail v. 5.5.2012

...bin gerade bei der CD 6 und wollte mitteilen, wie berührend und bewegend ich ihre Dokumentation finde. Meine Hochachtung für diese Pionierarbeit und das Durchhaltevermögen und die Selbstreflektionen. Ich tauche gerade unentwegt in jeder freien Minute in diese Vergangenheit ein und sie hat, je länger sie läuft, eine ungemein starke Sogwirkung. Es ist ein echter Schatz, den sie da produziert haben.

Dorit David, E-Mail v. 9.3.2013

... in eigenen, aber nicht «oderbrüchlichen» Erinnerungen schwelgend, 1965 in Storkow/Mark geboren, aufmerksamer Verfolger «Eurer» *Kinder von Golzow* danke, danke, nochmals danke für Eure Filme, die Lebensaufmerksamkeit für andere durch Euch und die Inspiration, über mein eigenes Leben nachzudenken.

Alexander Liers, E-Mail v. 25.3.2013

UND WENN SIE NICHT GESTORBEN SIND… Teil 1 + 2 (2005)

Aber es ist schade, dass sie (Ilona) – trotz ihres ausgeprägten kindlichen schauspielerischen Talents – ihre eigene Entwicklung nicht mehr dokumentiert haben wollte. Die letzten beiden Stunden mit Winfried dagegen hatten – fast – das Format von «Da habt ihr mein Leben». … sein wechselvoller Lebensweg von Golzow in die «weite Welt» bis hin zur Ferienwohnung auf Teneriffa. Aufschlussreich und zugleich abschreckend die Einblicke in die Interna der *Parteiarbeit*. Schade nur, dass auch seine Ehe scheiterte und die Familie auseinanderbrach. Meine Frau allerdings fand die neue Lebenspartnerin sehr sympathisch und besser zu ihm passend – doch das hat eine längere kontroverse Diskussion weit nach Mitternacht ausgelöst…

Inge u. Manfred Diehl, Köln-Bonner Raum 2007

Ich bewundere die Zielstrebigkeit und Beharrlichkeit, mit der Sie dieses Projekt verfolgt haben… besonders vom Film über Winfried beeindruckt. Er hat die Konsequenz einer Dokumentation am meisten bewusst unterstützt und sein Leben mit allen Problemen und Tiefen ablichten lassen. Höchsten Respekt zu dieser Haltung. Viele andere haben sich dem verweigert und ich kann das auch verstehen. Ich wüsste nicht, ob ich bereit gewesen wäre, mein Leben so öffentlich zu machen. Wenn man die Filme *am Stück* sieht, gewinnt man den Eindruck, dass vielleicht nur Marieluise ein glückliches Leben vergönnt ist. Bei allen anderen überwiegen die Probleme und Schwierigkeiten. Das ist bedrückend aber nun einmal das Leben. *Christine Wambutt, Berlin 2007*

Am Ende war ich tief beeindruckt und höre noch heute Ilonas Lied «Anmut sparet nicht noch Mühe». Dass Sie all die Jahre, ein halbes Menschenleben, den Kontakt zu den «Golzowern» aufrecht erhielten, ist etwas ganz Besonderes. Darum habe ich auch nicht verstanden, warum Ihr Film bei der Berlinale leer ausging. *Ursula Buder, Golm 2008*

Zunächst konnte ich mir nichts unter diesem Titel vorstellen. … mein Interesse war schnell geweckt. Jede Szene ließ mich mit Spannung die Nächste erwarten. Zeitlos, genial und so unüblich wertungsfrei kommentiert und unpolitisch, ohne die typischen Redewendungen und Floskeln, wenn man etwas sagte, weil es erwartet wurde. Mit weitsichtigem Blick für das Wesentliche führt die Kamera durch das Leben. Momentaufnahmen aus dem Leben, die kein Hollywoodstreifen, kein überbezahlter Schauspieler jemals vermitteln kann: ungeschminkte, ehrliche und authentischer Geschichte. *Andreas Karré, Berlin 2010*

Die Menschen wachsen dem Beobachter regelrecht ans Herz. Es hat mir regelrecht manchmal die Tränen in die Augen getrieben, wenn z. B. von Ilona zu erkennen ist, wie aus einem einstmals wissbegierigen, neugierigen und liebenswerten Kind ein Mensch geworden ist, der eher desillusioniert und vom Leben enttäuscht ist. *Wilfried Schramm, Wedemark 2011*

UND WENN SIE NICHT GESTORBEN SIND – DANN LEBEN SIE NOCH HEUTE… Teil 3 + 4 (2007)

Besonders der letzte Teil mit Eckhardt und Bernhard hat mich sehr bewegt. Sicher auch deshalb, weil mein Leben auch bis heute in der Landwirtschaft verlaufen ist und mir deshalb die dargestellten Probleme bestens bekannt sind. Viele Fragen zu den Kindern aus Golzow bleiben unbeantwortet, aber das ist ja im Leben so, man kann nicht alles wissen. *Axel Sparmann 2008*

Auch ich könnte vom Alter und Verlauf des Lebens ein «Golzower» sein. Mir ist es nicht gelungen, mein Lebenswerk zu vollenden – durch die bekanntlich hereingebrochene jähe Wendung. Deshalb nochmals meinen Glückwunsch und alles Gute im weiteren Leben, vielleicht auch für neue Projekte. Ähnliche werden es sicher nicht mehr sein, denn für so etwas gibt niemand mehr einen € aus. *Klaus Heischkel, Schkeuditz 2011*

Ich habe gestern Abend per Zufall den letzten Teil gesehen, als die Doku über Frau Klitzke begann. Ich war so fasziniert, dass ein Abschalten nicht mehr möglich war. Traurig war ich über das Zerbrechen von Frau Klitzke und ihrem Vater, die nun wirklich an die Ideologie der DDR geglaubt haben. Der Filmbericht beschäftigt mich zunehmend.

Roland Dippel, Eiterfeld-Reckrod 2011

Vielen Dank für Ihre tolle Arbeit. Ich würde so gerne mehr von den Kindern aus Golzow erfahren…insbesondere würde mich interessieren, ob der Vater von Gudrun noch lebt und was Gudrun heute macht, wie es ihr seit den 1990er-Jahren ergangen ist und ob sich ihre Einstellung zu ihrem Dasein verändert hat.

Michael Salz, Bergisch Gladbach 2011

Hallo, liebe Familie Junge
Ich habe jedes Jahr ein paar schöne Tage, an denen der TV einen zum Heulen, Lachen und Mitfiebern und

zum Verstehen veranlassen kann. Das sind die sommerlichen Sendetermine der Kinder von Golzow. Ich kenne mich in der Golzower Schulklasse fast genauso gut aus, wie in meiner eigenen. Letztens erst habe ich die Elke auf DVD angesehen und war traurig zu hören, dass Sie auf Leihkameras angewiesen waren zum Schluss der Serie. Zu DDR Zeiten hätte Ihnen dafür mindestens der Nationalpreis zugestanden. Zu BRD Zeiten mussten Sie wahrscheinlich mehr Zeit für die Beschaffung von Technik und Geldmitteln vergeuden, als Sie dann für Ihre Arbeit hatten. Das kann mich nur traurig stimmen. Ich werde dieses Jahr 60 Jahre alt, wie viele der Golzower Kinder. Es wäre sehr schön gewesen, die liebgewonnenen Protagonisten mit 60 nochmal zu sehen. Sie haben da ein Werk geschaffen, das mich von allen Dokus oder anderen Filmen oder Tatsachenberichten die ich in meinem Leben gesehen habe, am meisten berührt und gefesselt hat. Ihre Langzeitdokumentation ist wertvoller als jedes Geschichtsbuch über die DDR. Schade, dass 2007 Schluss war. Sie haben mit Ihrer Arbeit mein Leben um ein kleines Stück bereichert und dafür möchte ich mich recht herzlich bei Ihnen bedanken.

L. Hofmann, 5. August 2014.

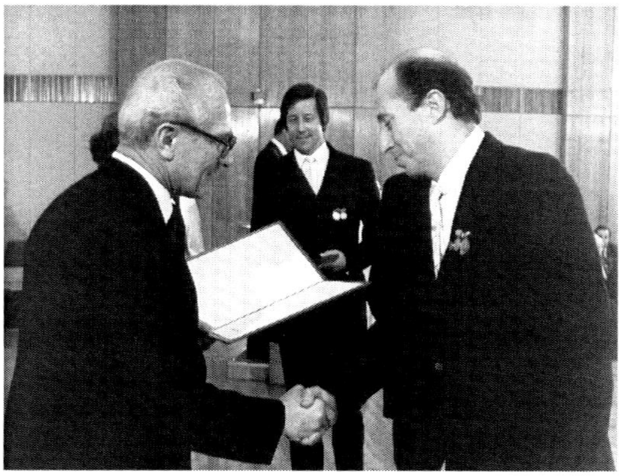

Der Wunsch des schreibenden Zuschauers L. Hofmann konnte Honecker nicht mehr Befehl sein. Aber man kam ja 1981 schon selber drauf. Vergaß auch nicht, den Texter Uwe Kant mitzuehren, der von Kameramann Leupold durch einen nach heutiger Sicht gütigen Zufall im Bilde gerade abgedeckt wird.
Der Nationalpreis der DDR ist bis heute die höchste Ehrung, die den Dreien zuteil wurde. Und die wollen sich dafür auch nicht schämen. Sollten sie sich dennoch als «staatsnah» betrachten müssen, so tröstet, dass sie es nur «drittklassig» waren, wie die Urkunde ausweist.
Soweit dieser Kommentar zu einem Foto, um nicht einfach nur anzumerken: Ohne Kommentar

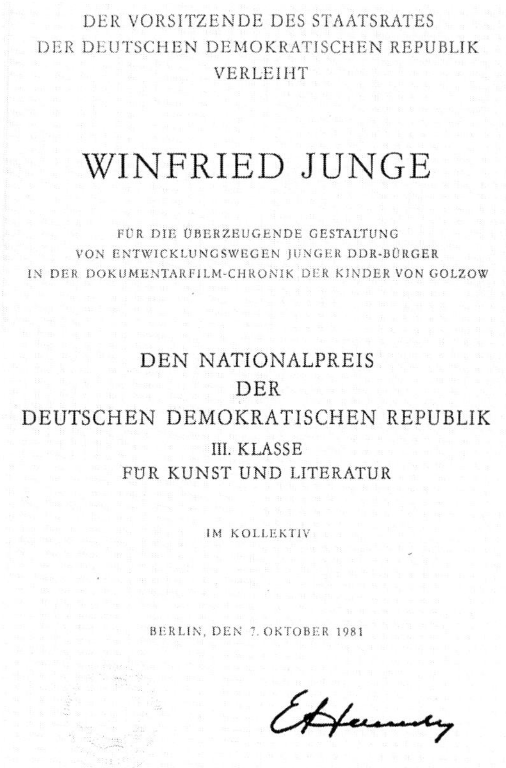

DER VORSITZENDE DES STAATSRATES
DER DEUTSCHEN DEMOKRATISCHEN REPUBLIK
VERLEIHT

WINFRIED JUNGE

FÜR DIE ÜBERZEUGENDE GESTALTUNG
VON ENTWICKLUNGSWEGEN JUNGER DDR-BÜRGER
IN DER DOKUMENTARFILM-CHRONIK DER KINDER VON GOLZOW

DEN NATIONALPREIS
DER
DEUTSCHEN DEMOKRATISCHEN REPUBLIK
III. KLASSE
FÜR KUNST UND LITERATUR

IM KOLLEKTIV

BERLIN, DEN 7. OKTOBER 1981

Bio- und Filmografisches

Barbara Junge
Geboren 1943 in Neunhofen (Thüringen). 1963–67 Studium an der Karl-Marx-Universität Leipzig, Diplom als Dolmetscherin/Übersetzerin für Englisch und Russisch. Seit 1969 im DEFA-Studio für Dokumentarfilme Berlin. Zunächst verantwortlich für fremdsprachige Fassungen von DEFA-Dokumentarfilmen. Seit 1978 auch Betreuung der Archivdokumentation des Golzow-Projekts. Ab 1983 Montage aller Filme von Winfried Junge. Seit 1992 Co-Regie. Mitglied der Akademie der Künste.

Winfried Junge
Geboren 1935 in Berlin. 1953 Studium der Germanistik an der Pädagogischen Fakultät der Berliner Humboldt-Universität. 1954 Wechsel zur Deutschen Hochschule für Filmkunst in Potsdam-Babelsberg. 1958 Diplom-Filmdramaturg. Im DEFA-Studio für populärwissenschaftliche Filme Dramaturgie- und Regieassistent, vornehmlich bei Karl Gass. Daneben Filmkritiker der DDR-Studentenzeitung *Forum* und anderer Zeitungen. 1961 Beginn der Golzower Chronik mit «Wenn ich erst zur Schule geh» im DEFA-Studio für Dokumentarfilme. Seither 56 Dokumentarfilme für Kino und Fernsehen, davon 19 über die «Kinder von Golzow». 1967 «Der tapfere Schulschwänzer» – Spielfilm für Kinder. Mitglied der Akademie der Künste. Barbara und Winfried Junge leben in Berlin.

Klaus D. Schmutzer
Geboren 1950 in Reichenbach/Vogtland. 1972–76 Studium der Filmproduktion an der Hochschule für Film und Fernsehen Potsdam-Babelsberg, Diplomfilmwirtschaftler. Leitende Tätigkeit: HFF; Internationale Leipziger Dokumentar- und Kurzfilmwoche, nationale Filmfestivals der DDR für Spielfilm, Dokumentarfilm und Kinderfilm; Verband der Film- und Fernsehschaffenden der DDR, ab 1990 Geschäftsführer. 1991 Gründung der à jour Film- & Fernsehproduktion GmbH, Produzent, von Kino-Dokumentar- und Spielfilmen sowie TV- Auftragsproduktionen, auch Herstellungs- und Produktionsleiter. Mitglied der Deutschen Filmakademie. Lebt in Berlin.

Daniel Küchenmeister
Geboren 1956 in Berlin. 1976–82 Studium der Geschichte in Leipzig und Berlin. Publizist und Kurator zeit- und kulturhistorischer Ausstellungen sowie zur Sportgeschichte, arbeitet z. Zt. neben anderen Ausstellungsprojekten an der Erweiterung der Dauerausstellung des Filmmuseums in Golzow. Lebt in Berlin.

Dieter Wolf
Geboren 1933 in Bad Frankenhausen/Kyffh. 1952–54 Studium der Germanistik Friedrich-Schiller-Universität Jena, 1954–58 der Filmproduktion Deutsche Hochschule für Filmkunst Potsdam-Babelsberg. Dipl. Filmwirtschaftler, Dr. phil., Humboldt-Universität Berlin 1976. 1961–90 Dramaturg u. Leiter der Gruppe Babelsberg im DEFA-Studio für Spielfilme. Autor u. a. von *«Gruppe Babelsberg» Unsere nicht gedrehten Filme*, Filmpublizist. Lebt in Kleinmachnow.

Wir danken

- den *Kindern von Golzow*, die an dem Experiment mitwirkten, der Kamera über Jahrzehnte Einblick in ihr Leben zu geben
- den Familien, Verwandten, Bekannten, ArbeitskollegInnen und vielen anderen, die bereit waren, sich filmen zu lassen
- der Gemeinde Golzow (Märkisch-Oderland), dem Verein *Golzower für Golzow* mit seinem Filmmuseum sowie allen Bürgern, die dem Langzeitprojekt so manche Unterstützung gaben und deren Wirken unerwähnt bleibt
- dem VEB DEFA-Studio für Dokumentarfilme Berlin, der die Langzeitbeobachtung von 1961 bis 1991 produzierte
- dem PROGRESS Film-Verleih als VEB oder GmbH
- der JOURNAL-Film Klaus Volkenborn KG (1991–1994)
- der à jour Film- und Fernsehproduktion GmbH Klaus-Dieter Schmutzer (seit 1994)
- der Produktionsstätte DefaStudio für Dokumentarfilme/JohannisthalSynchron GmbH (seit 1991)
- dem Ostdeutschen Rundfunk Brandenburg/Rundfunk Berlin-Brandenburg und anderen Anstalten der ARD als Koproduzenten (seit 1995)
- dem Staatlichen Filmarchiv der DDR
- dem Bundesarchiv (Filmarchiv)
- der DEFA-Stiftung
- der Internationalen Leipziger Dokumentarfilmwoche (seit 1962) und dem Internationalen Forum des Jungen Films der Berlinale (1982 und seit 1993)
- der absolut MEDIEN GmbH für die DVD-Edition aller Filme des Golzow-Projekts
- allen Förderern und Sponsoren, die in verschiedener Weise und unterschiedlichem Maße dazu beitrugen, die Chronik zu realisieren, am Leben zu erhalten und bekannt zu machen
- der DEFA-Stiftung und der Sparkasse Märkisch-Oderland für die freundliche Unterstützung der Autoren bei der Erarbeitung dieses Buches
- Dr. Annette Schüren, nicht nur für ihre wichtigen redaktionellen Anregungen

Personenverzeichnis

Filmmuseum „Kinder von Golzow"

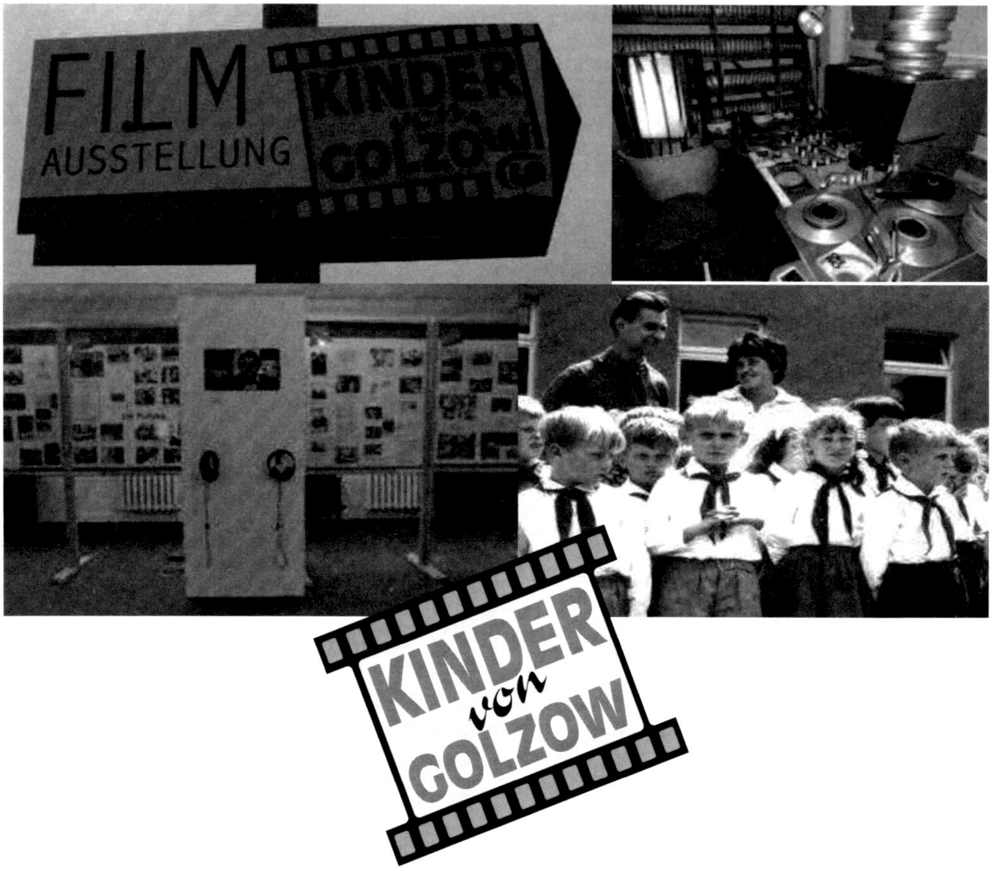

KINDER von GOLZOW

Gemeindezentrum/Filmmuseum
"Kinder von Golzow"
Hauptstraße 16
15328 Golzow (Oderbruch)
Tel.: 033472 - 51882
E-Mail: filmmuseum@kinder-von-golzow.com

Träger: Golzower für Golzow e.V.

Sparkasse Märkisch-Oderland